オールカラー すぐに引ける

手話ハンドブック

もくじ

オー

すぐに引け

手話

ハンドブック

手話フレンズ代表 モンキー高野

ナツメ社

本書の手話モデル

川﨑綾香　モンキー高野　竹村祐樹

※本書は「日本手話」で表現しています。手話には1つの単語に複数の表現方法がある場合もありますが、ここでは日常多く使われているものを紹介しています。

※基本的に、きき手が右手の人を想定しています。左ききの人は左右逆に考えてください。

●モデル　川﨑綾香、竹村祐樹
●手話通訳　高島由美子
●写真　田村裕未（株式会社アーク・コミュニケーションズ）
●デザインDTP　成田琴美、蟻田秋穂（有限会社エルグ）
●校正　株式会社ぷれす
●編集協力　志澤陽子（株式会社アーク・コミュニケーションズ）
●編集担当　神山紗帆里（ナツメ出版企画株式会社）

本書の使い方

本書は、写真と文章を使って、わかりやすく手話を解説しています。
動作のポイントや由来、参考になる情報なども掲載。
手話学習に役立ててください。

役立つ基本単語集 P373～419

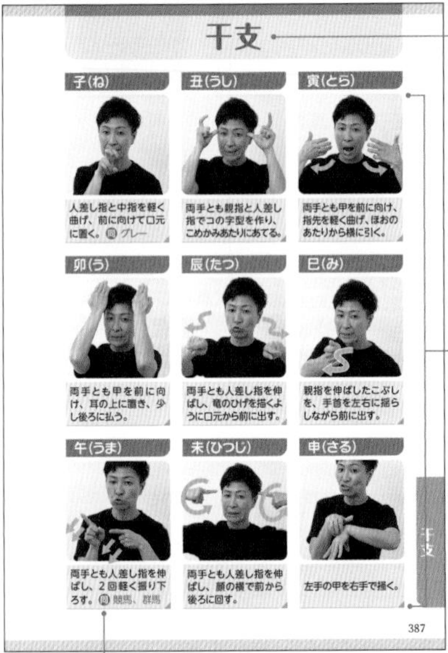
干支

子(ね)
人差し指と中指を軽く曲げ、前に向けて口元に置く。同 グレー

丑(うし)
両手とも親指と人差し指でコの字型を作り、こめかみあたりにあてる。

寅(とら)
両手とも甲を前に向け、指先を軽く曲げ、ほおのあたりから横に引く。

卯(う)
両手とも甲を前に向け、耳の上に置き、少し後ろに払う。

辰(たつ)
両手とも人差し指を伸ばし、竜のひげを描くように口元から前に出す。

巳(み)
親指を伸ばしたこぶしを、手首を左右に揺らしながら前に出す。

午(うま)
両手とも人差し指を伸ばし、2回軽く振り下ろす。同 競馬、群馬

未(ひつじ)
両手とも人差し指を伸ばし、顔の横で前から後ろに回す。

申(さる)
左手の甲を右手で掻く。

干支

387

●ジャンル

「数字」「干支」「家族」などのジャンルに分けて、関連単語を各ページにまとめて掲載しています。

●動作説明

手の動きや形をわかりやすく説明してあります。

同 同義語を記載しています。

すぐに引ける!

五十音順単語集 P17～372

●見出し語

同じ日本語で表現方法が複数あるものについては、数字を付けて区別したり、同じ枠内に並べたりして掲載しています。

得　物を得るイメージ

左手のひらを自分に向け、右手は人差し指を曲げて左手のひらにあて、同時に自分に寄せる。

と

●買う + 得 = お買い得　●得 + 違う = 得ではない

同 節約　反「損」は、両手の人差し指と親指で輪を作り、手のひらを向かい合わせ、指を開きながらパッと下ろす。

特別　昔の軍隊の特別な地位を表す腕章のV字に由来する

左手首に右手の親指と人差し指の指先をあて、腕を往復させる。

●特別 + すぐ(急行) = 特急　●特別 + 客 = スペシャルゲスト

同 特に、スペシャル　参「普通」は、両手の親指と人差し指を伸ばして前に向け、合わせ、左右に引く。P306

250

●ポイント

単語の由来や動作のイメージなど、プラスアルファの情報を解説しています。

●矢印

手の動きをよりわかりやすくするために、矢印を入れています。

●動作説明

手の動きや形をわかりやすく説明してあります。

●使い方例

掲載単語を使った単語や熟語、例文などを紹介しています。なお、紹介している使い方は一例であり、ほかにも表現があるものもあります。

●参考・解説

同義語や反対語、注意点やほかの表現方法など参考となる情報を掲載しています。

同 同義語を記載しています。ただし、手話には複数の表現方法があるため、同義語同士が必ずしも一致するわけではありません。

参 参考となる解説やポイントを記載しています。

反 反対語や対になる語の表現方法を記載しています。

P 掲載ページ数。

手話を学ぶ前に知っておきたいこと

手話を覚える前に、知っておくべき基本や決まり事などがいくつかあります。ここでは、手話はどんな言語で、どんなルールがあるのか、ポイントを押さえて解説します。

日本には 2種類 の手話がある

日本手話

ろう者のコミュニティや独自の文化から生まれた手話。文法や表現方法が日本語とは異なります。ろう者の多くは日本手話を使用する傾向があります。

★本書では「日本手話」を紹介しています。

日本語対応手話

日本語の語順どおりに手話単語を表現していく手話。中途失聴者や難聴者など日本語になじみのある人たちが使用する傾向があります。「て、に、を、は」といった助詞も表現します。

日本手話の表現方法は、
さまざまな由来・成り立ちがあります。

「物の形」を表現

本

「動作」を表現

書く

「特徴」を表現

黒

「文字の形」を表現

日

「ことわざ」や「慣用句」から

おいしい

ほっぺたが
落ちる

「指の意味」から

男性

「方向」「位置」「立場」を表現

貸す

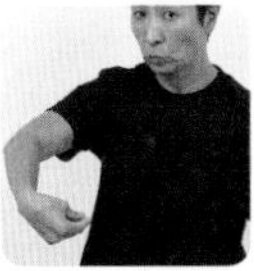

借りる

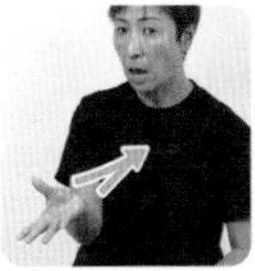

日本手話はジェスチャーに似た動きが多い

前述したとおり、日本手話は「物の形」や「動作」などジェスチャーのような動きをするものが多数あります。もし本書に掲載されていない手話があったら、その言葉を連想する動きをしてみましょう。伝わる可能性大です。では、いくつかジェスチャーに似た手話をご紹介します。

私

伸ばした人差し指で自分を指す。

あなた

上に向けた片手のひらを相手に向かって少し前に出す。

はい

「はい」と言いながら、片手のひらを胸にあてる。

いいえ

片手のひらを相手に向け、胸の前でひらひらと振る。

「いいえ」はその時々で表現が異なる

外国語と同じように「いいえ」のような単純な言葉ほど、その時々で意味合いが異なります。「(いいえ) 違います」「(いいえ) いりません」なのか、場面によって手話も使い分けましょう。

「スポーツ」に関する手話

野球

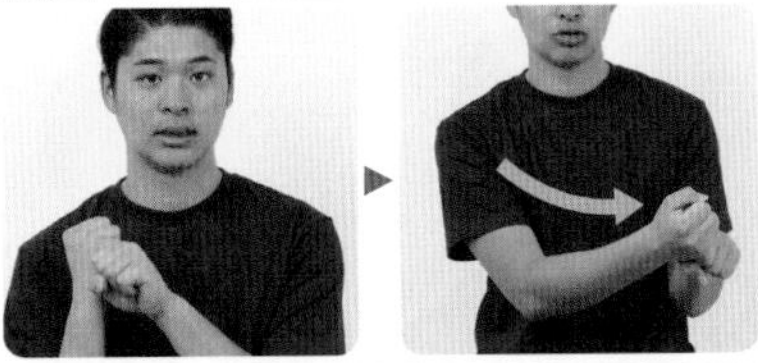

両手のこぶしを上下に合わせ、バットを振るように同時に下げる。

バレーボール

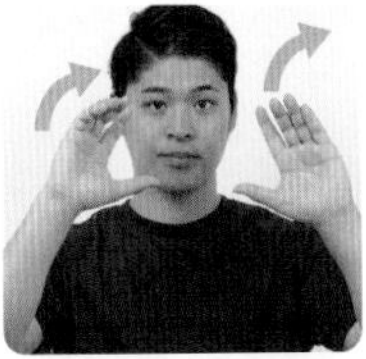

両手のひらを額の前で構え、トスするように少し上げる。

テニス

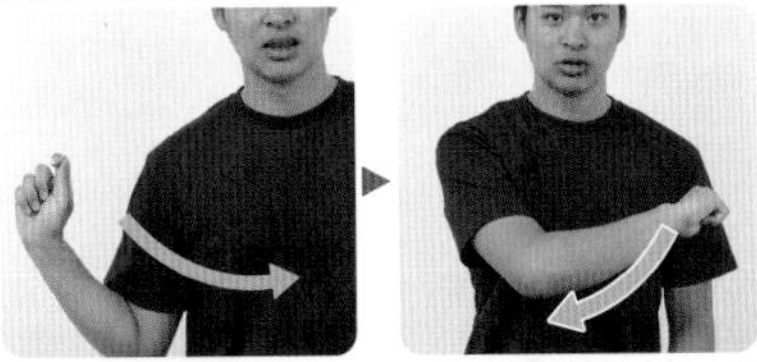

片手を軽くにぎり、ラケットを振るように、後ろから前へ動かす。

反対側でも手を後ろから前へ振る。

ゴルフ

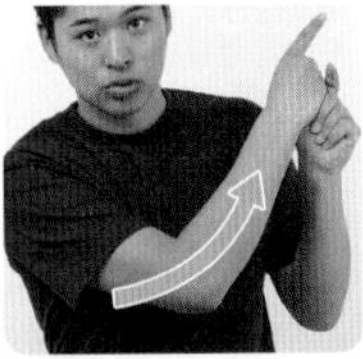

両手とも人差し指を伸ばして、ゴルフクラブを振るように上げる。

ボクシング

両手のこぶしを自分に向けて構え、片手だけ数回前に出す。

剣道

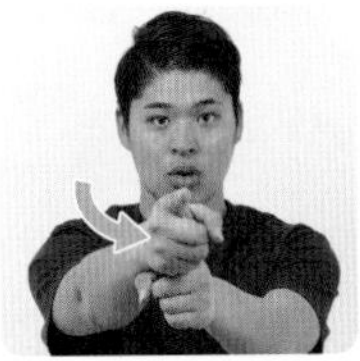

両手とも人差し指を伸ばして上下に構え、竹刀を振るように前に出す。

ランニング

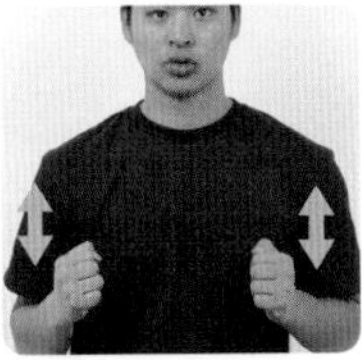

両手のこぶしを構え、同時に軽く上下に動かす。 同 ジョギング

「食べ物」に関する手話

おにぎり

軽く曲げた両手のひらをおにぎりをにぎるように上下に合わせる。

ハンバーガー

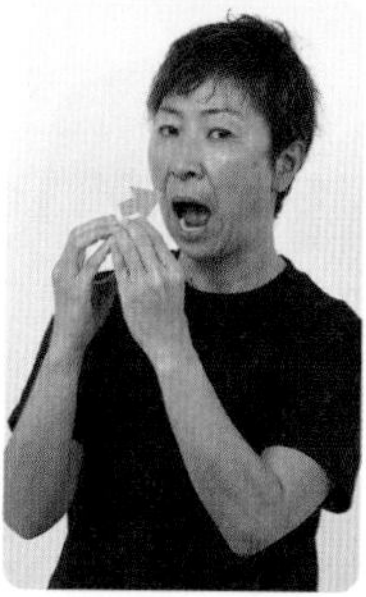

両手ともすべての指を軽く曲げ、口元に置く。

ラーメン

人差し指と中指を伸ばし、口元で上げ下げする。同 うどん、そば

「服飾」に関する手話

コート

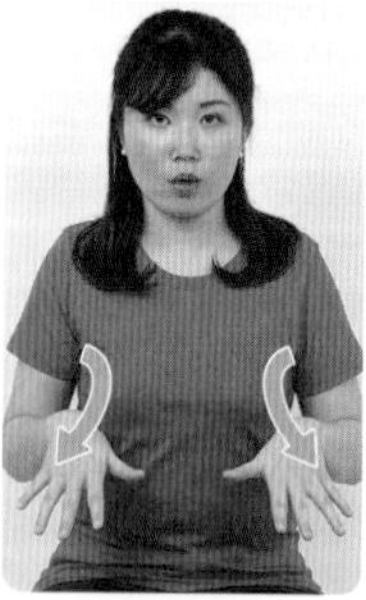

両手のひらを肩の前にあて、手首をひねって下げる。

ノースリーブ

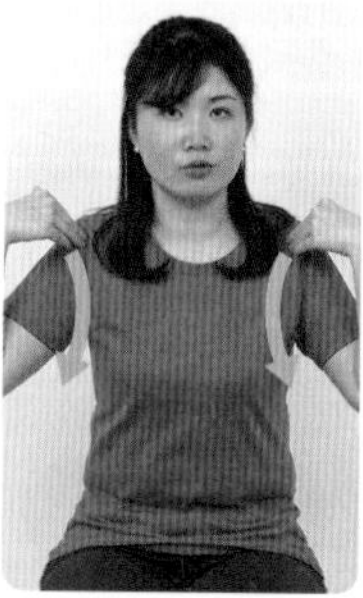

両手とも指先を肩にあて、同時に脇の下まで下げる。

靴下

両手とも靴下をつまむように構え、手首をひねって引き上げる。

「趣味」に関する手話

ピアノ

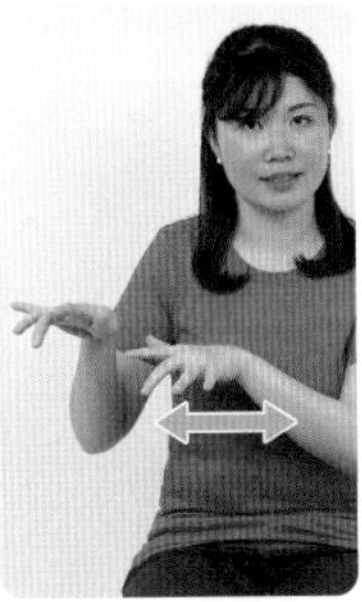

両手とも下に向け、指を動かしながら左右に動かす。

社交ダンス

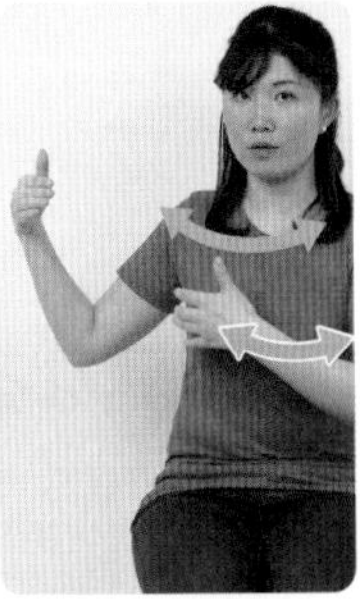

両手とも親指を立て、自分に向けて上下に構え、体を左右に振る。

釣り

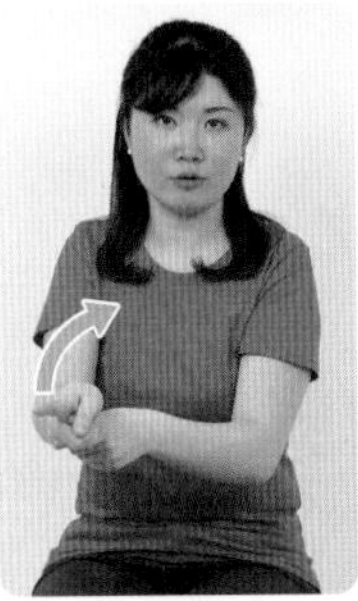

左手の人差し指を、人差し指を伸ばした右手でにぎり、手首を上に向ける。

「体の部位」に関する手話

のど

伸ばした人差し指をのどにあてる。

肩

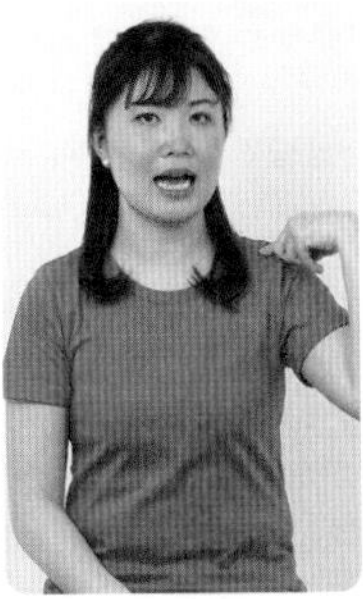

片手の人差し指で肩を指す。

歯

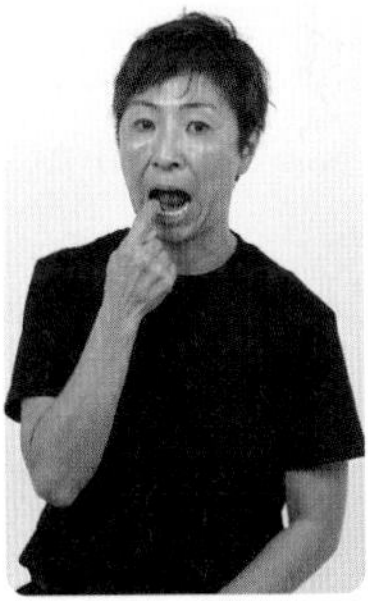

片手の人差し指で口（歯）を指す。

手話には こんな違いも…

国によって 手話は異なる

世界中に地域ごとの手話が存在しています。国際舞台では、ヨーロッパを中心に発展した「国際手話」が世界共通語として使われています。

1つの表現で 複数の意味を持つ

1つの手話単語で「名詞」と「動詞」両方の意味を表現できます。また、類似や連想できる言葉も同じ表現をすることがあります。例えば「夏」という手話は、ほかに「暑い」「南」といった意味でも使います。

地域や性別、年代によって 表現方法が異なるものも…

日本語に方言があるように、手話も単語の表現方法が地域によって異なるものがあります。それと同じように、性別や年代、流行りなどの理由で、表現方法が多岐に渡るものもあるので、注意が必要な場合も。

手話をきちんと伝えるためのポイント

Point! 表情

喜怒哀楽や微妙なニュアンスを眉毛や目、口を動かして表現すると、感情が伝わりやすくなります。

Point! 口型《こうけい》

手話では「口の形／動かし方」も重要なポイントとなります。表現した手話がどのような意味で使われたのかが、口の形によって見分けられるのです。たとえば「寒い」と「冬」は同じ表現方法で表しますが、「さ・む・い」と唇を動かすことで区別します。口の形（口型）には、物の名前などに付ける日本語口型と、文法の一部として表現する手話口型があります。習得が難しいので、徐々に学んでいきましょう。

Point! 利き手

手話は基本的にどちらの手を使っても問題ありません。単語によっては、両手でなく片手で表現できるものもあります。

Point! 手指の形・動き（強弱、回数、速さ）

きちんと伝えるためには、相手からはっきり見えるように動かす必要があります。
手指の形によって意味が異なってしまう場合もあるので注意しましょう。
また、同じ手話でも動きの強弱や回数、速さによっても意味が違ってくるので、意識して表現すると良いでしょう。（例えば、「暴風（Ⓟ318）」と「そよ風（Ⓟ411）」など）

手話の語順<単語の並べ方>

肯定

主語 + 目的語 + 述語

「この画家が好きなんです」

私 → この → 画家 → 好き

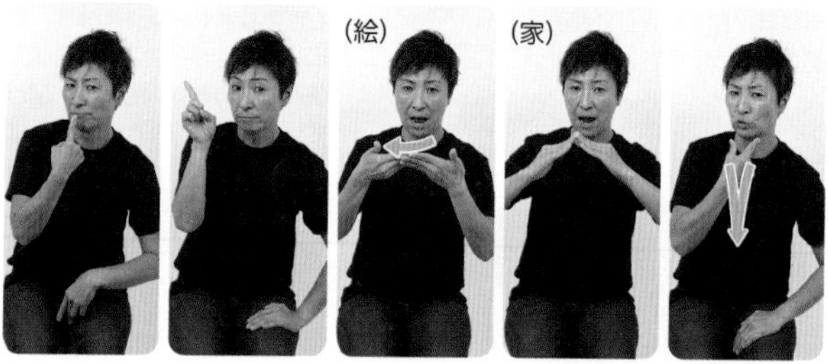

否定

主語 + 目的語 + 述語 + 否定語

「未婚です」

私 → 結婚 → まだ

疑問 はい／いいえで答える

主語 ＋ 目的語 ＋ 述語 (表情が重要!)

「車の免許証はお持ちですか?」

車 → 免許 → ある

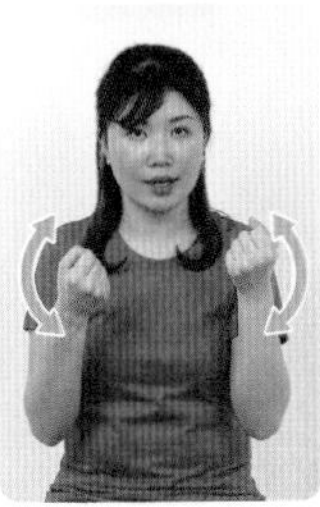

疑問 疑問詞を使う

疑問詞 は 文末 に置く

「どこで待ち合わせしようか?」

待つ → 会う → どこ?

過去形

過去 を表す単語を付ける／「ぱ」という 口型 を付ける／「終わり」という手話を付ける

「この前ケーキを作ったよ」

先日 ----▶ ケーキ ----▶ 作る ----▶ 終わる

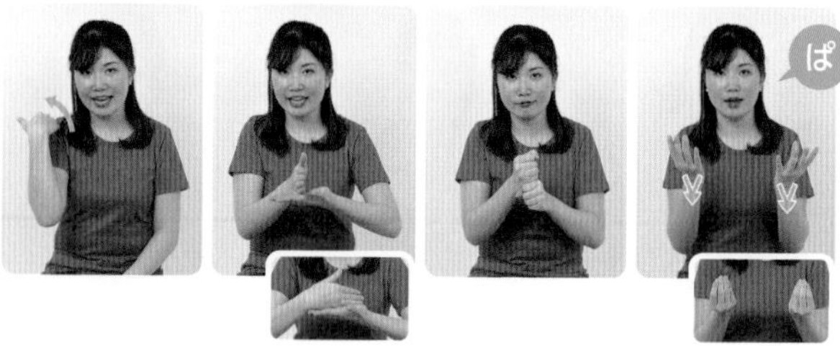

未来形

未来 を表す単語を付ける

「今度、水族館へ行かない?」

今度 ----------▶ 水族館 ----------▶ 行く?

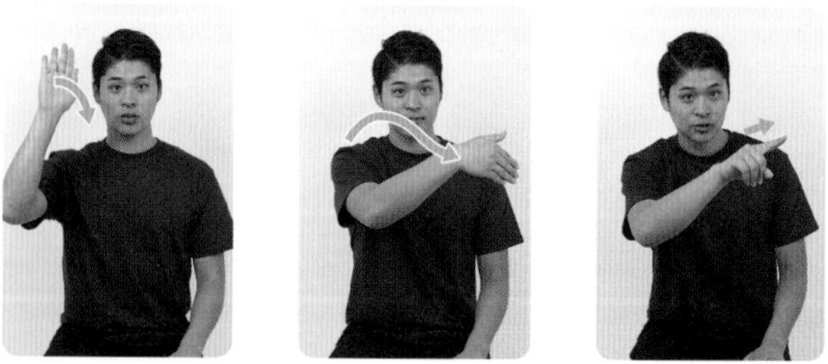

すぐに引ける！
五十音順単語集

日常生活の中でよく使われる言葉・手話をあいうえお順で掲載しています。動作の解説はもちろん、ポイントや関連する手話なども紹介しているので、隅々までチェックして活用してください。

愛

人の頭をなでる様子

左手のこぶしの甲をなでるように、下に向けた右手のひらを回す。

- 愛 + 失う + 恐ろしい = 愛を失うのが恐ろしい
- 私 + あなた + 愛 + 私 = 私はあなたを愛しています

同 愛する、愛してる、大事、大切、ポイント

アイスクリーム

アイスをなめるしぐさ

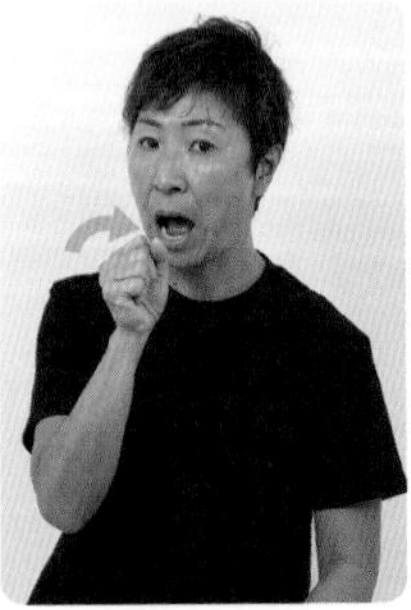

片手のこぶしを口の前に置き、アイスをなめるように手首を動かす。

- アイスクリーム + 指差し + おいしい = このアイスクリームおいしいよ

参 「ソフトクリーム」は、左手でコーンを持っているようににぎり、その上に右手で渦を巻きながら指をすぼめる。

会う

人差し指を人に見立てて、人と人が会う様子を表す

人差し指を立てた両手を向かい合わせ、近づける。

- 会う + うれしい + 私 = お会いできてうれしいです
- 初めて + 会う = はじめまして

参 左右から引き寄せる代わりに、前後から引き寄せても良い。

赤ちゃん

赤ちゃんをあやすしぐさ

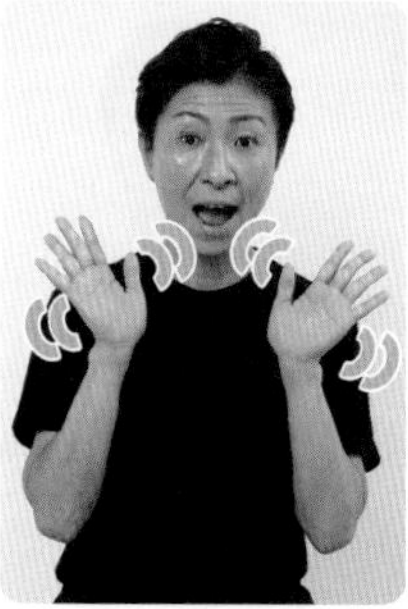

両手のひらを顔の横あたりで軽く振る。

- 犬 + 赤ちゃん = 子犬
- 赤ちゃん + ベビーカーを押すしぐさ = ベビーカー

同 子ども、幼児　参 両手のこぶしを頭の横で軽く振る動きでも良い。

明るい

目の前が開ける様子

両手を交差させ、
同時に左右に開く。

●今日 + 明るい + 気分がいい = 今日は良い天気ですね

同 晴れ、始まる、始める

参 両手のひらを左右から交差させると「暗い」の意味になる。

飽きる

「え」という口型を付ける

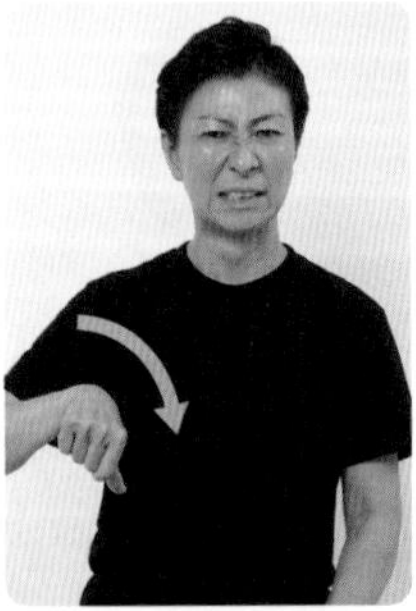

親指を胸にあてて、手首を軸にして下げる。

●パン + 1週間 + 飽きる = パンが1週間続いて、飽きてしまった

参 体に触れず、立てた親指を倒すだけでも表現できる。また、「もういいや」という意味で使われることもある。

(ドアを)開ける

片手はドアノブを、もう片手はドアの縁を表している

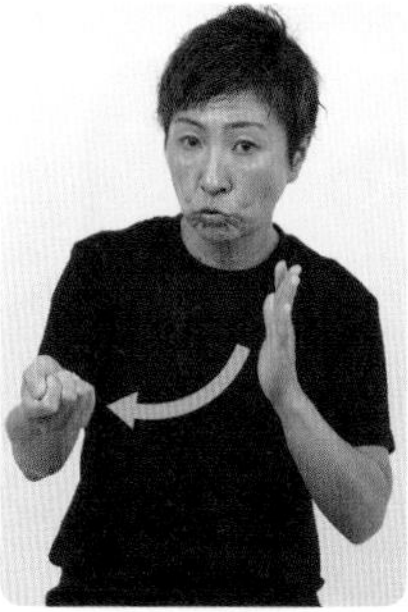

立てた左手のひらに右手のこぶしをあて、右手だけドアを開けるように前に出す。

● **開ける + (〜の)時 + 注意 + お願いします =**
ドアを開ける時は注意してください

同 ドア　参 開けるものの形状や方法によって動きを変える。

揚げる

「揚げる」という口型を付ける

片手の人差し指と中指を少し開いて前に向け、手首をひねって上下させる。

● **揚げる + 食べる + 好き + 私 =** 揚げ物が好き

同 唐揚げ、しゃぶしゃぶ、すき焼き

参 同義語として挙げた手話を表す時は、その単語の口型を付ける。

憧れ

頭に思い描いている様子

こめかみにあてた手を、指をひらひらさせながら頭から離す。

●**憧れ ＋ 先輩** ＝ 憧れの先輩　●**憧れ ＋ 仕事** ＝ 憧れの職業

同 憧れる、懐かしい

参 指はひらひらさせずにそのまま斜めに２回出す表現もある。

浅い

底までの距離が短い様子

両手のひらを上下に向かい合わせ、両手を近づける。

●**海 ＋ 浅い** ＝ 海が浅い　●**川 ＋ 浅い** ＝ 川が浅い

●**経験 ＋ 浅い** ＝ 経験が浅い　●**眠い ＋ 浅い** ＝ 眠りが浅い

参 「経験が浅い」など数量や程度を表す時にも使われる。

預かる

物を受け取る様子

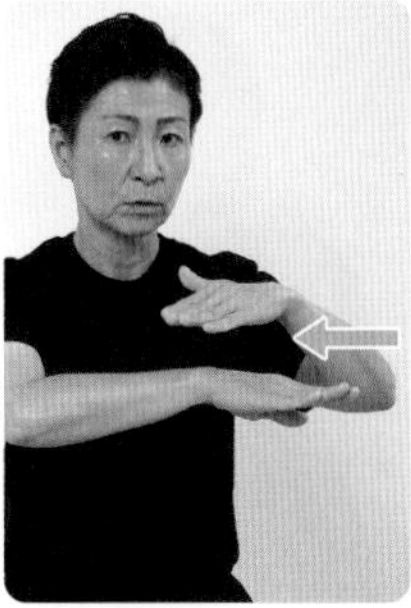

両手のひらを下に向け、そろえて手前に引く。

- **お金 ＋ 預かる ＝** お金を預かる
- **娘 ＋ 子ども ＋ 預かる ＝** 娘の子ども（孫）を預かる

同 もらう

焦る

心が落ち着かない様子

両手のひらを上に向け、交互に上下させる。

- **焦る ＋ 失敗 ＋ 気をつける ＝** 焦ると失敗するから、気をつけて

同 慌てる　反 両手のひらを上に向け、指先を付けて、胸の前で下げると「落ち着く」の意味。P65

遊ぶ

「遊ぶ+場所」で「公園」の意味になる

両手とも人差し指を伸ばして顔の横に置き、交互に前後に振る。

●**遊ぶ + ビル** = ゲームセンター
●**おもちゃ + 遊ぶ** = おもちゃで遊ぶ

同 遊び、ゲーム

与える

物を渡す様子

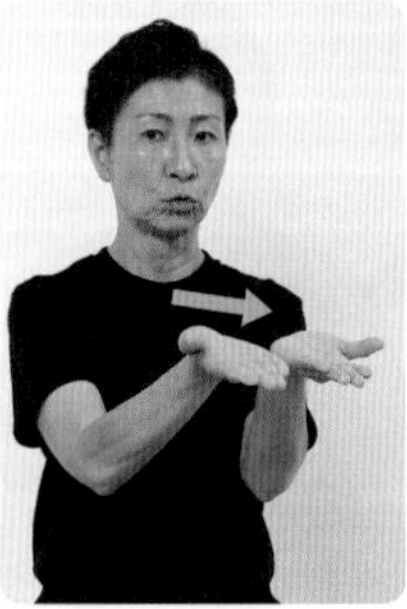

両手のひらを上に向け、そろえて前に出す。

●**食べる + 与える** = 食事を与える　●**血 + 与える** = 献血

同 あげる、返す、渡す、提供、奉仕
参 片手だけで表現することもできるが、ラフなニュアンスになる。

頭

体の部位を表現する時は、各部位に触れて示す

伸ばした人差し指を頭にあてる。

●頭 + 痛い = 頭痛　●頭 + 良い = 頭がいい　●頭 + 頭 = 考えが足りない　●頭 + かたい = 頑固　●頭 + 悪い = 頭が悪い

同 意識、思う、感覚、感じる

頭にくる

怒った表情を付けて表す

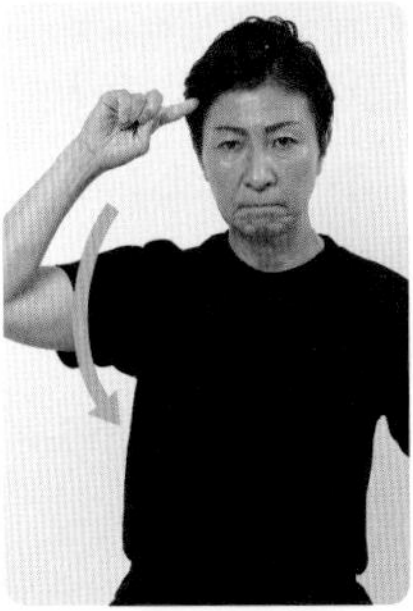

人差し指をこめかみにあてる。

そのまま下に振りはらう。

●上司 + 頭にくる = 上司にむかつく
●失敗 + いっぱい + 頭にくる = 失敗ばかりで頭にくる

同 むかつく

新しい

目の前あたりで同じ動作を１～２回すると「珍しい」の意味になる

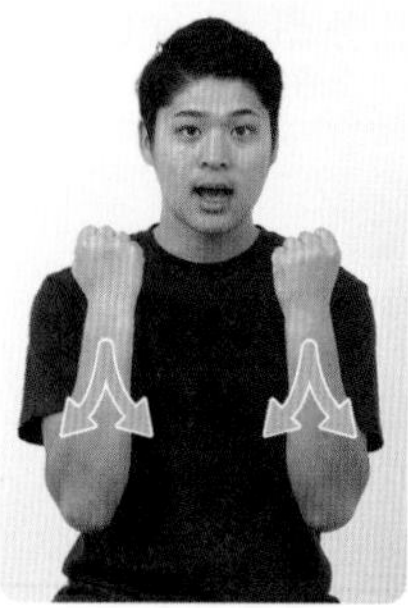

すぼめた両手を上に向け、

手を開きながら下げる。

●新しい ＋ 歌う ＝ 新曲　●新しい ＋ 年 ＋ 会 ＝ 新年会

同 新鮮

参 両手を開きながら上げると「おめでとう」の意味。P70

熱い

熱い物に触った時に、反射的に指を放すしぐさ

両手とも指先を下に向け、熱いものに触ったように同時にパッと上げる。

●風呂 ＋ 熱い ＝ 熱い風呂　●紅茶 ＋ 熱い ＝ 熱い紅茶

参 この手話は、「冷たい」と感じた時（物でも人でも）も使う。実際に肌で感じることや、感情などは顔に表情を付けて度合いを表現する必要がある。

厚い

厚みがある様子

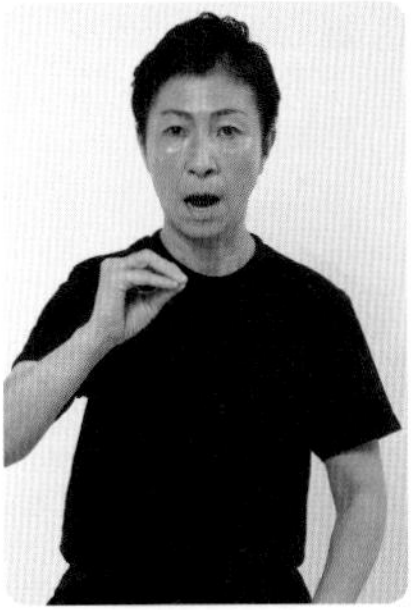

親指とその他４指を付ける。

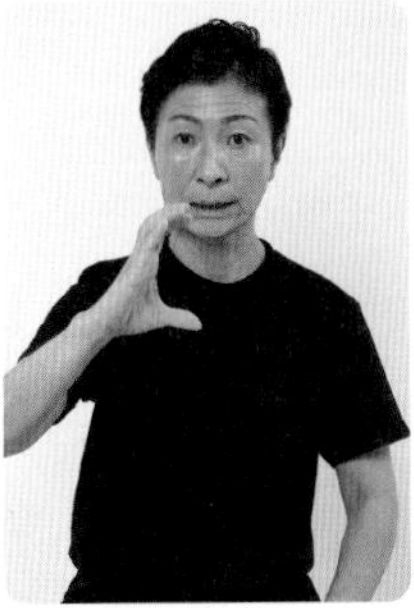

親指とその他４指を離し、厚みを表す。

●本＋厚い＝厚い本　●厚い＋辞書＝厚い辞書

参 親指とその他４指を離した片手を横に倒し、ほおにあてて下げると、「面の皮が厚い＝厚かましい」の意味。

集まる

人や物が集まる様子

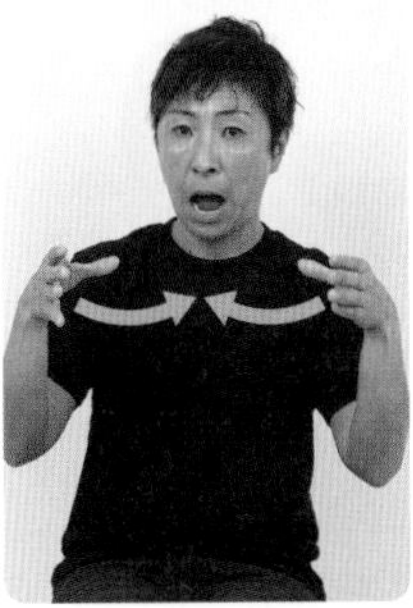

軽くわん曲させた両手を左右で向かい合わせ、中央に寄せる。

●集まる＋場所＝集合場所　●集まる＋時間＝集合時間

同 集合　参 両手を向かい合わせてから、左右から寄せて前に出すと、「みんなで（集まって）行く」の意味。

危ない

同じ動作を１回だけ胸にあてると「不安」という意味になる

軽く開いた両手を上下に合わせ、２回胸にあてる。

●危ない＋場所＝危険な場所　●運転＋危ない＝危ない運転　●危ない＋遊び＝危ない遊び　●危ない＋注意＋お願い＝危ないから気をつけて

同 危険、心配、心配する

甘い

指を曲げて口元で回すと「辛い」の意味になる

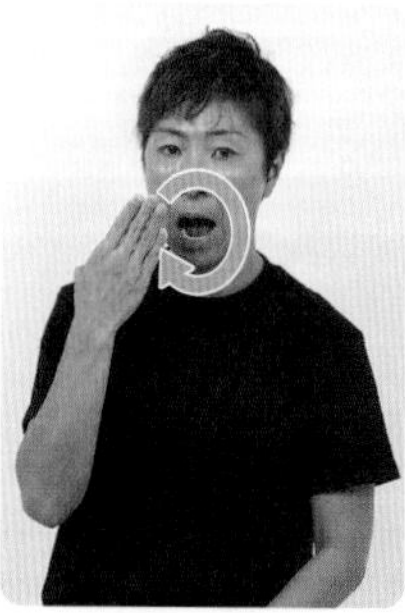

すべての指を揃えた片手のひらを、口元で１周半回す。

●甘い＋ケーキ＝甘いケーキ　●甘い＋酒＝甘酒
●甘い＋口＝甘口

同 砂糖、デザート、佐藤（姓）

雨

雨が降っている様子

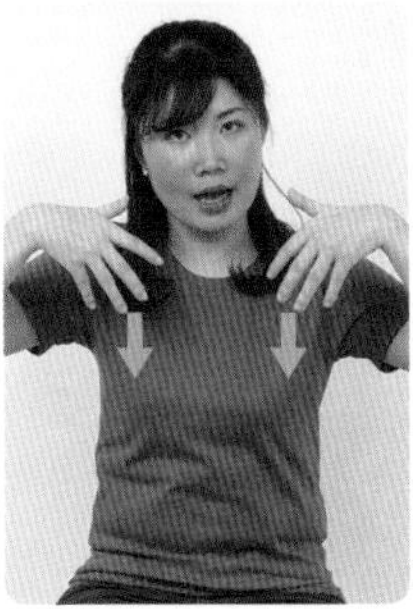

指先を下に向けて両手を顔の前あたりで構え、同時に上下させる。

●雨 ＋ 傘 ＝ 雨傘　●突然 ＋ 雨 ＝ ゲリラ豪雨

同 降る

参 雨量によって、激しく動かしたり、細かく動かしたりして程度を表現する。

表す

他者に向けて、何かを表示する様子

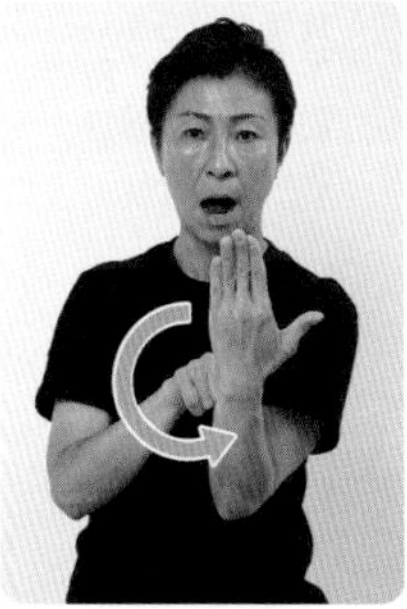

自分に向けた左手のひらに、右手の人差し指の先をあてる。

両手ともその形のまま、手首を前にひねる。

●気分 ＋ 表す ＝ (自分の)気持ちを表す　●手話 ＋ 表す ＝ 手話表現

同 掲げる、示す、表現

参 気持ちを強く伝えたい場合は、力を入れて強く表現すると良い。

ありがとう

勝利した力士が賞金をもらって手刀をきるしぐさ

左手の甲に、垂直に立てた右手を軽くあて、上げる。

- ありがとう + お金 = 謝礼
- 合掌(両手のひらを合わせる) + ありがとう = ごちそうさま

同 感謝

ある

何かが存在していることを表す

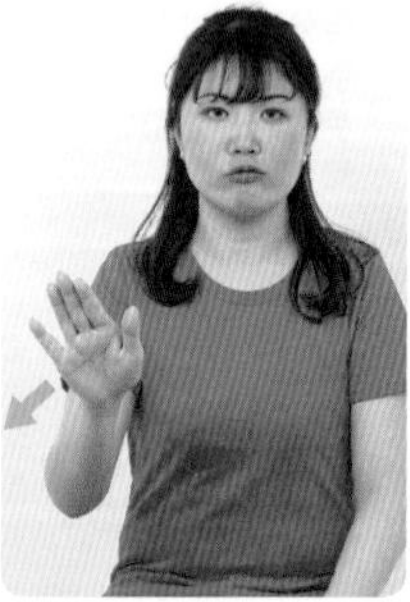

片手のひらをやや下に向けて、胸の前あたりに置き、少し下げる。

- 食べる + ある?(疑問の表情で) = 食べたことがある?

参 「(～したことが)ある?」「～を持っている?」と尋ねられて、「ある」と答える時などにも使う。

歩く

人が２本の足で歩く様子

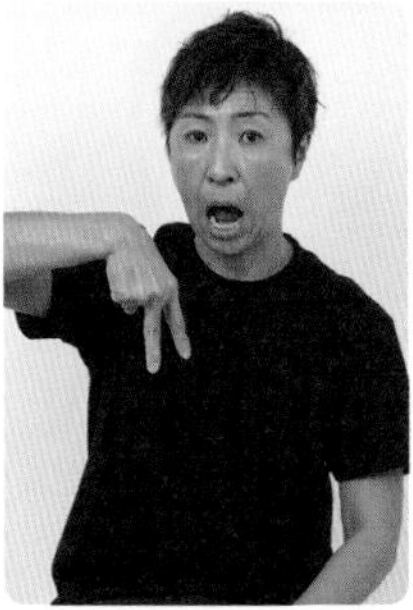

片手の人差し指と中指を下に伸ばし、交互に前後させながら前に動かす。

●食べる ＋ 歩く ＝ 食べ歩き　●歩く ＋ 行く ＝ 歩いて行く

同 徒歩、散歩

参 指を速く動かすと「早足で歩く」、ゆっくり動かすと「ゆっくり歩く」という意味。

アルバイト

「仮の仕事」という表現で表す

1

左手の甲に、親指と人差し指で輪を作った右手をあてる。

2

両手とも手のひらを上に向けて、左右から中央に2回寄せる。

●私 ＋ アルバイト ＝ 私はアルバイトです

1 同 仮、例えば、もし

2 同 仕事、職業、働く

安心

胸をなで下ろし、ほっとする様子

両手のひらを上に向けて胸の前に置き、同時に下げる。

●**安心 ＋ お願い** ＝ 安心してください

同 おとなしい、安定、安静、安全　参 片手の人差し指と中指をそろえて指先を鼻の下に向け、ゆるく弧を描きながら前方に下げる「ほっとした」という意味の表現もある。

いいえ

「いえいえ」というニュアンスに近い

片手のひらを相手に向け、胸の前でひらひらと振る。

●**いいえ ＋ 大丈夫** ＝ いいえ、大丈夫ですよ

同 どういたしまして

参 少し前かがみになって手を軽く振ると、丁寧な辞退の意味になる。

言う

人差し指を口元にあててから前に出す表現もある

片手のこぶしを前に向けて、口の前に置き、手を開きながら前に出す。

●昨日 ＋ 言う ＋ 私?(疑問の表情で) ＝ 昨日私が言った?

同 話、話す、(〜と)申します<自己紹介>

反 「言われる」は、軽くにぎった手を自分に向け、自分のほうに手を出しながら開く。

家

家の屋根の形から

両手のひらを下に向けて斜めにし、指先を付ける。

●家 ＋ 場所 ＝ 住所　●家 ＋ 出る ＋ 中 ＝ 外出中

同 屋根　参 「家」の形を作って手前に起こすと「家を建てる」、横に移動させると「引っ越し」の意味になる。

行く

「私が行く」「みんなで行く」など、単数でも複数でも使える

片手の人差し指を下に向け、手首をひねって前に出す。

●駅 + 行く = 駅に行く　●行く + 終わる = 行った
●学校 + 行く = 学校に行く　●病院 + 行く = 病院に行く

参 親指を立てて、前方に動かす表現もある。

いくつ

数を数える様子

上に向けた手のひらを親指から順に折り曲げる。数を数えるしぐさを表す。

●お金 + いくつ?(疑問の表情で) = いくら?
●年齢 + いくつ?(疑問の表情で) = 何歳?

同 いくら<勘定>

医師（医者）

「脈 ＋ 男（女）」で表す

1

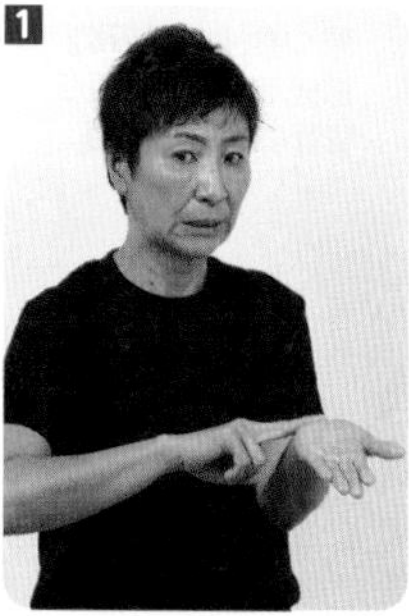

右手の人差し指と中指を、左手首にあてる。

2

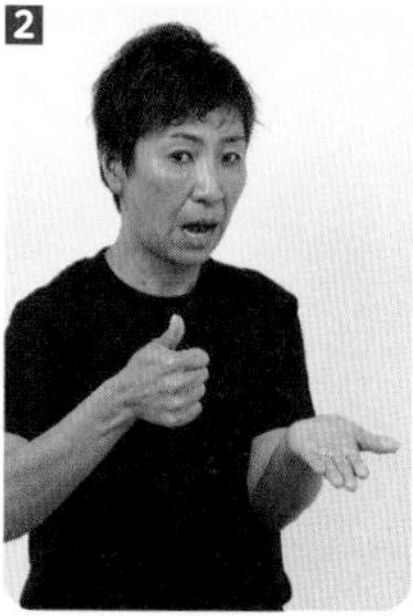

片手の親指を立てる。

●子ども＋医者＝小児科医　●歯＋医者＝歯医者　●脈＋建物＝病院

1 同 脈　**2** 同 男　参 性別関係なく使えるが、具体的に「女医」と表したい時は、2つ目の手話を「女」とする。

イス

左手をイス、右手の指を人の足に見立てている

右手の人差し指と中指を少し曲げて、左手の人差し指と中指の上にのせる。

●イス＋お金＝席料　●電車＋イス＝車内着席

同 座る、席、出席する、乗り物、乗る　参 手話は視覚言語なので、イスの状態（1脚のみ、横1列に複数並んでいるなど）を具体的に表現することもできる。

忙しい

忙しくて、ごちゃごちゃしている様子

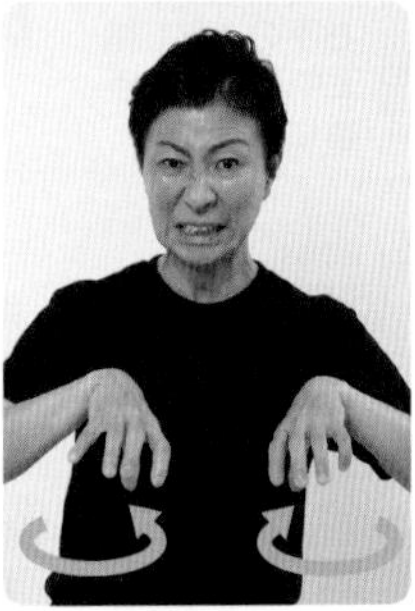

軽く曲げた両手の指先を下に向け、交互に水平に回す。

●明日＋忙しい＋私＝明日は忙しい　●仕事＋忙しい＝忙しい仕事

同 ごちゃごちゃ

反 「暇」は、両手を広げて胸のあたりに置き、手首を返して手のひらを上にする。

急ぐ

強く、早く表現する

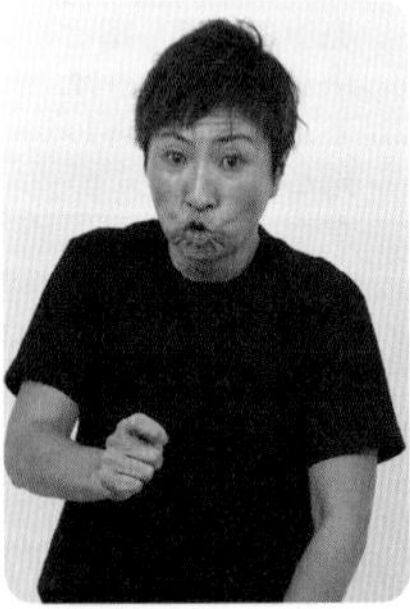

片手のこぶしを体の前に構え、

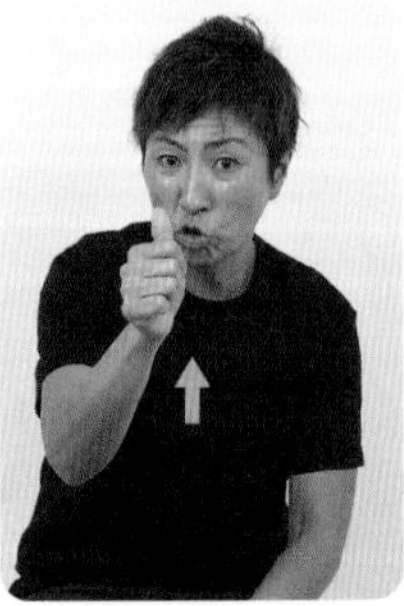

勢いよく親指をはね上げながら、少し上げる。

●急ぐ＋食べる＝急いで食べる　●急ぐ＋ニュース＝緊急ニュース

参 親指と人差し指をつけ、パッと離しながら横に動かす「すぐ、急いで、はやい」という意味の手話もある。P 188

痛い

表現する時、顔の表情も痛そうにする

片手を上に向けて、すべての指を軽く曲げ、左右に小刻みに振る。

- **肩 + 痛い** = 肩こり
- **歯 + 痛い** = 歯が痛い
- **頭 + 痛い** = 頭痛

参 痛い部位の近くで表す。

いつ

片手で表現することもできる

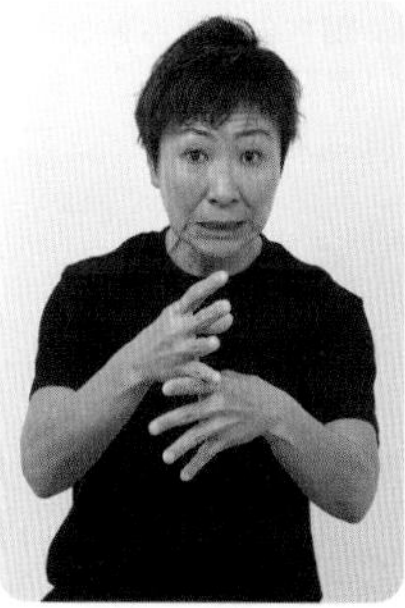

指を開いた両手を上下に構え、小指から順に折り曲げる。

- **会う + いつ?(疑問の表情で)** = いつ会う?
- **誕生日 + いつ?(疑問の表情で)** = 誕生日はいつ?

参 日にちを尋ねる時にも使う。時間を尋ねる時には「時間 + いくつ」を使う。

いっぱい

多くの数を数えているイメージ

1

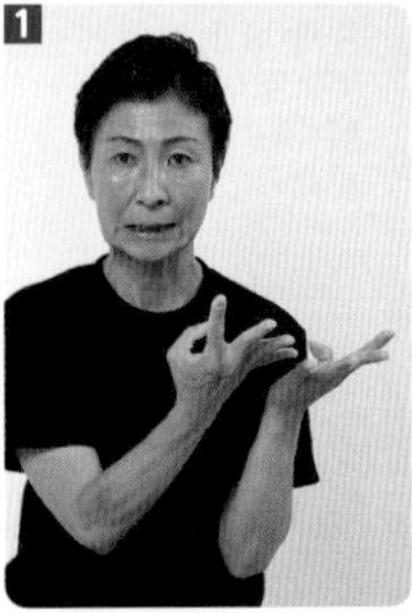

両手のひらを広げ、自分に向ける。

2

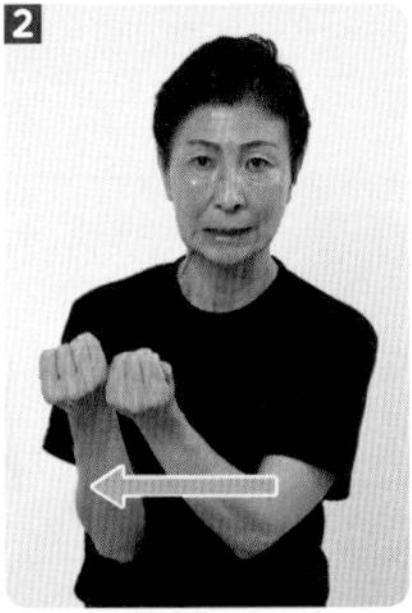

両手とも指を1本ずつにぎりしめながら、横に流す。

●お弁当 + いっぱい = お弁当ばかり
●夏休み + 宿題 + いっぱい = 夏休みには宿題がたくさんある

同 たくさん、多い、～ばかり

イヤリング

アクセサリー類は装飾する場所を触るなどして表す

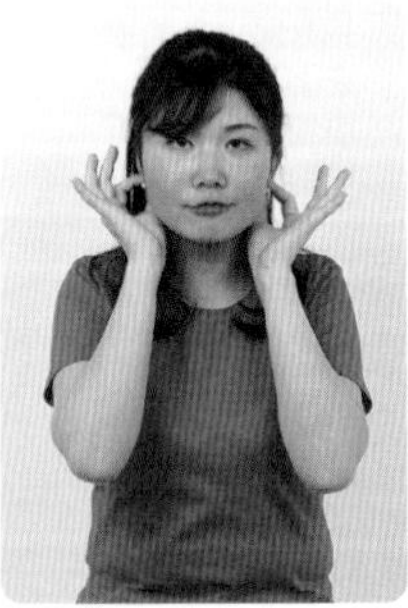

両方の耳たぶをつまむ。

●イヤリング + かわいい = そのイヤリングかわいいね

同 ピアス　参 親指と人差し指で輪を作り、そのまま首元にあて、横に動かすと「アクセサリー」の意味。ネックレスを表している。

いる

人が存在していることを表している

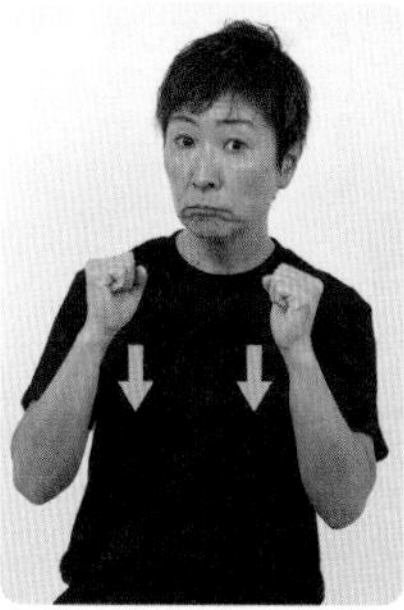

両手のこぶしを体の前で構え、少し下げる。

●いる + 部屋 = 居間
●いる + 用紙 = 住民票

同 存在

～員

関西方面では「名前」の手話として使われている

片手の親指と人差し指で輪を作り、胸にあてる。

●駅 + ～員 = 駅員　●仕事 + ～員 = 職員
●実行 + ～員 = 実行委員

同 委員

印鑑

印鑑に息を吹きかけてから押印する様子

右手のこぶしを口元に置き、左手のひらにあてる。

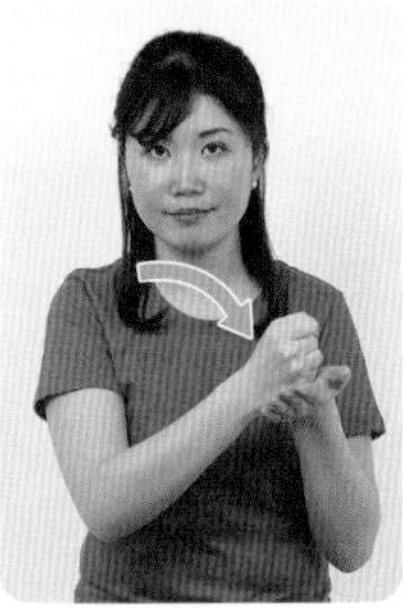

●本当 + 印鑑 = 実印

同 ハンコ

参 すぼめて閉じたすべての指を手のひらにあてる表現もある。

インフルエンザ

咳をするしぐさと、指文字「い」

片手の小指を伸ばして立て、その他4指はにぎり、口の前に置いて2回前に出す。

●インフルエンザ + 指文字「わ」 + 注射 = インフルエンザワクチン

参 手を指文字「い」ではなく、こぶしにして、咳をするしぐさをすると「風邪、咳」という手話になる。P88

ウーロン茶

指文字「う」と「お茶」で表す

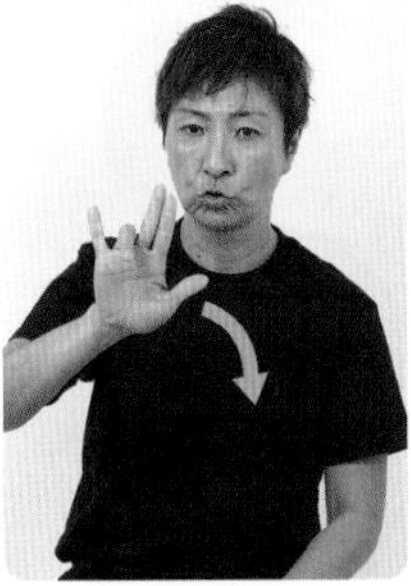

片手の薬指以外の4指を伸ばし、手首をひねって下に向ける。

●あたたかい + ウーロン茶 = ホットウーロン茶
●さむい + ウーロン茶 = アイスウーロン茶

参 左手のひらの上に、筒型にした右手をあてると「お茶」という手話になる。

ウォーキング

「歩く」と同じ表現だが、口型が違うので注意

片手の人差し指と中指を下に伸ばし、交互に動かしながら前に出す。

●ウォーキング + 靴 = ウォーキングシューズ

同 散歩
参 指を速く動かすと「競歩」の意味になる。

動く

活発に動いている様子

両手のこぶしを胸の前に置き、交互に前後させる。

●動く＋中＝活動中　●指文字「ぶ」＋動く＝部活動

同 活躍、活発、活動

参 両手でこぶしを作って、同時に2回下げると「元気」の意味になる。P134

失う

そこにあったものが、ふっとなくなってしまう様子

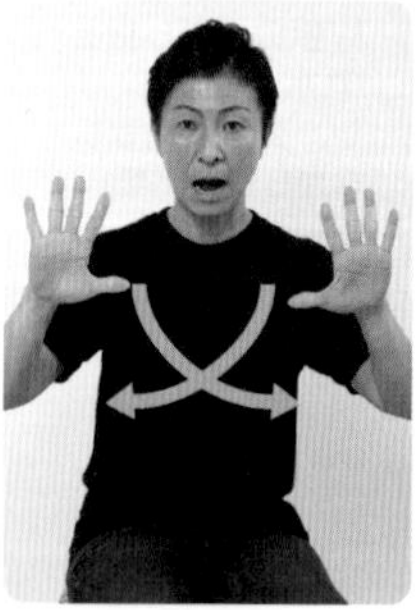

両手のひらを前に向ける。

こぶしを作りながら、胸の前で両手を交差させる。

●信じる＋失う＝信用を失う

同 消える、治る、なくなる、乾く、乾燥

参 左手のひらに右手を乗せ、右手だけすべらせると「売り切れ」の意味。

(色などが)薄い

何が薄いのか、「厚さ」と「色」で、表現方法が異なる

両手のひらを向かい合わせ、互い違いに小さく回す。

●考える＋薄い＝あいまいな考え　●関係＋薄い＝薄い関係

同 あいまい、複雑、淡い　参「(厚さが)薄い」は、両手とも親指と人差し指を横に伸ばし、指間を少し開けて向かい合わせ、左右に少し離す。

うそ

驚いて「うそ」と表す時は、驚いた表情をする

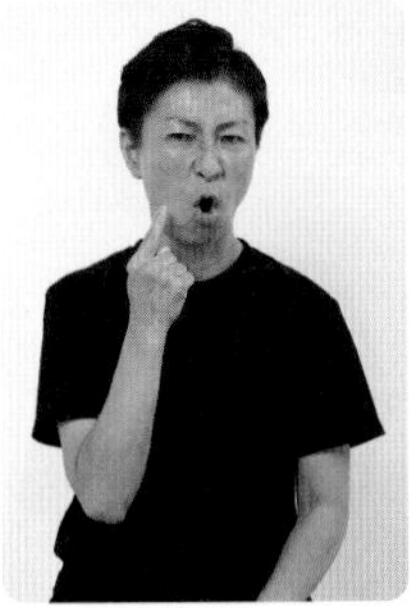

人差し指でほおをつつく。

●うそ＋日＝エイプリルフール
●うそ＋悪い＝うそはよくない

同 故意、わざと

歌う

リズミカルに声が出る様子

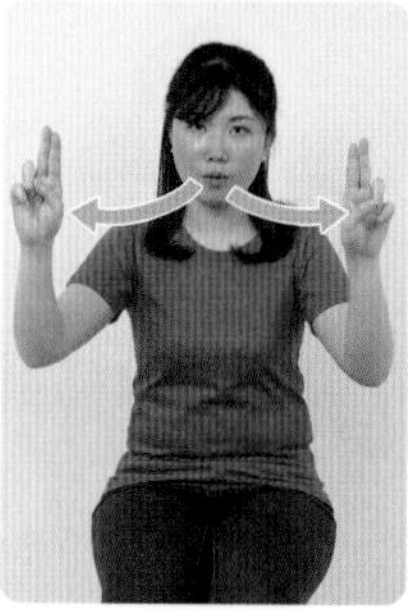

両手とも人差し指と中指を揃えて伸ばし、口元から前に出す。

●新しい + 歌う = 新曲　●子ども + 歌う = 童謡
●日本 + 歌う = 日本の歌

同 歌、ライブ、コンサート、音楽　参 片手だけで表現することもできる。

疑う

「怪しい」といぶかる様子

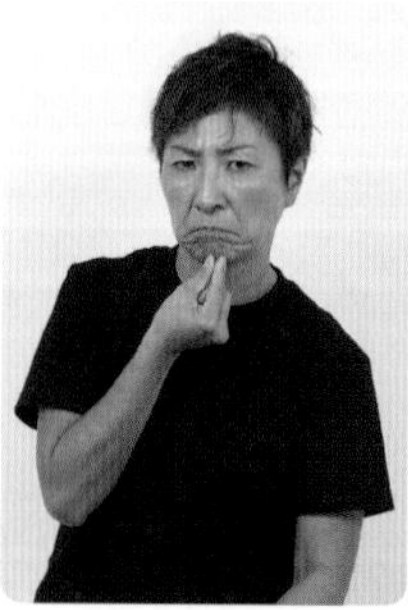

片手の親指と人差し指の指先をあごにあてる。

●病気 + 疑う = 病気の疑いがある　●この +料理 +疑う = この料理大丈夫?

同 あやしい、おかしい、疑問、不思議
参 人差し指をあごにあて、ねじるように動かす表現もある。

生まれる

お腹から赤ちゃんが生まれる様子

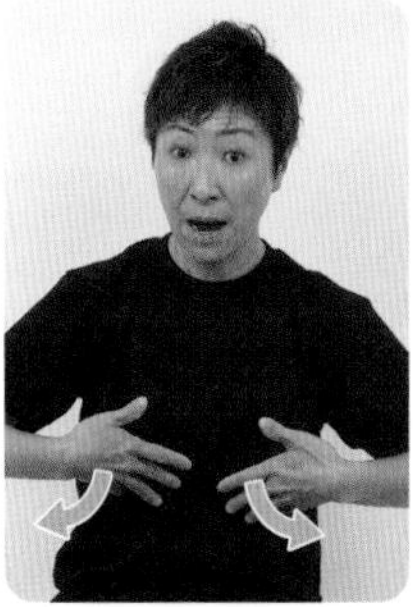

開いた両手のひらをお腹にあて、手首をひねって前に払う。

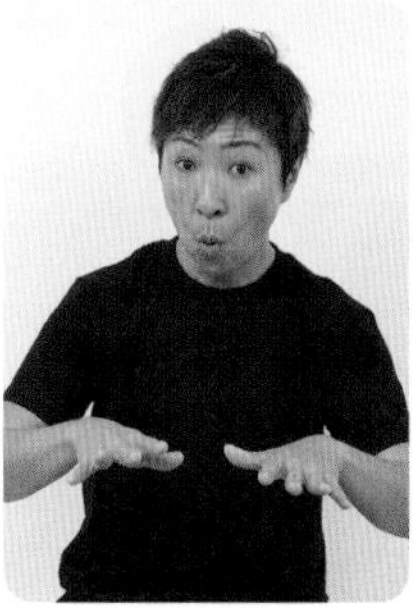

●生まれる + 女性 + か = 産婦人科
●令和 + 4 + 生まれる = 令和4年生まれ

同 産む、出産、出身

海

波を表している

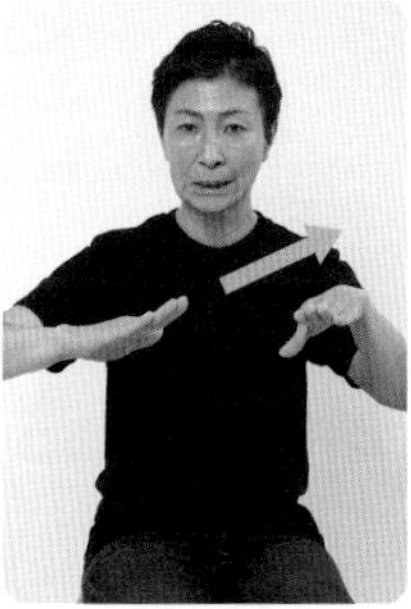

両手のひらを下に向け、片手をもう一方の片手の上に打ちつける。

打ちつけた片手を元の位置に戻す。

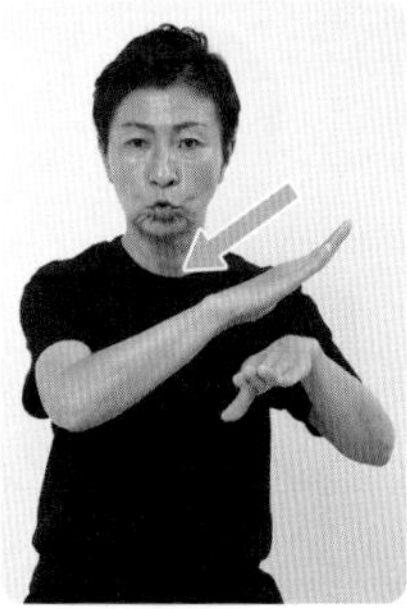

●海 + スポーツ = マリンスポーツ　●日本 + 海 = 日本海

同 浜
参 上に向けた手のひらを波立たせながら横に引く表現もある。

裏切る

言った内容を変えるというイメージ

人差し指と中指を立てて、人差し指をあごに付ける。

そのまま手首を返して、中指をあごに付ける。

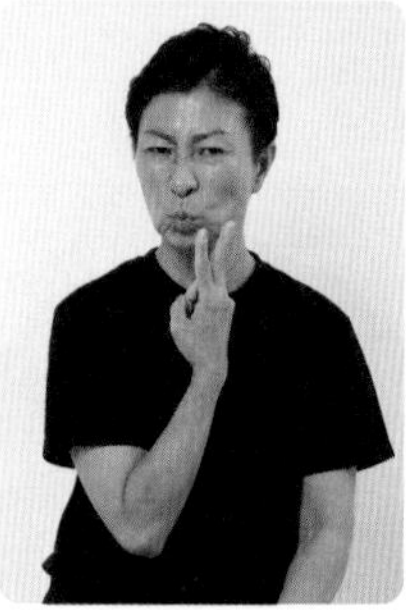

- **裏切る ＋ 嫌い ＝** 裏切りはイヤ
- **裏切る ＋ ない② ＋ お願い ＝** 言い訳しないでね

同 言い訳

うらやましい

口型は「ほ」にする

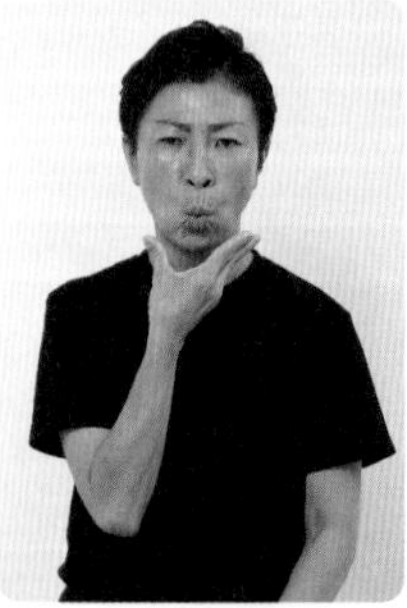

片手の親指、その他４指を揃えた形で、あごの下に置く。

指先をすぼめながら下げる。一連の動作を２回繰り返す。

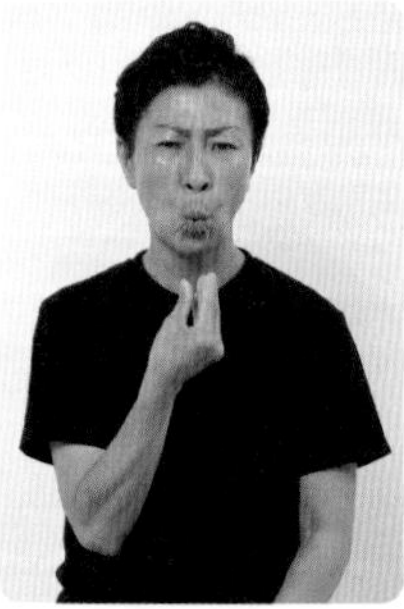

- **うらやましい ＋ あなた ＝** 幸せ者ね!
- **結婚 ＋ 終わる(疑問の表情で) ＋ うらやましい ＝** 結婚したの?いいな

同 うらやむ、羨望する

売る

お金をもらって、物を渡す様子

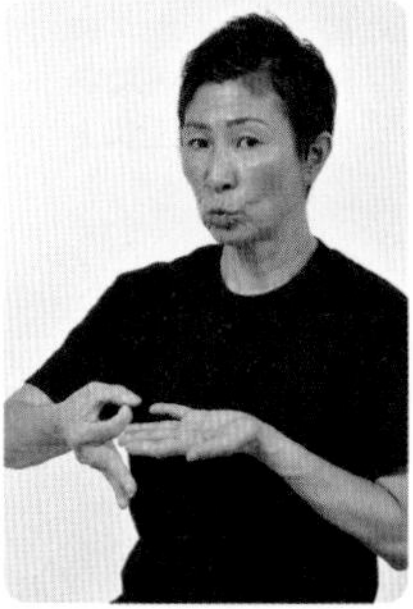

親指と人差し指で輪を作った右手を、左手のひらの上に構える。

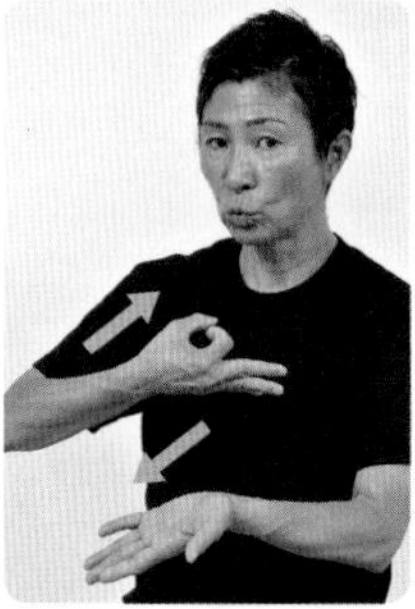

右手は自分に引き寄せ、左手は前に出す。

●絵 + 売る = 絵を売る　●服 + 売る + 場所 = 衣料品売り場

反「買う」は、左手のひらの上に、親指と人差し指で輪を作った右手を置き、右手は前に出し、左手は引く。P82

うるさい

耳に雑音が響いている様子

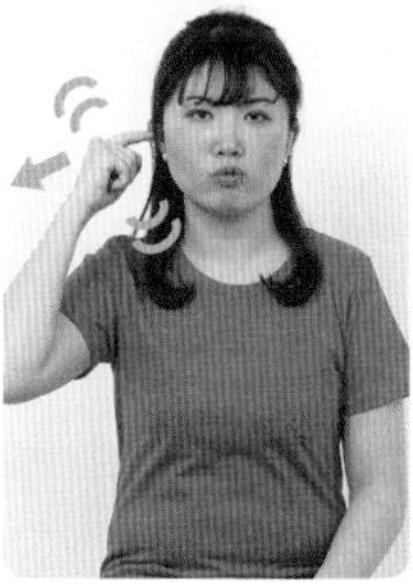

片手の人差し指を耳元に置き、手首を回しながら離す。

●うるさい + 場所 + 苦手 = うるさい場所は苦手
●高速道路 + うるさい = 高速道路の騒音がひどい

参 小言を言われて、うんざりする時にも使う。

うれしい

「うれしい」「喜ぶ」「楽しい」は口型で区別する

両手の4指（親指以外）を胸にあて、左右交互に上下に動かす。

●会う＋うれしい＝お会いできてうれしいです
●うれしい＋待つ＝期待

同 楽しい、喜ぶ、喜び

運転

ハンドルを動かしている様子

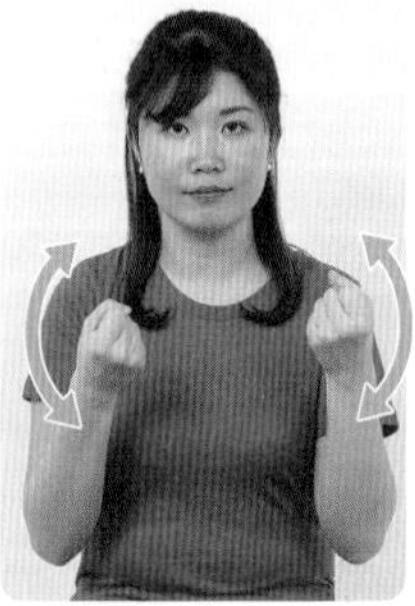

両手のこぶしを左右に構え、ハンドルを動かすように上下させる。

●運転＋好き＝ドライブが好き

同 車、ドライブ　参 乗り物によって手話は変わる。バイク、飛行機などそれぞれの実際の動きで表す必要がある。

運動会

「競う ＋ 会」で表現する

1

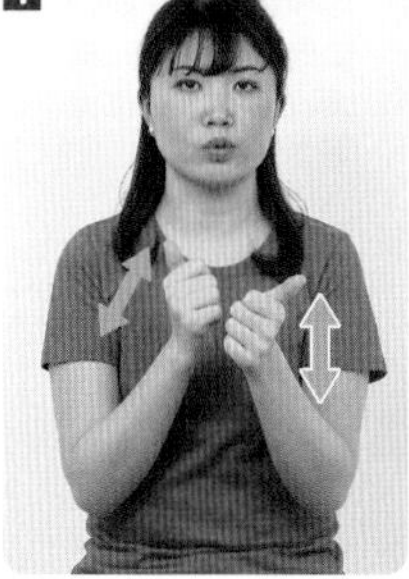

両手とも親指を立て、交互に前後させる。

2

両手のひらを下に向けて斜めにし、指先を付け、同時に斜め下に引く。

●**小学校 ＋ 運動会 ＝** 小学校の運動会

1 同 運動、競う
2 同 会

絵

紙やキャンバスなどに絵具を塗っている様子

両手のひらを自分に向け、片手をもう一方の手に塗り付けるようにあてる。

●**絵 ＋ 本 ＝** 絵本
●**絵 ＋ 家 ＝** 画家
●**絵 ＋ 建物 ＝** 美術館

同 美術　参 鉛筆やクレヨン、絵筆で絵を描いているような表現でも良い。

映画

スクリーンが動いている様子

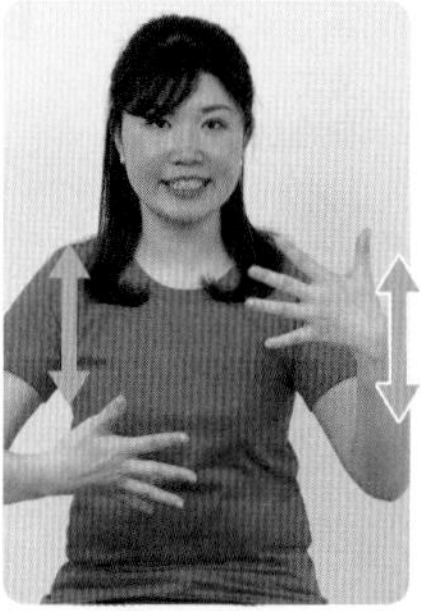

両手のひらを自分に向けて上下に構え、互い違いに上下させる。

●映画 + 建物 = 映画館　●これ + 映画 + 見た? = この映画見た?
●これ + 映画 + おもしろい = この映画おもしろいよ

同 テレビ

駅

昔、駅員が切符にはさみを入れていた様子から

上に向けた左手のひらを、右手の親指と人差し指で1回はさむ。

●駅 + 〜員 = 駅員　●東京 + 駅 = 東京駅
●駅 + お弁当 = 駅弁

同 切符

エスカレーター

エスカレーターの手すりに手を置き、上がっていく様子

親指とその他４指でコの字型を作った片手を下に向け、斜めに上げる。

●エスカレーター ＋ 行く ＝ エスカレーターで行く

同 エスカレーターで上がる

反 「エスカレーターで下りる」は、手を斜めに下げていく。

選ぶ

左手を人や物に見立て、ピックアップする様子

右手の親指と人差し指で、開いた左手の１本の指をつまむようにして、同時に上げる。

●仕事 ＋ 選ぶ ＝ 仕事を選ぶ　●本 ＋ 選ぶ ＝ 本を選ぶ

同 採用、選択、取り上げる

参 いくつかある中から１つを選ぶ場合は、５本指を立てどれか１本を右手でつまむ。

得る

ある物が自分のほうへやってくる様子。「得する」のイメージ

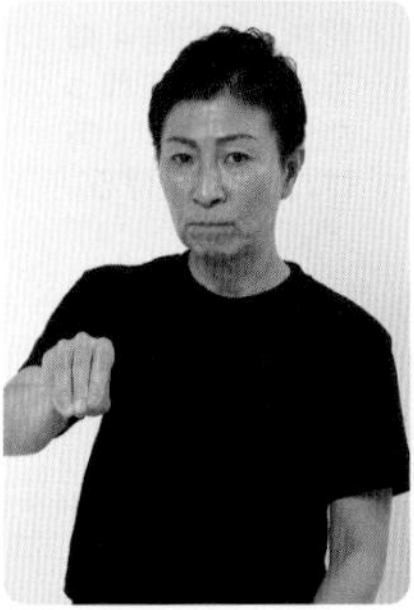

片手のすべての指先を付け、前に向ける。

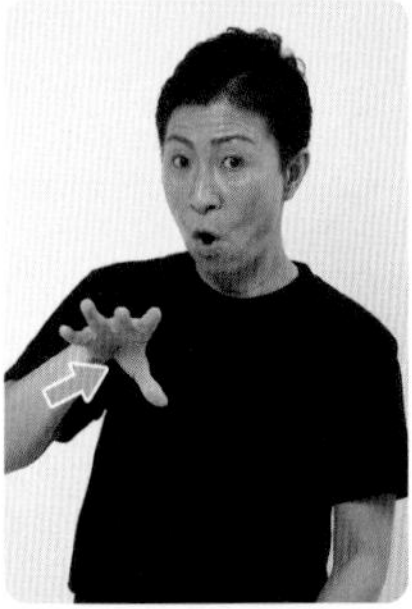

手をぱっと開きながら手前に引く。

●安い + 得る = 安くて得した
●買い物 + 得る = 買い物で得する

同 得する　参 手をにぎりながら、手前に引く「取る」の表現で表すこともある。

エレベーター

エレベーターが上下に動く様子

両手のひらを並べて前に向け、同時に上下する。

●駅 + エレベーター = 駅のエレベーター

参 エレベーターの手話の後に、両手を左右に開くと「エレベーターが開く」という意味になり、逆に両手を左右から閉じると「エレベーターが閉じる」の意味になる。

円

お金の「円」の時に使う

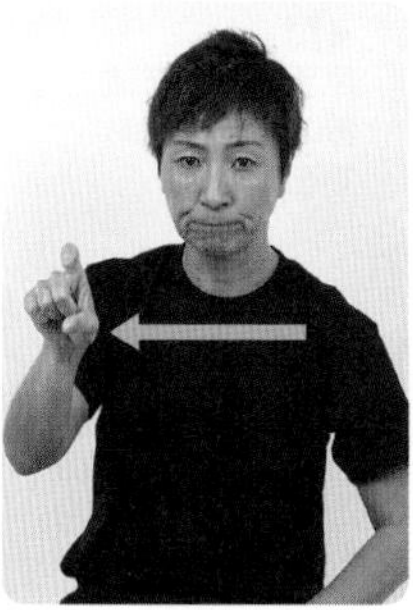

片手の親指と人差し指をコの字型に曲げて、横に動かす。

●円 + (値段が)高い = 円高　●円 + 安い = 円安
●100 + 円 = 100円

参「丸い」という意味の「円」は、人差し指で円を描いて表現する。

延期

あちらからこちらへ移動している様子

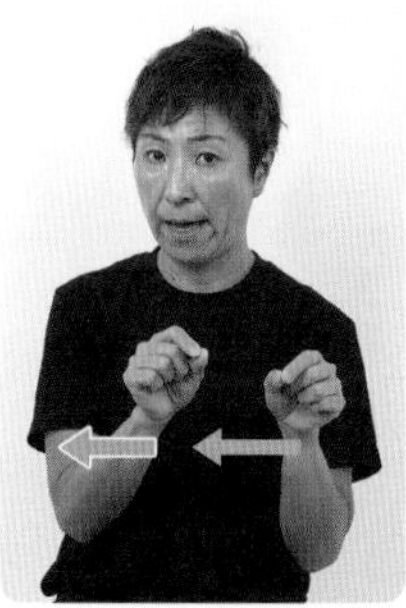

両手とも何かをつまむようにして、同時に横に動かす。

●雨 + 延期 = 雨天順延　●1 + 時間 + 延期 = 1時間延長
●試合 + 延期 = 延長戦　●試験 + 延期 = 試験を延期する

同 延長　参 両手を同時に前に出す表現もある。

おいしい

2種類の表現がある。AよりもBのほうが度合が高い

◀A
片手のひらをほおに2～3回あてる。

B▶
片手のひらをあごにあて、そのままほおに沿って上げる。

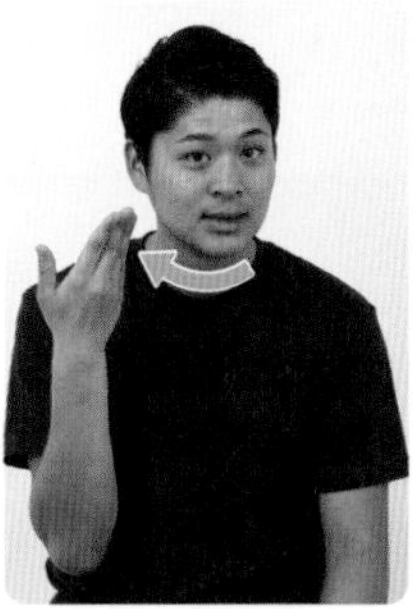

●ケーキ ＋ おいしい ＝ おいしいケーキ

参 Aの手話は、どちらかというと女性的な表現。

反 指の腹をあごに付けてから指先を下に払うと「まずい(P325)」の意味になる。

追う

両手の指をそれぞれ人に見立て、追う様子

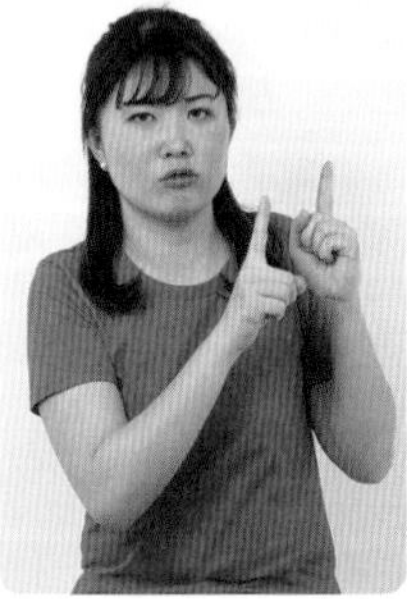

両手の人差し指を前後に構え、同時に前に出す。

●追う ＋ 悪い ＝ ストーカー

同 ストーカー

反 「追われる」は両手の甲を前に向けて、人差し指を立て、手前に引き寄せる。

応援する

旗を振っている様子

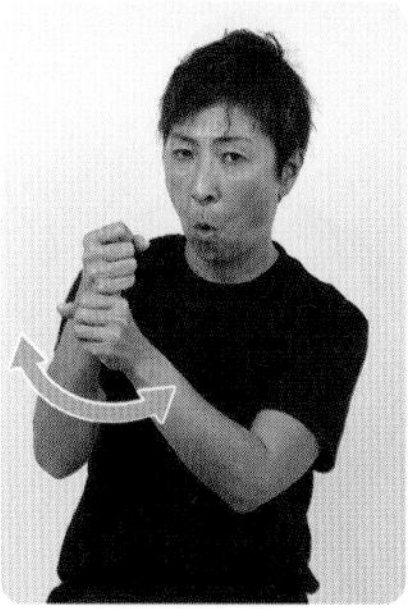

両手で応援旗をにぎり、旗を振るように左右に動かす。

●応援する + グループ = 応援団
●テニス + 試合 + 応援する = テニスの試合で応援する

参「チアリーディング」は、両手でポンポンを持って振るような動作をする。

嘔吐

嘔吐している様子

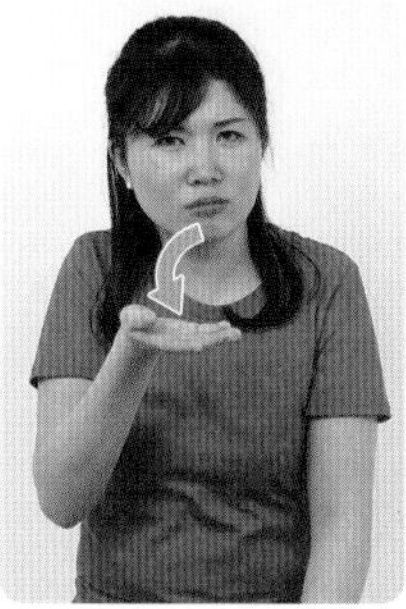

片手のひらを上に向けて口元に置き、少し前に出す。

●嘔吐 + 止める + 薬 = 吐き気止め薬
●嘔吐 + ~したい = 気持ちが悪い(吐き気がする)

同 吐く

大きい

物の大きさを表現する

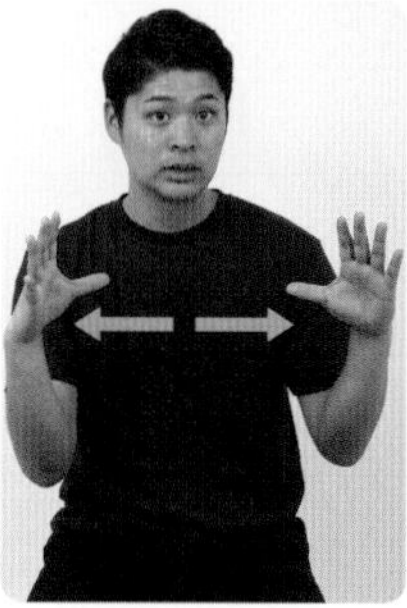

軽くわん曲させた両手を向かい合わせ、同時に左右に離す。

●**大きい + スーパーマーケット** = 大きいスーパーマーケット

参 「小さい」という手話は、「大きい」と逆の動作をする。軽くわん曲させた両手を向かい合わせ、同時に中央に寄せる。

オーバー

表情によって、良い意味にも悪い意味にもなる。

片手のひらを縦にして、勢いよく少し前に出す。

●**あなた + 遅い + オーバー** = 遅刻はまずいよ!　●**すてき + 贈られる + オーバー** = こんなすてきなものをいただいてうれしい!

同 ひどい　参 「定員オーバー」という意味にはこの手話は使わない。

お金

親指と人差し指で作った輪は、
コインを表す

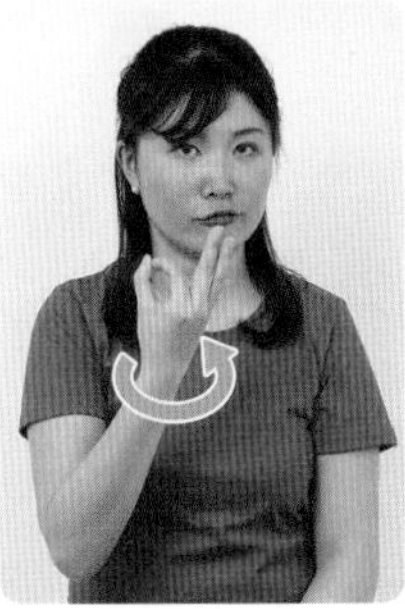

片手の親指と人差し指で輪を作って自分に向け、手首を２回ひねる。

●使う＋お金＝使用料金　●年＋お金＝年金
●本当＋お金＝現金

同 金、ゴールド、金曜日、値段、料金

起きる

目が開いた様子

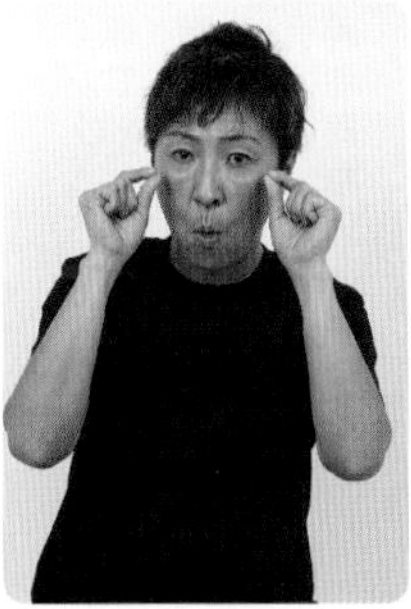

両手とも親指と人差し指の指先を付け、目の横に置く。

指先をパッと離し、少し前に出す。

●起きる＋遅い＝起きるのが遅い

同 目が覚める　参 指を素早く何回も付けたり離したりすると「まばたき」、片手で２回付けたり離したりすると「ウインク」という意味。

贈る

贈り物を持って、相手に差し出す様子

右手は紐をつまむように、左手のひらは底を支えるようにして、前に出す。

●説明 + 贈る = 説明する

同 お土産、プレゼント、話を持ち出す

反 「贈る」の動作を反対にする(手を自分に引き寄せる)と「贈られる」の意味になる。

怒る

感情がわき出る様子

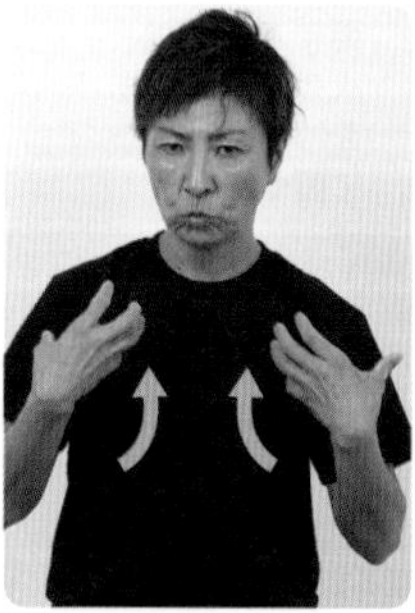

両手とも指を軽く曲げて胸にあて、同時に手首をひねって上げる。

●怒る + いっぱい + まいった = 怒ってばかりでうんざり! ●怒る + スムーズ = 怒りっぽい ●怒る + 止める + お願い = 怒らないでください

参 力強く動かすと、「とても怒っている」という意味になる。

おごる

両手で作った輪は、お金を表す

両手とも親指と人差し指で輪を作り、上下に構え、手を開きながら左右に開く。

●今日 + 私 + おごる = 今日は私がおごります

参 右手の親指と人差し指で輪を作り、左手を下に添えて、同時に出すという表現で表すこともできる。

お酒を飲む

すべてのアルコールを含む表現

片手の親指と人差し指で「C」の字型を作り、口元に置き、傾ける。

●お酒を飲む + 店 = 居酒屋
●お酒を飲む + 行く?(疑問の表情で) = (お酒を)飲みに行こうか?

同 居酒屋

幼なじみ

一緒に育ったという様子

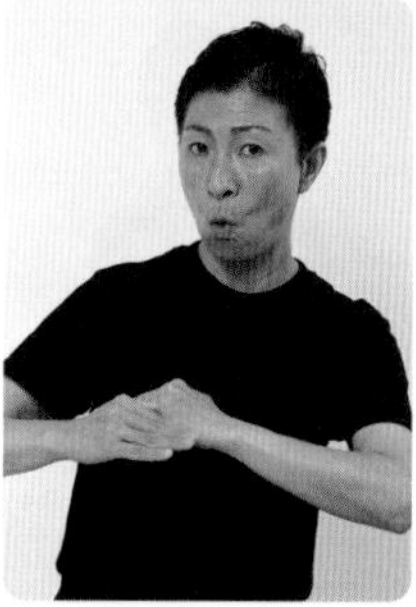

両手のひらを下に向け、胸の前で前後に合わせる。

両手ともそのまま同時に顔の前あたりまで上げる。

●私 + 幼なじみ + 結婚 + 私 = 私は幼なじみと結婚した
●幼なじみ + 久しぶり + 会う = 幼なじみと久しぶりの再会

参「同い年」は下に向け前後に合わせた両手のひらを胸の前で2回軽く打ち合わせる。

教える

教師がさし棒を振って、説明している様子

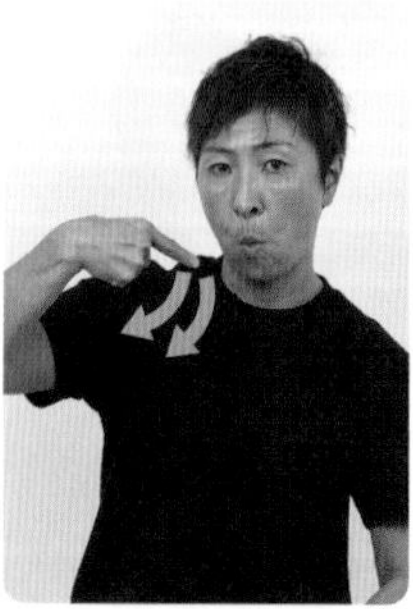

片手の人差し指を自分に向け、手首を前に向かって2回振る。

●教える + ～員 = 指導員
●人 + 教える + 好き + 私 = 人に教えるのが好き

同 教師

おしゃれ

服のほこりをはらう様子

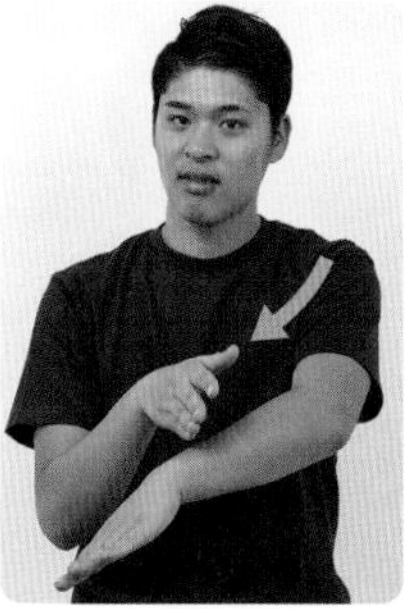

右手で、左腕を 2 回払う。

●おしゃれ + 人 = おしゃれな人
●おしゃれ + 店 = ブランドショップ

同 ブランド

お正月

1 月 1 日を迎える様子

両手とも人差し指を横に伸ばし、上下に構え、手首をひねって寄せる。

●お正月 + 郵便 = 年賀状
●お正月 + おめでとう = 明けましておめでとう

同 元旦

おすすめ

おすすめの物を推しているイメージ

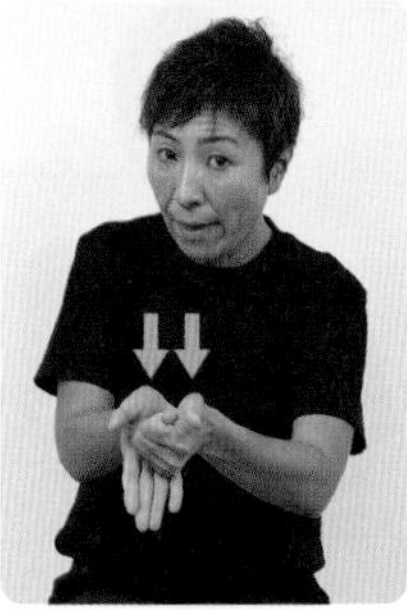

親指を立てた左手を、右手のひらで下から２回叩く。

●おすすめ ＋ 店 ＋ 教わる ＋ お願い ＝
おすすめの店を教えてください

反 上に向けた手のひらを自分のほうに向けると「おすすめされる」という意味になる。

遅い

時間・速度・発達など全般に使える

両手とも親指と人差し指を伸ばして左右に置き、同時に横に倒す。

●歩く ＋ 遅い ＝ 歩くのが遅い　●時間 ＋ 遅い ＝ 遅刻　●暗い ＋ 遅い
＝ 夜遅く　●暗い ＋ 遅い ＋ ごめんなさい ＝ 夜分遅く申し訳ありません

同 遅れる、遅刻

恐ろしい

怖くて震えている様子

肩をすぼめ、にぎった両手を胸の前あたりに構え、腕を震わせる。

●**恐ろしい ＋ 病気** ＝ 恐怖症　●**恐ろしい ＋ 先生** ＝ 怖い先生

同 怖い、冬、冷たい、寒い

参 合掌した手を顔の横に上げる表現もある。

教わる

知識を自分の中に入れるようなイメージ

片手の人差し指を眉間の前あたりで2回振る。

●**先生 ＋ 教わる** ＝ 先生に教えてもらう

●**ゴルフ ＋ 教わる** ＝ ゴルフを教わる

同 習う、習い事

お大事に

やさしくなでて労わる様子

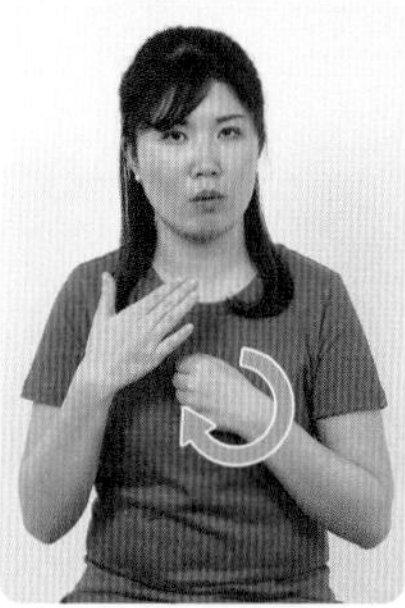

左手のこぶしを胸にあて、右手のひらで左手を１周なでる。

●お大事に ＋ お願い ＝ お大事にしてください

同 労わる

参「慰める」は、親指を立てた左手を、右手のひらで押して前に出す。P238

落ち込む

気持ちが落ちるイメージ。口型「う」を付ける

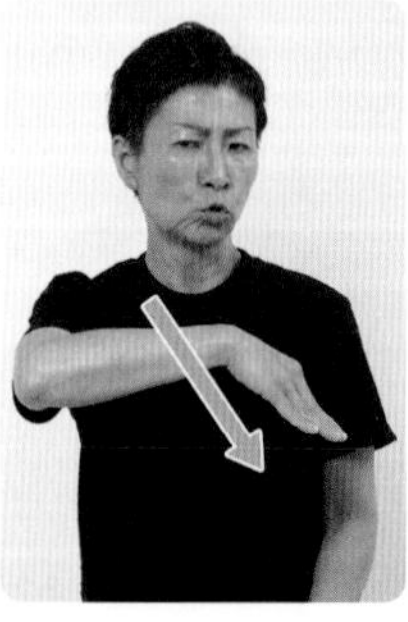

指先を下に向け、斜め左へ下げる。

●気分 ＋ 落ち込む ＝ 気分が落ち込む
●失敗する ＋ 落ち込む ＝ 失敗して落ち込む

同 下り坂、下がる、低下　反 手を斜めに上げていくと「上がる」の意味になる。

落ち着く

心が静まるイメージ

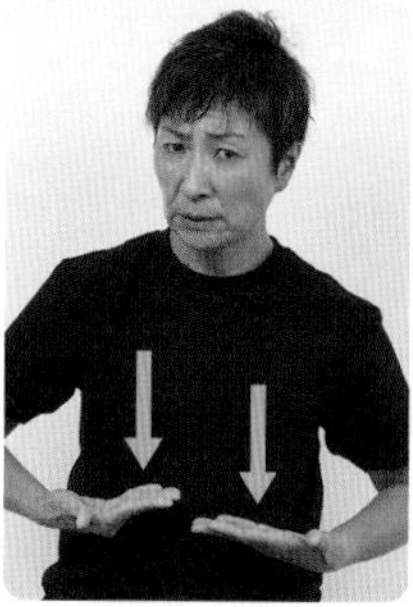

両手のひらを上に向けて胸の前に置き、同時に下げる。

●落ち着く ＋ お願い ＝ 落ち着いてください
●落ち着く ＋ ない① ＝ 落ち着かない

同 安心、安全　参 両手のひらを下に向けて、同時に２回下げる表現もある。

お疲れさま

疲れている人を労わり、肩を叩く様子

右手のこぶしで、左手首を２回叩く。

●仕事 ＋ お疲れさま ＝ お仕事お疲れさま
●手話 ＋ 勉強 ＋ お疲れさま ＝ 手話の勉強お疲れさま

同 苦労、大変、面倒　参 時間関係なく、人と会った時、あいさつとして使える手話。

おつり

小銭をすくう様子

左手のひらに右手をのせ、すくうように上げる。

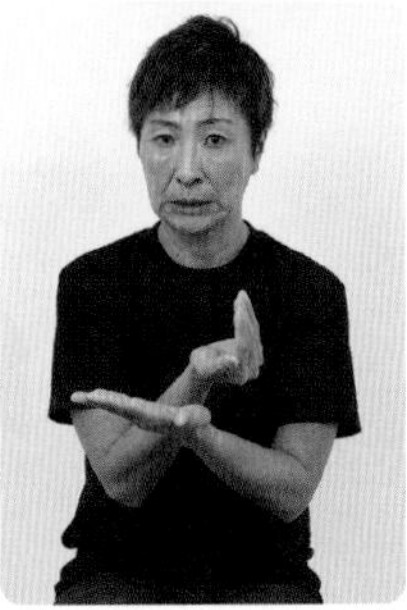

- 本当 + お金 + おつり = 現金が余った
- おつり + いくつ?(疑問の表情で) = おつりはいくら?

同 余る、余り、残り

大人

背が高くなる様子

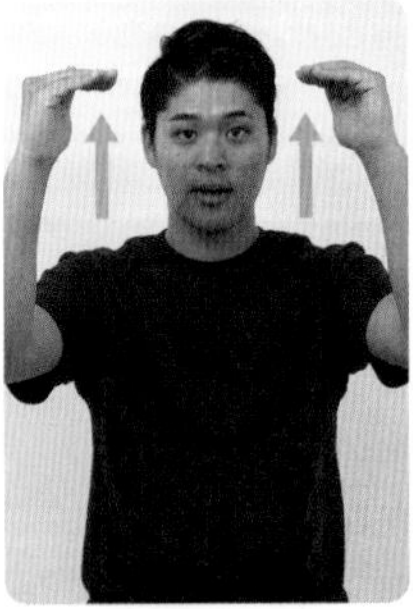

両手とも親指以外の４指を揃えて折り曲げ、同時に上げる。

- 大人 + ～式 = 成人式
- 大人 + お金 = 成人料金

同 成人、成長、大人っぽい

参 片手だけで表現することもできる。

驚く

びっくりしてあごが外れる様子

わん曲させた右手をあごにあて、左手のひらに打ちつける。

●結婚＋伝える＋驚く＝結婚の発表にびっくり
●ニュース＋見る＋驚く＝ニュースを見て驚いた

参 同じ動作を、口型「パッ」を付けて表現すると「だまされた」という意味になる。

同じ

「そうそう」「そうです」など同意の意味でも使う

片手は自分、もう一方の手は相手に向けて、同時に親指と人差し指を2回付けたり離したりする。

●あなた＋趣味＋同じ＋私＝あなたと同じ趣味を持っています

同 ですね?(同意、確認)

参 両手を交差して「同じ」と同じ動作をすると、「お互い」という意味になる。

お願い

両手を合わせる表現をすることもある

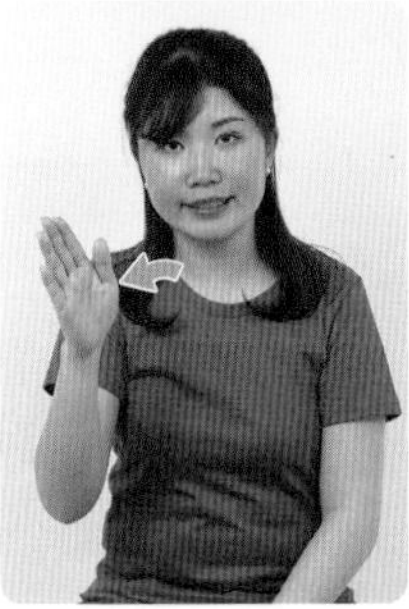

片手のひらを立て、少し前に出しながら、体も少し前に倒す。

- イス + お願い = 参加してください
- 待つ + お願い = 待ってください

同 頼む、依頼

お弁当

ご飯を茶碗や弁当箱などに詰めている様子

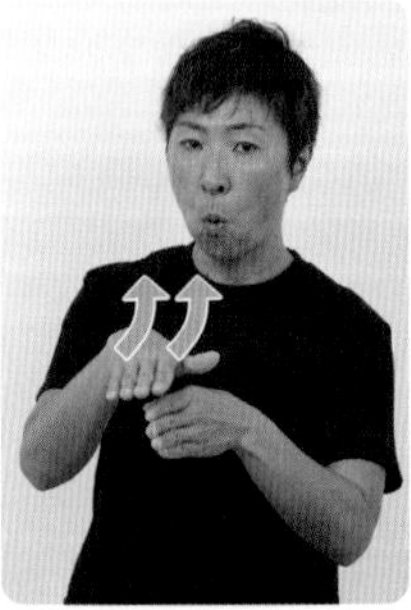

左手のひらを立て、左手の親指に右手のひらを２回こすり付ける。

- お弁当 + 作る + お願い = お弁当を作ってください
- 愛 + 妻 + お弁当 = 愛妻弁当

参 お盆を持つように片手のひらを上に向け、肩の上に置くと「出前」の意味になる。

覚える

情報が頭の中に入っていくイメージ

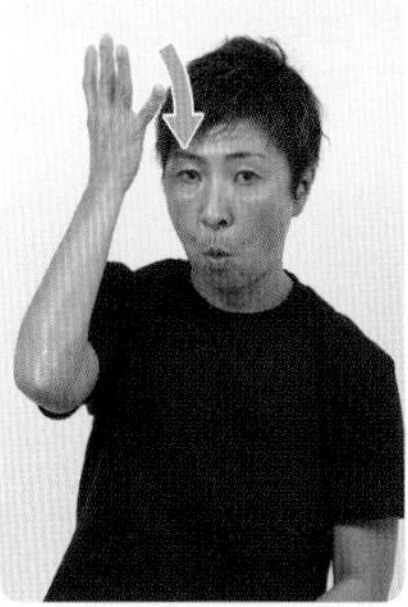

開いた片手をこめかみに近づけながらにぎる。

●時間 + 覚える = 時間を覚えている
●覚える + 無理 = 覚えられない

同 暗記、記憶　反 頭の横で、にぎった手をパッと開くと「忘れる」の意味になる。

お見舞い

花束を差し出す様子

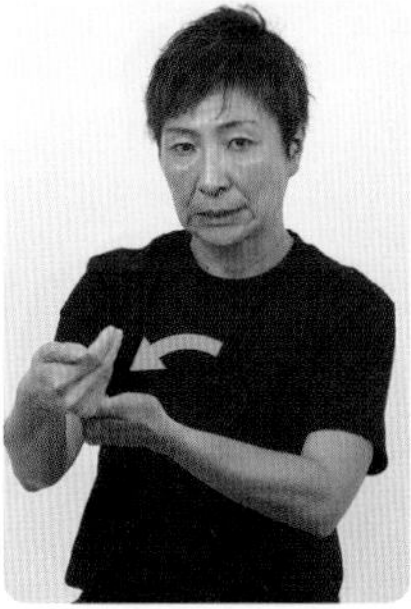

両手で花束を抱えるように構え、同時に前に出す。

●病院 + お見舞い + 行く = 病院にお見舞いに行く
●お見舞い + 家族 + 〜だけ+お願い = お見舞いは家族のみです

同 花束

おめでとう

門松の形を表しているという説もある

両手のこぶしを体の前に構える。

両手を同時に上げながら手をパッと開く。

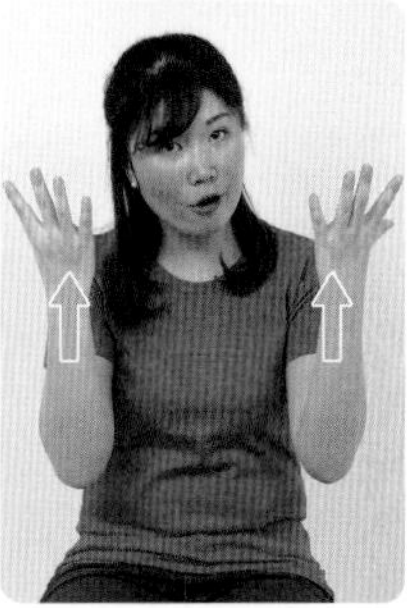

●卒業 ＋ おめでとう ＝ 卒業おめでとう　●結婚 ＋ おめでとう ＝ 結婚おめでとう　●おめでとう＋会＝祝賀会

同 祝う

重い

手を下げることで、重い様子を表現する

両手のひらを上に向け、同時に勢いよく下げる。

●これ（対象物を人差し指で指す）＋靴＋重い ＝ この靴は重い

同 重さ

参 両手のひらを上に向け、2回同時に上下に動かすと「体重」の意味になる。

思い出した

ひらめいた様子

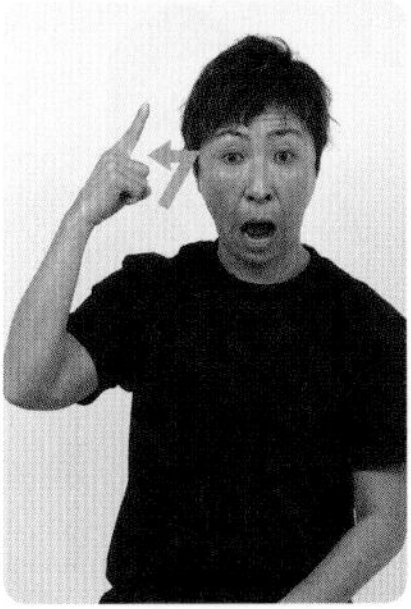

片手の人差し指をこめかみにポンッとあて、そのはずみで離す。

●途中 + 思い出した = 途中で思い出した
●思い出した + 家 = 発明家

同 気づいた、発明、ひらめく

思い出／懐かしむ

頭の中からいろいろ思い浮かぶ様子

1

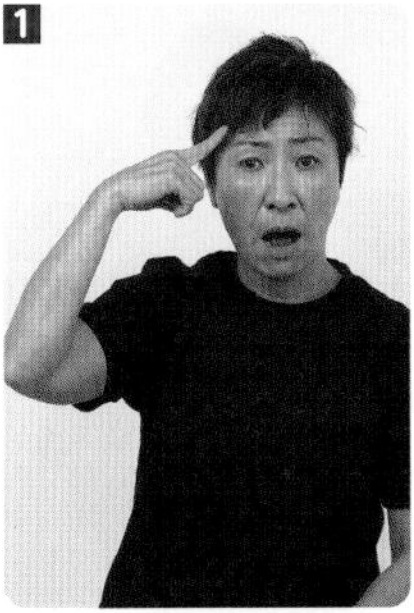

片手の人差し指をこめかみにあてる。

2

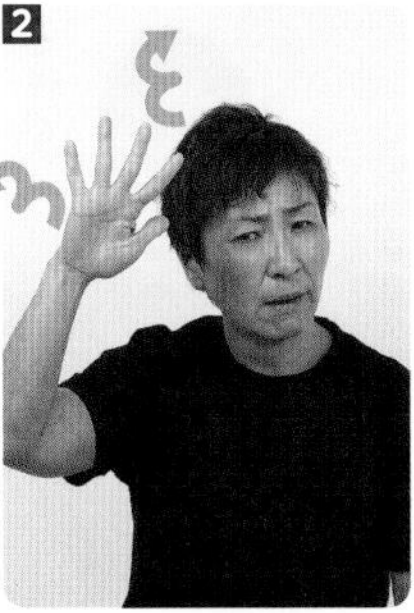

こめかみにあてた手を、指をひらひらさせながら頭から離す。

●思い出 + 歌 = 懐メロ
●思い出 + 場所 = 思い出の（懐かしい）場所

1 同 思う　**2** 同 憧れる

おもしろい

感情を表す手話は、顔の表情も大事

片手のこぶしをお腹の前に置き、数回お腹を叩く。

●おもしろい ＋ 本 ＝ マンガ
●あれ（指さし）＋ 男 ＋ おもしろい ＝ あの人おもしろい

参 片手のこぶしを胸に数回ぶつけるという表現でも表せる。

おもちゃ

乗り物のおもちゃのイメージ

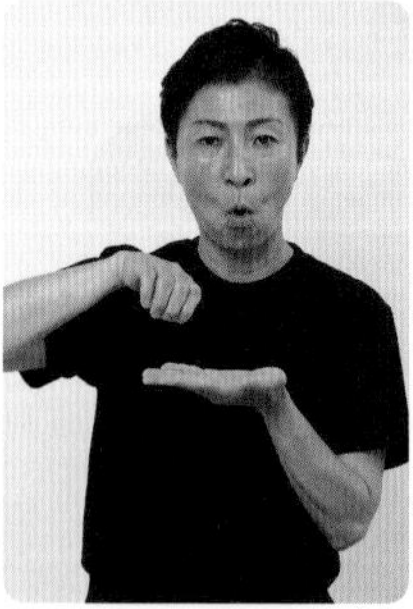

左手のひらを上に向け、その上に親指と他の4指の間を開いた右手を下に向ける。

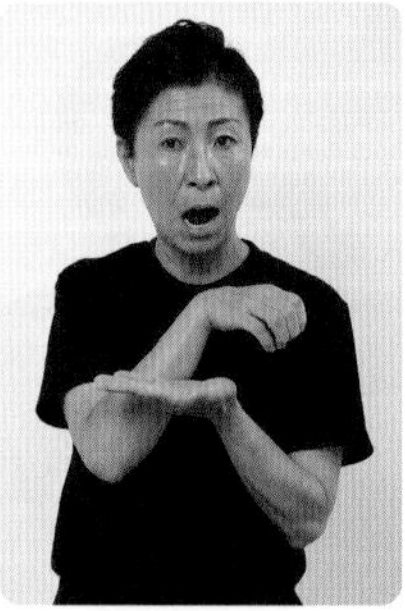

左手はそのままで、右手だけを左右に動かす。

●車 ＋ おもちゃ ＝ 車のおもちゃ
●バス ＋ おもちゃ ＝ バスのおもちゃ

参 「遊ぶ（P 24）」という表現方法でも表すことができる。

おやすみなさい

頭に枕をあてて寝ている様子

片手のひらをほおにあてるようにして、首を少しかしげる。

- おやすみなさい ＋ 時間 ＝ 睡眠時間
- おやすみなさい ＋ 部屋 ＝ 寝室

同 寝る、眠る、睡眠

降りる

高いところや乗り物から降りる様子

片手の人差し指と中指を伸ばし、斜めに下ろす。

- バス ＋ 降りる ＝ バスを降りる
- 車 ＋ 降りる ＝ 車を降りる
- 電車 ＋ 降りる ＝ 電車を降りる

参 大きく弧を描くように人差し指と中指を下ろすと「ジャンプ」という意味になる。

オリンピック

オリンピックの五輪のマークから

両手とも親指と人差し指で輪を作って、その他3指は伸ばし、輪と輪を絡め、横に動かしながら、手を入れ替える。

●オリンピック + 楽しい + 終わり = オリンピックは楽しかった
●オリンピック + 優勝 + 目的 = オリンピックの金メダルを目指す

参 指文字「ぱ」 + オリンピックで「パラリンピック」の意味になる。

オレンジ

アルファベットの「O」の指文字で丸い形を表す

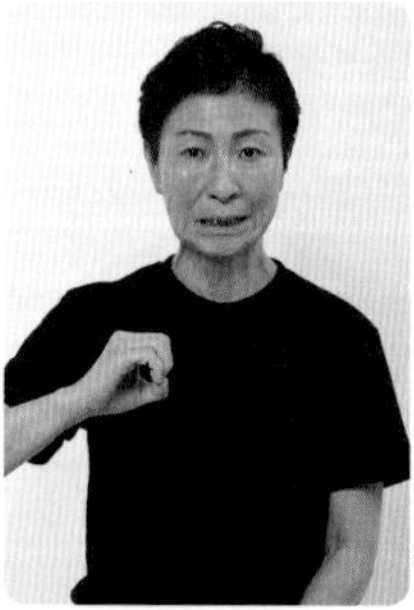

手を軽くにぎり、2回小さく円を描く。

●オレンジ + 木 = オレンジの木　●オレンジ + ジュース = オレンジジュース　●オレンジ + 服 = オレンジ色の服

参 「緑」は、両手の甲を前に向け、小刻みに上下させる。P413

終わる

文の終わりに付けると、過去形の意味になる

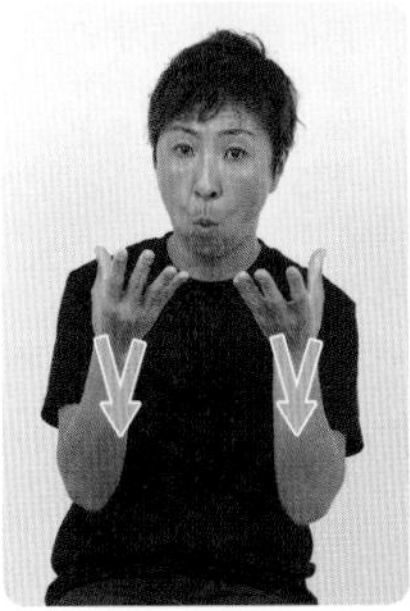

両手とも甲を前にして構え、指先をすぼめながら下げる。

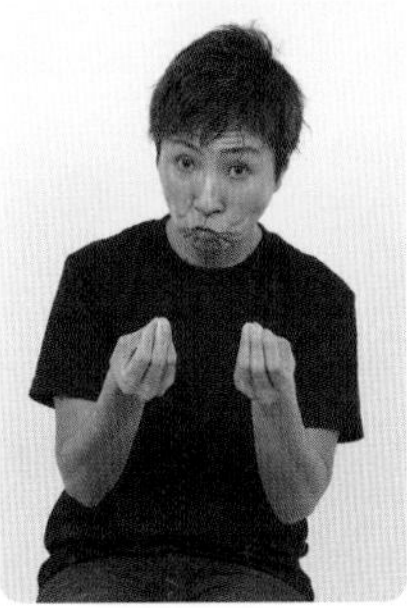

●勉強 ＋ 終わる ＝ 勉強した　●結婚 ＋ 終わる ＝ 既婚

同 終わり、〜した

参 胸の位置で表現すると「がっかり」の意味になる。 P92

温泉

温泉マークを表す

左手のひらを自分に向け、人差し指、中指、薬指を立てた右手を左手の内側に置く。

●温泉 ＋ 町 ＝ 温泉街　●温泉 ＋ 行く ＝ 温泉に行く

同 湯

参 同じ手の形で、左手で右手を２回はさむと「熱海」の意味になる。

温度

棒状温度計の赤い液体が動く様子

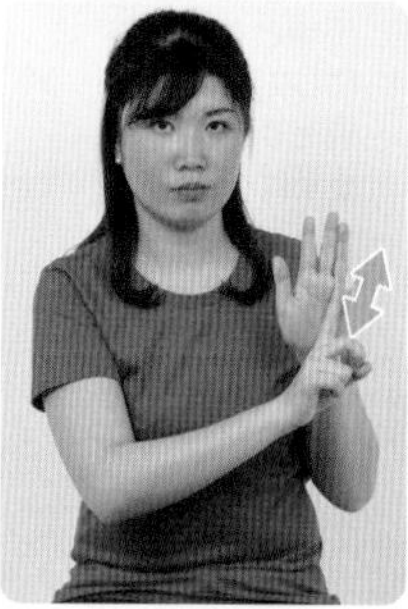

前に向けた左手の前で、人差し指を伸ばした右手を上下させる。

●今日 + 温度 + いくつ?(疑問の表情で) = 今日の気温は何度?
●平均 + 温度 + 高い = 平熱が高い

同 気温

カード(クレジット)

クレジットカードをカードリーダーに通している様子

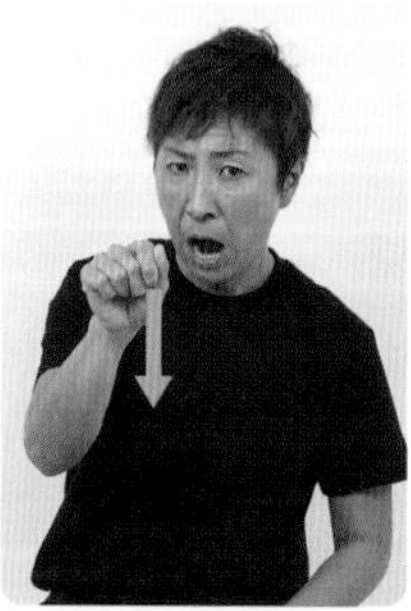

片手でカードを持って、リーダーに通すように手首を手前に引く。

●カード + 買う = クレジットカード支払い

参 カードの種類によって、手話の動きを変える。

～階

これは「2 階」という手話

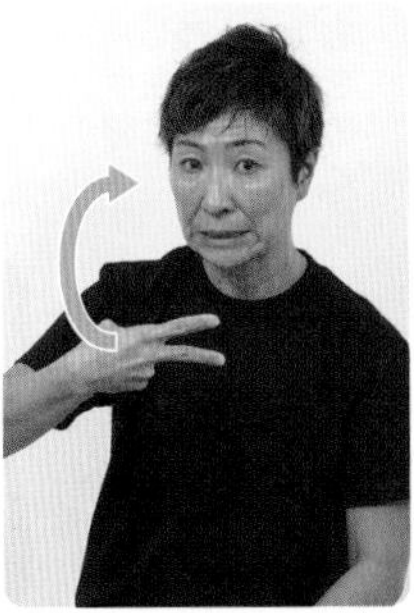

片手の人差し指と中指を横に伸ばし、弧を描いて上げる。

●2 + ～階 + エスカレーター + 行く = 2階にエスカレーターで行く

参 何階を示すのか、階数(数字)によって指の形(数字の手話)を変える。

参 その時、自分がいる階より上か下かで動作を上げ下げする。

会計

そろばんをはじく様子

上に向けた左手のひらの上で、右手を 2 回横に払う。

●会計 + 担当 = 幹事　●会計 + お願い = お会計をお願いします

同 計算、精算、だいたい

参 左手のひらの上で、右手を 1 回だけ払うと「約」の意味になる。

解決

チェックしている様子

右手の人差し指を伸ばし、左手のひらの上に置く。

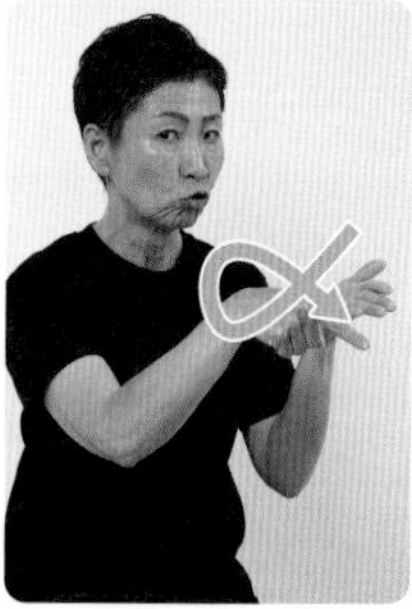

上に向けた左手のひらの上で、右手の人差し指で×を書く。

●解決 + 方法 + 考える = 解決法を考えよう
●解決 + 終わる = 解決した

同 済む、済ませる、清算、処分

介護

1の手話は「介」の漢字を表している

1

左手の人差し指を斜めに立て、右手の人差し指と中指を伸ばし、下げる。

2

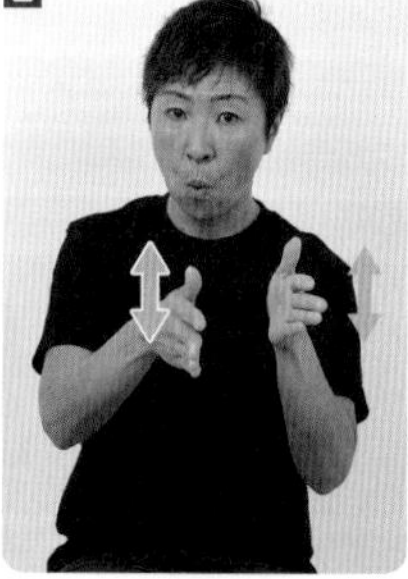

両手のひらを向かい合わせて、交互に上下に動かす。

●介護 + 指文字「し」を胸にあてる = 介護士
●介護 + サービス = 介護サービス（2の動作を2回繰り返す）

2 同 世話、サービス

外国

地球を表している

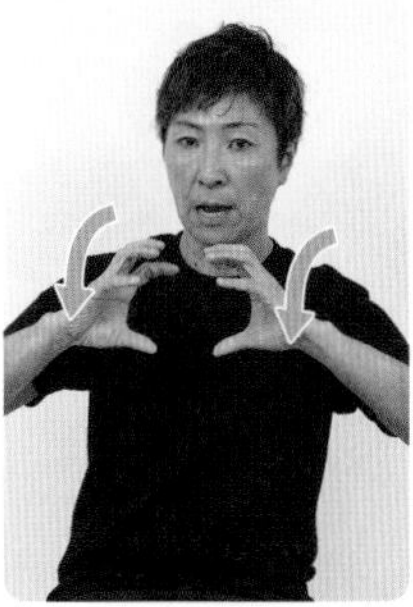

両手ともわん曲させて左右に向かい合わせ、同時に前に手首をひねる。

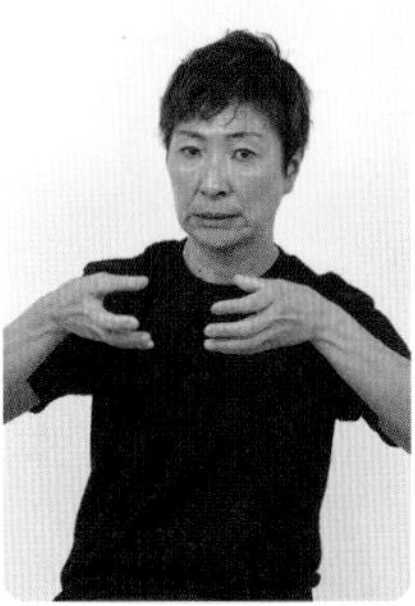

- **外国 + 届く** = エアメール
- **外国 + 旅行** = 海外旅行

同 地球、海外、国際、世界

改札

改札が開く様子

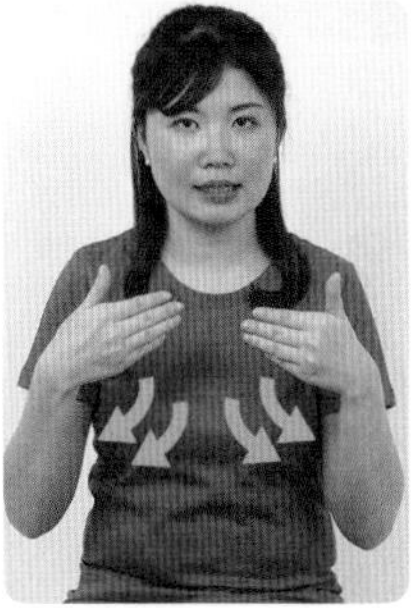

両手のひらを同時に手首をひねって２回指先を前に向ける。

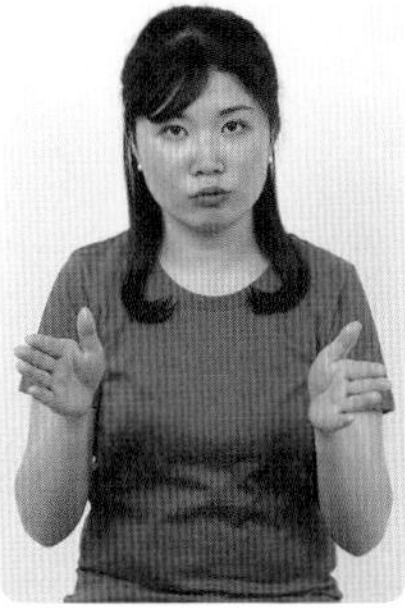

- **改札 + 場所 + 会う** = 改札で会おう
- **東 + 口 + 改札 + 待つ** = 東口改札で待っています

参 「扉」という手話は同じ動作で表せるが、口型で区別する。

解散する

人々が散っていく様子

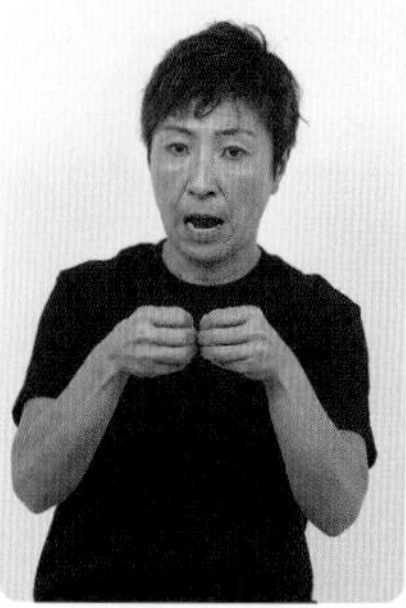

両手のこぶしを中央で合わせ、

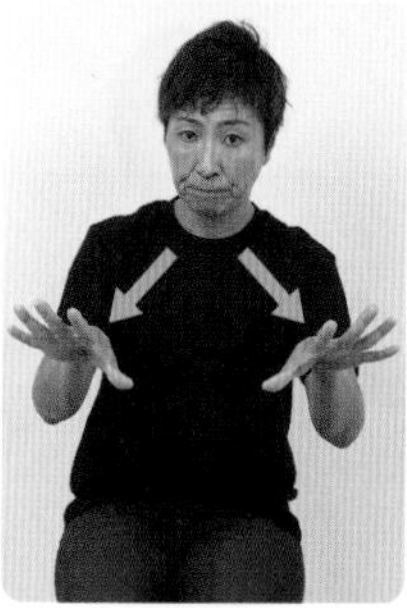

両手ともパッと開きながら少し前に出す。

- 解散する + 時間 + いくつ?(疑問の表情) = 解散時間はいつ?
- そろそろ + 解散する + 好き(口型「希望」) = そろそろ解散したい

同 流行る、バズる

会社員

「会社 + ～員」で表す

1

両手とも人差し指と中指を立て、頭の横で前後させる。

2

右手の親指と人差し指で輪を作り、胸にあてる。

- 私 + 会社員 = 私は会社員です
- 会社員 + カード = 社員証

1 同 会社　2 同 ～員

階段

段々になっている、階段の形を表す

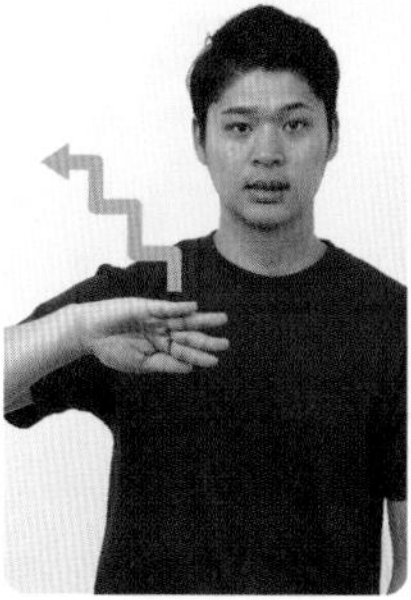

段を表すように、片手のひらを手首をひねりながら、上げていく。

●階段 ＋ 階段 ＋ 疲れる ＝ 階段が多くて疲れた

㊜ 人差し指と中指を軽く曲げ、動かしながら上げると「階段を上る」という意味になり、逆に下げると「階段を下りる」という意味になる。

懐中電灯

懐中電灯が光っている様子

懐中電灯を持っているように、両手のこぶしを前後で合わせる。

前に構えた手だけ２回パッパッと開きながら前に出す。

●夜 ＋ 道 ＋ 懐中電灯 ＝ 懐中電灯で夜道を照らす
●停電 ＋ 時 ＋ 懐中電灯 ＋ 必要 ＝ 停電時には懐中電灯が必要

㊜ 額に片手のこぶしを置き、前に向かってパッと開くと「ヘッドランプ」の意味になる。

会話

向かい合ってしゃべっている様子

両手を左右で向かい合わせ、数回同時に開いたり閉じたりする。

●楽しい＋会話＋希望＝楽しいおしゃべりをしたい
●イギリス＋会話＋勉強＋教える＋部屋＝英会話教室

同 おしゃべり、話し合い、コミュニケーション

買う

お金を払って、物をもらっている様子

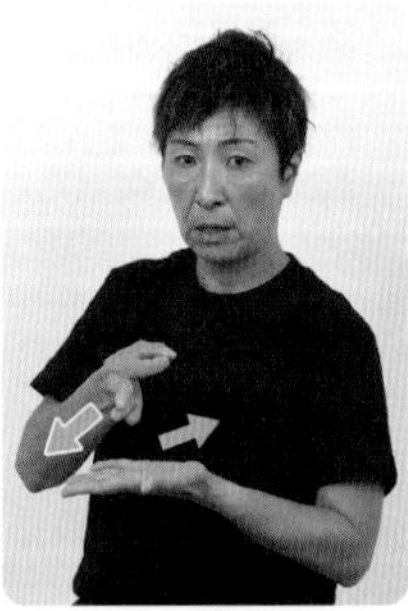

左手のひらの上に、親指と人差し指で輪を作った右手を置き、右手は前に出し、左手は引く。

●家＋買う＝家を買う　●本＋買う＝本を買う

同 買い物
参 親指と人差し指で輪を作った手を前に出すだけで表現することもある。

変える①

「代える」「替える」のいずれの意味でも使える

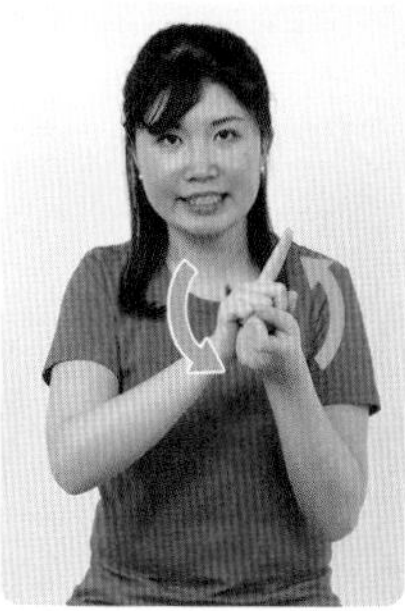

両手とも人差し指を伸ばし、上下に構え、手首をひねって位置を入れ替える。

- 運転+変える① + お願い = 運転を変わってください
- 変える① + 休む = 代休
- 変える① + 人 = 代理人

同 変えた、変わる、交替、代理

変える②

元の形が変わるイメージ

両手とも人差し指を伸ばし、甲を前に向け、左右で構える。

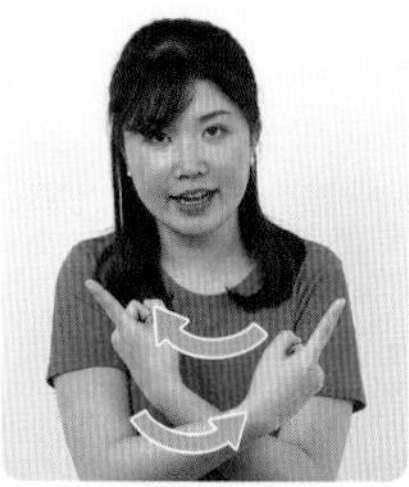

指の形はそのままで、体の前で手を交差させる。

- 変える② + 変える② = リフォーム
- 明日 + 変える② = 明日に変更

同 変更

帰る

手が動く方向に吸い寄せられるイメージ

片手を自分に向け、指をすぼめながら前に出す。

●途中 + 帰る = 早退　●家 + 帰る = 帰宅

同 帰り

反 片手の指をすぼめながら自分のほうに引くと「帰ってくる」の意味になる。

書く

Bの左手は紙を表している

◀**A**
片手の親指と人差し指の指先を付け、字を書くように左右に振る。

B▶
左手のひらの上に、すぼめた右手を置き、何かを書いているように動かす。

●郵便 + 書く**A** = 手紙を書く　●書く**A** + 〜員 = 事務員
●絵 + 書く**B** = 絵を描く　●書く**B** + 必要 = メモを取ったほうが良い

A 同 事務　**B** 同 サインを書く

学生

昔の学生の兵《へ》児《こ》帯を結ぶ動作を表す

両手を自分に向けて上下に構える。

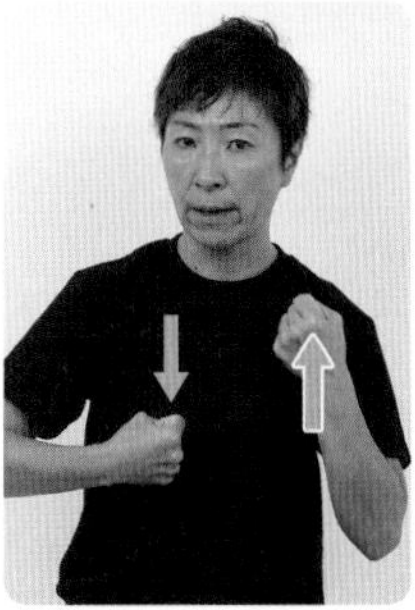

にぎりながら右手は下げ、左手は上げる。

- 大学 + 学生 = 大学生
- 高校 + 学生 = 高校生
- 学生 + 会 = 生徒会
- 卒業 + 学生 = 卒業生

同 生徒

確認

じっくり物を見て、目（瞳孔）が動く様子

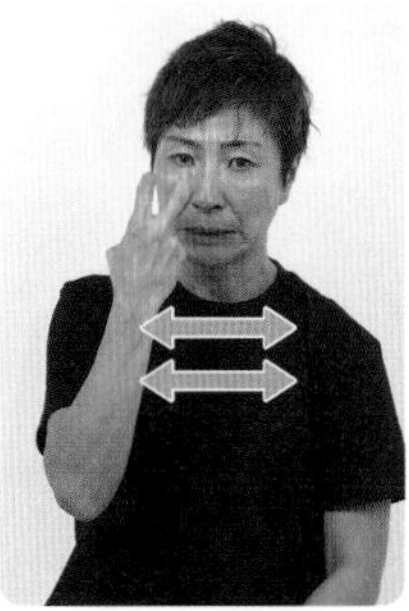

片手の人差し指と中指を曲げて、目の前に置き、左右に２回動かす。

- 確認 + お願い = 調査依頼
- 目 + 確認 = 眼科検査

同 調べる、検査、検索、調査、点検、はかる

参 「確認」の手の形のまま、左から右へ１回動かすと「発見」の意味になる。

傘

傘を開く様子

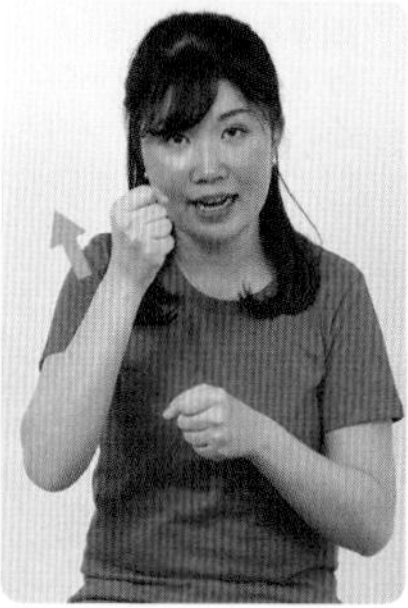

傘を持っているように両手こぶしを上下に構え、傘を開くように上にある手を少し上げる。

●雨 + 傘 = 雨傘　●太陽 + 傘 = 日傘

同 パラソル

参 ビーチパラソルなど大きなものを表現する時は、手を大きく上げるようにする。

火災

炎が燃え上がる様子

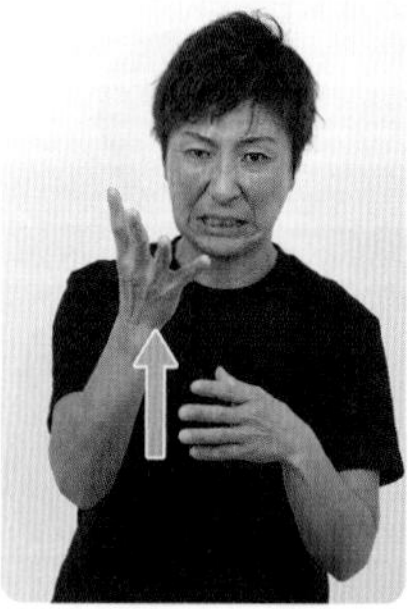

軽く曲げた左手の横に右手を置き、右手だけ手を開きながら、手首をひねって上げる。

●火災 + 気をつける + お願い = 火事に気をつけて

同 火事

参 親指と小指を立ててひねりながら上げる表現もある。

賢い

脇で親指と人差し指をはじくと
「熱がある」の意味になる

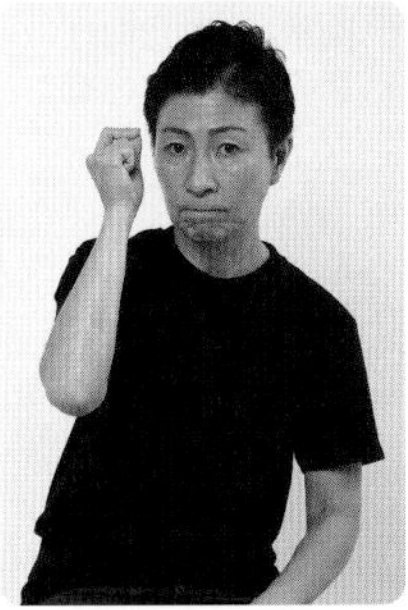

親指と人差し指を付けて、頭の横に置く。

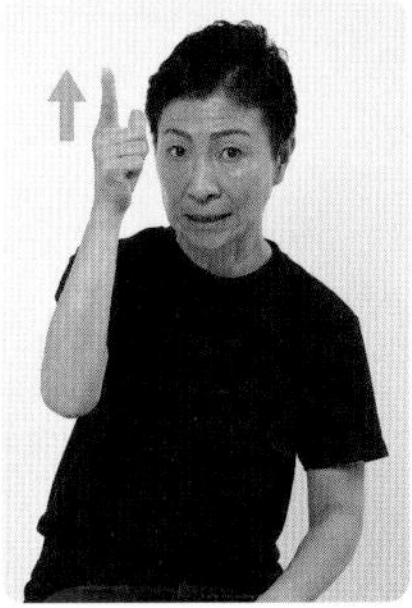

親指と人差し指を離しながら、少し上げる。

●賢い ＋ 学生 ＝ 優等生

同 頭がいい、天才

反 「賢くない」は、頭の横にすべての指を広げておき、閉じる。

貸す

自分のものを相手に渡す様子

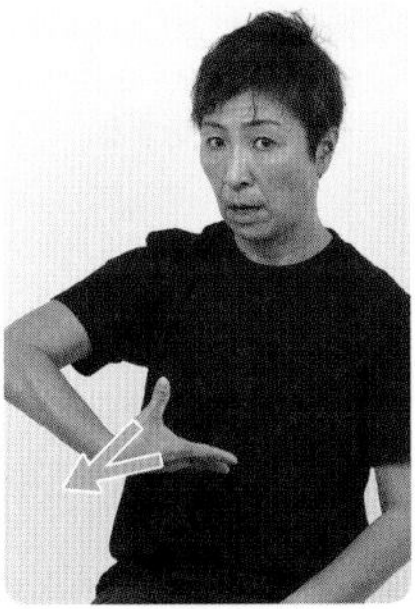

片手のひらの指先を自分に向け、前に出しながら、指を閉じる。

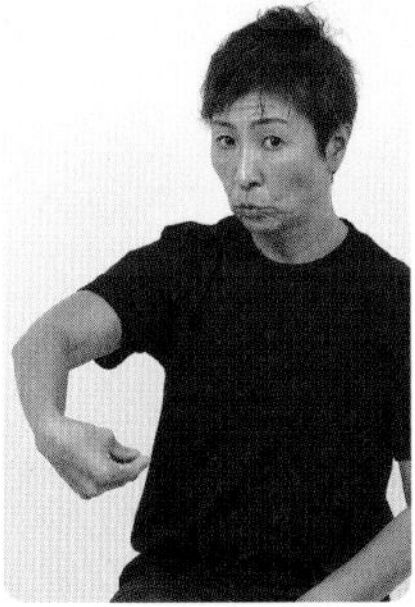

●本 ＋ 貸す ＝ 本を貸す　●家 ＋ 貸す ＝ 家を貸す

反 「借りる」は、上に向けた片手のひらを自分に引き寄せながら指を閉じる。 P99

風

風が吹いている様子

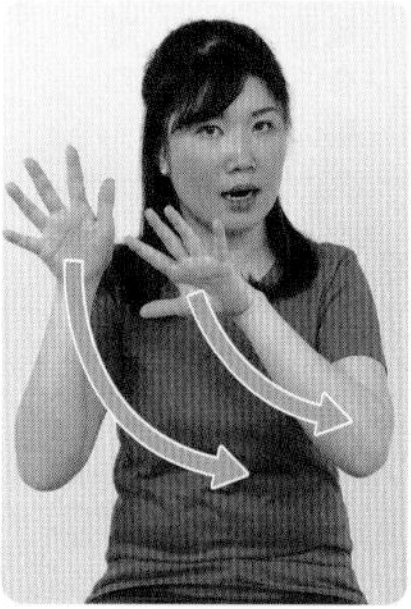

両手とも前に向け顔の横に構え、斜め下に下げる。

●風 + 気分が良い = 風が気持ち良い

参「そよ風」は、両手のひらを肩のあたりで構え、数回あおぐ。「そよ風」の動きを勢いを付けて強く表現すると「暴風」の意味になる。Ⓟ411

風邪

咳をしている様子

片手のこぶしを口の前に置き、咳をするしぐさをする。

●風邪 + 中止 = 咳止め　●風邪 + 薬 = 風邪薬

同 咳　参 同じ動作を小指だけ立てて表現すると「インフルエンザ（Ⓟ40）」、片手のこぶしを額に２回あてると「病気」の意味になる。Ⓟ300

画像

写真がいくつか画面に載っている様子

1

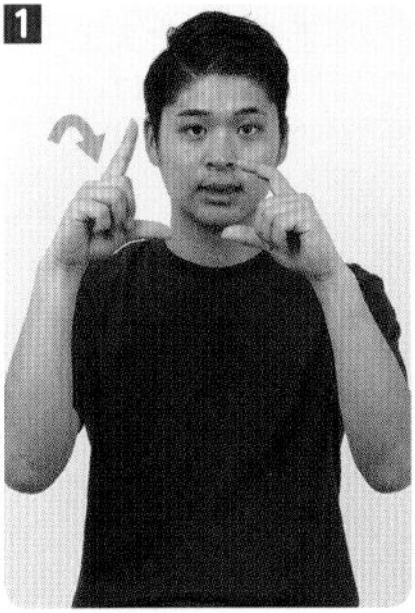

カメラを構えるようにし、片手の人差し指を曲げ伸ばしする。

2

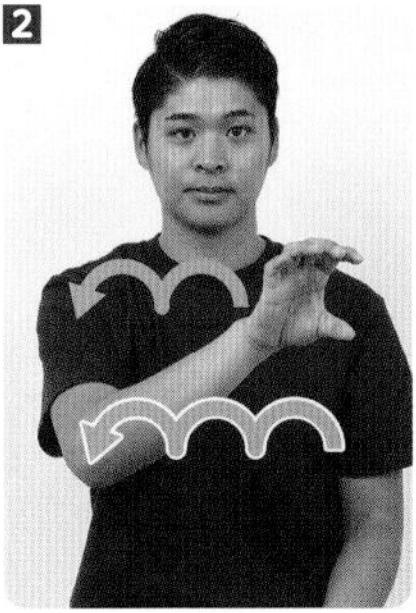

軽くすべての指を曲げた片手を前に向け、ポンポンと叩きながら横から下へ動かす。

●画像 ＋ 郵便 ＝ 画像を送る

1 同 カメラ、写真

2 同 載せる

ガソリン

ガソリンを給油口に入れる様子

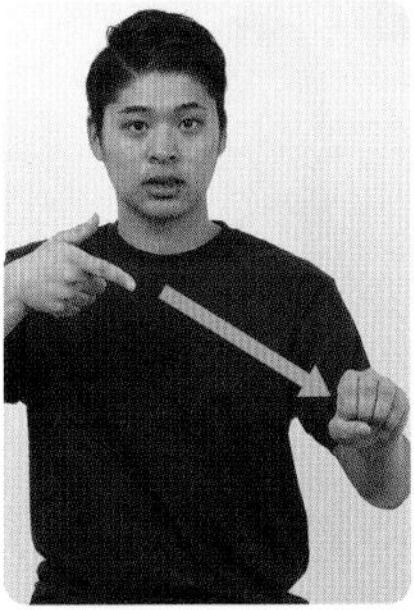

右手の親指と人差し指を伸ばし、人差し指を左手のこぶしに差し入れる。

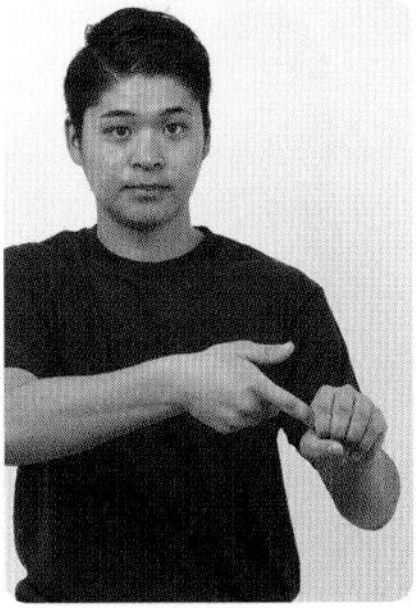

●ガソリン＋場所＝ガソリンスタンド　●ハイオク（指文字）＋ガソリン＝ハイオクガソリン

●普通＋ガソリン＝レギュラーガソリン　●そろそろ＋ガソリン＋必要＝そろそろ給油しなければ

同 給油する

かたい

「固い」「硬い」「堅い」すべての意味で使える

片手の親指と人差し指を軽く曲げ、斜め下に勢いよく下ろす。

●頭 + かたい = 頑固
●あの(指差し) + 店 + かたい = あの店はまだある

同 丈夫　参 「変わらない」という意味でもよく使われる。

肩こり

肩がこって痛い様子

1

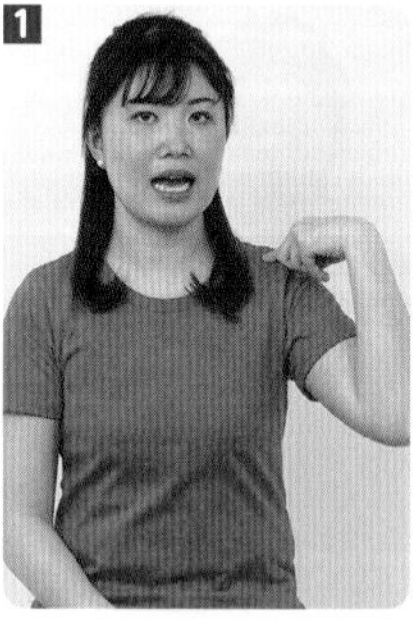

片手の人差し指で肩を指す。

2

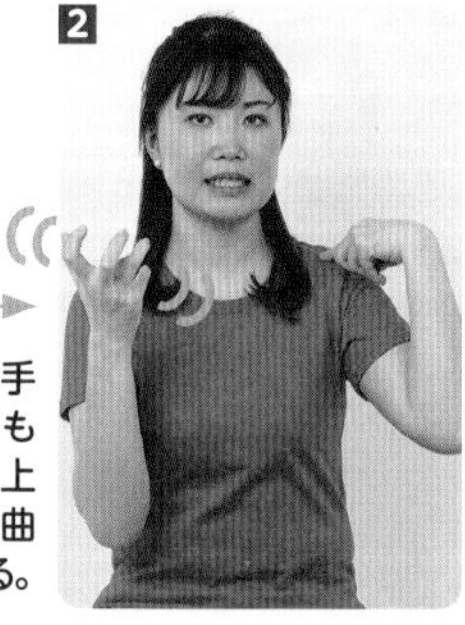

肩にあてた片手はそのままで、もう一方の手を上に向けて軽く曲げ、小刻みに振る。

●50 + 肩こり = 五十肩　●肩こり + 失う = 肩こりが治る

1 同 肩　2 同 痛い
参 指差しの場所をお腹にすれば「腹痛」、腰にすれば「腰痛」の意味になる。

課長

「〜長」は手を上げることで上位の人であることを表す

1

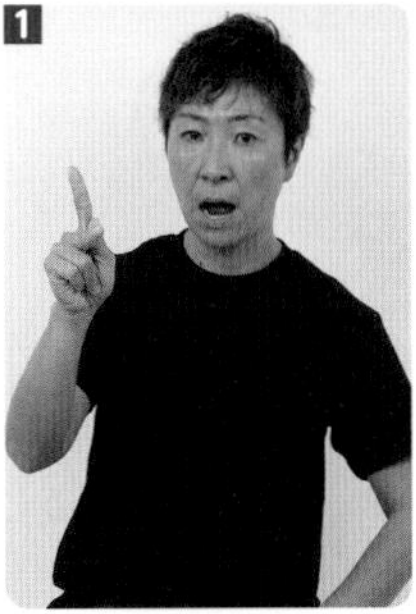

片手の人差し指を立て、伸ばした中指の中ほどに親指をあてる。

2

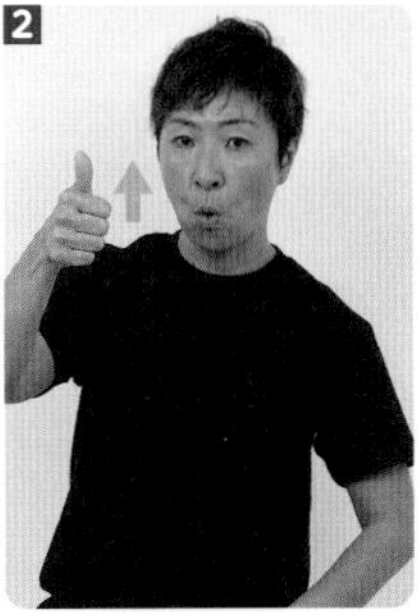

片手の親指を立て、少し上げる。

●ぶ ＋ 長 ＝ 部長　●私 ＋ 父 ＋ 課長 ＝ 父は課長です

1 同 か(指文字)　**2** 同 〜長

参 **2**は男性上司であることを表す。女性上司なら小指を立てる。

勝つ

バンザイの動作から。勝利して喜んでいる様子

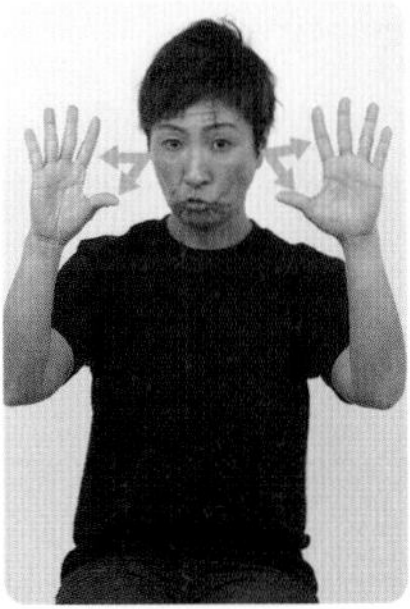

すぼめた両手を顔の横に置き、同時にパッと開き、前に出す。

●試合 ＋ 勝つ ＝ 試合に勝つ　●勝つ ＋ 乾杯 ＝ 祝杯

●勝つ ＋ 神 ＋ 女 ＝ 勝利の女神

反 「負ける」は、両手のひらを自分に向け、同時に自分に向かって倒す。P325

がっかり

気持ちがしぼむ様子

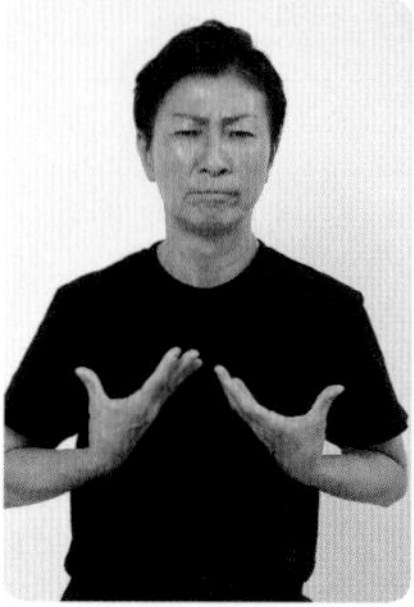

両手とも手のひらを上に向け、胸の前で構える。

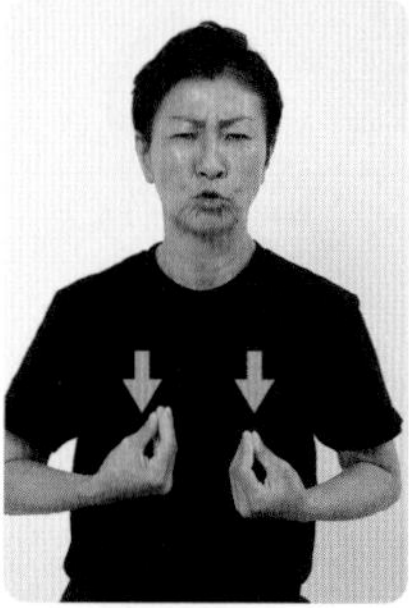

両手同時に、指先をすぼめながら下げる。

- **言われる + がっかり + 私** = そんなこと言うなんてがっかり
- **好き + 本 + ない① + がっかり** = 欲しい本がなくてがっかりする

同 残念、さびしい、絶望する、失望する

かっこいい

かっこよさが目の前に迫ってくるイメージ

わん曲させた片手を自分に寄せながら上げる。

- **服 + かっこいい** = かっこいい服
- **車 + かっこいい** = かっこいい車

参 口型は「ポ」にする。何がかっこいいのか、具体的な単語と一緒に表現する。

学校

本を開いて学ぶ様子

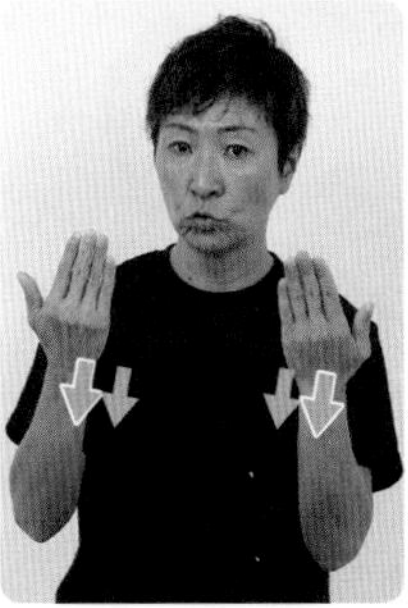

両手のひらを自分に向け、同時に2回下げる。

●**中** ＋ **学校** ＝ **中学校**　●**学校** ＋ **建物** ＝ **校舎**

同 勉強、学ぶ、授業
参 両手のひらを合わせ、左右に開くと「本」の意味になる。P322

華道

2の動作は花を挿している様子

1

指先をすぼめた両手を互い違いにひねり、手を開く。

2

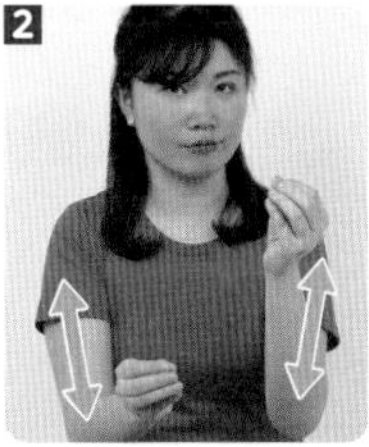

指先をすぼめた両手を左右に構え、交互に上下させる。

●**趣味** ＋ **華道** ＝ **趣味は華道です**　●**華道** ＋ **家** ＝ **華道家**

同 生け花　1 同 花、咲く
参 「花 ＋ 道」で表現することもある。

必ず

組み合わさって離れないイメージ

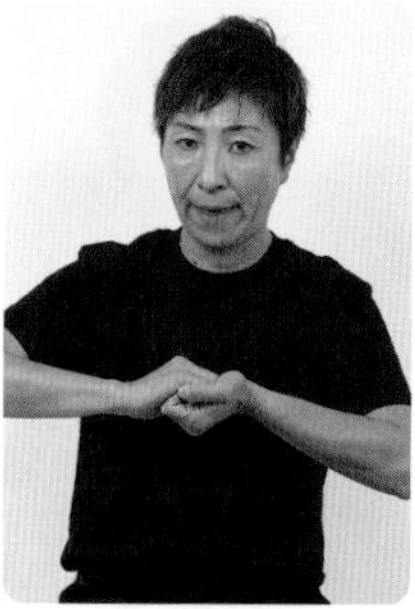

両手の指を、上下で組み合わせる。

●必ず + 食べる = 定食　●必ず + 行く + 必要 = 必ず行きなさい

同 定める、指定、絶対、セット、きっと

参 左右の小指を絡ませて表現することもある。「約束」の意味。P 346

彼女

恋人やパートナーを指す表現

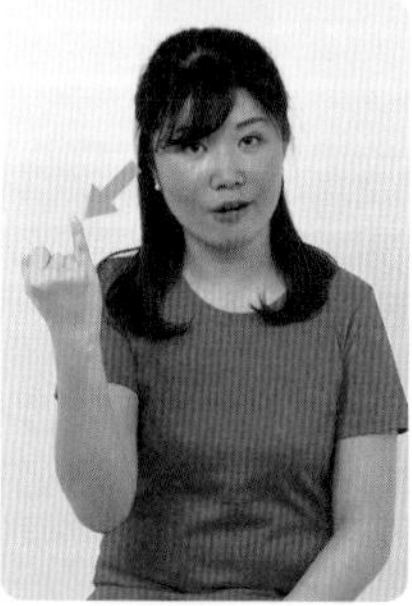

片手の小指を立て、少し前に出す。

●あなた + 彼女 + いる?(疑問の表情で) = 彼女はいますか?

同 妻

参 片手の小指を立て、胸の前に置くと「女」という意味になる。P 388

花粉

鼻に花粉が入ってくる様子

1

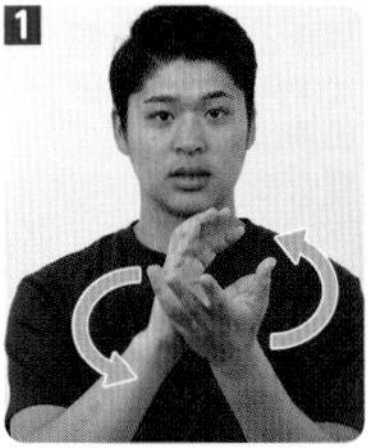

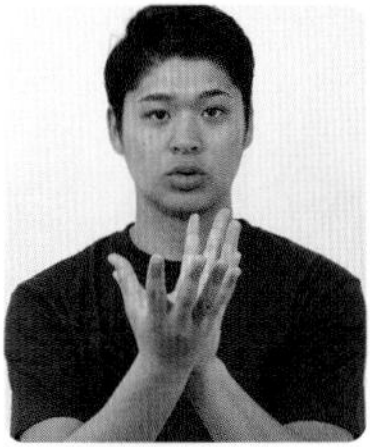

指先をすぼめた両手を互い違いにひねり、手を開く。

2

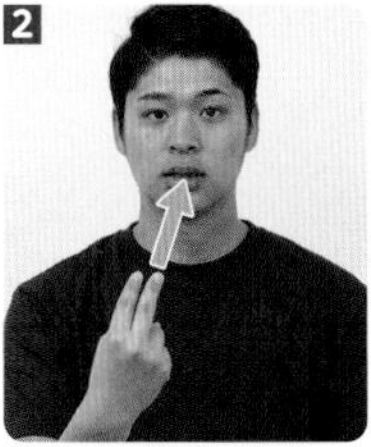

人差し指と中指を伸ばして顔の前に構え、指先を鼻に近づける。

●**花粉 + 病気** = 花粉症　●**私 + 花粉+病気 + ない①** = 花粉症ではありません　●**今年 + 花粉 + いっぱい** = 今年は花粉が多い

1 同 花、咲く　**2** 同 香り

構わない

質問されて「OK」「大丈夫」と答える時や、同意する時に使う

片手の小指を伸ばし、あごにあてる。

●**これ(指差し) + 食べる + 構わない?(疑問の表情で)** = これ食べてもいい?

同 いい、どういたしまして

参 「〜してもいいですか?」と相手に許可を求める時、「構わない」を文末に付ける。

雷

稲光の様子

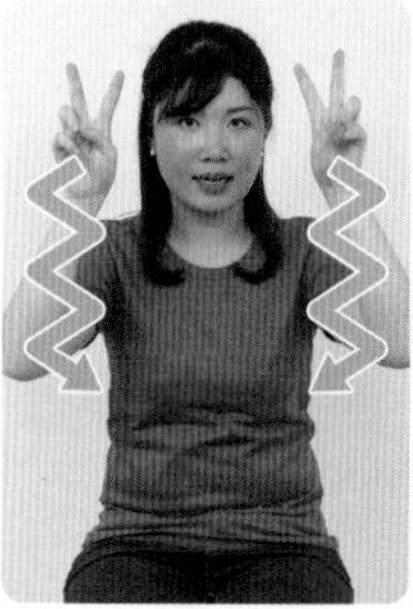

両手とも人差し指と中指を立てて頭の横に置き、ジグザグに下げる。

●雷 + すごい = すごい雷　●雷 + 雨 = 雷雨　●雷 + 雲 = 雷雲

同 稲光、雷が落ちる　参 人差し指を伸ばした両手を上下に向かい合わせ、互い違いに回してから、手を止め斜め上に上げると「竜巻」の意味になる。

髪の毛を切る

ハサミで髪の毛を切る様子

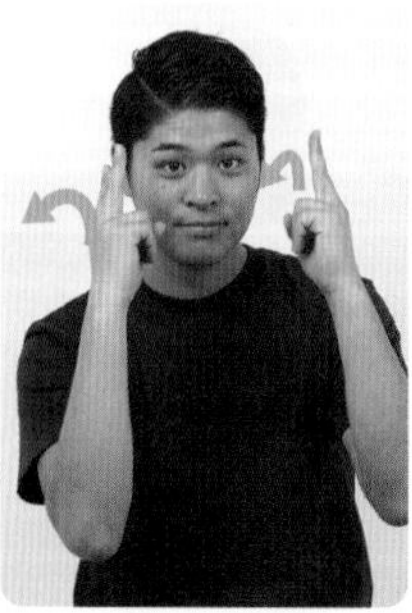

両手とも人差し指と中指を伸ばして、頭の横に置き、同時に後ろに動かす。

●昨日 + 髪の毛を切る + 失敗する = 昨日髪の毛を切ったけど、失敗した

参 髪型を表す時は、それぞれの形を表現する。例えば、「パーマ」は両手を頭の横で波立たせるようにしながら下げる。P 277

通う

人が行ったり来たりする様子

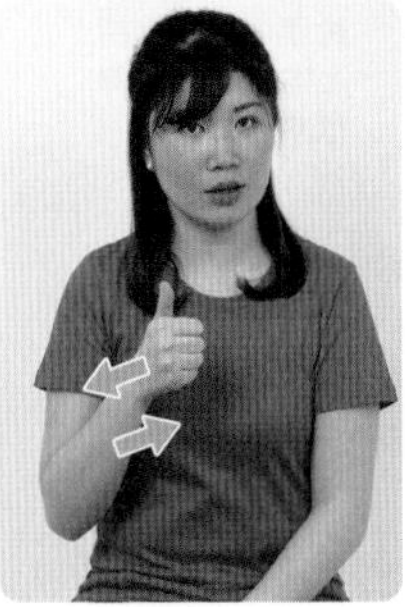

親指を立て、胸の前から前に出し、少し戻す。

●仕事＋通う＝通勤　●学校＋通う＝通学　●通う＋店＝いきつけの店

参 男女どちらも親指を立てた表現で問題ない。あえて女性であることを強調したい場合は、小指を立てる。

～から

一定の位置からという意味。
時間や距離の起点を表す

片手のひらを前に向け、手首をひねって横にはらう。

●今日＋～から＝今日から　●何＋～から?（疑問の表情で）＝どこから?

反「～まで」は、指先を前に向けて横に立てた左手のひらに向かって、自分のほうに手のひらを向けた右手の指先を動かして付ける。P 328

唐揚げ

箸ではさんで揚げている様子

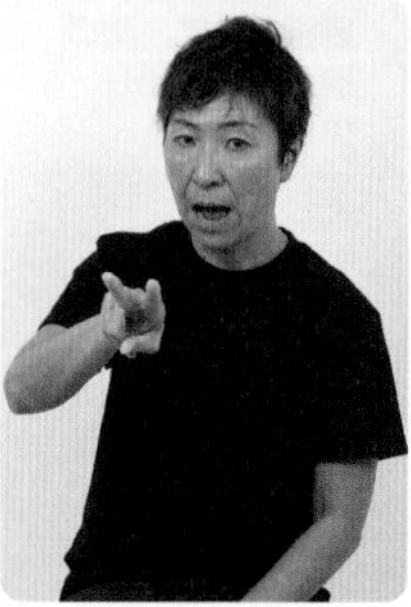

片手の人差し指と中指を前に伸ばす。

手の形はそのままで左右に振る。

●鳥（酉）＋唐揚げ＝鶏肉の唐揚げ

同 天ぷら　参 人差し指と中指を伸ばし、下に向けて振ると「しゃぶしゃぶ」の意味になる。P21

辛い

苦々しい表情を付けて表現する

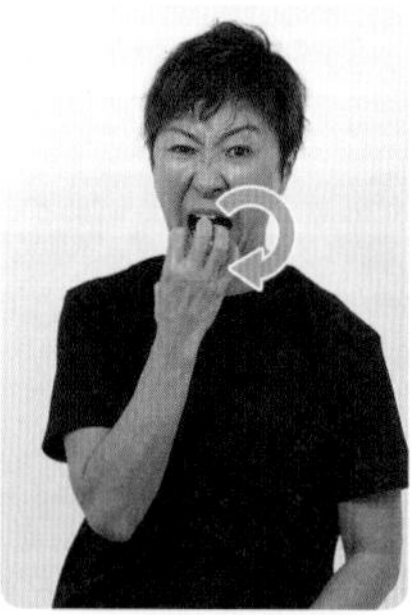

すべての指を軽く曲げた片手を、口元で１周回す。

●辛い＋口＝辛口　●中＋辛い＝中辛

同 塩辛い

参「甘い」は、すべての指を揃えた片手のひらを、口元で1周半回す。P28

体

体の部位は、その部位を指し示したり、手をあてたりして表現する

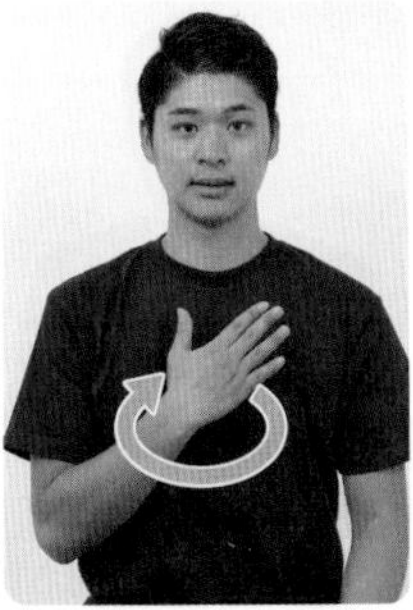

片手のひらを胸にあて、1周円を描く。

●人＋体＝人体　●体＋悪い＝体調不良

参 顔の前で人差し指で1周円を描くと「顔」、胸の前で人差し指で1周円を描くと「心」、胸に手のひらをあてると「胸」の意味になる。

借りる

物を自分のほうに引き寄せる様子

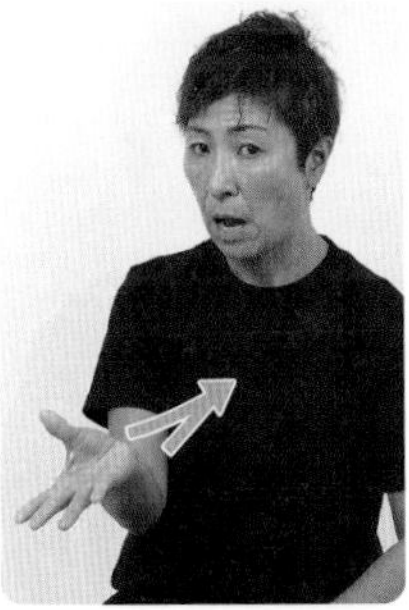

片手のひらの指先を前に向け、引き寄せながら、指を閉じる。

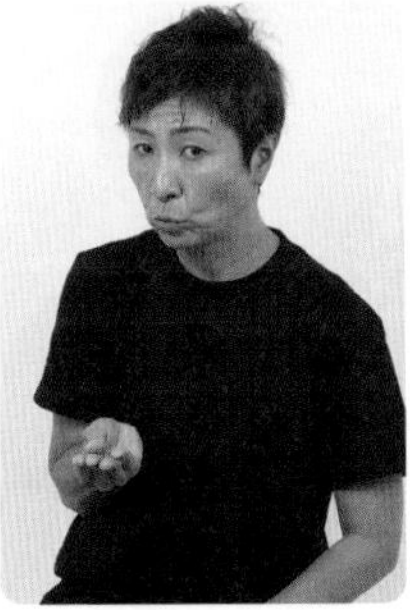

●本＋借りる＋お願い＝本を貸してください

反 「貸す」は、片手のひらの指先を自分に向け、前に出しながら、すべての指先を閉じる。P87

軽い

手に持った物が軽いことを表す

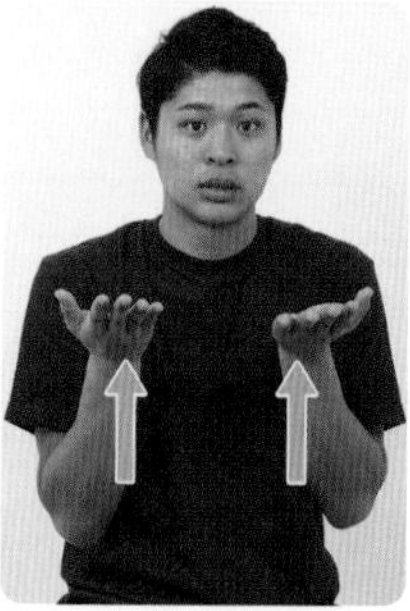

両手のひらを上に向け、同時にふわりと上げる。

- 軽い ＋ 車 ＝ 軽自動車
- 軽い ＋ 食べる ＝ 軽食
- 口 ＋ 軽い ＝ 口が軽い

反 「重い」は、両手のひらを上に向け、同時に下げる。P70

カレー

表現する時には「カレー」と口型を付ける

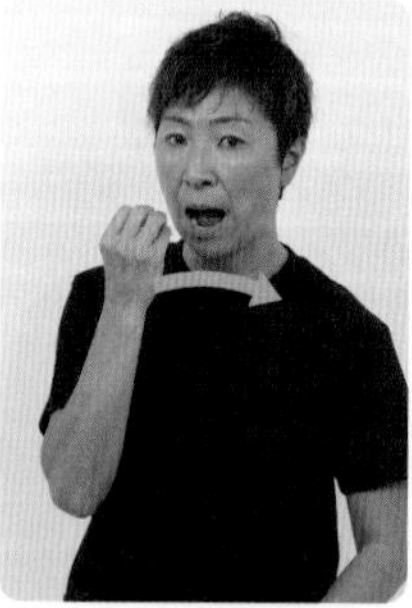

すぼめた片手を口元に置き、横にパッと開く。

- カレー ＋ パン ＝ カレーパン
- インド ＋ カレー ＝ インドカレー

参 「スパイス」は片手で調味料の容器を持ち、振りかける動作と口型を付ける。

彼氏

恋人や夫である男性を表す

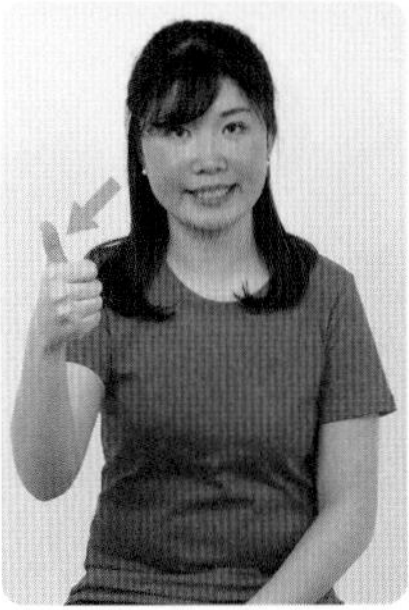

片手の親指を立て、少し前に出す。

●土曜日 + 彼氏 + デート + 私 = 土曜日に彼氏とデートする

同 夫、主人　参 片手の親指を立て、胸の前に置くと「男、男子」という意味になる。恋人+男でも「彼氏」の意味になる。

河

水が流れる様子

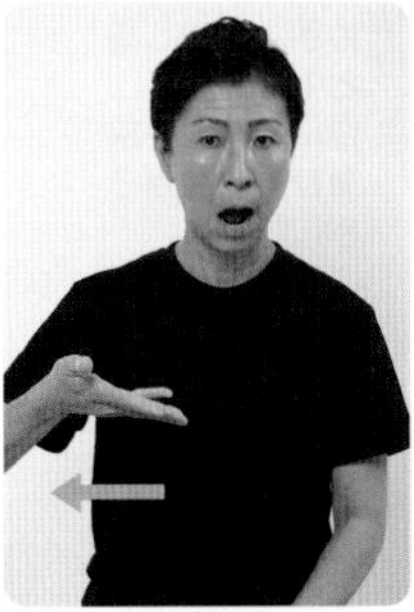

片手のひらを上に向けて、胸の前に置き、横に引く。

●河 + 遊ぶ = 川遊び　●河 + 会う = 河合(姓)

参 「川」は、人差し指・中指・薬指を立て、川の字を書くように手首を軸に前に倒す。手のひらを上に向け、波状に動かすと「水、水曜日」の意味になる。P 407

かわいい

人の頭をなでる様子

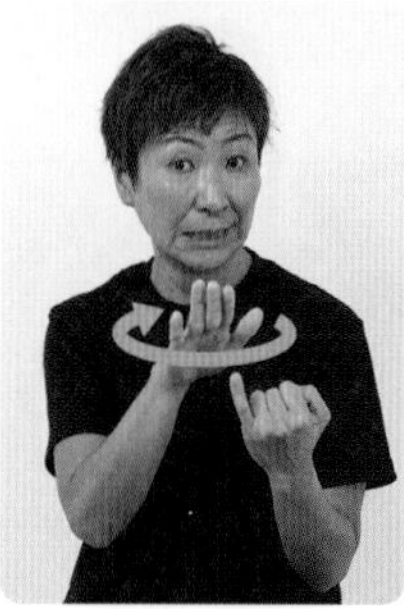

小指を立てた左手の上で、右手のひらを回す。

- 犬(戌) + かわいい = かわいい犬
- 子ども + かわいい = かわいい子ども

同 かわいがる　参 「かわいい」の手の形のまま、小指を回すと「愛媛」の意味になる。P397

変わる①

場所（位置）や日時、順番などが変更になる場合に使う

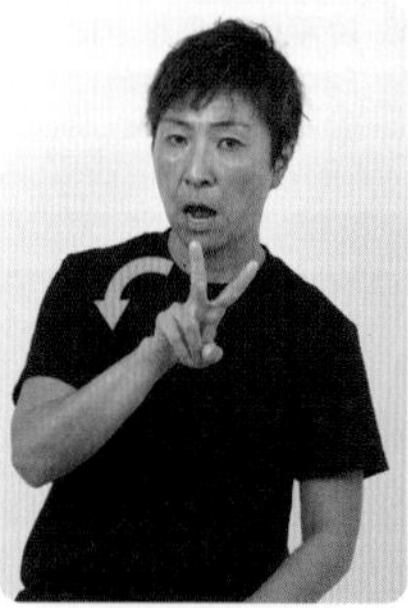

片手の人差し指と中指を立て、前に向け、手首をひねりながら横に動かす。

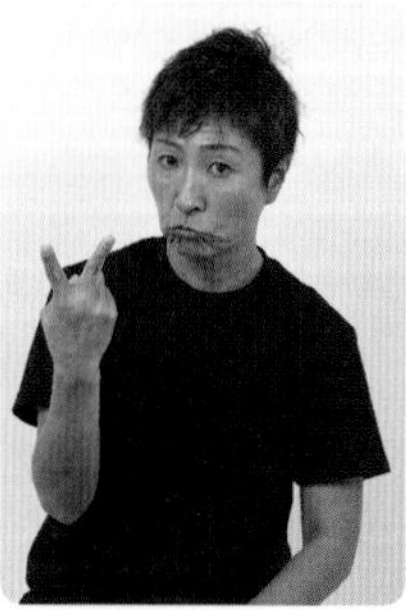

- 店 + 変わる①(疑問の表情) = 店を変えようか?
- いつ + 変わる① + 構わない = 日時の変更OKです

同 変更

変わる②

状態が変化していく様子

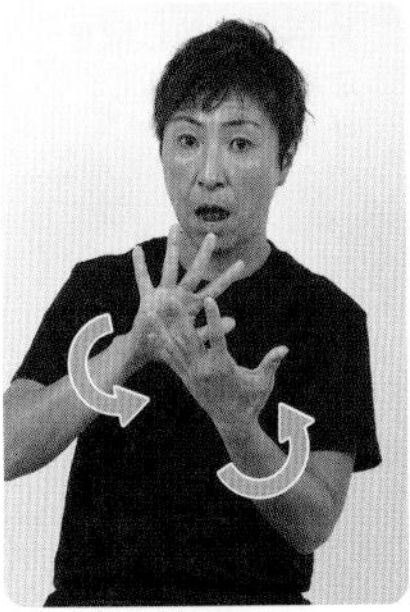

両手のひらを合わせ、手首をひねって入れ替える。

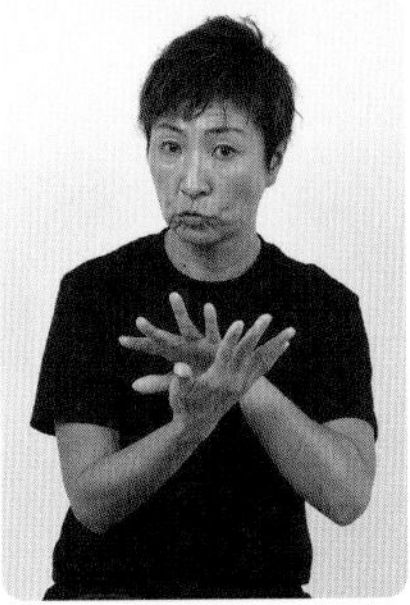

●町 + 変わる② = 町が変わった
●顔 + 変わる② = 顔が変わった

同 変身、変化

がん（癌）

指文字で表す

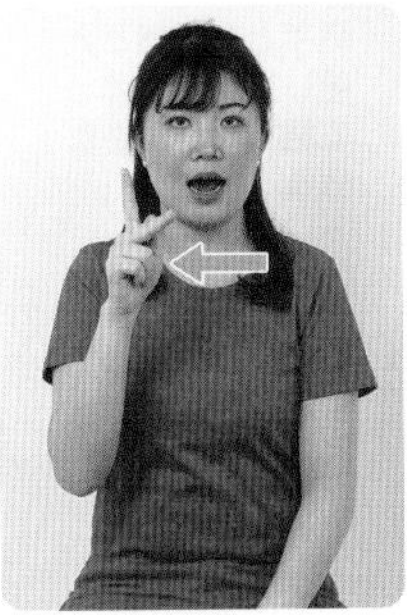

片手の人差し指を立て、伸ばした中指の中ほどに親指をあて、横に引く。

片手の人差し指で「ん」を空書する。

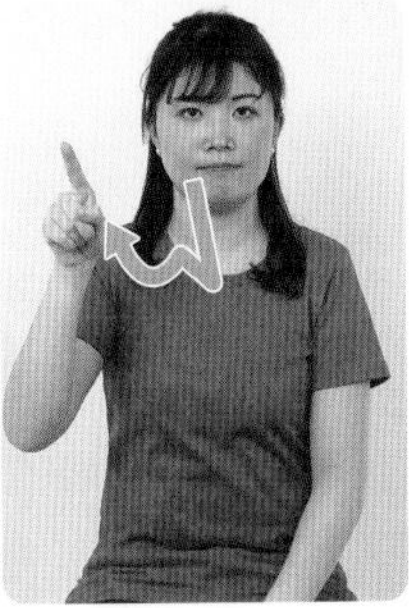

●がん + 入院 + ～中 = がんで入院中　●白 + 血 + がん = 白血病　●がん + 確認 + 必要 = がんの検査が必要です

参 がんの種類は、腫瘍ができた場所を指差してから「がん」の手話を表す。

考える

難しいことを考える場合は、深刻な表情をしながら表す

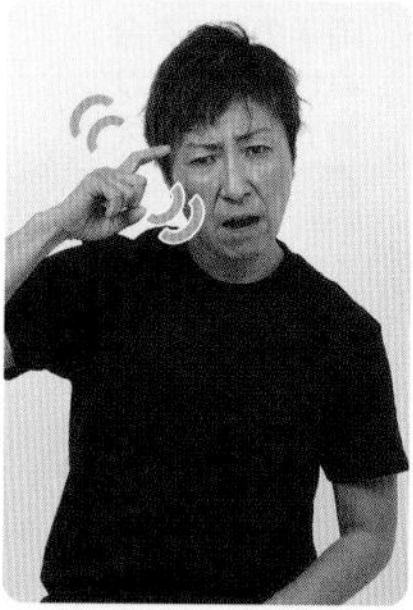

片手の人差し指をこめかみにあて、手首を振る。

●考える + 甘い = 甘い考え　●深い + 考える = よく考える
●考える + 作る + お願い = 考えて作ってください

参 指をねじらないで、こめかみあたりに指を置くだけだと「思う」の意味。P 25

関係

つながりがある、つながっている様子

両手とも親指と人差し指で輪を作って絡ませ、左右に振る。

●関係 + 人々 = 関係者　●食事 + 関係 + 仕事 = 飲食業

同 関する
反 絡ませた親指と人差し指の輪をパッと開くと「関係ない」という意味になる。

感激

表情と口型によって、感激したのか、興奮したのか表現する

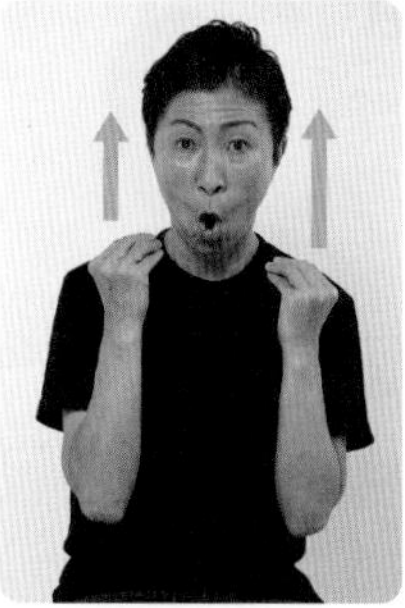

両手とも指先をすぼめて、顔の下あたりに置く。

手の形はそのままで、両手同時にこめかみあたりまで上げる。

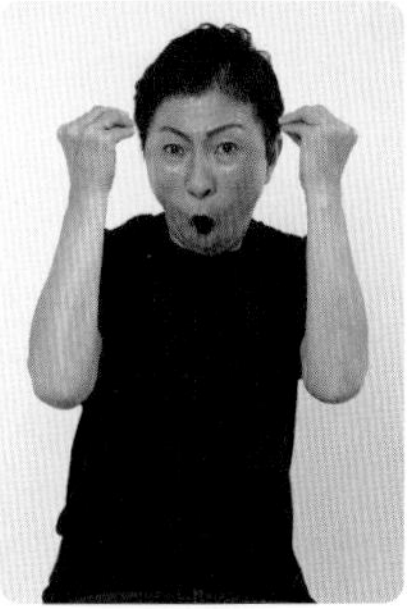

●本 + 感激 = 本に感動する　●感激 + 終わる = 感激した

同 感動、感じ入る、関心、感情、興奮

参 手をねじりながら上げる表現もある。

看護師

脈 + 世話 + 指文字「し」で表す

1

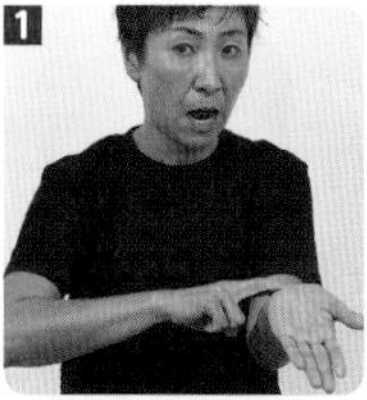

右手の人差し指と中指を、左手首にあてる。

2

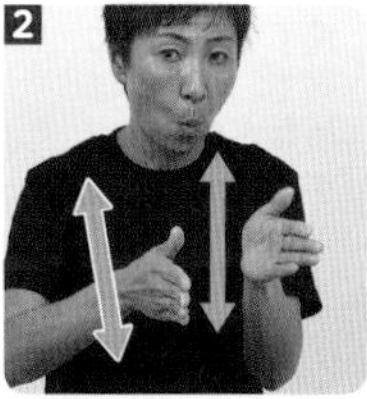

両手のひらを向かい合わせて、交互に上下に動かす。

3

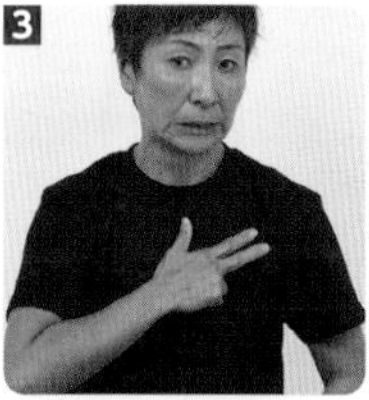

片手の甲を前に向け、親指、人差し指、中指を伸ばして（指文字「し」）、胸にあてる。

●私 + 看護師 = 私は看護師です

1 同 脈　2 同 世話、サービス　参 性別を具体的に表したい時は、「脈+世話」と表現した後、「男」もしくは「女」という表現を続ける。

患者

「病気 ＋ 人々」で表す

1

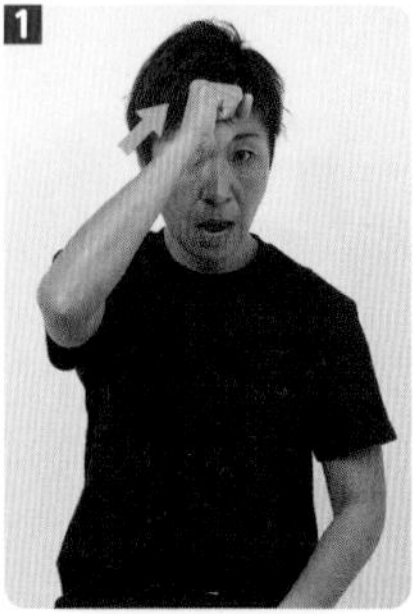

片手のこぶしを額に1回あてる。

2

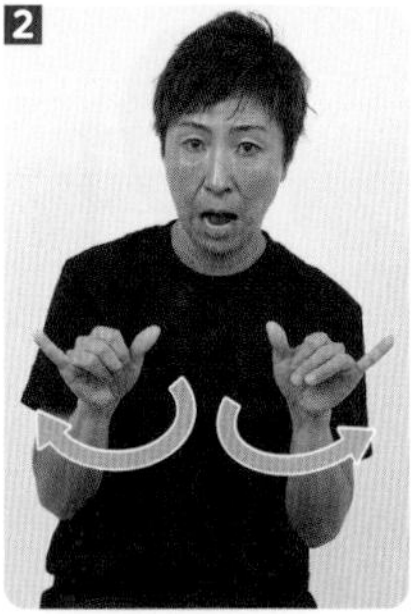

両手とも親指と小指を立て、小指を合わせ、手首を外側にひねる。

●入院 ＋ 患者 ＝ 入院患者　●冬 ＋ 間 ＋ インフルエンザ ＋ 患者 ＋ 増える ＝ 冬の間はインフルエンザ患者が増える

2 同 人々　参 **1** のように、こぶしを額に2回あてると「病気」の意味になる。P300

乾燥

水分が抜ける様子

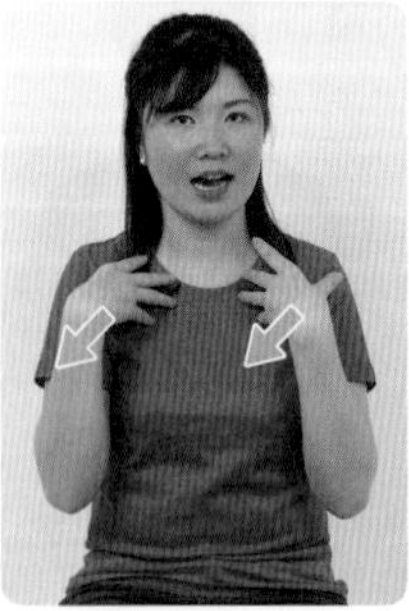

両手を肩の前にあて、指をすぼめながら前に出す。

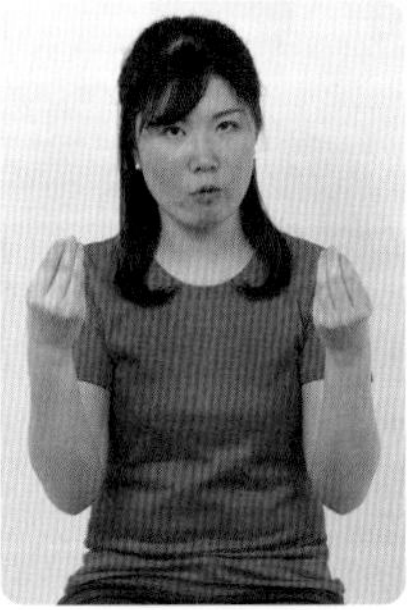

●乾燥 ＋ 注意 ＋ 報告 ＝ 乾燥注意報

参 「失う（P42）」でも「乾燥」を表すことがある。親指以外の4指でのどを左右になでると「のどが渇く」という意味になる。

缶詰

フタのプルタブを引っ張る様子

缶詰のフタを開けるような動きをする。

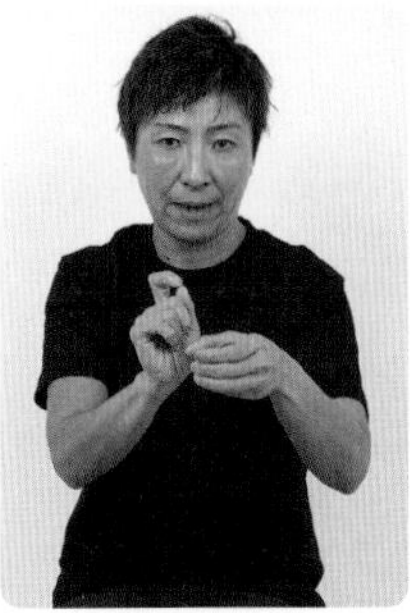

●缶詰 + 保存する = 缶詰を保存する　●指文字「さ」+「ば」+ 缶詰 = 鯖の缶詰　●くだもの + 缶詰 = フルーツ缶詰

参 缶切りでフタを切る動作をして表現することもある。

乾電池

電池の形と電気を表す

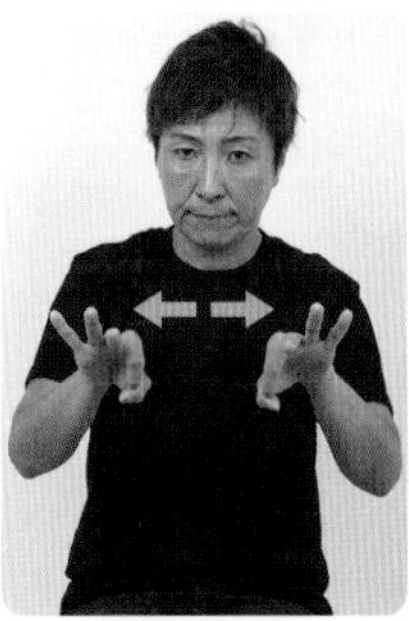

両手とも親指と人差し指で輪を作り、合わせ、左右に引く。

手の形はそのままで横に倒し、指先を2回パッと開く。

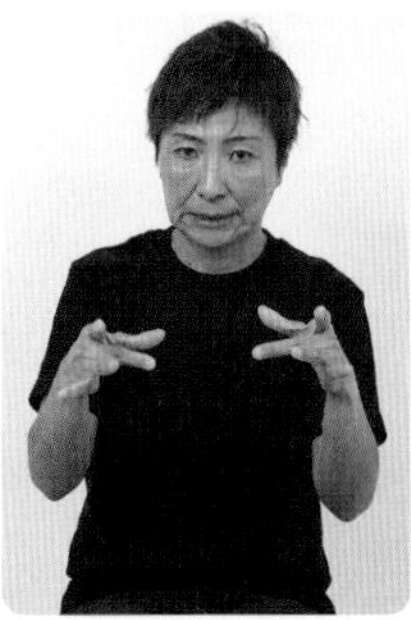

●指文字「た」+「ん」+「3」+ 乾電池 = 単3乾電池
●指文字「あ」+「る」+「か」+「り」+ 乾電池 = アルカリ乾電池

参 乾電池の太さの表現も大事。指の輪で太さを表し、区別する。

乾杯

グラスを持って乾杯する様子

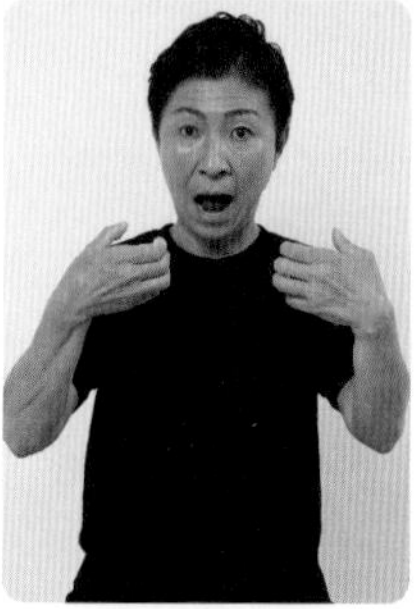

両手とも軽くにぎり、左右に構える。

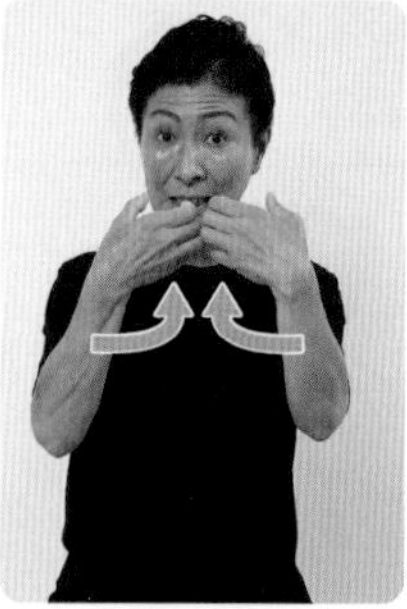

両手を左右から中央でぶつけ合わせ、軽く上げる。

●ワイン ＋ 乾杯 ＝ ワインで乾杯する

参「パーティー」は、両手の親指と人差し指を開いて向かい合わせ、円を作り（残りの手はにぎる）、上下に置き、交互に水平に回す。

聞く

耳をすましている様子

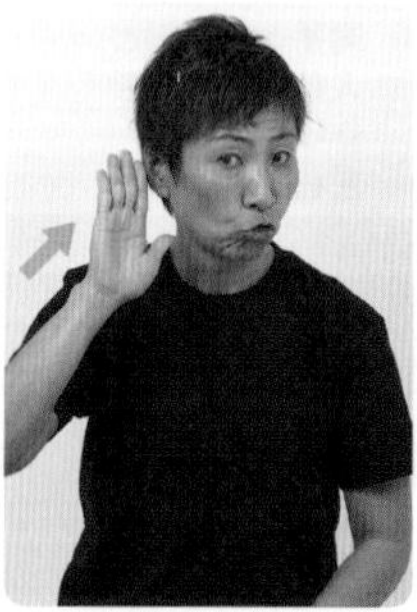

片手のひらを前に向けて、耳元に近づける。

●聞く ＋ できる ＝ 聞こえる
●聞く ＋ ない① ＝ 聞いたことがない（ありえない）

同 聞こえる　参 軽く曲げた人差し指を、耳に２回近づける表現もある。

季節

伸ばした 4 指は、春夏秋冬を
表している

親指以外の 4 指
を横に伸ばし、
もう一方の手は
人差し指と中指
を伸ばす。

人差し指と中指
を伸ばした手
を、ひねりなが
ら下げる。

●好き ＋ 季節 ＋ 何?(疑問の表情) ＝ 好きな季節は?

同 四季

参 伸ばした人差し指と中指は、季節の移り変わりを表している。

汚い

不快な表情で。汚れが付着して
いる様子

上に向けた左手の
ひらに、わん曲さ
せた右手を 2 回あ
てる。

●汚い ＋ 店 ＝ 汚い店　●汚い ＋ 町 ＝ 汚い町
●服 ＋ 汚い ＝ 服が汚れた

同 不潔、汚れ

ぎっくり腰

骨がずれるイメージ

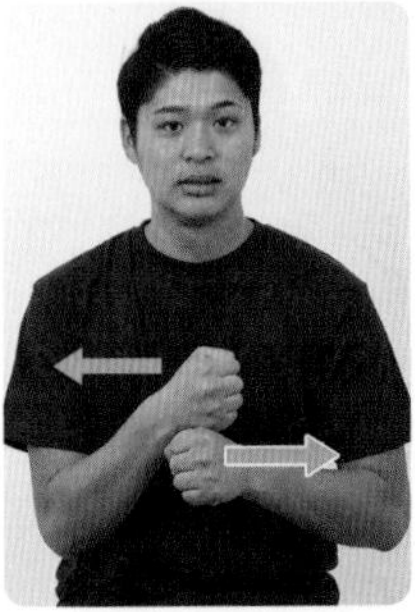

両手のこぶしを上下に構え、左右に離す。

●突然 ＋ ぎっくり腰 ＋ しまった! ＝ 突然ぎっくり腰になった

参 右手を腰にあて、左手を上に向けて、すべての指を軽く曲げ、左右に小刻みに振ると「腰痛」の意味になる。

切手

切手ののりをなめて、貼る様子

右手の人差し指と中指を揃えて伸ばし、口元に置き、左手のひらにあてる。

●84 ＋ 円 ＋ 切手 ＝ 84円切手

参 右手の人差し指と中指を伸ばし、左手の人差し指を右手の中指にあてると「郵便」の意味になる。P 353

切符

切符にはさみを入れている様子

上に向けた左手のひらを、右手の親指と人差し指で2回はさむ。

●切符 ＋ 買う ＋ 場所 ＝ 切符売り場　●速い ＋ 切符 ＝ 特急券

同 駅、改札
参 前に向けた片手のひらを前に倒すと「ICカード」の意味になる。P 418

気にしない

「思う+いいえ」で表す

1

片手の人差し指をこめかみにあてる。

2

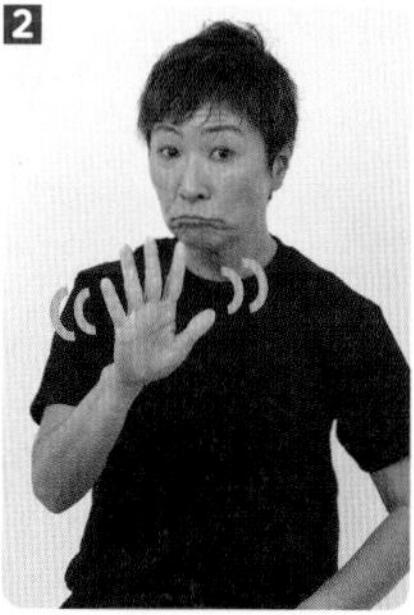

片手のひらを相手に向け、胸の前でひらひらと振る。

●大丈夫 ＋ 気にしない ＝ 大丈夫、気にならないですよ

1 同 思う　2 同 いいえ　参 相手から謝罪を受けた時には、「気にしない」に「大丈夫」を付けると良い。

気になる

何かひっかかる様子

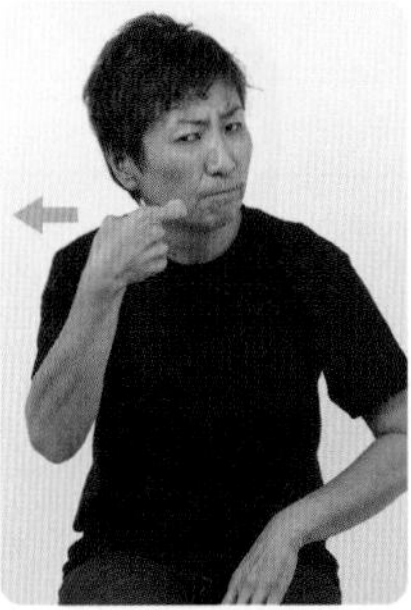

片手の人差し指をカギ型にして、口に引っかけるようにし、斜め前に少し引く。

●2 + 人 + 関係 + 気になる + 私 = 二人の関係が気になる

同 引っ張られる、誘惑に負ける　参 同じ動きを、胸の前で表すと「盗まれた」という意味になる。口型をつければ「ナンパされた」の意味にもなる。

厳しい

手をつねることで、痛い、辛いということを表す

左手の甲を右手でつねるような動きをする。

●厳しい + 先生 = 厳しい先生
●私 + 両親 + 厳しい = 私の両親は厳しい

同 きつい、つらい

気分

気分は心（胸）にあることから

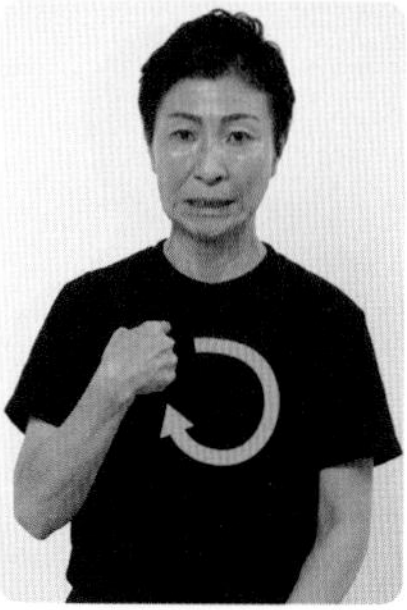

片手の人差し指を伸ばして、胸の前に置き、円を描く。

●気分 + きれい + 人 = 心がきれいな人
●気分 + 暗い = 暗い気分

同 気持ち、心　参 顔の前で円を描くと「顔」の意味になる。

気分が良い

気持ちがすーっとするイメージ

手のひらを胸にあて、２回上下させる。

●香り + 気分が良い = 良い香り　●温泉 + 気分が良い = 温泉は気持ちいい　●天気 + 気分が良い = 良い天気

同 心地良い、気持ちいい

決める

同じようにこぶしを片手のひら（指側）にあてると「覚悟」という意味

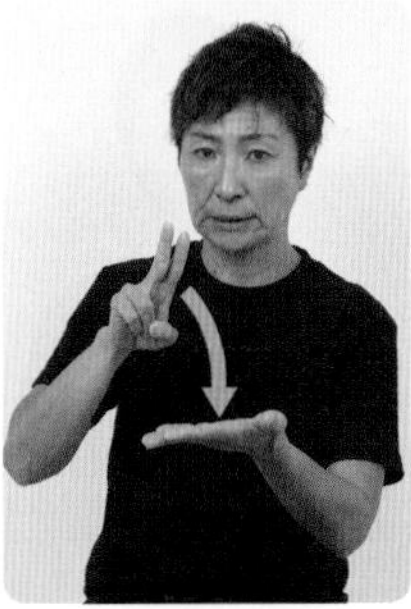

右手の人差し指と中指を伸ばし、左手のひらにあてる。

- 決める ＋ 学校 ＝ 指定校
- 手術 ＋ 日 ＋ 決める ＋ 必要 ＝ 手術日を決める必要があります

同 決定、指定

客

手のひらに人を乗せて、敬っている様子

親指を立てた右手を、左手のひらに乗せる。

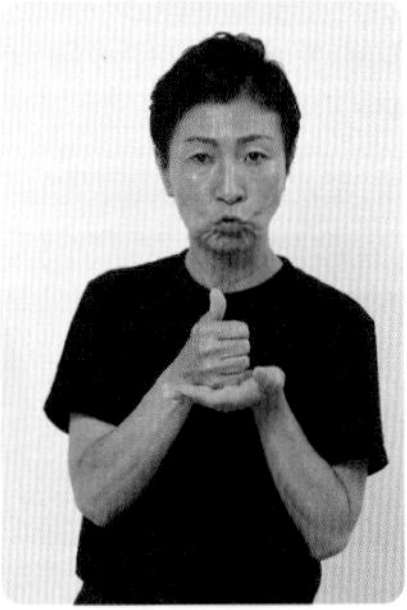

そのまま手前に引き寄せる。

- 客 ＋ イス ＝ 客席
- 客 ＋ 連れていく ＋ お願い ＝ お客様をご案内してください

同 迎える

逆

入れ替わる様子

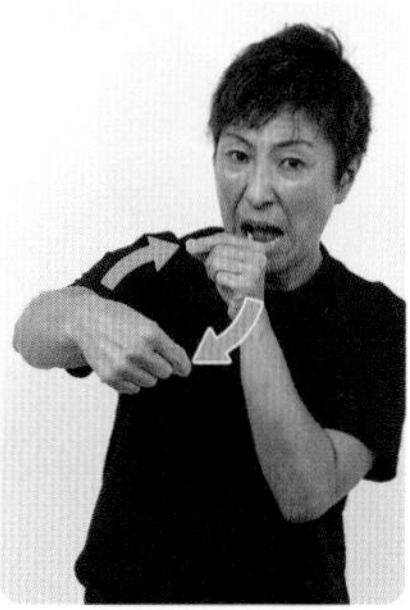

親指と人差し指の指先を付けた両手を下向きにして前後に構え、両手の位置を変える。

●**場所** + **逆** = 反対側　●**服** + **逆** = 服が逆になっている

同 反対、あべこべ　反 「正しい」は、両手ともつまむような形にして、胸の前に置き、上下に離す。P215

キャンプ

テントの形を表している

下に向けた左手のひらの甲に右手の指先をあて、すべての指を付けながら上げる。

●**キャンプ** + **場所** = キャンプ場　●**キャンプ** + **料理** = キャンプ料理　●**キャンプ** + **車** = キャンピングカー

同 テント

救急車

赤いランプを光らせながら走っている様子

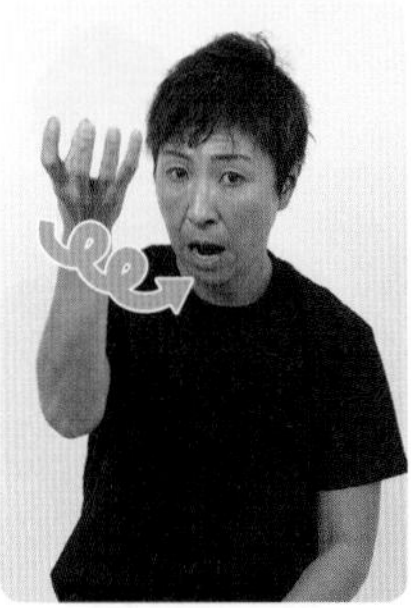

わん曲させた片手を上に向け、手首を数回ひねりながら前に出す。

●**警察 ＋ 救急車** ＝ パトカー
●**救急車 ＋ 呼ぶ ＋ お願い** ＝ 救急車を呼んでください

参 同じ動きを両手とも行うと「パトカー」の意味になる。

牛乳

お乳をしぼっている様子

すべての指を軽く曲げた片手を胸の前に置き、2 回にぎる。

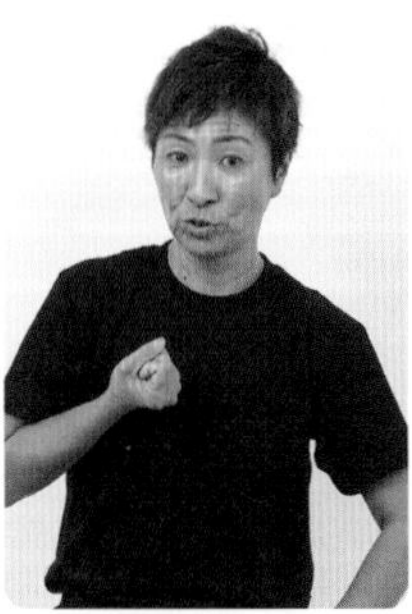

●**いつも ＋ 朝 ＋ 牛乳 ＋ 飲む（コップを持って飲む動作）** ＝
毎朝、牛乳を飲んでいます

参 「牛+飲む（コップを持って飲む動作）」でも「牛乳」の意味になる。

給料

昔の、封筒に給料を入れて手渡しされていた様子を表している

筒型にした左手の上に、すぼめた右手を置き、同時に引き寄せる。

●給料 + 日 = 給料日　●今日 + 給料 + うれしい = 今日は給料日でうれしい

参 片手の親指と人差し指で輪を作って前に向け、輪を解きながら手首をひねって自分に向けると「税」の意味になる。

嫌い

苦々しい表情を付ける

親指と人差し指の先を付けた片手をあごの下に置き、

下げながら、親指と人差し指を離す。

●好き + 嫌い + 悪い = 好き嫌いはいけない
●嫌い + 食べる + 何?(疑問の表情) = 嫌いな食べ物は何?

同 イヤ　参 片手の親指と人差し指をコの字型にして、胸にあてる表現もある。

霧

視界がかすむ様子

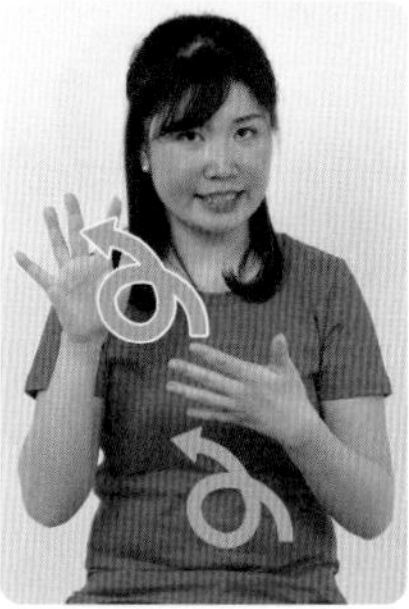

両手のひらを合わせ、互い違いに回して離す。

●霧 ＋ 注意 ＋ 伝える ＝ 濃霧注意報

同 かすむ、もや

参 霧の濃い、薄いは表情で区別する。

切る

はさみで切る様子

片手の人差し指と中指を伸ばし、横に倒す。

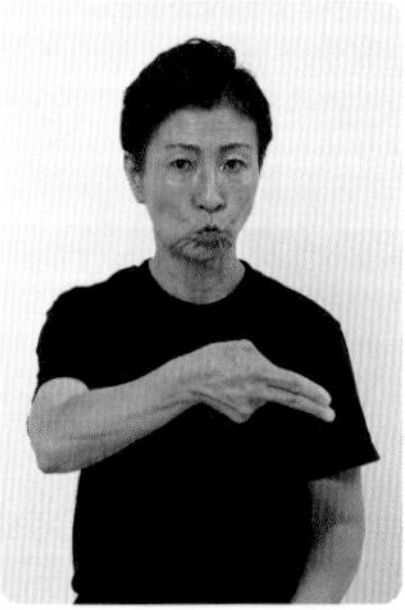

中指と人差し指を開いたり閉じたりしながら、横に動かす。

●給料 ＋ 切る ＝ 給料カット　●用紙 ＋ 切る ＝ 紙を切る
●ズボン ＋ 切る ＝ ズボンを切る

参 包丁、のこぎりなど、どの道具で切るかによって手話の動きを変える。

きれい

汚れがなく、なめらかな様子

両手のひらを上下に合わせ、上の手を横にすべらせる。

●顔 + きれい = 美人　●きれい + 男性 = 美男子
●きれい + 花 = きれいな花

同 美しい、美人、すてき、さっぱり　参 2回すべらせると「衛生」「清潔」の意味になる。

銀行

指で作った輪は「お金」を表す

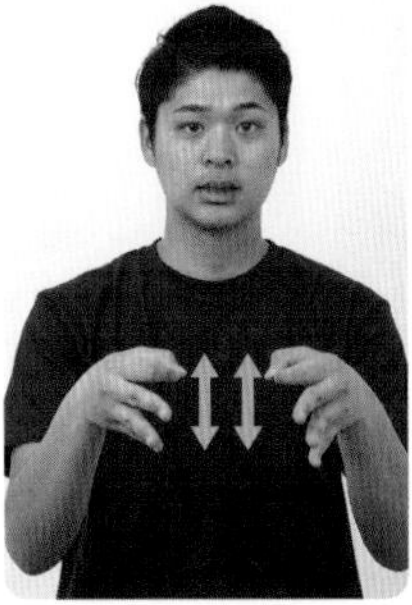

両手とも親指と人差し指で輪を作り、同時に2回上下させる。

●信じる + 銀行 = 信用金庫　●銀行 + ～員 = 銀行員
●銀行 + カード = キャッシュカード

参 交互に上下に動かすと「価値」「評価」の意味になる。

筋トレ

2の動きは、あらゆるトレーニングを表す

1

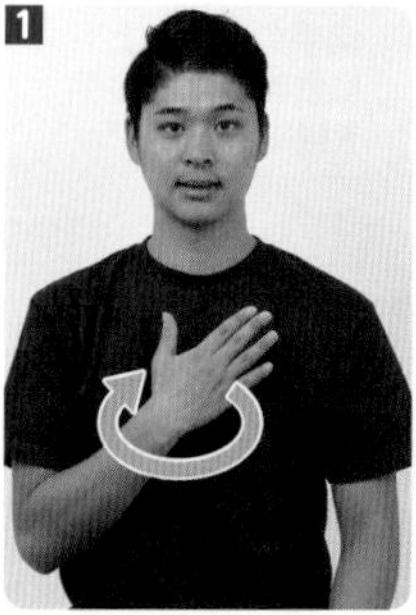

片手のひらを胸にあて、1周円を描く。

2

両手のこぶしを自分に向けて構え、交互に前後させる。

●筋トレ + 趣味 + 私 = 筋トレが趣味です
●毎日 + 家 + 筋トレ + 私 = 毎日、家で筋トレをしています

1 同 体　**2** 同 鍛える、訓練、ジム

薬

薬を調合する様子

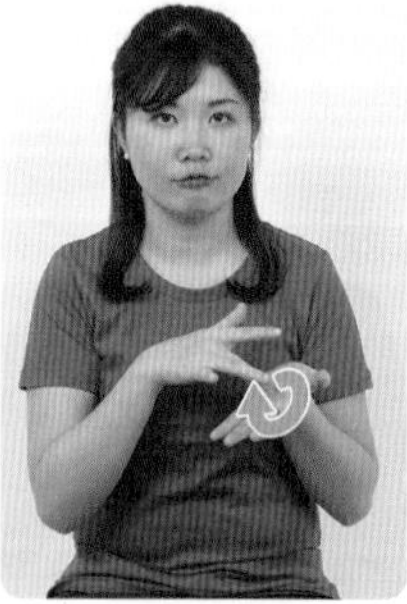

左手のひらに右手の中指をあて、小さく回す。

●薬 + 用紙 = 処方箋　●薬 + 店 = ドラッグストア
●薬 + 場所 = 薬局

参 錠剤やカプセルは、「薬」の手話の後に左手を口に持っていき、飲む動作をする。

くだもの

果実がたわわに実っている様子

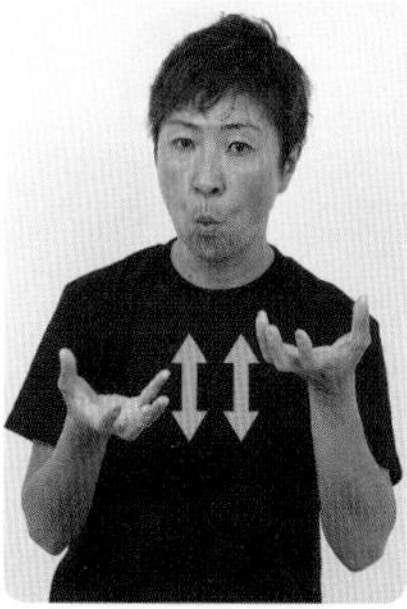

わん曲させた両手を上に向け、交互に上下させる。

- **甘い ＋ くだもの ＝** 甘いくだもの
- **くだもの ＋ 好き ＋ 何?(疑問の表情) ＝** 好きなくだものは何ですか?

参 具体的なものがある場合は、そのくだものの表現方法や指文字で表す。

靴

靴べらを使って靴をはく様子

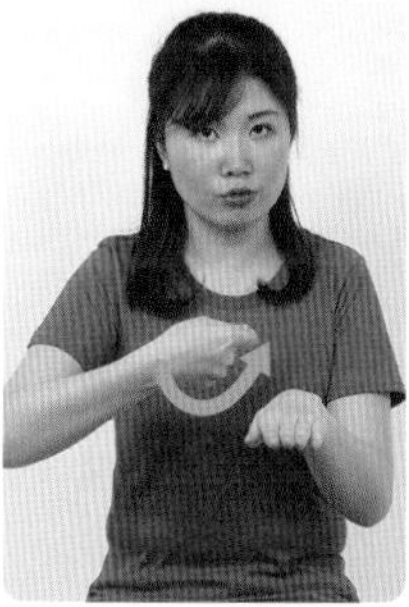

下に向けた左手のひらの横で、親指と人差し指を付けた右手をひねって手前に引く。

- **イタリア ＋ 作る ＋ 靴 ＝** イタリア製の靴

参 「サンダル」は、下に向けて開いた左手のひらの中指の上に、右手の人差し指と中指をあて、甲までひく。

組み立てる

部品を接続している様子

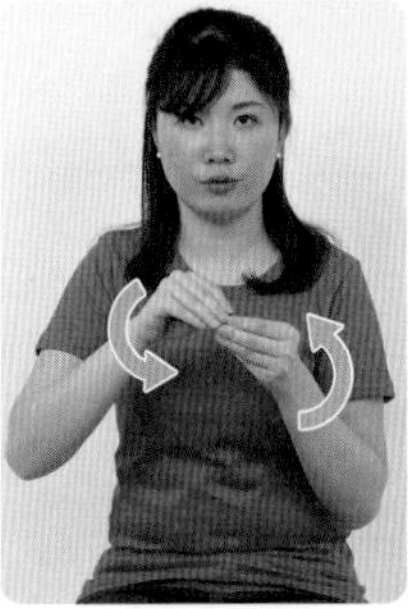

両手とも指先をすぼめて指先を付け、互い違いに手首をひねる。

●組み立てる + 仕事 = 組み立て作業
●組み立てる + 好き + 何?(疑問の表情) = 好きな色はどれ?

同 プラモデル、色

くもり

ふわふわした雲の形を表している

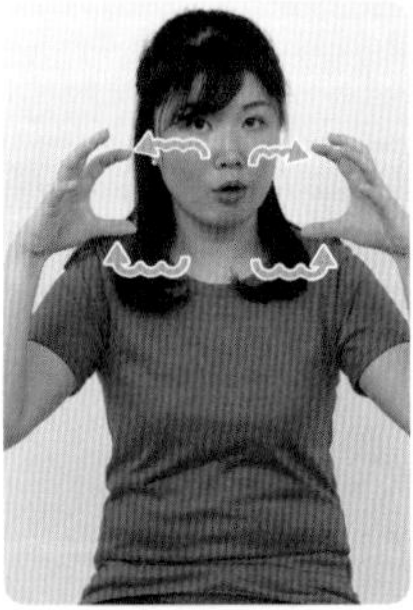

わん曲させた両手を向かい合わせ、指を曲げたり開いたりしながら横に引く。

●くもり + 空 = くもり空　●羊(未) + くもり = ひつじ雲
●明日 + 天気 + 想像 + くもり = 明日の天気予報はくもりだ

同 雲

悔しい

悔しくて胸をかきむしる様子

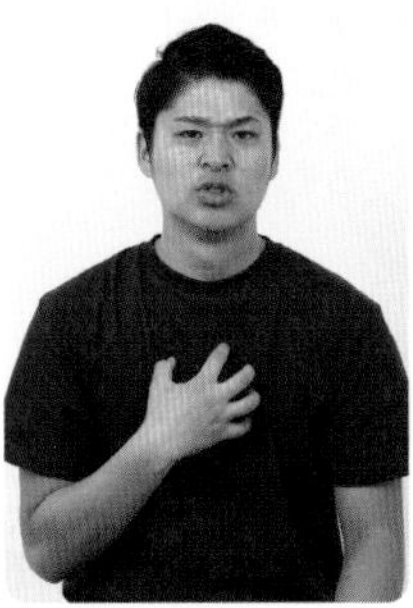

わん曲させた片手を胸にあて、小刻みにかく。

●気分 + 悔しい = むしゃくしゃする
●試合 + 負ける + 悔しい = 試合に負けて悔しい

参「苦しい、つらい」は同じ手の形で胸にあて、2周ほど回す。P233

くらい

照準を合わせるようなイメージ

垂直に出した手のひらを左右に振る。

●今日 + くらい = 最近　●年 + くらい = 年頃　●5000 + 円 + くらい = 5000円くらい　●何 + くらい?(疑問の表情) = どれくらい?

同 だいたい、～ころ

クリスマス

「Xmas」の「X（エックス）」とサンタロースのひげを表している

1

両手の人差し指を交差させ、同時に斜め下に下ろす。

2

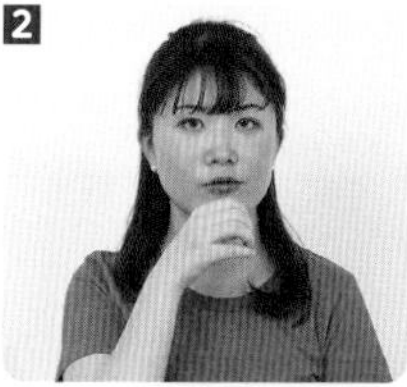

軽く指を曲げた片手をあごにあて、にぎりながら少し下げる。

●**クリスマス＋ケーキ＝クリスマスケーキ**
●**クリスマス＋会＝クリスマス会**

2 同 サンタクロース

来る

意味合いによって手話が変わる

◀**A**
人差し指を立て、自分に向けた右手を左手のひらに乗せ、同時に自分に引き寄せる。

B▶
人差し指を立てた片手を肩の上あたりに構え、斜め前に振り下ろす。

●**私＋明日＋来る＝私、明日も(ここに)来るよ**

参 **A**の手話は「お客様がいらっしゃる」といった場合に使う。
参 人差し指を下に伸ばして、自分に向かって振る表現もある。

グループ

大勢の人が輪になって集まっている様子

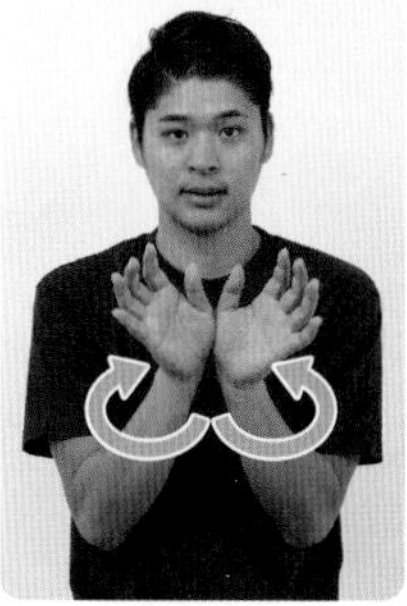

両手とも甲を前に向けて、中央で指先を合わせ、手首をひねって円を描く。

●グループ + 動く = クラブ活動　●赤 + グループ = 赤組
●グループ + スポーツ = 団体競技

同 団体、チーム、クラス

車

ハンドルをにぎっている様子

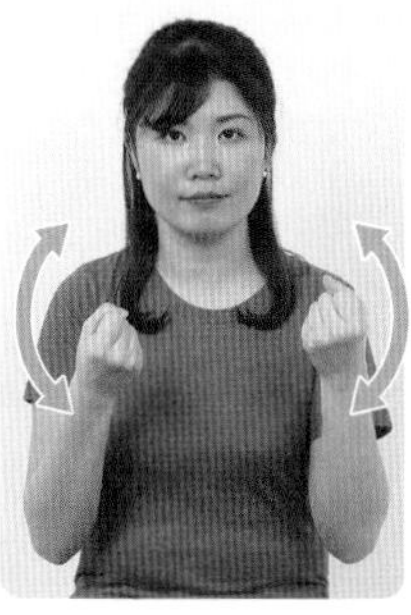

両手のこぶしを左右に構え、ハンドルを動かすように上下させる。

●外国 + 車 = 外国車　●車 + 種類 = 車種

同 運転、ドライブ
参 こぶしをそのまま前に出すと、「(車で)迎えにいく」という意味になる。

詳しい

2回ひねりながら下げるのが大事

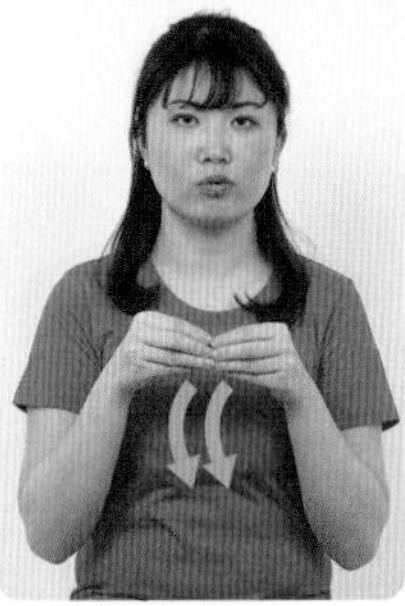

両手ともすぼめて指先を合わせ、板状のものを割るように2回手首をひねりながら下げる。

●詳しい ＋ 合う ＝ 具体的　●詳しい ＋ 仕事 ＝ 緻密な作業
●詳しい ＋ 説明する ＋ お願い ＝ 詳しく説明してください

同 細かい、詳細、緻密

計画

予定表の罫線を表す

左手のひらを下に向け、直角に曲げた親指以外の右手の4指を左手の小指にあてる。

左手はそのままで右手だけ、左手の小指に沿って横に2回すべらせる。

●旅行 ＋ 計画 ＋ ～中 ＝ 旅行の計画を立てる

参 同じ手の形で右手を左手の小指に沿って横に1回すべらせると「予定」の意味になる。P358

経験

多くのことにぶつかる様子

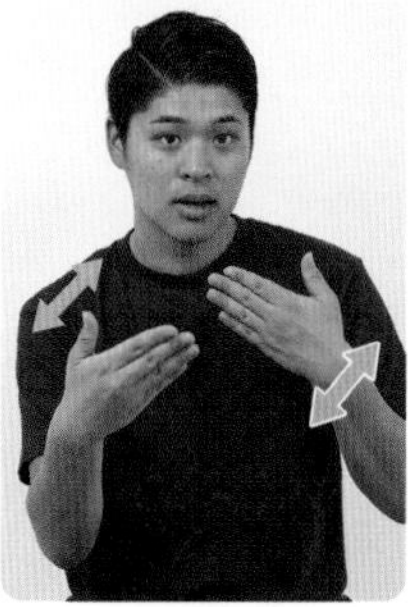

両手のひらを自分に向け、指先を打ちつけるように前後に動かして、再度あてながら戻す。

●初めて + 経験 = 初体験　●経験 + まだ = 未経験

同 体験、慣れる、ベテラン

参 何度も繰り返すと、「経験を積む」の意味になる。

経済

お金が回っているイメージ

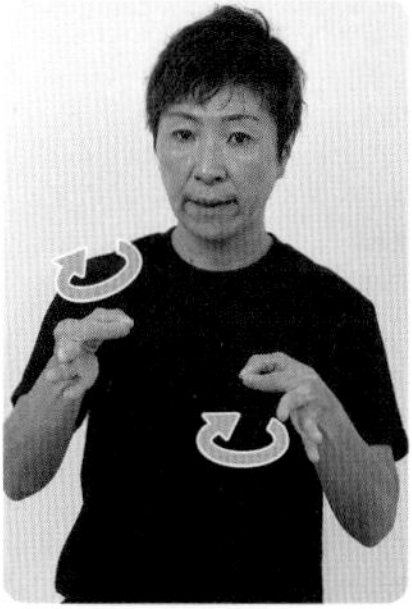

両手とも親指と人差し指で上下に輪を作り、交互に水平に回す。

●経済 + り = 経理

●自分を指差し → はね上げ + 経済 = 自営業

同 営業　参 両手のひらを上向きにして同様に回すと「付き合い」の意味になる。

警察

警察官の帽子に付いている記章を表す

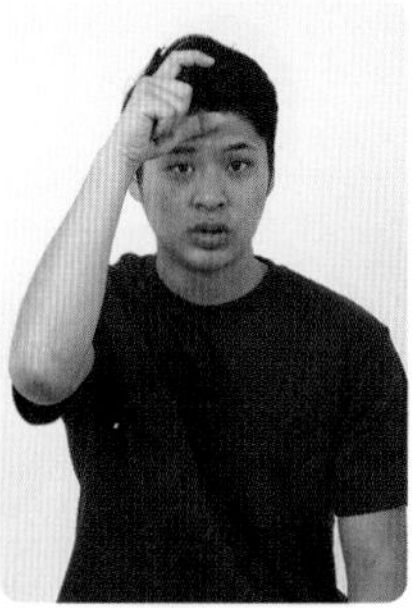

片手の親指と人差し指でコの字型を作り、額の前に置く。

●警察 + 場所 = 警察署　●警察 + 女性 = 婦人警官
●警察 + 男性 = 警察官

参 「消防署(P179)」は、ホースを持つような動作と「場所」という表現で表す。

携帯電話

通話中にアンテナが立っている様子

人差し指を伸ばし、その他4指をにぎった片手を耳の横に置く。

●携帯電話 + 数字 + 教わる + お願い = 携帯電話の番号を教えてください

参 「公衆電話」はドアを開け、片手で受話器を耳にあて、もう一方の手でボタンを押す動作をする。

警報（が出た）

緊迫している状態であることを知らせるイメージ

1

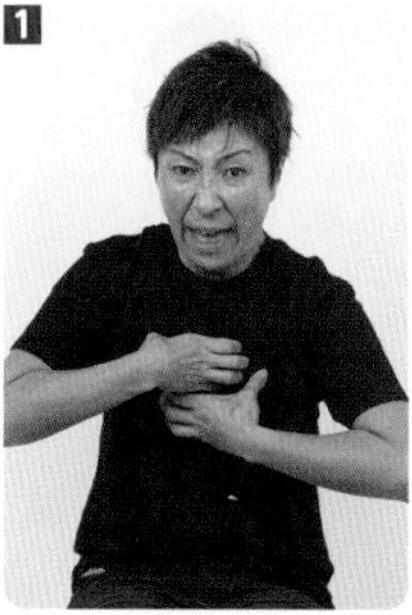

軽く曲げた両手を胸の前に置き、にぎりながら胸にあてる。

2

両手とも親指と人差し指を伸ばし、同時に自分に寄せる。

●**ひどい② + 雨 + 警報（が出た） + 逃げる + お願い** = 大雨警報が出たので、避難してください

1 同 危ない　2 同 伝える、知らせる、報告、発表

ケーキ

ケーキをカットしている様子

左手のひらの上で右手のひらを横向き、斜め向き、前向きに垂直にあてる。

●**結婚 + ケーキ** = ウェディングケーキ
●**生まれる + ケーキ** = バースデーケーキ

参 片手を垂直に置いて、指先に向かってすべらせると「まっすぐ」の意味になる。

ケガ

顔についた傷を表す

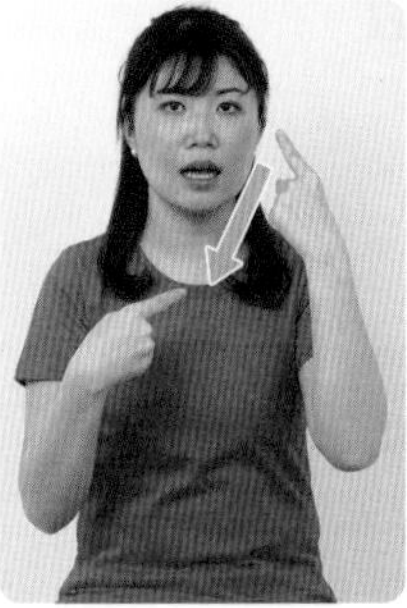

両手とも人差し指を伸ばして顔の前で交互に斜め下に動かす。

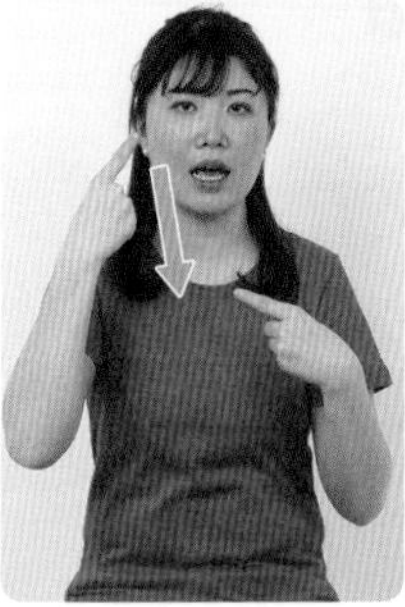

●ケガ + 手術 + か = 整形外科　●ケガ + 注意 = ケガに注意

同 傷

参 片手だけで表現することもある。ケガをした部位を人差し指で指し、指を動かす。

化粧

ファンデーションを顔に付ける様子

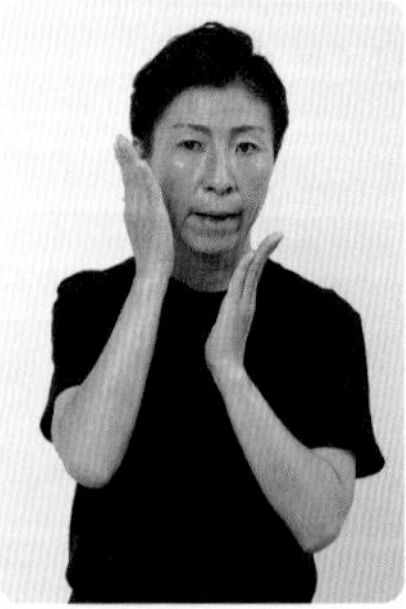

両手をほおにあて、交互に軽く円を描くように動かす。

●化粧 + 水 = 化粧水　●化粧 + 部屋 = 化粧室
●化粧 + ない① = 化粧っ気がない

参 左手のひらに右手の指を付け、右手の指をほおにあてる表現もある。

(明かりを)消す

電灯が消える様子

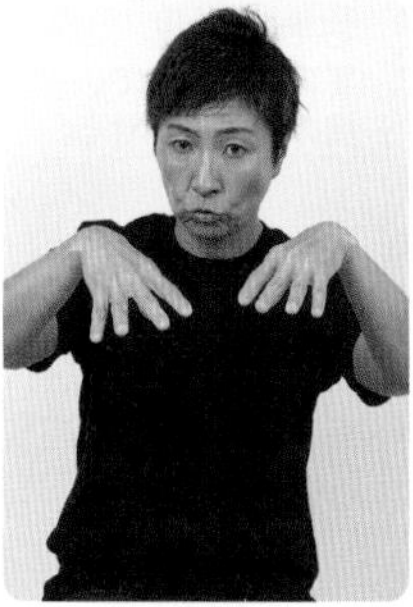

体の前で、両手のひらを下に向ける。

両手をすぼめながら、頭の前まで上げる。

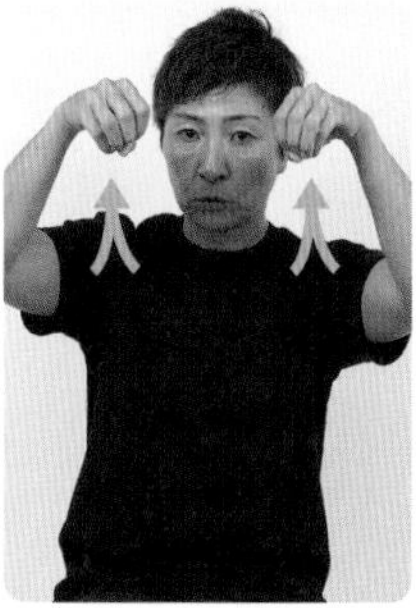

●(明かりを)消す ＋ 時間 ＝ 消灯時間

同 (雨が)止む

参 この動作と逆の動きをすると、「(明かりを)点ける」の意味になる。 P229

ケチャップ

ケチャップの容器をしぼる様子

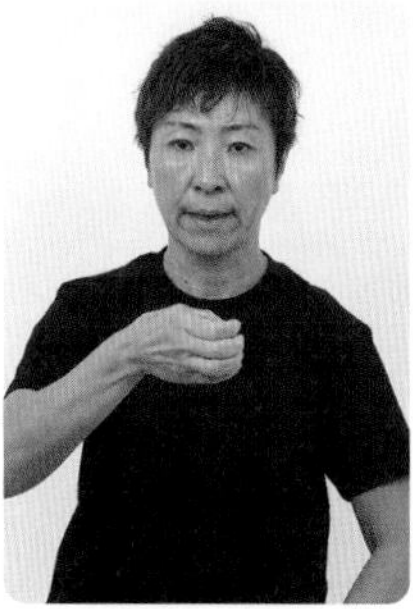

すべての指を軽く曲げた片手をギュッと２回にぎる。

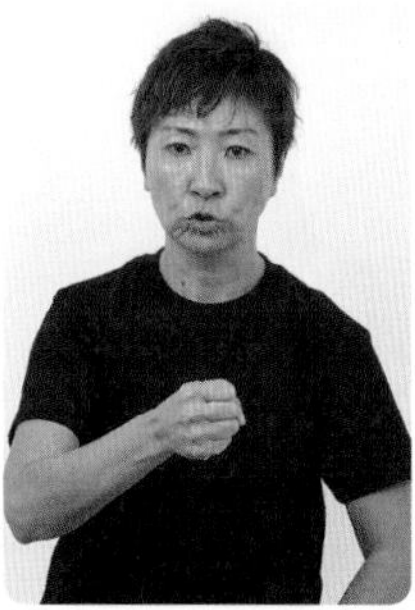

●ケチャップ ＋ 必要?(疑問の表情) ＝ ケチャップをかけますか?

同 しぼる　参 手の形は同じまま、にぎる動きはせず、小さな円を描くように手を動かすと「マヨネーズ」の意味になる。

結婚

親指は男性、小指は女性を表している

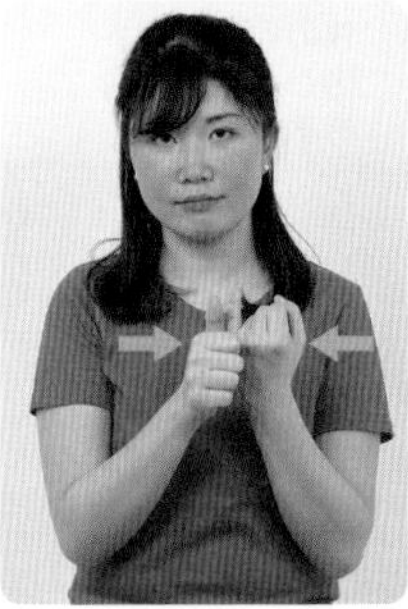

右手の親指、左手の小指を立て、胸の前で合わせる。

●結婚 + 〜式 = 結婚式　●結婚 + おめでとう = 結婚おめでとう
●結婚 + 終わる = 既婚　●結婚 + まだ = 未婚

参 親指同士、または小指同士を合わせると「同性婚」の意味になる。

下痢

水気の多い便が出る様子

左手のひらの内側にすぼめた右手を置き、下げながら指をパッと開く。

●下痢 + 止める + 薬 = 下痢止め薬

参 「排便」は、親指を立てた片手のこぶしを、もう一方の手でつかみ、こぶしの手のみをそのまま下ろす。

ゲリラ豪雨

急な大雨であることを表している

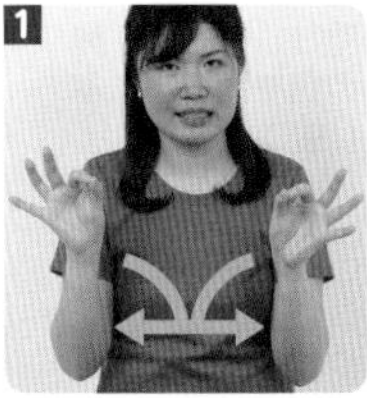

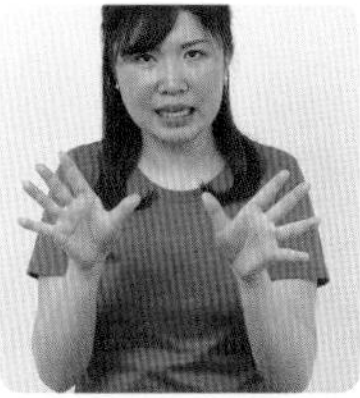

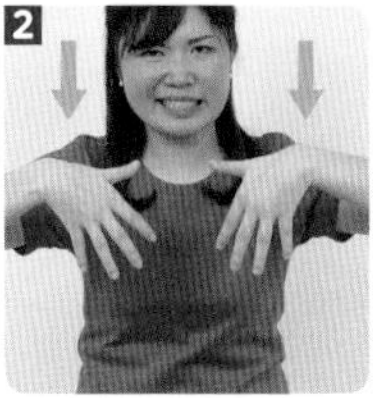

両手とも親指と人差し指で輪を作り、中央でぶつけて手を開く。

指先を下に向けて両手を顔の前あたりで構え、同時に激しく上下させる。

●**今日 + ゲリラ豪雨 + 想像 =**
今日はゲリラ豪雨があるかもしれない

1 同 いきなり、突然、一瞬　2 同 大雨

限界（おもしろすぎる）

おもしろくてたまらないという表現

片手のこぶしを上に向け、勢いよくパッと手を開きながら下げる。

●**テレビ + 指差し + 限界 = このテレビ番組、おもしろすぎる**

参 怒ったような表情の場合には、「怒りで我慢の限界、我慢できない」という意味になる。

元気

こぶしをにぎって、体に力がみなぎっている様子

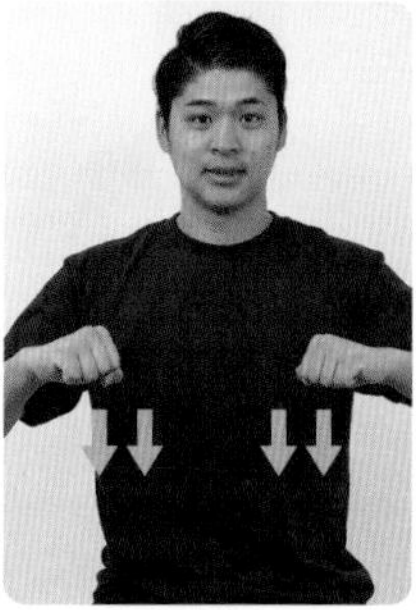

両ひじを張り、胸の前で両手のこぶしを2回下げる。

●元気＋保険＋カード＝健康保険証　●体＋元気＝健康

同 頑張る、頑張って

参 尋ねるような表情で表現すると、「元気?」というあいさつの意味になる。

濃い

手を顔に近づけることで、色など見えやすくなるイメージ

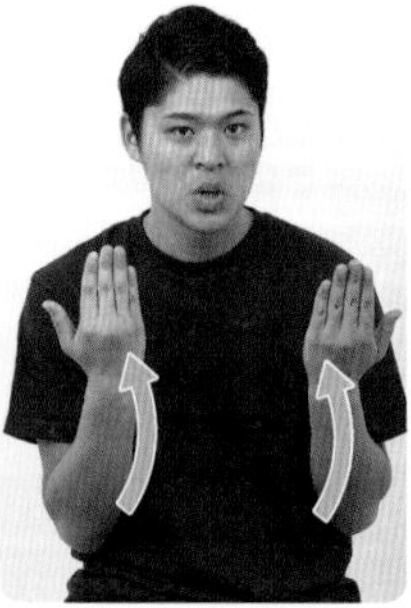

両手のひらを自分に向け、同時に引き寄せる。

●味＋濃い＝濃口　●顔＋濃い＝（目鼻立ちが）はっきりした顔

参 片手のひらを前に強く押し出し、もう一方の片手のひらを自分に引き寄せると「はっきり」という意味になる。

恋

指を交差させて、お互いが相手を思っていることを表す

両手とも人差し指を伸ばして下に向け、中央で交差させる。

●恋 + 男 = 彼氏　●恋 + 女 = 彼女
●恋 + 好き(欲しいの口型) = 恋したい

同 恋愛

公園

「公」という漢字と、場所という手話で表す

1

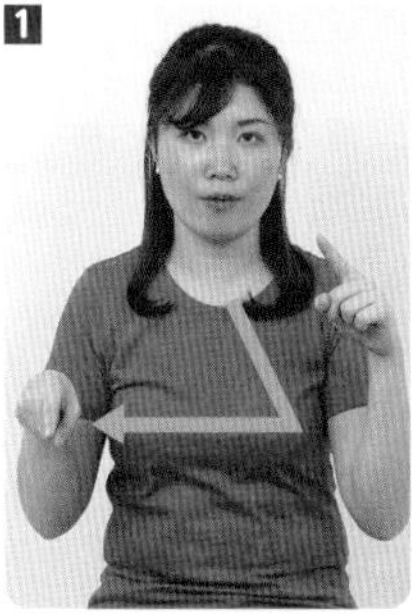

両手の人差し指で「ハ」の字を作り、右手の人差し指で「ム」を書く。

2

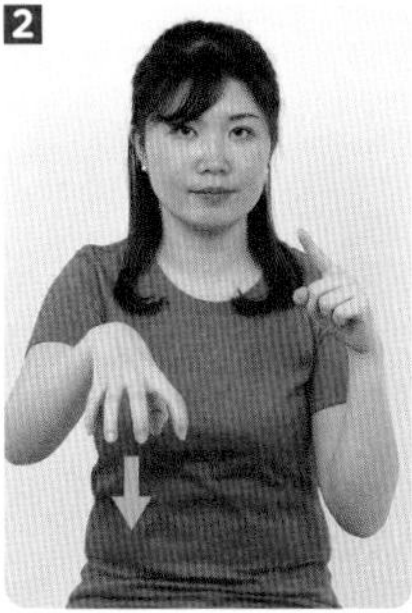

片手のすべての指を軽く曲げて下に向け、少し下げる。

●広い + 公園 = 広い公園　●森 + 公園 = 森林公園
●公園 + 遊ぶ = 公園で遊ぶ　●公園 + 散歩 = 公園を散歩する

1 同 公　**2** 同 場所、〜所、〜場

高血圧

血圧を測っている様子と、手話の「高い」を組み合わせている

1

左腕の内側に、右手を２回あてる。

2

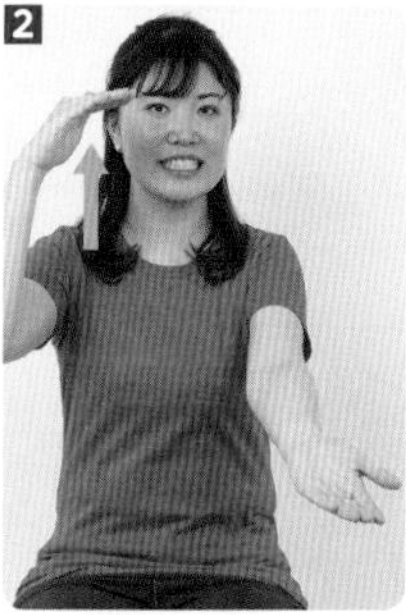

左腕はそのままで、右手だけ上げる。

●**高血圧 ＋ 薬 ＋ 毎日 ＋ 必要** ＝ 高血圧の薬を毎日飲んでください

1 同 血圧

参「低血圧」は、**2** の動作の際に右手を下げる。

高校

学生帽のラインを表している

片手の人差し指と中指を軽く曲げて額の前に置き、横に引く。

●**高校 ＋ 学生** ＝ 高校生

●**高校 ＋ 卒業 ＋ 終わり** ＝ 高校を卒業した

参 片手のすべての指を軽く曲げて、額の前で２回円を描く表現もある。

口座

通帳を表している

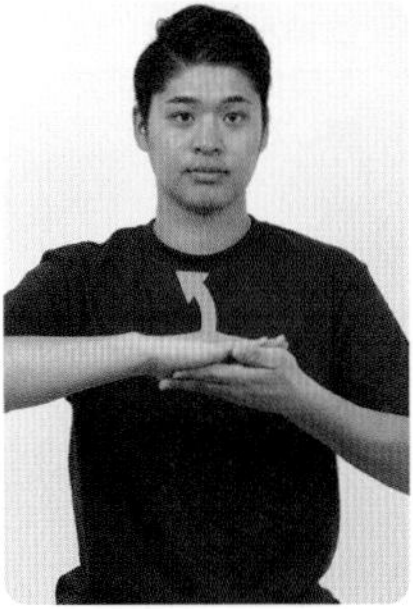

両手のひらを上下に合わせて、通帳を開くように上の手を開く。

●銀行 + 口座 = 銀行口座　●口座 + 作る = 口座を作る

同 (預金、貯金)通帳

参 片手の人差し指で口の周りをなぞり、そのまま指文字「ざ」を表す表現もある。

交際

人が行き交い、交流が進んでいく様子

上に向けた両手のひらを上下に構え、互い違いに回す。

●交際 + ～会 = 交流会
●交際 + 試合 = 交流試合

同 付き合う、交流、触れ合い

交差点

道が交差している様子

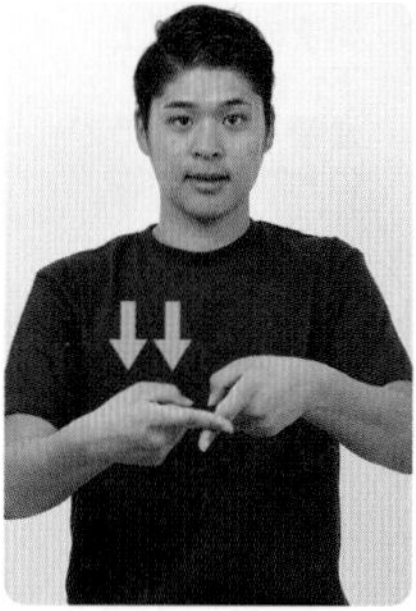

両手とも人差し指を伸ばし、2回交差して重ねる。

●**交差点 + 歩く + (〜の)時 + 注意 + お願い**
= 交差点を歩く時、　注意してください

参 「T字路」は、「T + 道路」で表す。

工場

機械が動いている様子

1

両手とも人差し指と中指を前に伸ばして互い違いに回す。

2

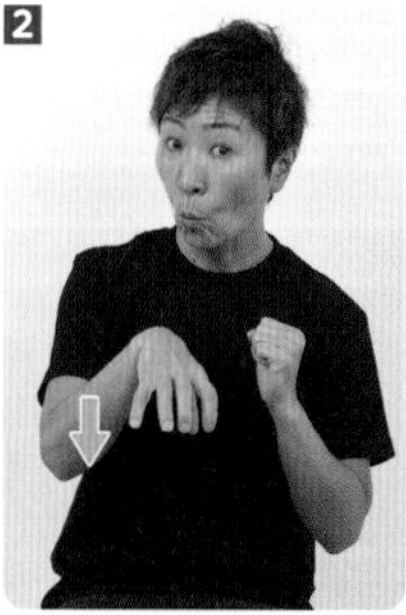

片手のすべての指を軽く曲げて下に向け、少し下げる。

●**車 + 工場** = 自動車工場　●**工場 + 見学** = 工場見学

参 「場所」の手話の代わりに、「家」という手話を(連なっているように)前に出していく表現もある。

洪水

水位が上がって、あふれ出す様子

下に向けた両手のひらを同時に上げ、前に波のように下げる。

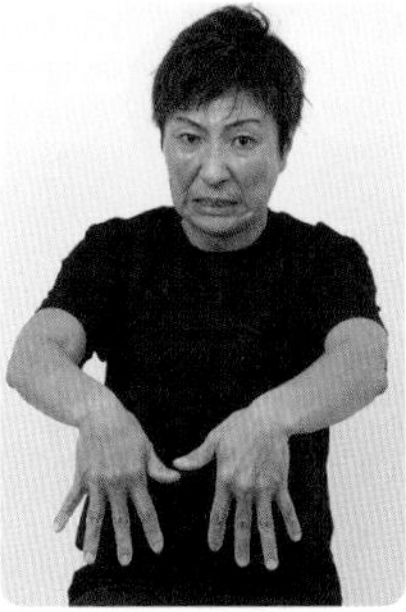

●洪水 + 警報(が出た) = 洪水警報　●洪水 + 会う(2回) = 洪水対策

同 津波　参「災害」は、左手は親指と小指を伸ばし、右手は人差し指、中指、薬指を伸ばして「く」の字を描く。P 150

高速道路

一般道の上を車が走る様子

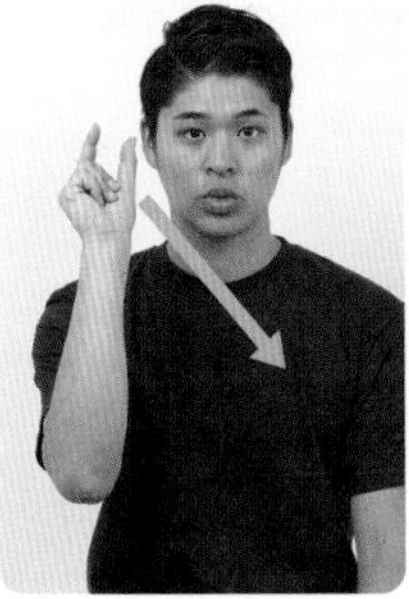

片手の親指と人差し指をコの字型にし、上に向け、前に2回出す。

●高速道路 + 決める + 速い = 高速道路の制限速度
●高速道路 + 使う + 東京 + 行く = 高速道路を使って東京に行く

参「速い + 道路」という手話で表すこともある。

紅茶

ティーバッグを上下させる様子

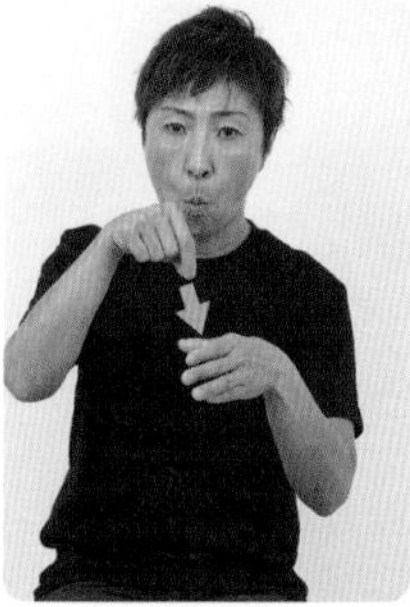

左手でカップ、右手でティーバッグを持つようにし、数回上下させる。

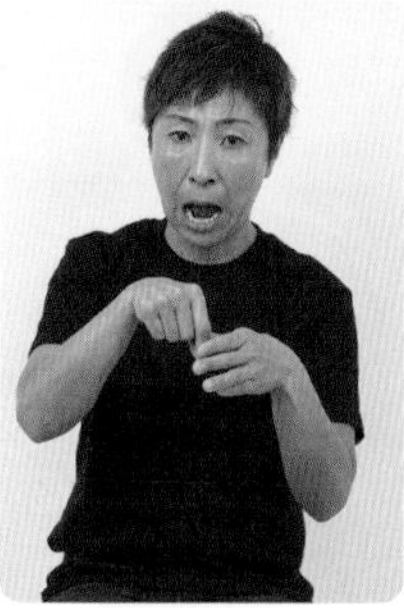

●冷たい ＋ 紅茶 ＝ アイスティー　●温かい ＋ 紅茶 ＝ ホットティー　●牛乳 ＋ 紅茶 ＝ ミルクティー

参「コーヒー」は、左手でカップ、右手でスプーンを持つようにし、右手を小さく回す。P142

後輩

手を下げることで、年齢や地位が下であることを表す

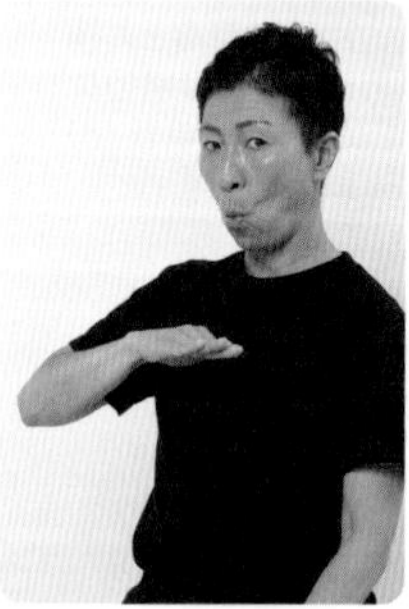

片手のひらを胸の前で下向きに置く。

手の形はそのままで、ウエストの位置まで弧を描くように下げる。

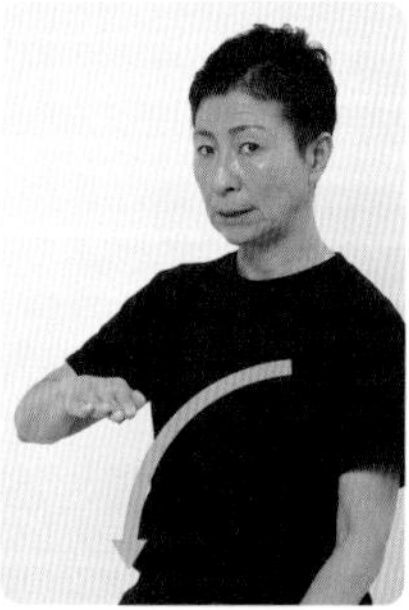

●かわいい ＋ 後輩 ＝ かわいい後輩
●私 ＋ 後輩 ＝ 私の後輩

同 下級生　反「先輩」は、手のひらを下向きにして、そのまま上げる。P203

公務員

「公+〜員」で表す

1

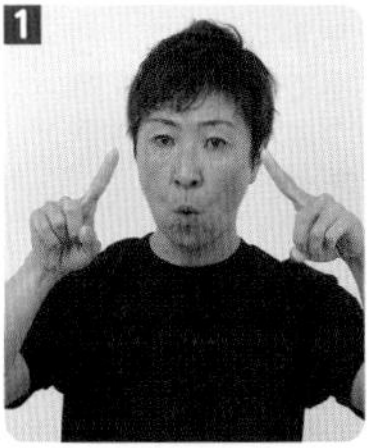

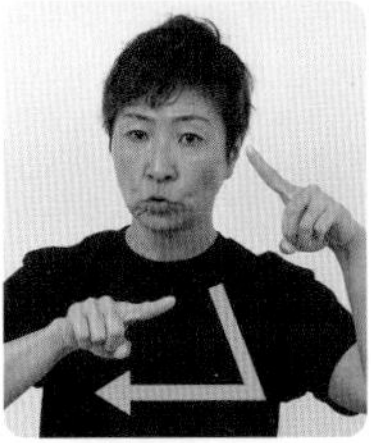

2

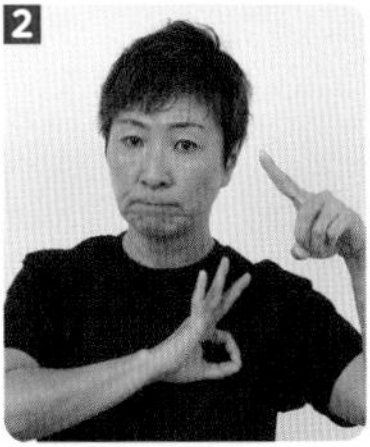

両手の人差し指で「ハ」の字を作り、右手の人差し指で「ム」を書く。

左手はそのままで、右手の親指と人差し指で輪を作り、胸にあてる。

●**日本 + 公務員** = 国家公務員　●**公 + 場所** = 公園

1 同 公
2 同 委員、バッジ

高齢

手を上げることで、年齢が高いことを表す

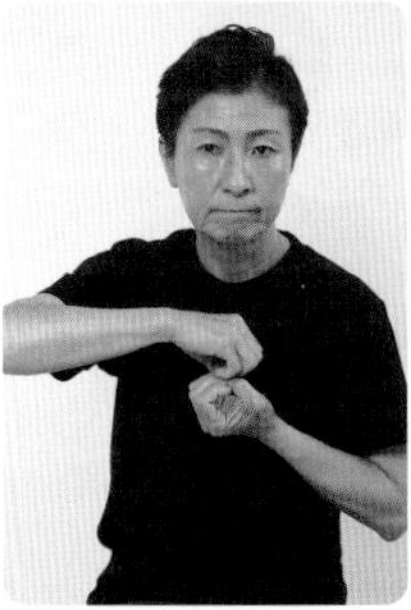

両手ともすべての指をすぼめて、胸の前で上下に向かい合わせる。

両手とも手をパッと開きながら、上にある手だけ上げて、あごにあてる。

●**高齢 + 世話** = 高齢者介護　●**高齢 + 人々** = 高齢者

参 「老人」という手話は親指(もくは小指)を立てて、手を下げながら立てた指を曲げる動きを2回繰り返す。

コーヒー

カップを持って、スプーンでかき混ぜている様子

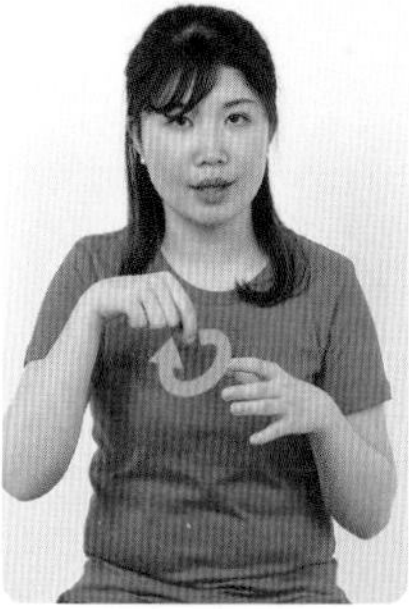

左手でカップ、右手でスプーンを持つようにし、右手を小さく回す。

●冷たい + コーヒー = アイスコーヒー
●温かい + コーヒー = ホットコーヒー

同 カフェ、喫茶店

氷

2種類の手話がある

手をわん曲させて下向きにしてもう一方の片手のひらに置き、1回前に出す。

●氷 + 水 = 氷水
●氷 + 山 = 氷山

参 氷を削る様子。

片手でこぶしを作って回し、かき氷を作るしぐさをする。

●氷 + 食べる = かき氷を食べる
●氷 + 好き = かき氷が好き

参 かき氷機を使って、削る様子。

ゴールデンウィーク

アルファベット「G」と期間が長めの休みを表している

1

両手の親指と人差し指を軽く曲げ、右手の人差し指を左手の親指にかける。

2

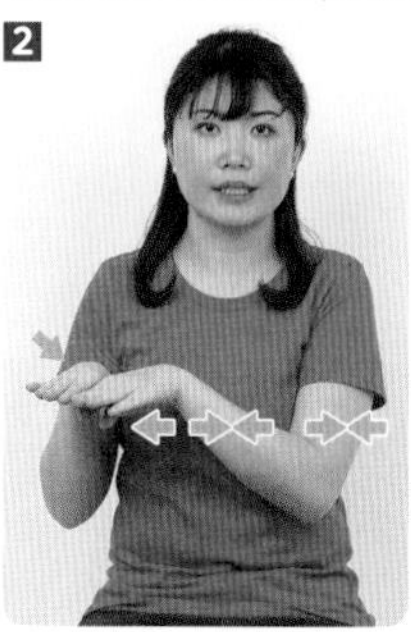

両手のひらを下に向けて合わせ、横に動かす。

●ゴールデンウイーク + 待つ + うれしい
= ゴールデンウイークが待ち遠しい

2 同 連休　参 **1**の手話と、指文字「W」で表すこともある。

戸籍

「データ」という意味も持つ

1

上に向けた左手のひらに、右手の親指以外の4指をあて、なでる。

2

両手のひらを上に向け、上下に重ねる。

●戸籍 + 新しい + 変える② = 新しい戸籍をつくる
●結婚 + (～の)時 + 戸籍 + 変える② = 結婚して戸籍が変わる

参 「家」という手話を表した後、**2**の手話を表すこともある。

骨折

骨が折れる様子

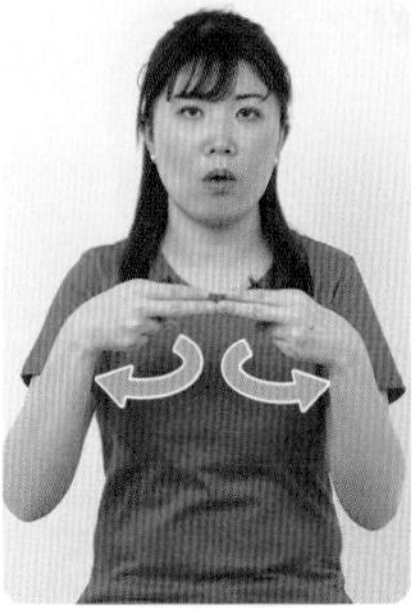

両手の人差し指と中指を横に伸ばし、手首をひねって前に向ける。

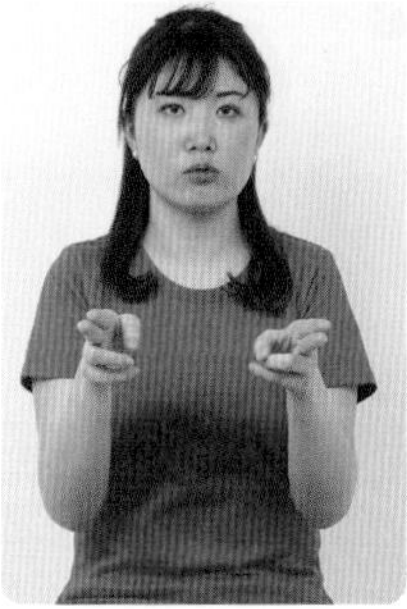

●スキー + 骨折 = スキーをして骨折した

参 具体的に体のどの部分を骨折してしまったかを伝える場合には、負傷した箇所を指差してから「骨折」の手話を表す。

言葉

書き言葉と話し言葉で手話が異なる

両手とも親指と人差し指でコの字型を作り、上下に構え、少し前に出す。

●花 + 書き言葉 = 花言葉

同 テーマ、タイトル

両手の人差し指を立て、交互に前後に動かす。

●結婚 + 話し言葉 = 結婚のスピーチ

同 スピーチ

断る

意見を突き放すイメージ

前に向けた左手のひらに右手の親指以外の4指の先をあてる。

手の形はそのままで、左手で右手を押し出すように、両手を前に出す。

●火事 + 断る = 防火　●断る + 風 = 防風　●断る + 水 = 防水

同 拒絶、拒否、防ぐ、防止、予防　反「断られる」は左手の甲を前に向け、左手のひらに右手指先を付け、自分に引き寄せる。

コピー

コピーをとる様子

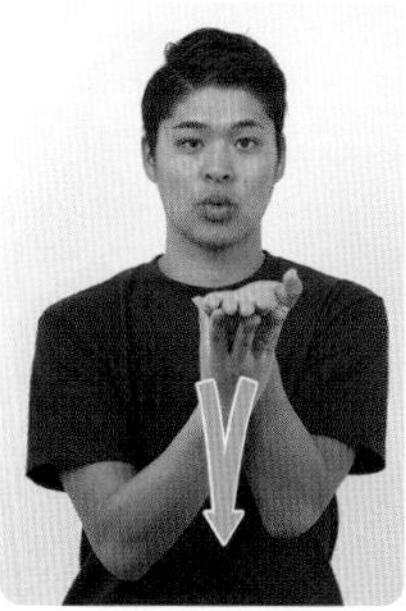

両手とも上に向け、左手の甲に右手をあて、右手だけすぼめながら下げる。

●コピー + お願い = コピーをとってください

同 コピーする、ダウンロード　参 胸の前に手のひらをあてて、前に出しながらグッとにぎると「レントゲン」の意味になる。

困る

困難にぶちあたっている様子

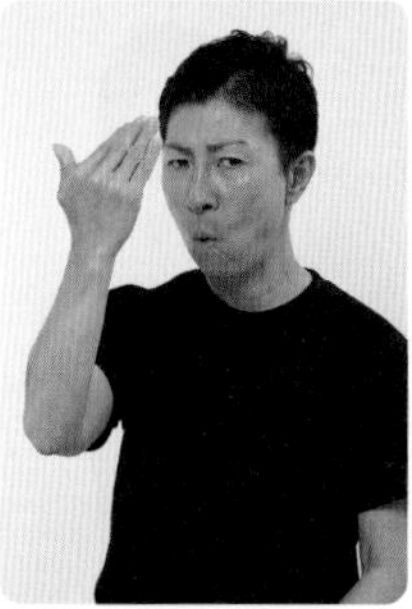

片手のひらを自分に向けて、顔の前に構える。指は揃える。

手の形はそのままで、親指以外の4指を額に2回トントンとあてる。

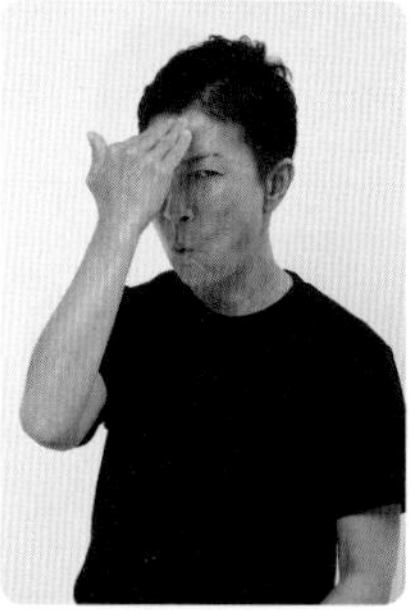

●お金 + 忘れる + 困る = お金を忘れちゃった。困った!

同 困難

参 片手を軽く曲げ、頭の横で軽く前後に動かす表現もある。

ごみ

ごみを捨てる様子

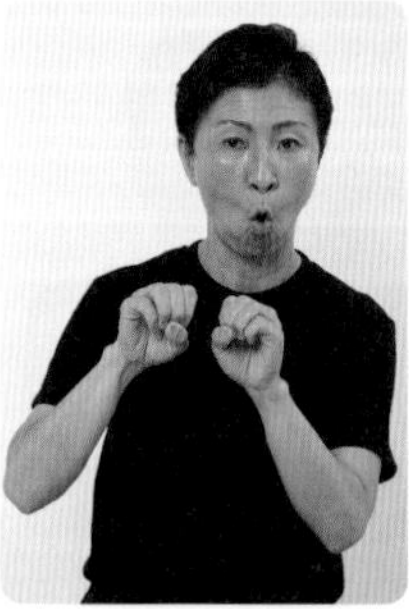

両手のこぶしを前に向け、胸の前に構える。

両手ともパッと開きながら、少し下げる。

●ごみ + 箱の形を表す = ごみ箱　●ごみ + 場所 = ごみ捨て場
●燃える + ごみ = 可燃ごみ　●燃える + 無理 + ごみ = 不燃ごみ

同 ごみを捨てる、捨てる、遺棄

混む

人がたくさん詰め込まれている様子

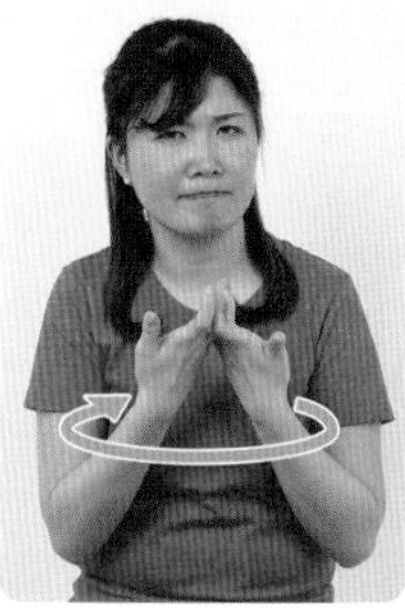

両手の親指以外の4指の背を合わせ、水平に回す。

●仕事 + 通う + 電車 + 混む = 通勤電車は混んでいる
●混む + 苦手 = 混雑は苦手

参 この手話を表現する時は、口をぎゅっと閉じ、不快そうな表情を付ける。

米

米が口についている様子

親指と人差し指で輪を作り、その他3指を開いた片手を口元に置く。

手の形はそのままで、手首をひねって前に向ける。

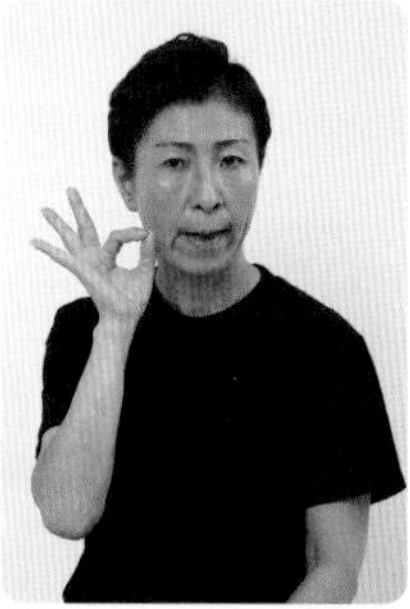

●米 + おいしい = おいしい米　●新しい + 米 = 新米
●赤 + 米 = 赤飯

同 ご飯、ライス　反 親指と人差し指を合わせ、口の端に置くという表現もある。

ごめんなさい

申し訳なさそうな表情をしながら

1

片手の親指と人差し指を合わせて眉間にあてる。

2

手を開きながら前に出す。頭も少し下げる。

●約束 + 忘れる + ごめんなさい = 約束を忘れてしまってごめんなさい

同 すみません

1 同 迷惑

壊す

物を折る様子

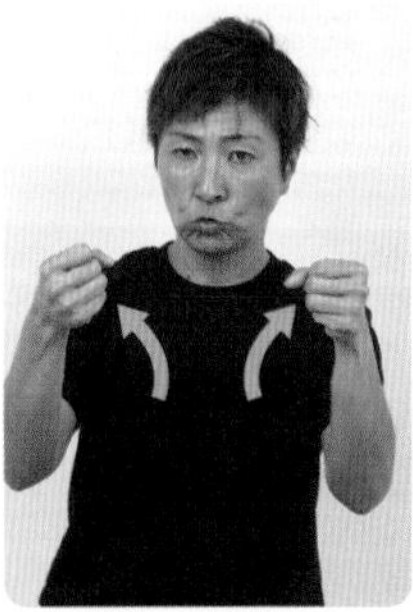

両手のこぶしを中央で合わせ、同時に手首をひねり上げる。

●壊す + 人々 = 障がい者
●車 + 壊す + 終わる = 車が故障した

同 壊れる、折れる、障害、故障　参 物だけでなく、人間関係が壊れる時にも使う表現。

コンビニ

24時間営業であることを表す

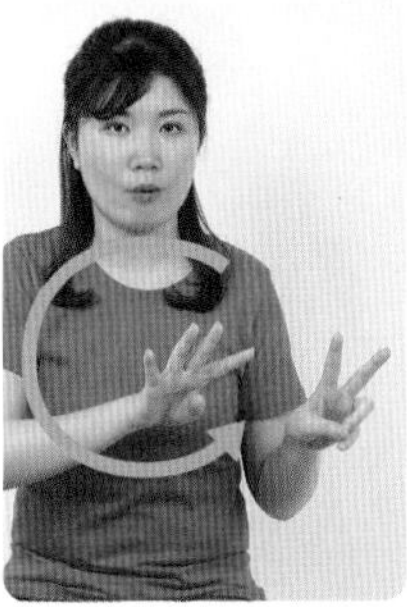

左手は人差し指と中指を立て、右手は親指以外の4指を立て、同時に円を描く。

●コンビニ + アルバイト = コンビニのアルバイト

同 24時間営業

参 片手で「2」「4」と表しながら円を描く表現もある。

サークル

指文字「さ」で円を描き、グループを表す

右手は前に向けてにぎり、その横に左手のひらを前に倒す。右手だけ水平に回す。

●手話 + サークル = 手話サークル
●テニス + サークル = テニスサークル

参 左手を付けず、右手のこぶしだけを回すだけでも良い。

災害

「災」の字を表している

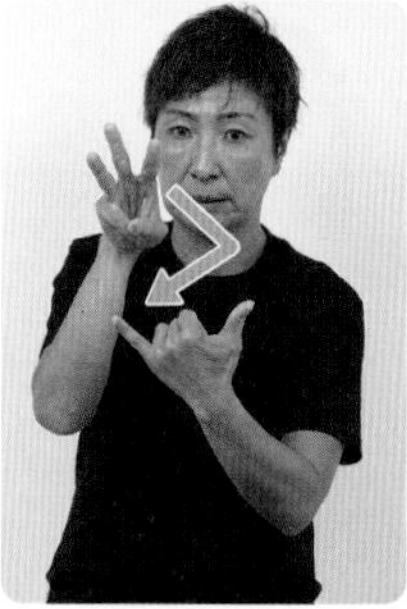

左手は親指と小指を伸ばし、右手は人差し指、中指、薬指を伸ばして「く」の字を描く。

●**災害 + 注意 + お願い** = 災害には気をつけてください

参 「避難」は、左手のひらの下に、人差し指と中指を伸ばした右手を置き、右手だけ前に出す。Ⓟ297

最近

「さっき（Ⓟ155)」の手話で表すのでも良い

両手のひらを左右で向かい合わせ、中央で交差させ、また開く。

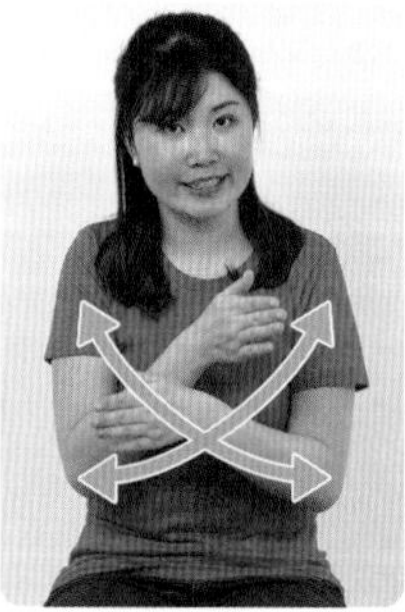

●**最近 + 時間** = 休憩時間

同 余裕、休憩、そろそろ

参 「今 ＋ 最近」と表現することもある。

最高

一番上であることを表す

下に向けた左手のひらに、立てた右手の指先を下からあてる。

●**最高 + イス** = ファーストクラス　●**最高 + 数字** = 最高得点
●**気分 + 最高** = 最高の気分

同 最上

最低

一番下であることを表す

上に向けた左手のひらに、指先を下に向けた右手を上からあてる。

●**今日 + 1日 + 最低** = 今日は最低な1日だよ

同 最後　参 親指だけを立てた右手のこぶしを、左手のひらに打ちつけると「ビリ」という意味になる。

探す

いろいろな物を見て、目が動く様子

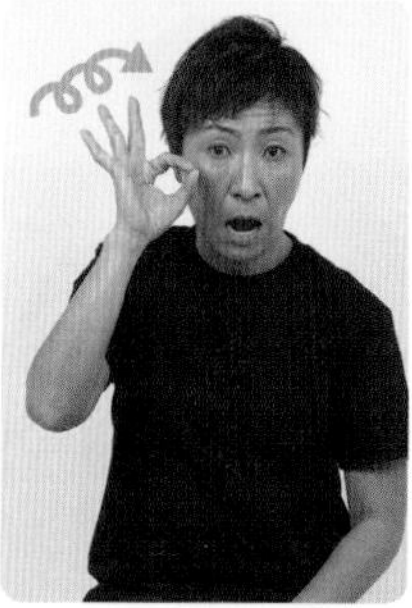

親指と人差し指で輪を作り目の前に置き、円を描きながら内側に２回回す。

●**友達 ＋ 探す** ＝ 友達を探す　●**本 ＋ 探す** ＝ 本を探す

同 観光、見学　参 人差し指と中指を曲げて指先を目に向け、左右に動かすと「調べる」の意味。P85

魚

魚が泳ぐ様子

片手のひらを自分に向け、ひらひらと揺らす。

●**川 ＋ 魚** ＝ 川魚　●**魚 ＋ 食べる ＋ 好き** ＝ 魚を食べたい　●**魚 ＋ 事典（辞書）** ＝ 魚の事典　●**彼 ＋ 魚 ＋ 詳しい** ＝ 彼は魚に詳しい

参 魚の名前を表す時は、魚の名前を指文字で表す。

鮭

鮭のいかつい口を表している

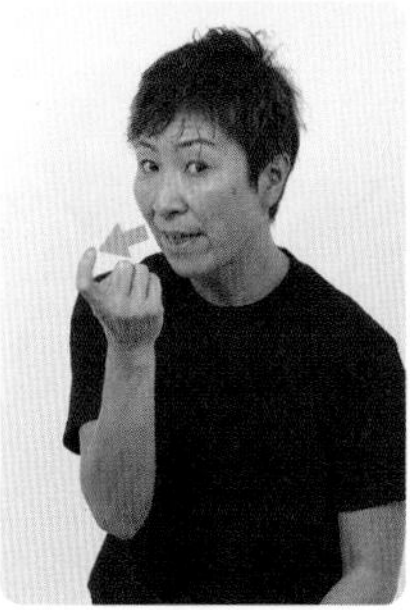

人差し指をカギ型に曲げた片手を上向きにして口の前に置き、少し前に出す。

●**鮭 ＋ 刺し身** ＝ 鮭の刺し身　●**鮭 ＋ 釣り** ＝ 鮭を釣る
●**焼く ＋ 鮭 ＋ 必ず ＋ 食べる** ＝ 焼き鮭定食

参 「鯛」は、片手のひらを自分に向け、親指以外の４指を上にはね上げる。

酒

おちょこで酒を飲んでいるイメージ

片手の人差し指と中指を伸ばし、あご、額の順にあてる。

●**甘い ＋ 酒** ＝ 甘酒　●**酒 ＋ 強い ＋ 私** ＝ 私はお酒に強いほうです

参 片手の指すべてを伸ばして、指先をあごと額にあてる表現もある。その他ビールやワインなどはそれぞれの手話がある。

叫ぶ

大きな声が周囲に響いている様子

両手とも親指と人差し指で輪を作り、のどの前に置き、勢いよく左右に引き離す。

●**山 + 最高 + 叫ぶ** = 山頂で叫ぶ
●**叫ぶ + 気分が良い** = 叫んでスッキリした

同 絶叫、大きな声を出す

刺し身

魚をさばく様子

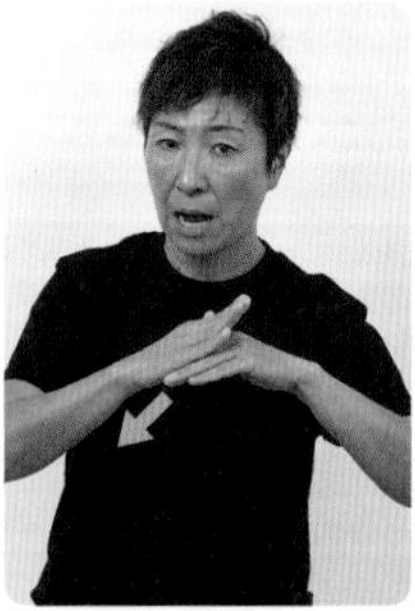

山型にした左手に右手のひらをあて、下げる。

●**刺し身 + 注文** = 刺し身を注文する

同 (魚を)さばく　参「切る」という手話は、包丁・ハサミ・カッターなど、どんな道具を使うかによって表現が変わる。P 118

さっき

「昨日」「去年」同様、手を顔より後ろに倒し、過去を表す

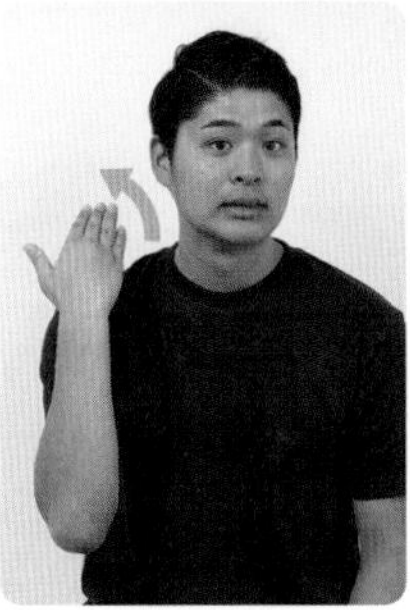

甲を前に向けた片手のひらを、肩から後ろに倒す。

●**さっき + 到着 + 私** = さっき着いたばかり

同 この間、先日

参 「さっき」よりも大きく弧を描いて後ろに倒すと「以前」という意味になる。

さびしい

さびしくて気持ちがしぼむ様子

片手を胸の前に置き、親指とその他4指の指先を閉じる。

●**彼 + 会う + 無理 + さびしい** = 彼に会えなくてさびしい
●**気分 + さびしい** = さびしい心

参 胸の前で両手をすぼめながら下げる「がっかり」でも表現できる。P92

残念

「悔しい」も同様の表現で表せる

右手のこぶしを、左手のひらに自分側に向けて２回打ちつける。「残念」という表情を付けて。

●**会う ＋ 無理 ＋ 残念** ＝ 会えなくて残念
●**彼女 ＋ 残念 ＋ さびしい** ＝ 彼女は残念がっていた

参 にぎった右手の甲を開き、左手に打ちつけると「失敗する」の意味。P 165

試合

両者がぶつかり合う様子

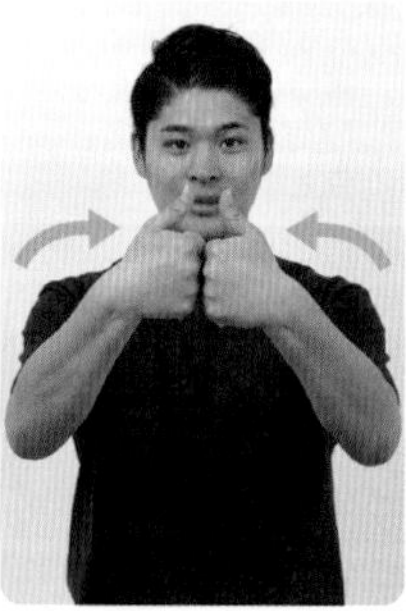

両手とも親指を立てて向かい合わせ、中央で少し上げながらぶつける。

●**野球 ＋ 試合** ＝ 野球の試合

同 勝負　参 親指を立てた両手を前後で向かい合わせ、後ろの手で前の手をぶつけて倒すと「倒す（勝つ）」という意味になる。

CD

「C」と「D」を表す

右手のすべての指を軽く曲げ、「C」の形を作る。

右手はそのままで、左手のひらを右手にあてる。

●**CD + 買う** = CDを買う　●**CD + 約束** = CDを予約する

参 左手で指文字「V」を表し、左手の人差し指に右手の指先を付けて「D」を作り、そのまま円を描くと「DVD」の意味になる。 P234

ジーンズ

「G」を表す

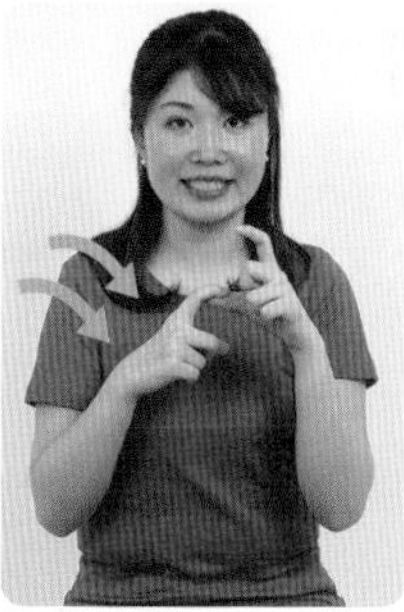

両手とも親指と人差し指を開いて曲げ、右手の人差し指を左手の親指に2回かける。

●**私 + ジーンズ + 買う + 希望** = ジーンズを買いたいです
●**黒 + ジーンズ** = 黒色のジーンズ

参 「Tシャツ」は、指文字の「T」を表した後、人差し指同士を2回あてる。 P234

JR

人差し指と中指で「R」を、親指を出して「J」を表している

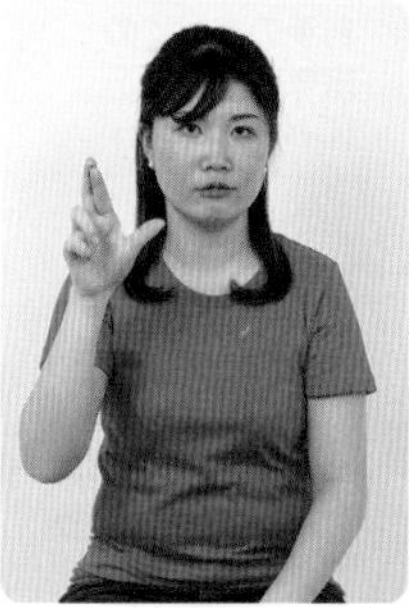

片手の親指、人差し指、中指を立てる。人差し指と中指は交差する。

- **JR ＋ 切符 ＋ 買う** ＝ JRの切符を買う
- **JR ＋ 東 ＋ 日本** ＝ JR東日本

参 胸の前から地面と平行に１周回すと「山手線」の意味になる。

仕方ない

肉を切って骨を断つイメージ

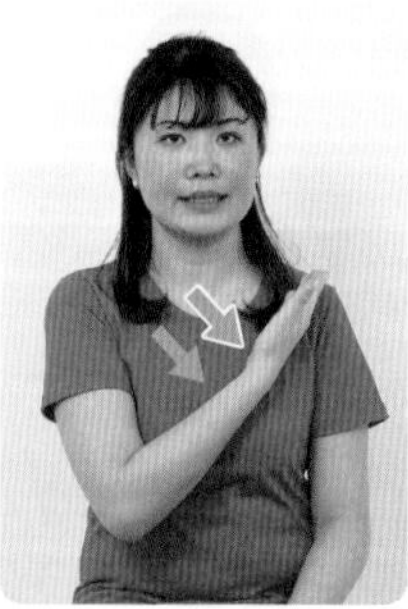

片手のひらの小指側を数回胸にあてる。

- **離婚 ＋ 仕方ない** ＝ 離婚もやむを得ない

同 義務

参 手を斜め下に下げる表現もある。

叱る

怒った表情を付ける

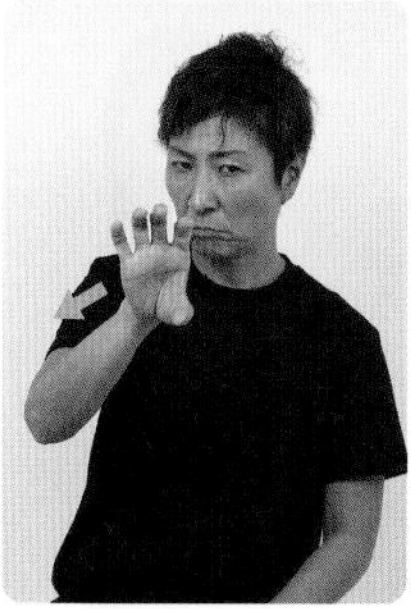

すべての指を軽く曲げた片手のひらを顔の前に置き、グッと前に出す。

し

●学生 ＋ 叱る ＝ 学生を叱る
●子ども ＋ 叱る ＝ 子どもを叱る

参「叱る」の手話を２回連続すると、がみがみ説教するというような意味になる。

時間

腕時計を表している

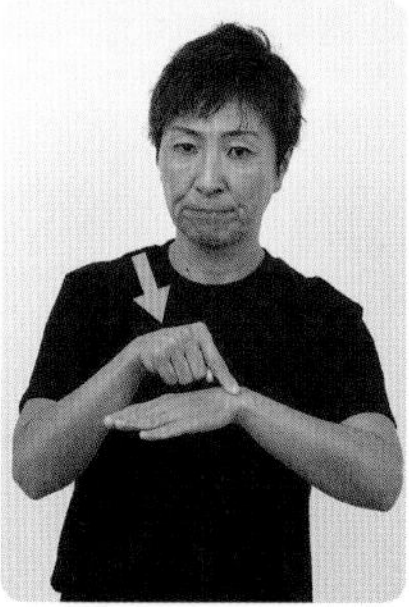

左手首に右手の人差し指をあてる。

●時間 ＋ いくつ（疑問の表情で） ＝ 何時?

同 ～時　参 手首に親指の先をあてたまま、人差し指を時計回りに2回動かすと「腕時計」の意味になる。

～式

人々が参列している様子

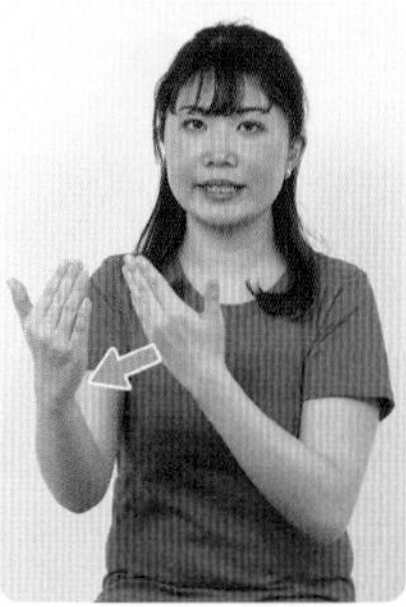

両手のひらを自分に向けて前後に合わせ、前の手を離す。

●**入る ＋ 式** ＝ 入学式　●**大人 ＋ 式** ＝ 成人式
●**卒業 ＋ 式** ＝ 卒業式

参 大会

試験

人と人が競う様子

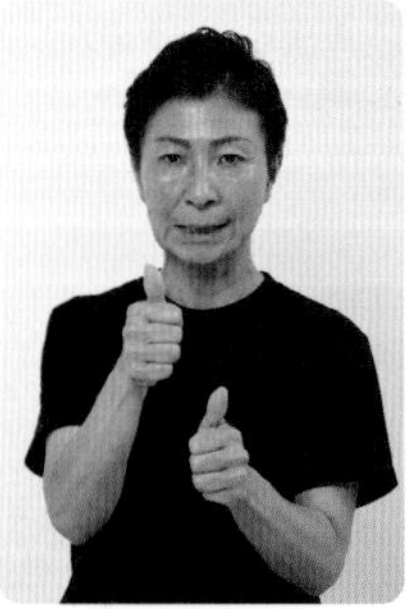

両手の親指を立て、胸の前で上下に置く。

手の形はそのままで、両手を交互に上下させる。

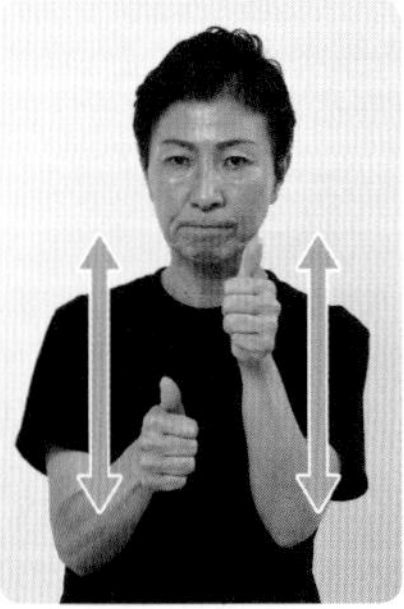

●**最後 ＋ 試験** ＝ 期末テスト　●**英語 ＋ 試験** ＝ 英語の試験
●**私 ＋ 昨日 ＋ 試験 ＋ 終わる** ＝ 私は昨日試験が終わった

同 テスト、ライバル

事故

乗り物が正面衝突する様子

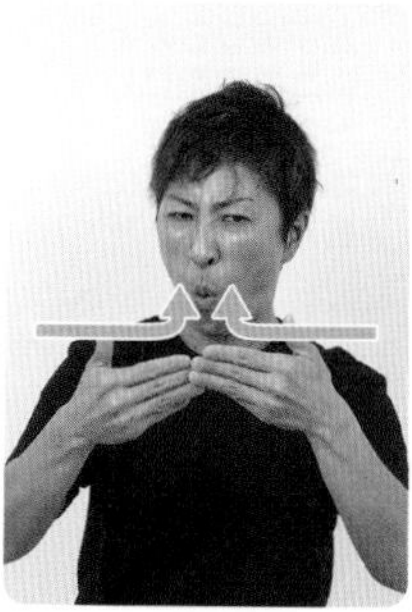

自分に向けた両手のひらを左右から中央に寄せ、指先をぶつけた後にはね上げる。

●**車 ＋ 事故 ＝ 自動車の事故**　●**事故 ＋ 場所 ＝ 事故現場**

同 交通事故、(電車やバスの)正面衝突

参 交通事故以外の事故には使わない。

仕事

書類を束ねている様子

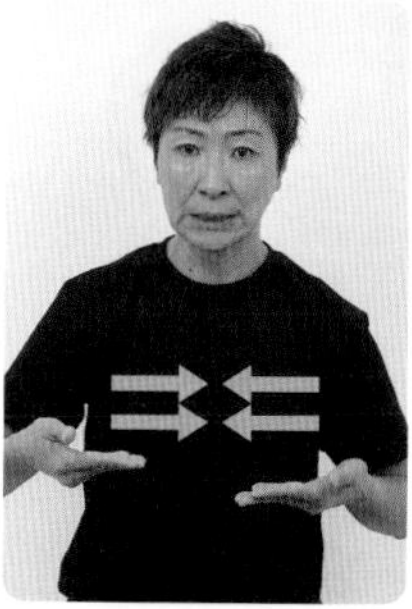

両手とも手のひらを上に向けて、左右から中央に２回寄せる。

●**仕事 ＋ 場所 ＝ 職場**　●**仕事 ＋ 休み ＝ 欠勤**

同 職業、働く　参 両手でこぶしを作って左手に右手を２回ぶつける「作る」でも表現できる。P229

辞書

厚みのある本を開く様子

左手のひらの上にコの字型にした右手を置き、本を開くように動かす。

●イギリス＋日本＋辞書＝英和辞書　●辞書＋調べる＝辞書で調べる　●動物＋辞書＝動物の事典

㊐ 事典

地震

地面が揺れている様子

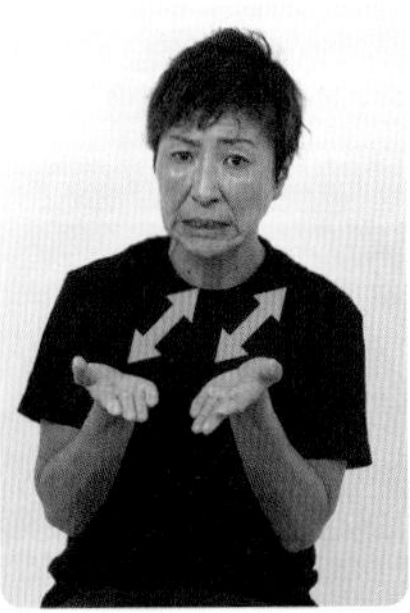

両手のひらを上に向けて、同時に前後に数回動かす。

●東京＋下（下を指差す）＋地震＝東京直下型地震

㊐ 震災

㊜「洪水」は下に向けた両手のひらを同時に上げ、前に波のように下げる。Ⓟ139

静か

波がないでいる様子

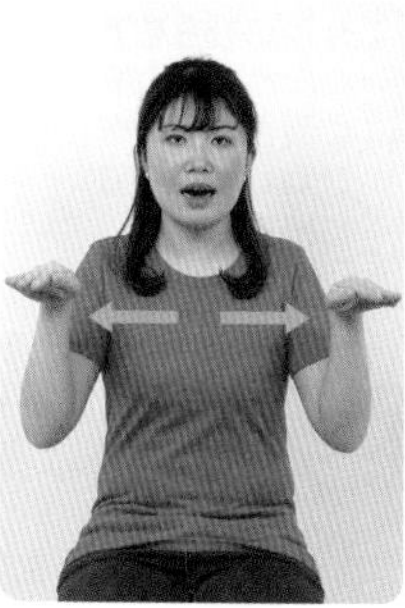

両手のひらを下に向けて中央で合わせ、同時に左右に離す。

●静か + お願い = 静かにしてください　●静か + 場所 = 静かな場所

参 先に片手の人差し指を口にあててから、下に向けた両手のひらを同時に左右に離すという動きで表すこともある。

下着

服の内側にある様子

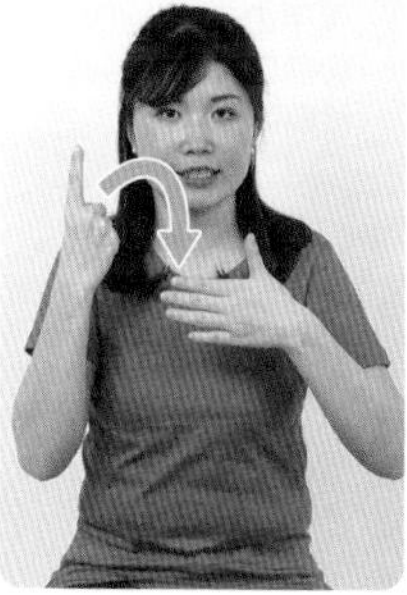

人差し指を伸ばした右手を、甲を前に向けた左手の内側に入れる。

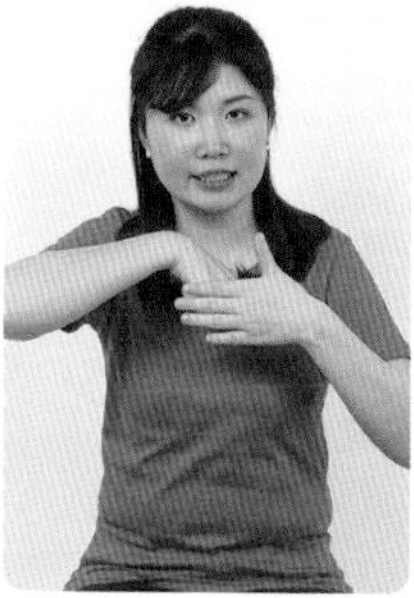

●子ども + 下着 = 子ども用下着　●下着 + 買う + 場所 = 下着売り場

参 上着は形状によって表現が異なる。カーディガンやジャンパーは肩にはおる動作をし、トレーナーは頭からかぶる動作をする。

失業

首を切られる様子

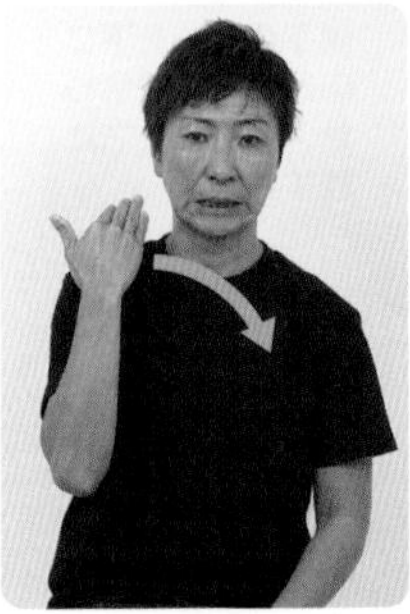

片手のひらを下に向け、首の横に置き、手首をひねりながら前に出す。

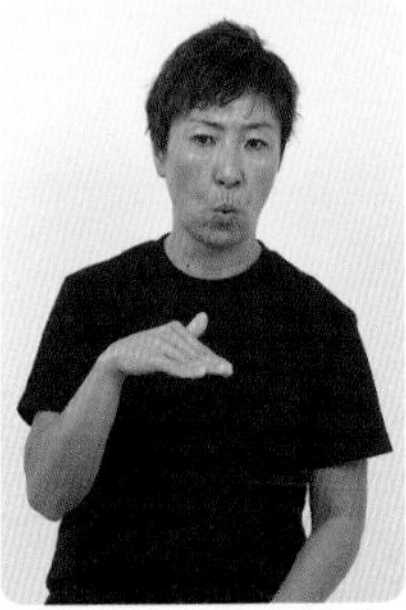

●会社 + 失業 = 会社をくびになった

同 リストラ、くび、失格

参 「倒産」は両手とも人差し指と中指を立て、同時に右に倒す。

実行

似たような動きの「元気（P 134)」と混同しないように注意

両手のこぶしを胸の前に置き、同時に前に出す。

●実行 + ～員 + ～会 = 実行委員会
●イベント + 実行 = イベントを開催する

同 する、行う、やる、～しよう

湿疹

ぶつぶつと湿疹が出る様子

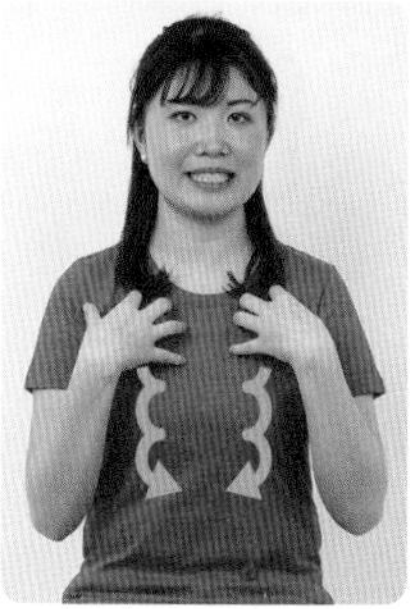

両手のひらを胸の上あたりにあて、ポンポンと体にあてながら下げる。

●**ストレス ＋ 湿疹** ＝ ストレスで湿疹が出る

参「かゆい」は体をかく動作をする。

参「にきび、吹き出物」は顔に両手の指をポンポンとあてる。

失敗する

手のひらで頭をポンと叩く
「しまった!」も同様の意味

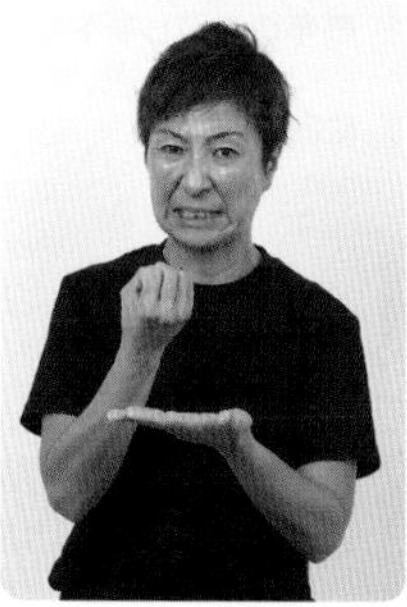

右手は軽くにぎり、左手は開いて上に向ける。

右手を開きながら、甲の方を左手のひらに打ちつける。

●**あなた ＋ 言う ＋ 失敗** ＝ あなたに言って失敗した
●**失敗 ＋ 悔しい** ＝ 失敗して悔しい

反「成功」は、右手のこぶしを鼻の前に置き、弧を描いて下ろし、左手に打ちつける。P197

失恋

ハートが割れる様子

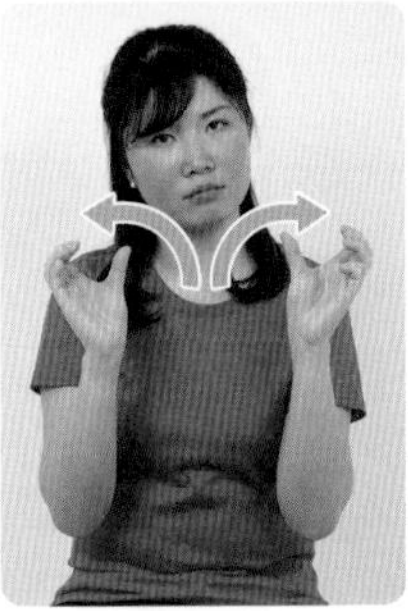

両手ともわん曲させ、指先をつけてハートの形を作り、上部が割れたように手首をひねって離す。

●**失恋** ＋ **歌** ＝ 失恋ソング
●**先週** ＋ **失恋** ＋ **私** ＝ 先週失恋しちゃった

反「恋が成就する」は、「恋 ＋ 成功」で表す。

自転車

ペダルをこぐ様子

両手のこぶしを下に向け、互い違いに回す。

●**自転車** ＋ **通う** ＝ 自転車で通う　●**かっこいい** ＋ **自転車** ＝ かっこいい自転車　●**山** ＋ **自転車** ＝ マウンテンバイク

参「バイク」は、両手のこぶしを並べ、エンジンをふかすように片手だけねじる。

死ぬ

倒れるイメージ

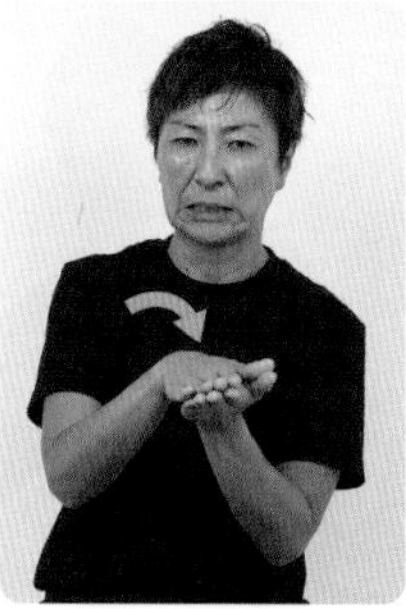

両手のひらを胸の前で合わせ、手首をひねって横に倒す。

- がん + 死ぬ = がんで死ぬ
- 高齢 + 死ぬ = 老衰
- 死ぬ + 申し込む = 死亡届

同 死去、死亡

始発

ここから進むというイメージ

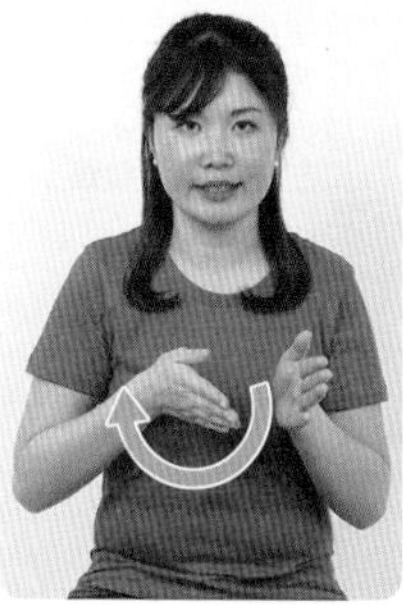

左手は指先を前に向け、右手は向かい合わせて指を下に向ける。

手の形はそのままで、右手の指先をはね上げる。

- 始発 + 電車 = 始発電車
- 始発 + 時間 + いくつ?(疑問の表情で) = 始発は何時?

同 出発、スタート　反 「終電」はP172を参照。

しまった!

口型は「ぱ」にする

片手のひらの小指側を肩にあてる。

●寝坊 + しまった! = 寝坊した　●電車 + 出る + しまった! = 電車が行ってしまった(乗り損ねた)　●言う + しまった! = 言ってしまった

同 後悔

事務

ペンや鉛筆で書く様子

片手の親指と人差し指の指先を付け、字を書くように左右に振りながら、下ろす。

●事務 + ～員 = 事務員　●事務 + 仕事 = 事務仕事

同 書く

参「総務」は、何かをつかむように両手を左右から寄せて上げる。

湿っぽい

べたべたしているイメージ

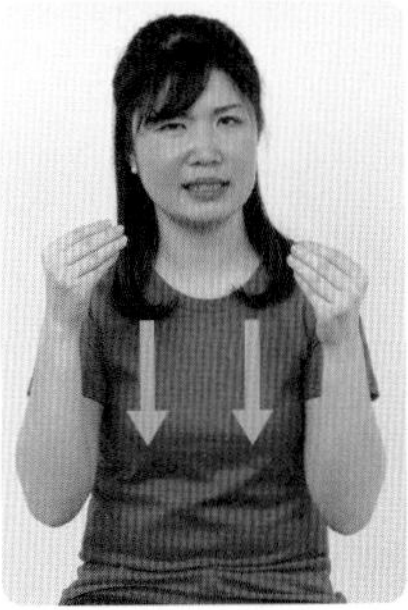

両手を向かい合わせ、指先を付けたり、離したりしながら下ろす。

●湿っぽい ＋ 温度 ＝ 湿度

同 べたべたする、濡れている

反 「乾燥」は、両手を肩の前にあて、指をすぼめながら前に出す。 P 106

社会

男性と女性の集まりが社会を構成している様子

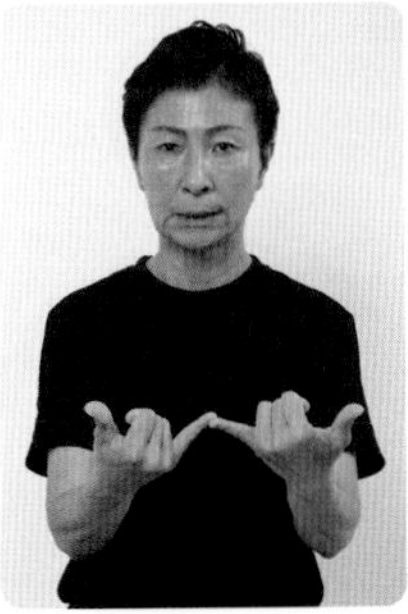

両手の親指と小指を立てて、小指を付ける。

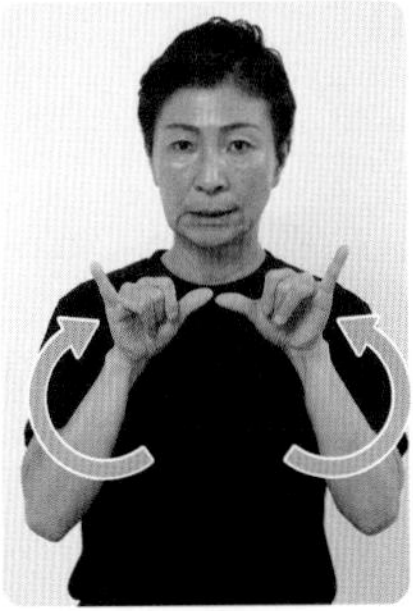

両手を手前に円を描きながら回して、親指を付ける。

●明るい ＋ 社会 ＝ 明るい社会　●社会 ＋ 勉強 ＝ 社会勉強

参 片手の人差し指と中指を揃えて、アルファベットの「S」の形を下から上へ描く表現もある。

写真

カメラを持ち、シャッターボタンを押す様子

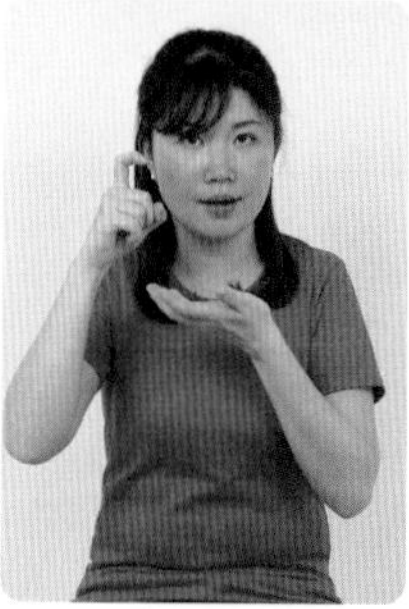

左手は上を向け、右手は人差し指を伸ばしたり曲げたりする。

●写真 + コピー = 焼き増し　●写真 + 本 = 写真集

同 カメラ　参 左手で指文字「こ」を表し、、右手のひらを自分に向けてシャッターを切るように上から下ろすという表現もある。

社長

「会社 + 長」で表す

1

両手とも人差し指と中指を立て、頭の横で前後させる。

2

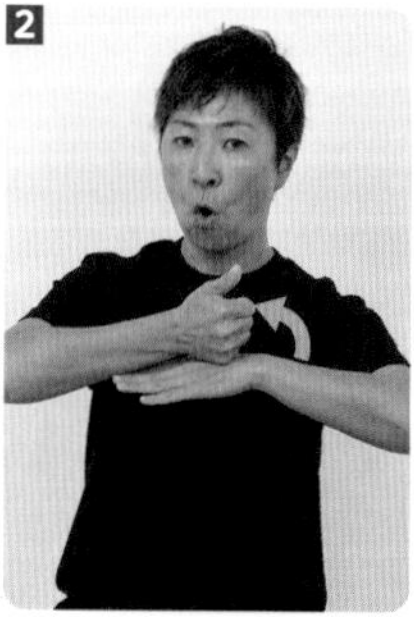

下に向けた左手の上に、親指を立てた右手を乗せる。

●社長 + 部屋 = 社長室　●社長 + 相談 + 希望 = 社長に相談したい

1 同 会社　2 同 ～長

参 具体的に「女社長」と表したい時は、2 で親指ではなく小指を立てて、上げる。

シャツ

襟の形を表している

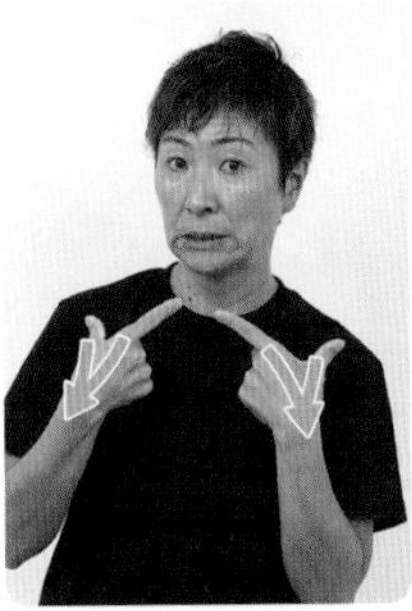

両手とも親指と人差し指を伸ばして首元に置き、下げながら指先を付ける。

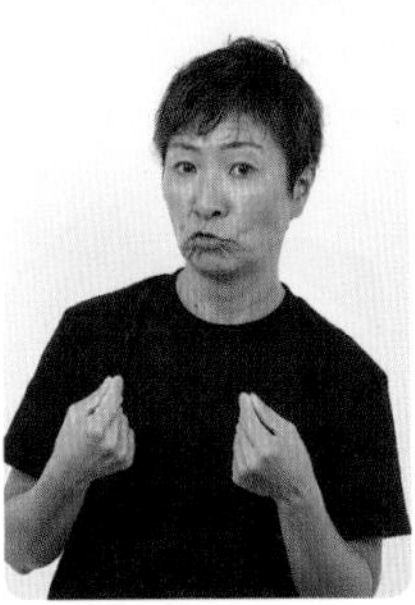

●白 + シャツ = 白いシャツ

同 襟　参「Tシャツ」は、立てた左手の人差し指の先に、横に伸ばした右手の人差し指を2回あてる。P234

ジュース

指文字「J」と口型で表す

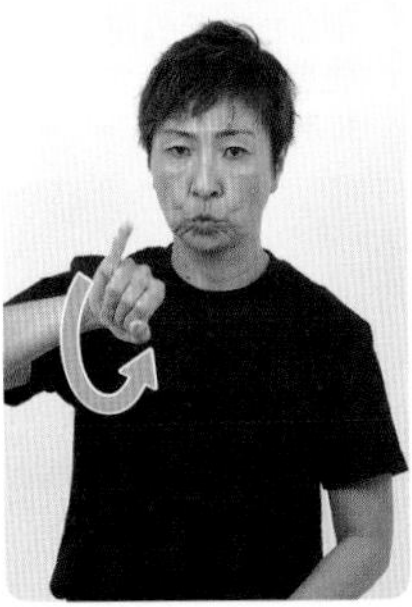

片手の小指を立て、手首をひねって「J」の字を描く。

●オレンジ + ジュース = オレンジジュース

参「ペットボトル」はキャップを開ける動作をする。　参「お茶」は片手で湯のみを持っているように表し、もう一方の手のひらに2回あてる。

渋滞

車が列を作る様子

両手のひらを下に向けて、指先を前に向けて前後に置く。

前の手はそのままで、後ろにある手を後ろに引く。

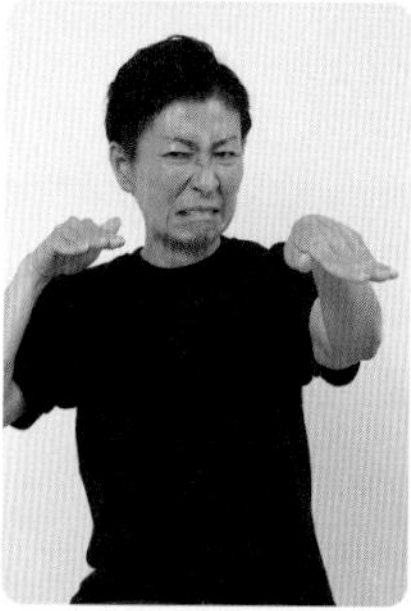

●毎日 + 渋滞 = いつも渋滞　●渋滞 + ない① = 渋滞しない

参 両手を引き離さず、同時に前方に動かすと、自動車がスムーズに走っていることを意味する。

終電

「最後 + 電車」で表す

倒した右手の指先を左手のひらにあてる。

両手とも人差し指と中指を伸ばし、左手の指の上に右手の指を乗せる。

●終電 + 帰る = 終電で帰る
●終電 + 時間 + いくつ?(疑問の表情で) = 終電は何時?

参 「始発」は、立てた左手のひらの横に右手のひらを置き、はね上げる。 P167

柔道

背負い投げのポーズを表す

両手のこぶしを肩の前で構え、斜め下に振り下ろす。

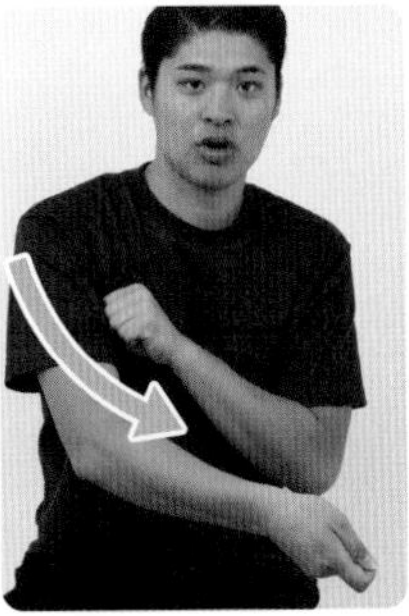

●柔道 ＋ 試合 ＝ 柔道の試合　●柔道 ＋ 服 ＝ 柔道着

参 スポーツは実際の動きをイメージした表現で表す。例えば、「剣道」は両手とも人差し指を伸ばして上下に構え、竹刀を振るように前に出す。P9

宿題

「家 ＋ お土産」で表す

1

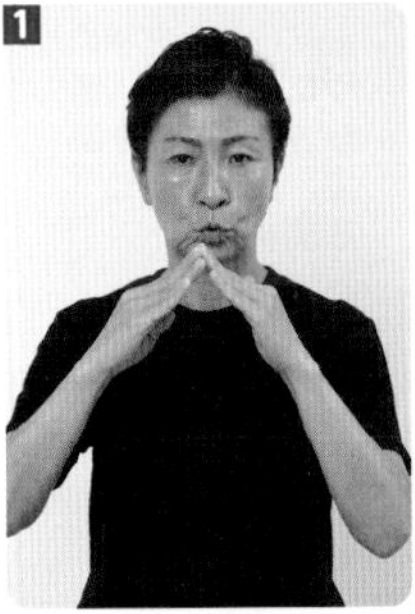

指を揃えた両手のひらで屋根の形を作る。

2

右手は紐をつまむように、左手のひらは底を支えるようにして、前に出す。

●宿題 ＋ 来週 ＋ ～まで ＝ 来週までの宿題

1 同 家　2 同 お土産、贈る

参 「勉強 ＋ お土産」や「家 ＋ 書く」という手話で表すこともある。

手術

右手をメス、左手を患部に見立て、
メスで切っている様子

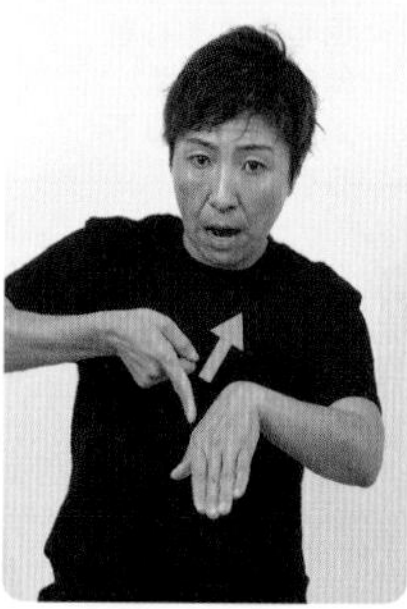

下に向けた左手のひらの横に右手の人差し指を伸ばし、手前に引く。

●手術 ＋ か ＝ 外科　●手術 ＋ 部屋 ＝ 手術室
●手術 ＋ 難しい ＝ 難しい手術

参 両手の人差し指を両ほおにあて、交互に上下させると「ケガ」の意味になる。P130

受診

聴診器をあてている様子

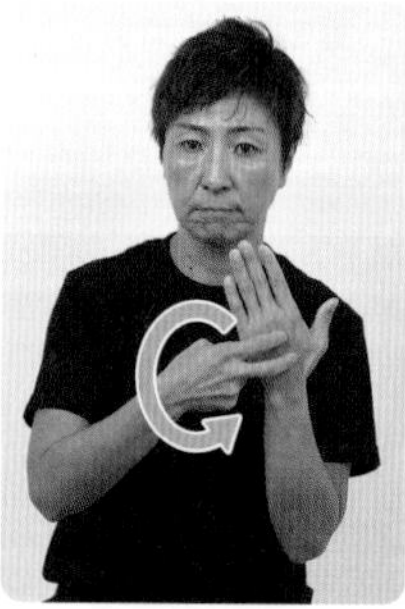

前に向けた左手の甲に、右手の人差し指と中指をあて、両手同時に1周回す。

●体 ＋ 受診 ＝ 健康診断　●受診 ＋ カード ＝ 診察券
●受診 ＋ 日 ＝ 受診日　●受診 ＋ 約束 ＝ 診察予約

同 診察

主婦

手を屋根に見立て、「家の中にいる女性」を表す

1

指を揃えた両手のひらで屋根の形を作る。

2

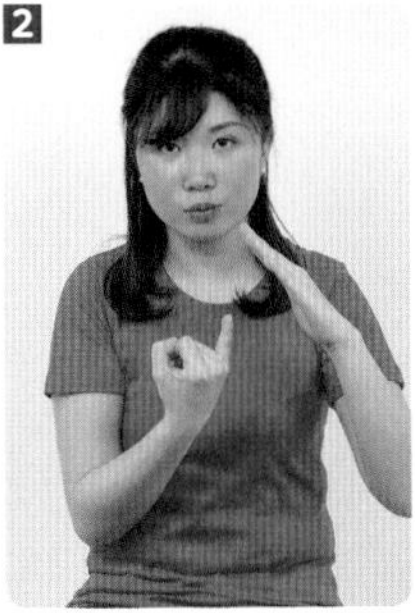

左手はそのままで、右手の小指を立て、左手の下に置く。

●主婦 + 友達 = 主婦の友

1 同 家、屋根

参 「主夫」は、**2** の右手の小指の代わりに、親指を立てる。

趣味

ほおずりするイメージ

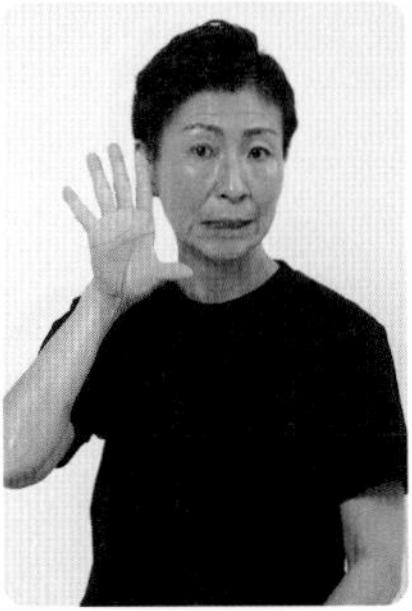

片手のひらをほおの近くに置く。

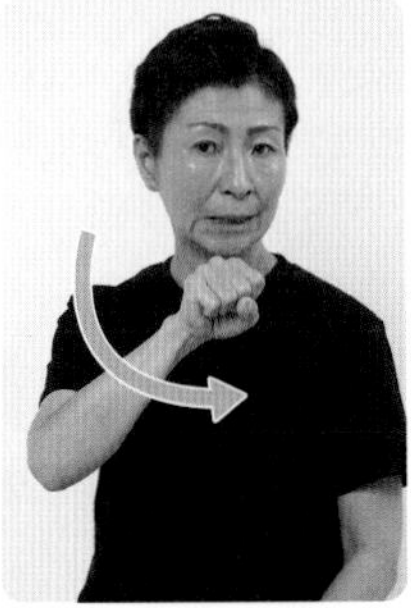

ほおに手をすべらせながら、指を同時に閉じる。

●あなた + 趣味 + 何?（疑問の表情で） = あなたの趣味は何ですか?

●趣味 + 釣り = 釣りが趣味

参 手のひらを前に向け、ほおをなぞりながら口の方へ滑らすとと「スムーズ」の意味。

種類

いろいろな方向性があるというイメージ

左手のひらに右手のひらを垂直に立て、3方向に前にすべらせる。

●スポーツ + 種類 = スポーツの種類　●種類 + 少ない = 種類が乏しい　●種類 + いっぱい = 種類豊富

同 ジャンル　参「種類」と同じ手の形で、右手を正面に1回すべらせると「コース」の意味。

手話

手をしきりに動かしている様子

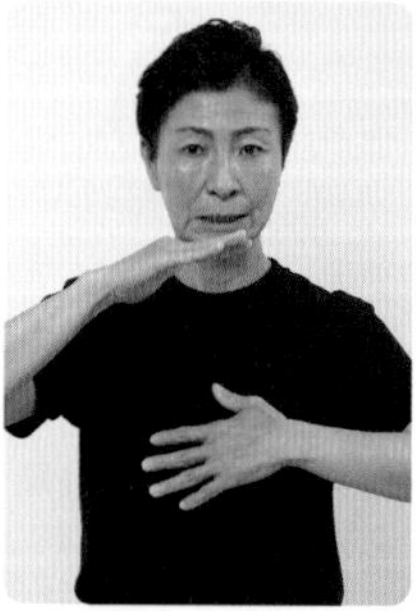

両手のひらを自分に向けて、体の前に構える。

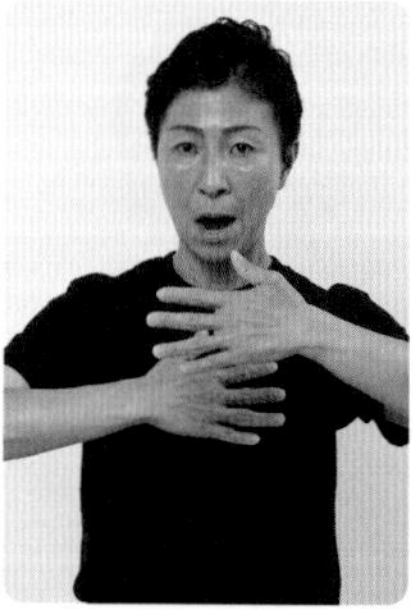

両手とも交互に1回回転させる。

●手話 + サークル = 手話サークル　●日本 + 手話 = 日本手話
●手話 + 勉強 + ～中 = 手話の勉強中です

参 両手のひらの代わりに、両手の人差し指を伸ばして回す表現もある。

順調

スムーズに進む様子

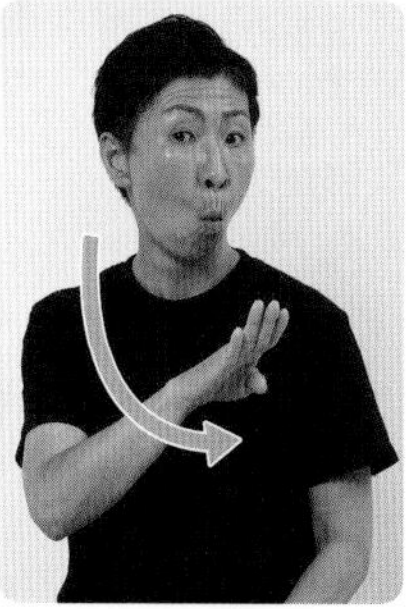

片手の親指を折り、ほかの4指を揃えて伸ばしてほおの前に置き、そのまま下にはらう。

●仕事 + 順調 + あなた?(疑問の表情で) = 仕事は順調ですか?
●太る + 順調 = 太りやすい　●病気 + 順調 = 病気がち

同 スムーズ、〜しやすい　参 良い意味の時だけでなく、悪い意味でも使う。

紹介

人と人とを仲介する様子

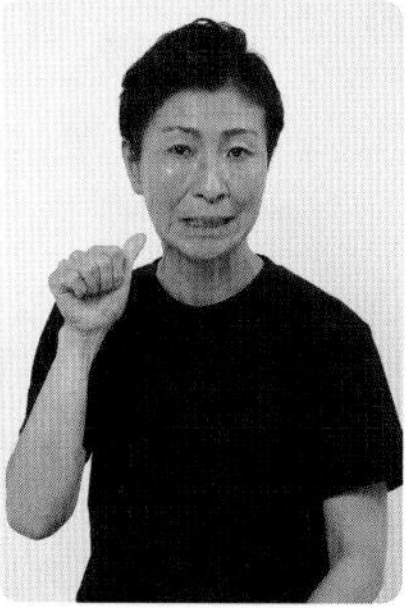

片手の親指を立てて、口元の横あたりに置く。

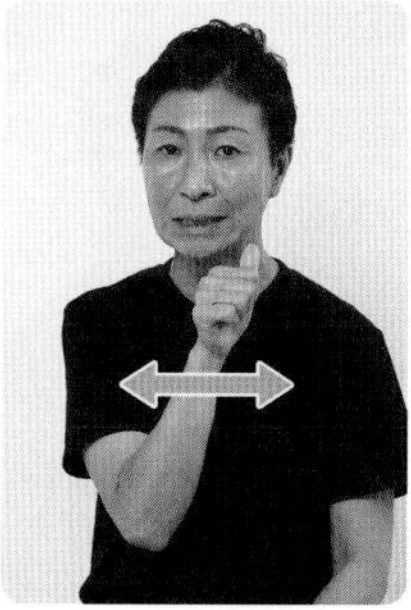

手の形はそのままで、口の前で2回左右に動かす。

●紹介 + お金 = 紹介料
●後 + 私 + 彼女 + 紹介 = 今度、彼女を紹介します

同 案内、通訳

小学校

「小 ＋ 学校」で表す

1

左手の人差し指を、右手の人差し指と中指で後ろからはさむ。

2

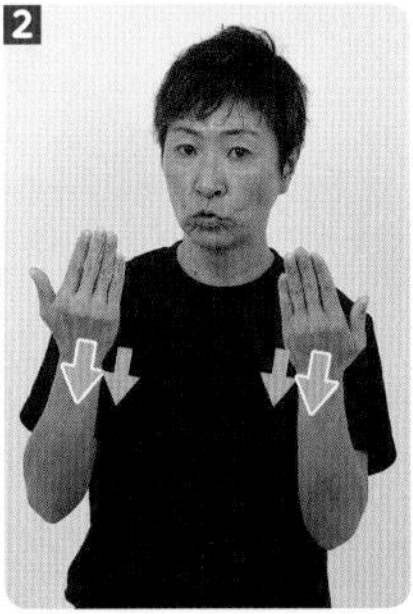

両手のひらを自分に向け、同時に2回下げる。

●小学校 ＋ 入る ＋ ～式 ＝ 小学校の入学式
●小学校 ＋ 本 ＋ ～館 ＝ 小学校の図書館

1 同 小　2 同 勉強、学校、学ぶ、授業　参 「小学2年生」は、1 ＋ 数字「2」で表す。

上司

「上 ＋ 司」で表す

1

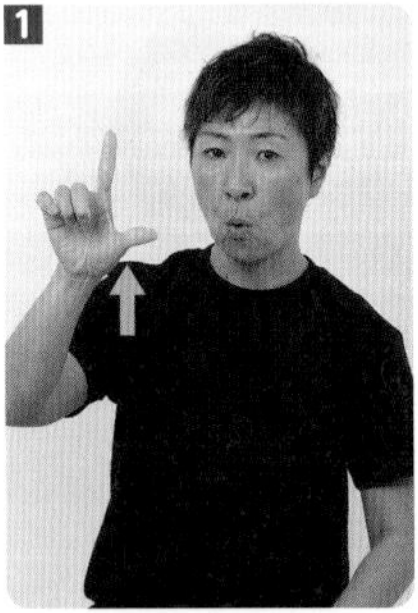

片手の親指と人差し指を伸ばしてL字型を作り、上げる。

2

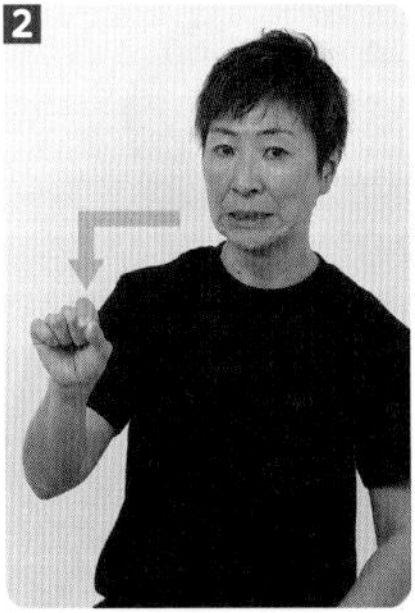

親指と人差し指の先を付け、右に引いてから直角に下げる。

●上司 ＋ 用紙 ＋ 預かる ＝ 上司から書類を預かる

1 同 上　2 同 司、司会
参 「下」は片手の親指を横に向け、人差し指を下に伸ばして下げる。

消費税

「使う + 税金」で表す

1

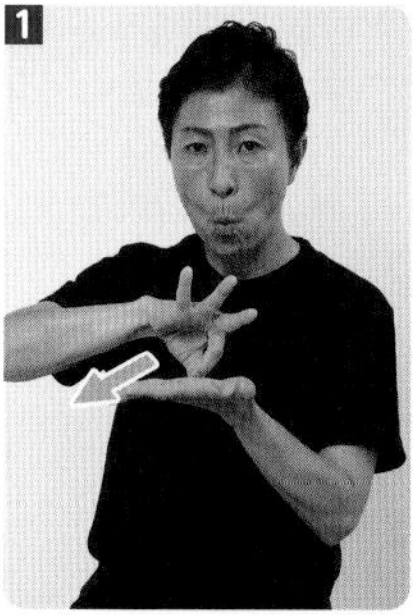

右手の親指と人差し指で輪を作り、左手のひらに乗せ、右手だけ前に出す。

2

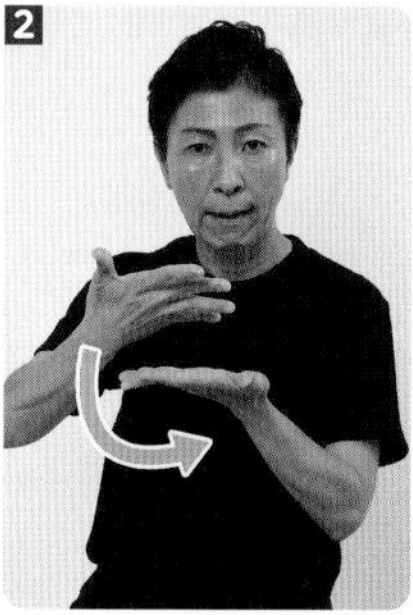

右手の輪をほどき、手首をひねって自分のほうに払う。

- **消費税** + **10** + **%** = 消費税10%
- **給料** + **税金** = 所得税　●**住む** + **税金** = 住民税

1 同 使う、使用　**2** 同 税金

消防署

ホースを持って、消火している様子

1

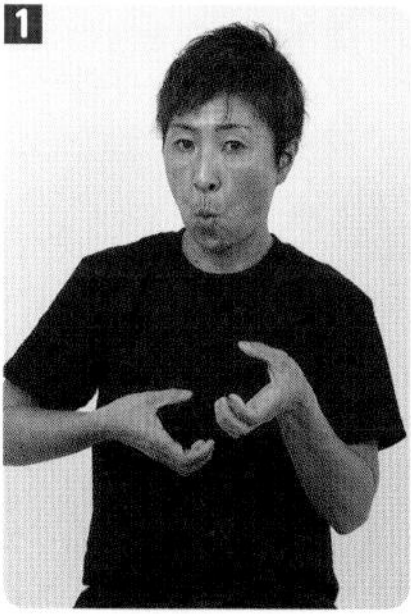

消火ホースを持つイメージで、両手を前後に構えて軽く左右に振る。

2

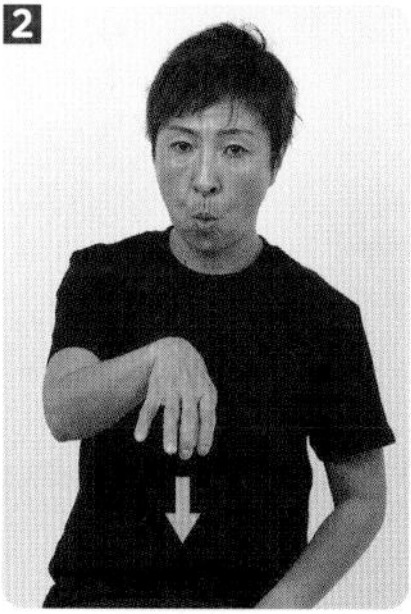

片手のすべての指を軽く曲げて下に向け、少し下げる。

- **消防署** + **行く** + **～したい** = 消防署に行ってみたい

2 同 場所、～所、～場

参 **1** の動作 + 「救急車(P 116)」で、「消防車」の意味になる。

しょうゆ

しょうゆをかける様子

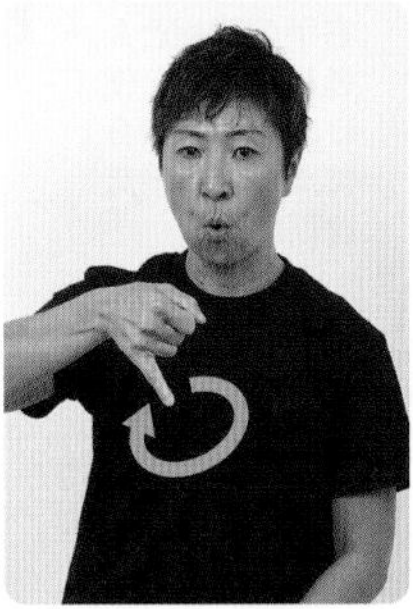

片手の小指を下に伸ばし、円を描く。

●（色などが）薄い ＋ しょうゆ ＝ 薄口しょうゆ
●しょうゆ ＋ 食べる ＋ お願い ＝ しょうゆでお召し上がりください

参「ソース」はすべて指文字で表す。

女性

水平に回すことで、女性一般という広い意味を表す

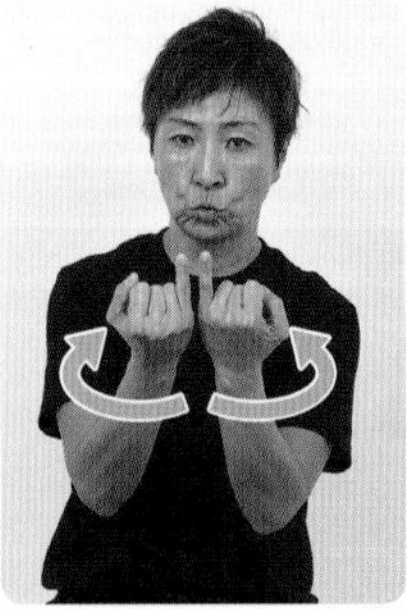

両手の小指を合わせ、円を描いて自分に寄せる。

●生まれる（産む） ＋ 女性 ＋ か ＝ 産婦人科

同 婦人
反「男性」は、両手の親指を合わせ、円を描いて自分に寄せる。

ショッピングモール

複数の店が大きな建物内に入っている様子

1

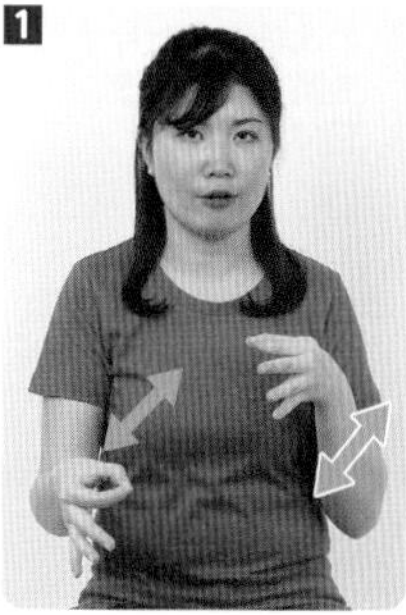

両手とも親指と人差し指で輪を作り、上下に置き、交互に前後に動かす。

2

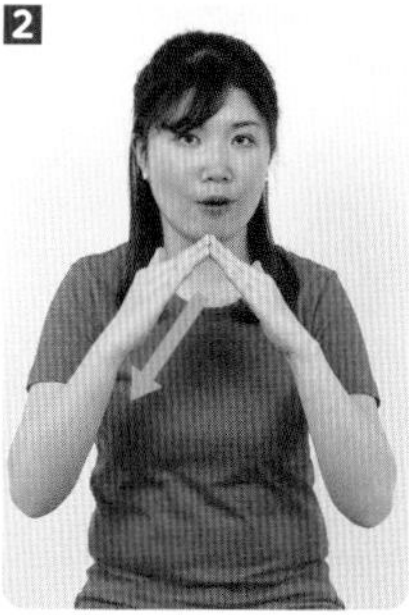

両手のひらを下に向けて斜めにし、指先を付けて、同時に前に出す。

● **ショッピングモール ＋ 買う（2回）＋ 行く ＋ 希望 ＝**
ショッピングモールに買い物に行きたい

1 同 店、商売、売買、販売　**2** 同 ～舎

資料

指文字「し」で文章を、右手のひらで紙を表している

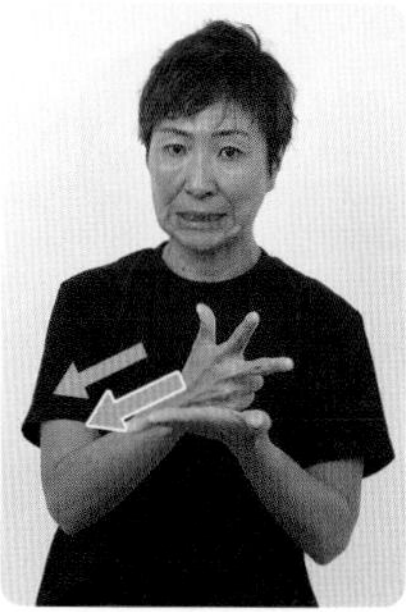

親指、人差し指、中指を伸ばした右手を、左手のひらの上で２回前に出す。

● **会社 ＋ 資料 ＝** 会社の資料
● **資料 ＋ コピー ＝** 資料をコピーする

参 「パンフレット」は、指文字「ぱ ＋ 本」で表す。

新幹線

新幹線の先頭車両の形を表す

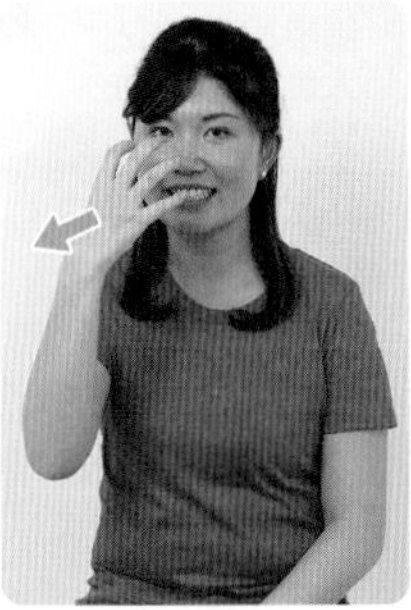

わん曲させた片手を顔の前に置き、前に出す。

●新幹線 + 約束 = 新幹線の予約
●東京 + ～まで + 新幹線 + 行く = 東京まで新幹線で行く

参 新幹線の名前「こだま」「ひかり」「のぞみ」などは指文字か口型で表す。

信号

信号が点滅する様子

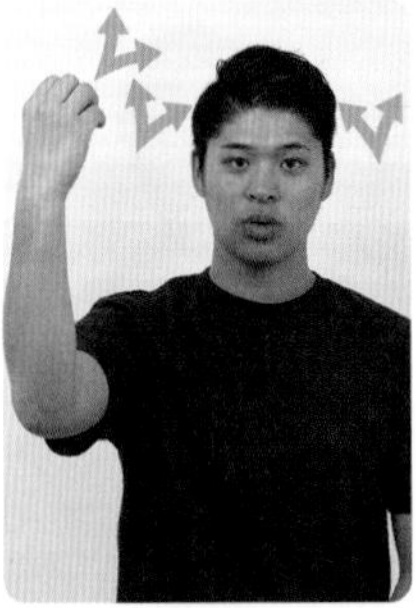

すぼめた片手を顔の前に置き、位置をずらしながら3回パッと開く。

●赤 + 信号 = 赤信号　●青 + 信号 = 青信号
●信号 + 待つ = 信号待ち　●信号 + 壊す = 信号機故障

参 額の前あたりでにぎったこぶしを下に向けてパッと開くとと、「電気」「ライト」の意味になる。

神社

鳥居の形を表している

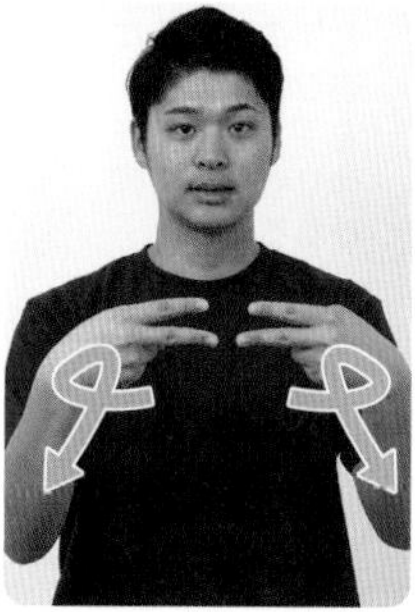

両手とも人差し指と中指を伸ばし中央で合わせ、鳥居の形を描く。

●神社 + 探す = 神社巡り
●神社 + 両手のひらを2回打つ + 行く = 神社にお参りに行く

同 広島、イベント、行事

信じる

体から離して手をにぎると「持つ」の意味になる

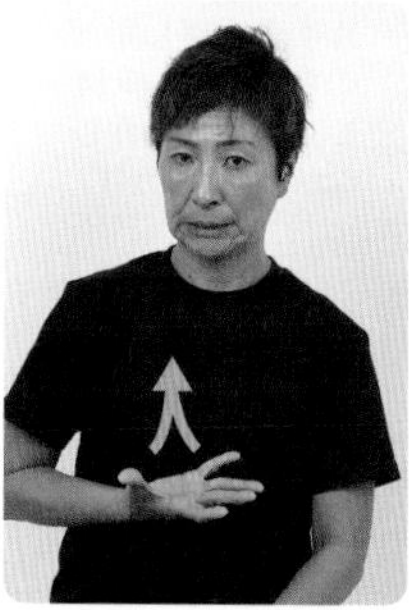

片手のひらを上に向け、少し上げながら手をにぎる。

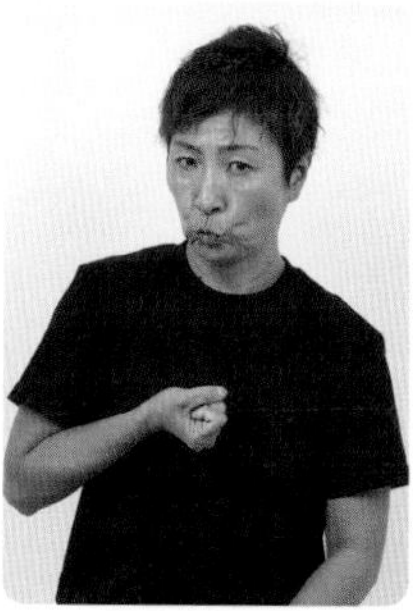

●信じる + できる = 信じられる　●信じる + 銀行 = 信用金庫

同 自信、信用、信頼
反 「信じられない」は、胸にこぶしを付け、揺らしながら勢いよく手を開く。

新聞

新聞を束ねている様子

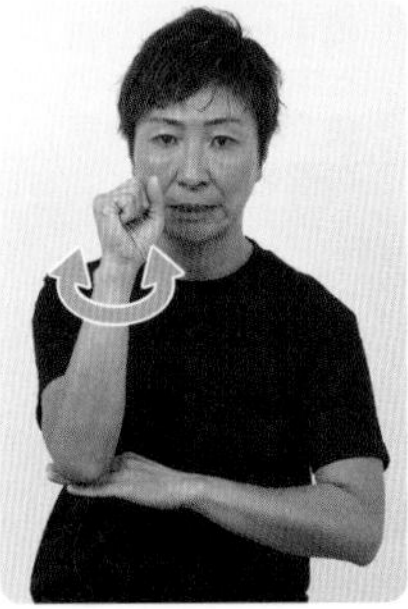

左手の甲の上に右ひじを乗せ、右手はこぶしを作り手首を２回ひねる。

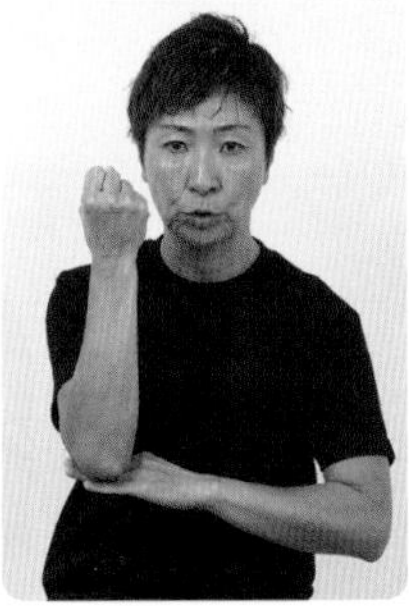

●**毎日 ＋ 朝 ＋ 新聞 ＋ 読む** ＝ 毎朝、新聞を読む

同 たたみ

参 「本」は両手のひらを合わせて、同時に左右に１回開く。P322

水泳

指を足に見立てて、泳いでいる様子

片手の人差し指と中指を横に伸ばし、交互に動かしながら横に動かす。

●**趣味 ＋ 水泳 ＋ 私** ＝ 水泳が趣味　●**水泳 ＋ 行く** ＝ プールへ行く

同 泳ぐ、プール

参 ２本の指を交互に動かしながら斜め下へ動かすと「ダイビング」の意味。

水族館

「魚 ＋ 建物」で表す

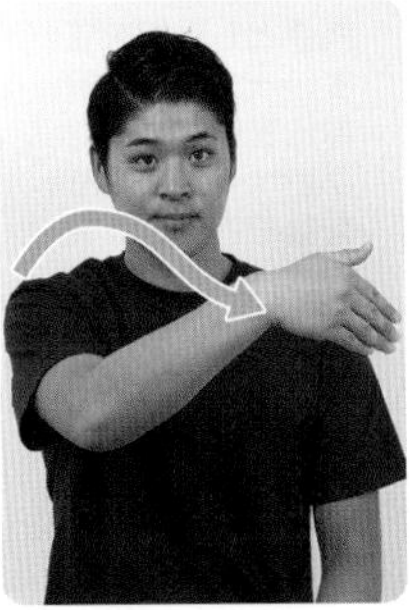

片手のひらを自分に向け、イルカが跳びはねるイメージで弧を描く。

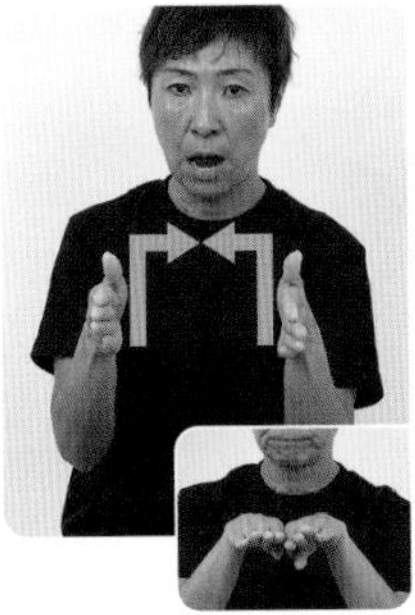

両手のひらを向かい合わせて上げ、直角に曲げて付ける。

●来週 ＋ 水族館 ＋ 行く？（疑問の表情で）＝
来週、水族館に行きませんか？

参 「動物園」は、「ゾウ ＋ 場所」で表す。Ⓟ247

数字

「3×3」のイメージ

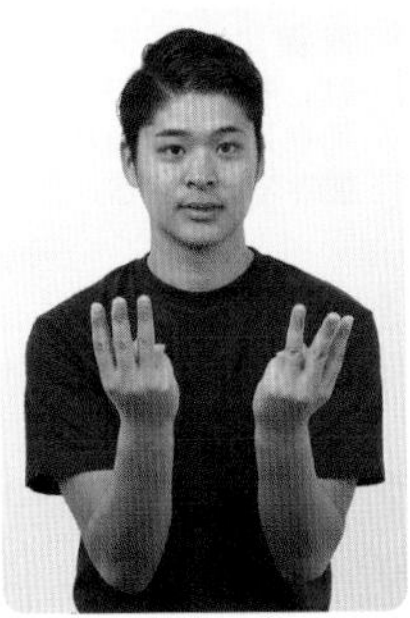

両手とも手の甲を前に向け、人差し指、中指、薬指を立てる。

両手を中央で2回ぶつける。

●数字 ＋ 試験 ＝ 数学の試験　●数字 ＋ 学校 ＝ 数学の授業

同 数学、算数、数、番号、点数

参 「計算」は、右手の指先を左手のひらに乗せ、右手だけ横に2回動かす。Ⓟ77

スーツ

ジャケットの襟の形を表す

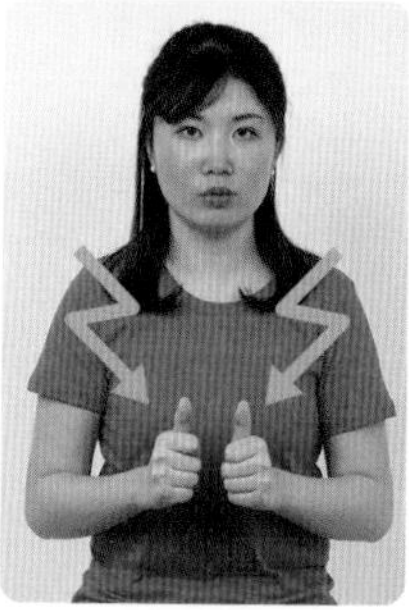

両手とも親指を立て、その他4指はにぎり、親指でブレザーの襟の形をなぞるように下げる。

- 黒 + スーツ = 黒のスーツ
- イタリア + 作る + スーツ = イタリア製のスーツ

同 ジャケット

スーパーマーケット

物をつかんで、カゴの中に入れる様子

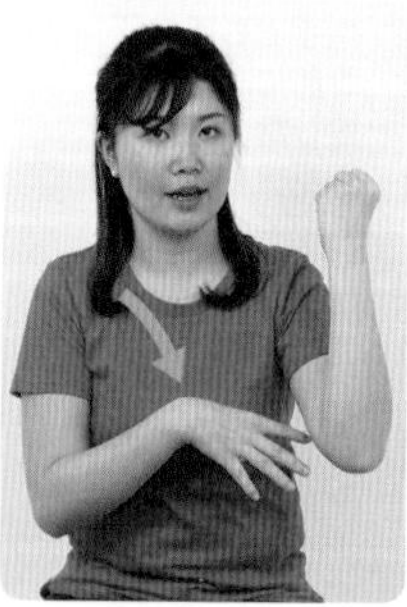

左腕にカゴを下げ、右手でカゴに物を入れるような動きを2回する。

- すてき + スーパーマーケット = 高級スーパー
- 広い + スーパーマーケット = 広いスーパーマーケット

同 買い物をする

スカート

スカートの形を表している

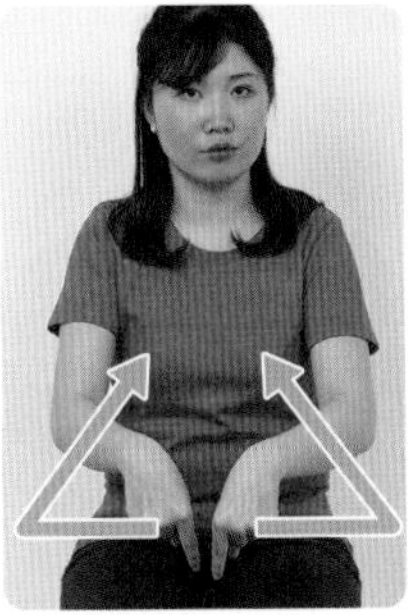

両手とも人差し指を下に伸ばし、スカートの形（台形）を描く。

●スカート ＋ 買う ＝ スカートを買う　●制服 ＋ スカート ＝ 制服のスカート

参 「ミニスカート」は、両手のひらを上に向けて、太ももの横側に小指をあて、少し上にスライドさせる。

好き

好きな物を前にして生つばを飲み込む様子

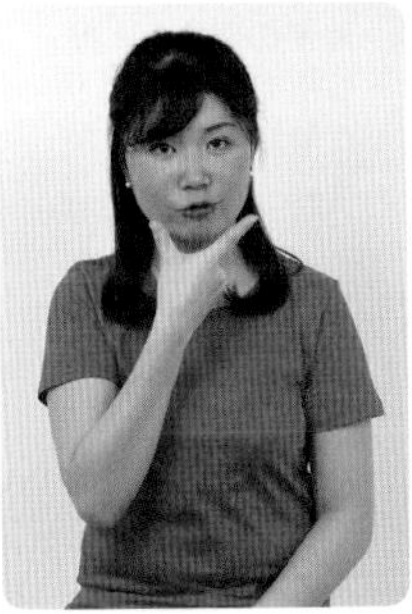

片手の親指と人差し指を伸ばしてあごの下に置き、

下げながら、親指と人差し指の先をくっつける。

●花 ＋ 好き ＝ 花が好き　●好き ＋ 嫌い ＋ ない① ＝ 好き嫌いがない

同 ～したい、希望、欲しい

参 「嫌い」は、親指と人差し指を付けて、開きながら下げる。P117

スキー

指をスキー板に見立て、
すべる様子

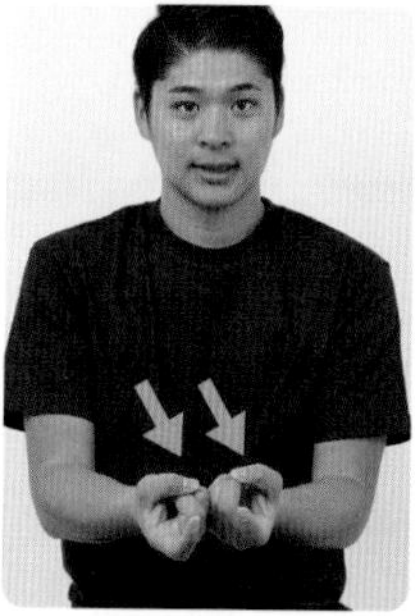

両手とも人差し指をカギ型に曲げて（指文字「ぬ」の形）前に向け、同時に前に出す。

●スキー ＋ 場所 ＝ スキー場　●スキー ＋ 旅行 ＝ スキー旅行

参 「スキー初心者」は、両手の人差し指をハの字にしてボーゲンを表し、「上級者」は指を揃え、左右に動かしてパラレルを表す。

すぐ

表情を付けることで、どれくらい
急いでいるのか表す

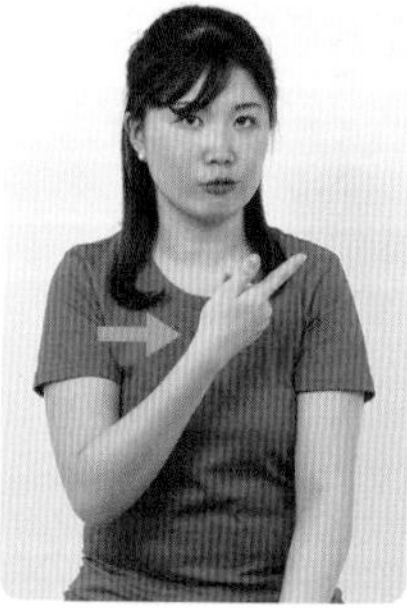

片手の親指と人差し指を付け、パッと離して横に動かす。

●特別 ＋ すぐ（急行） ＝ 特急
●すぐ ＋ 郵便 ＝ 速達

同 急いで、はやい、急行

すごい

感心した時やほめる時などに使う

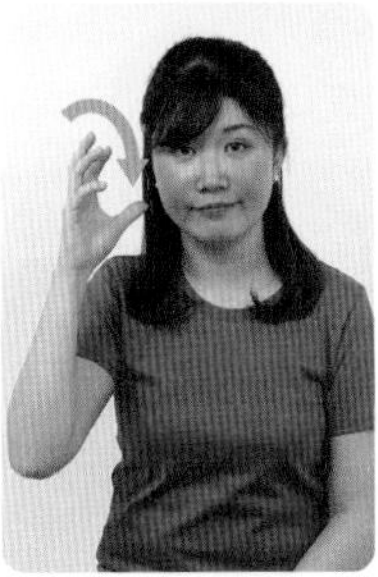

指を軽く曲げた片手をこめかみあたりに置き、手首を前にひねる。「お」の口を付けて。

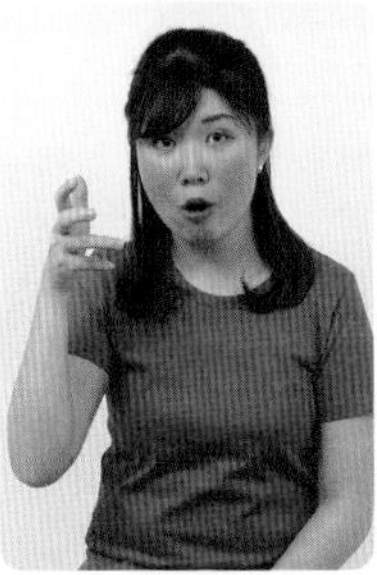

●子ども + 産む + 5人 + すごい =
子どもを5人も産んだなんてすごい

同 すばらしい

少し

指の間を小さく開けることで「ちょっと」の意味を表す

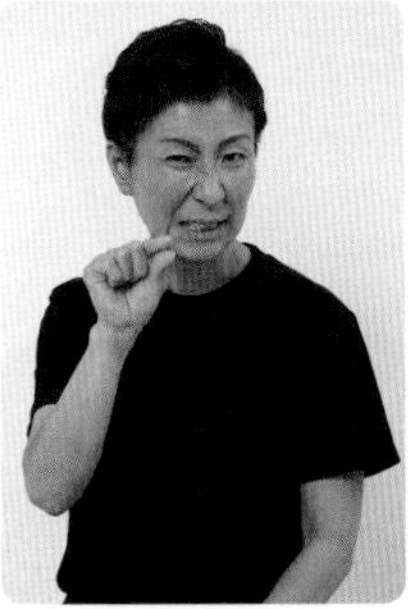

親指と人差し指を横に伸ばし、指間を少し開ける。

●少し + 待つ + お願い = 少々お待ちください

同 少ない、ちょっと　参 「いっぱい」は、両手のひらを広げて、自分に向け、両手とも指を1本ずつにぎりしめながら、横に流す。P 38

スタイルがいい

グラマラスな人を表す

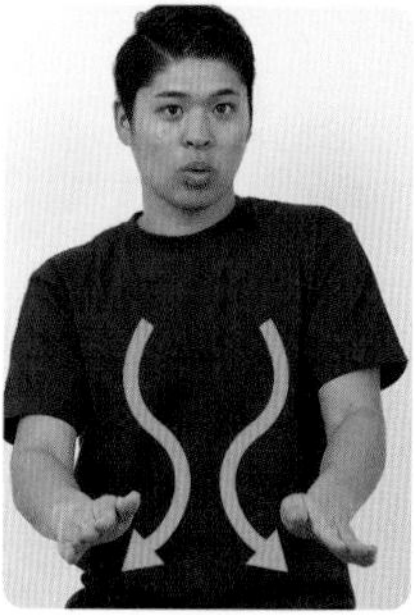

両手のひらを向かい合わせ、体の曲線を描くように下げる。

片手の親指と人差し指で輪を作り（OK サイン）、胸の前あたりにかざす。

●**あの（指差し）＋女＋スタイルがいい**＝彼女はスタイルがいい

参 「コンプレックス」は、右（左）手で右（左）肩を押さえ、肩を少し落とす。もしくは、体の部位＋「悩む（P261）」で表すこともある。

スタッフ

名札を付ける胸元に指文字「す」をあてる

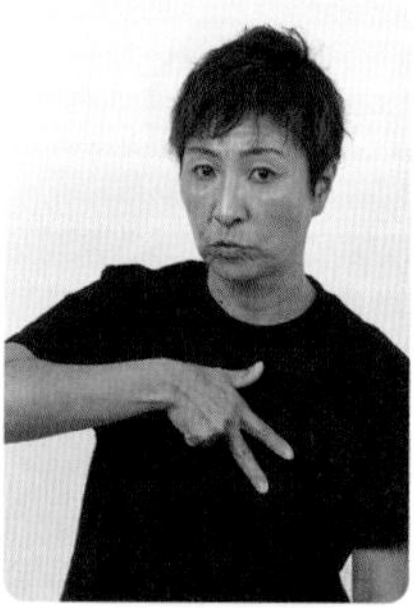

片手の親指、人差し指、中指を下に伸ばし、2回胸にあてる。

●**コンサート＋スタッフ＋〜したい＋私**＝コンサートのスタッフをやりたい　●**スタッフ＋カード**＝スタッフ証

参 指文字「め」を表し、2回胸にあてると「メンバー」という意味になる。

頭痛

頭が痛そうな表情を付ける

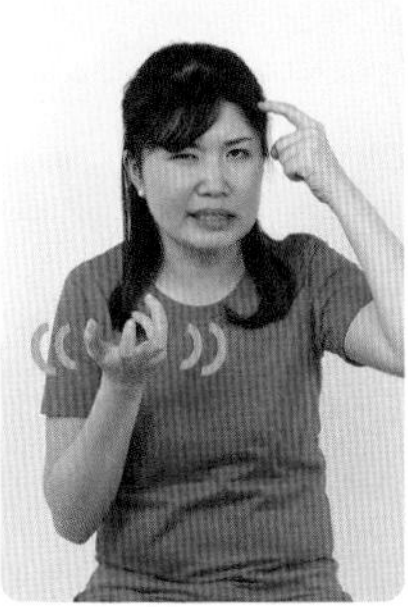

左手の人差し指で頭を指し、右手は指を軽く曲げ、左右に小刻みに振る。

●頭痛 + 薬 = 頭痛鎮痛薬　●頭痛 + 学校 + 休む = 頭痛で学校を休む

参 「腰痛」「腹痛」などを表す時は、痛みのある部位を指差すか、該当部位の近くで、指を軽く曲げた片手を左右に小刻みに振る。

すっぱい

すっぱそうな表情をしながら表現する

すべての指をすぼめた片手を口元に置く。

●くだもの + すっぱい = すっぱいくだもの
●甘い + すっぱい = 甘ずっぱい

同 しょっぱい　参 調味料の「酢」は、指文字の「す」で表す。

すてき

ほかの意味と区別するため、
必ず「すてき」と口型を付ける

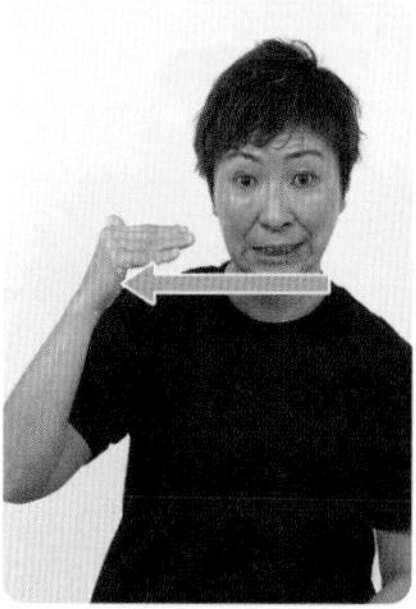

親指以外の４指を揃えて横に伸ばした片手を鼻の前の置き、横に引く。

●すてき＋建物＝高級マンション　●すてき＋船＝豪華客船
●すてき＋人＝偉人　●すてき＋絵＝すてきな絵

同 偉い、豪華、高級、立派な、すばらしい

捨てる

物事を捨てる（キャンセルする）様子

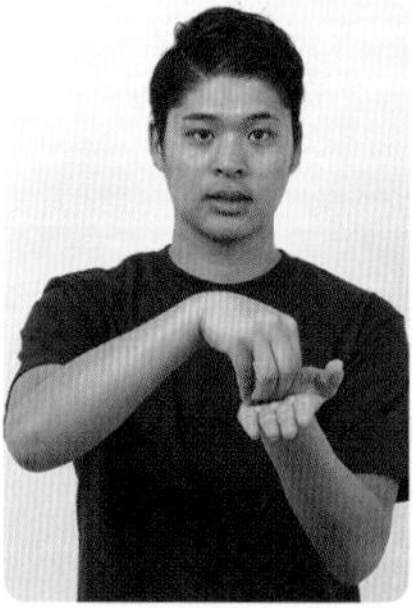

すぼめた右手を左手のひらの上に置き、右手だけパッと開きながら下げる。

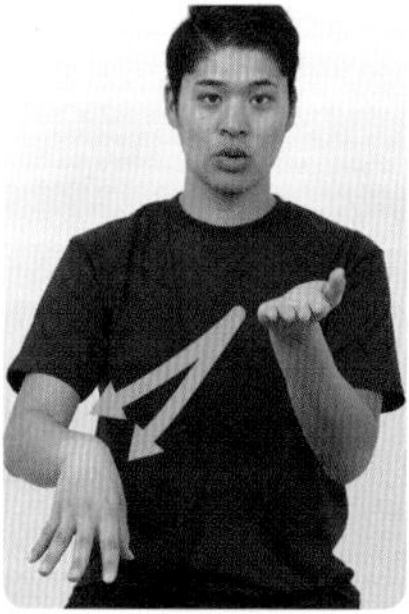

●使う＋捨てる＝使い捨て　●捨てる＋犬(戌)＝捨て犬

同 削除、キャンセル、解約、取り消す　参「物を捨てる」場合は、片手または両手をにぎり、勢いよく投げるように下に向けて開く。

ストレス

ストレスが溜まるイメージ

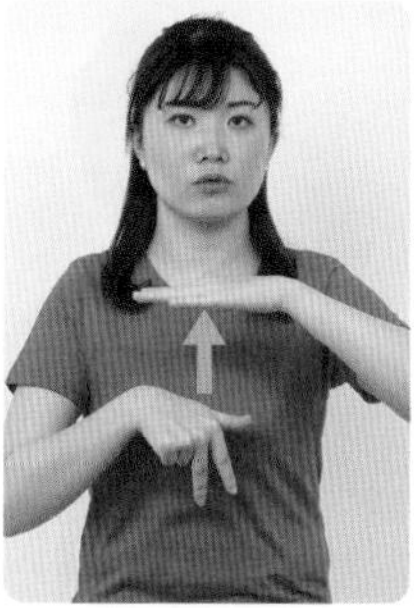

親指を横に、人差し指、中指を下に伸ばした右手（指文字「す」）を下に向けた左手のひらにあてる。

●ストレス + 失う + 方法 = ストレス解消法

参 「ストレスが減る」は、「ストレス」の手話の後に、にぎった両手の人差し指だけを斜めに立て、同時に斜めに下げる（「減る、オフ、アウトレット」の意味）。

スノーボード

スノーボードで下りていくイメージ

両手のひらを下に向け、前後に構え、同時に少し前に出す。

●スノーボード + 教わる + お願い = スノーボードを教えてくれない？

参 「アイススケート」は、胸の前で両手のひらをスケート靴のエッジに見立て、交互に前に出す。

スパゲッティ

フォークで絡めている様子

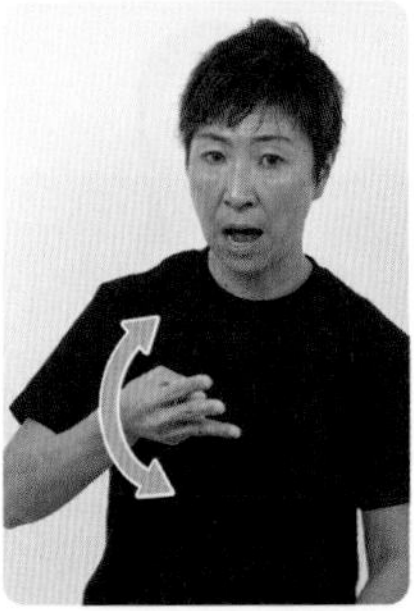

片手の人差し指、中指、薬指を下に伸ばし、手首を２回ひねる。

●サラダ＋スパゲッティ＝サラダスパゲッティ　●スパゲッティ＋おいしい＋店＋知る＋あなた？(疑問の表情で)＝スパゲッティがおいしいお店を知ってる？

同 パスタ　参 同じ手の形で何かを刺すようにすると「フォーク」の意味。

スポーツ

走っているイメージ

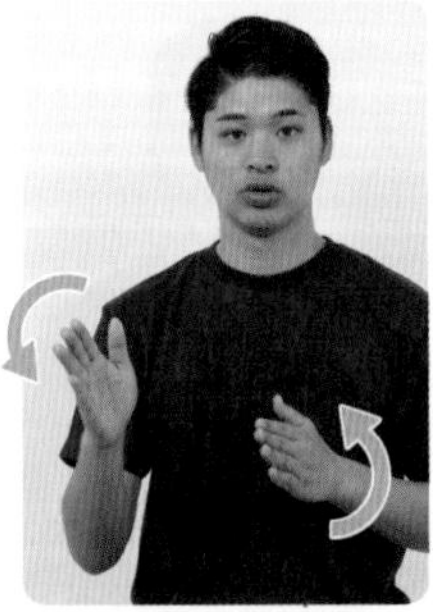

両手のひらを向かい合わせ、互い違いに上下に回す。

●スポーツ＋グループ＝スポーツクラブ
●彼女＋スポーツ＋好き＝彼女はスポーツが好きだ

参 両手をにぎって胸に置き、胸を２回軽く叩く表現もある。

スポーツジム

ダンベルで鍛えている様子

両手のこぶしを上に向けて体の前に構え、交互に上下させる。

●スポーツジム ＋ 教える ＝ スポーツジムのトレーナー
●スポーツジム ＋ 通う ＝ スポーツジムに通う

同 ダンベル

ズボン

ズボンを履いている様子

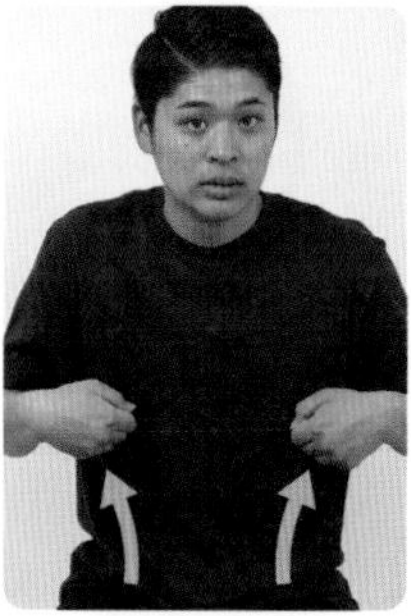

両手で服をつまむようにして腰の前に置き、手首をひねって引き上げる。

●制服 ＋ ズボン ＝ 制服のズボン
●それ（指差し） ＋ ズボン＋すてき ＝ そのズボン、すてきだね

同 履く

住む

人が存在することを表している

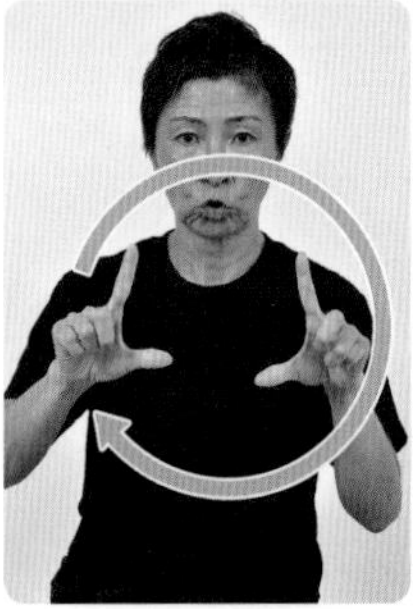

両手とも親指と人差し指でL字型にして向かい合わせて胸の前に置き、左回りに円を描く。

●**東京 ＋ 住む ＋ 憧れ ＋ 私** ＝ 東京に住みたい
●**1 ＋ 人(人数) ＋ 住む** ＝ ひとり暮らし

同 暮らす、生活

ずるい

「逆なで」「人の気にさわる」というようなイメージ

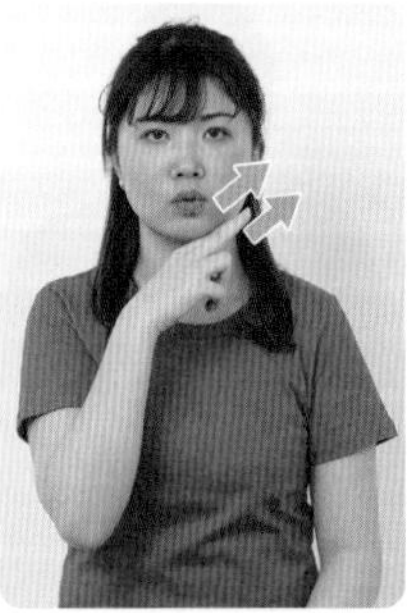

人差し指と中指を伸ばした片手をあごの横にあて、ほおに沿って２回上げる。

●**ずるい ＋ 終わる** ＝ ずるしないで　●**ずるい ＋ 賢い** ＝ ずる賢い

参 右手のひらを左ほおに向けて２回あてると「大事、大切」の意味になる。また、片手のひらをほおに向けて２回あてると「おいしい」の意味になる。P 54

成功する

口型は「ぽ」にする

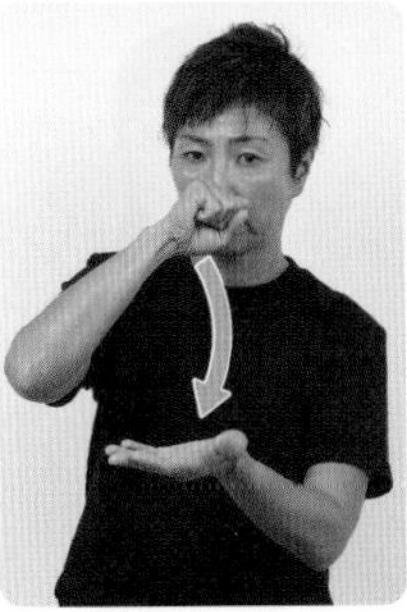

右手のこぶしを鼻の前に置き、左手のひらに打ちつける。

●恋愛 + 成功する = 恋愛成就
●成功する + 頑張る + お願い = 成功を祈る

参「失敗する」は、右手を軽くにぎり、ぱっと開きながら左手のひらに打ちつける。P165

政治

似た動きをする手話があるので、伸ばす指の本数が大事

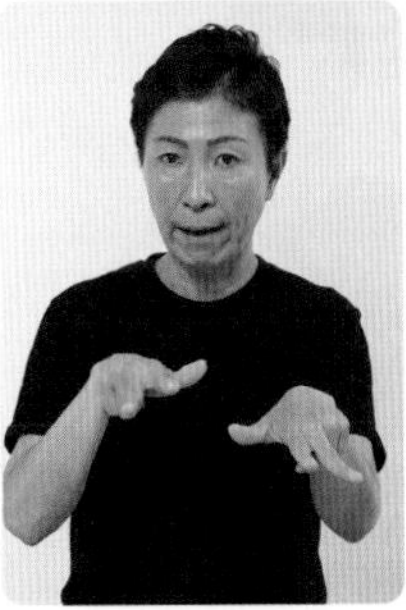

両手とも親指、人差し指、中指を伸ばして、下に向ける。手を少し前後にずらす。

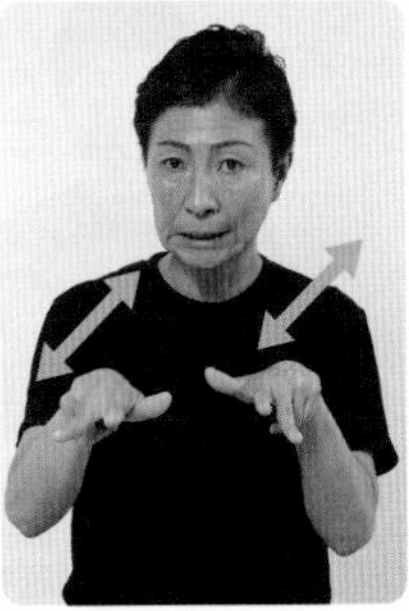

手の形はそのままで、両手を交互に2回前後に動かす。

●政治 + 家 = 政治家　●政治 + ニュース = 政治のニュース
●政治 + 動く = 政治活動

参「首相」は、首を片手のひらで軽く触り、「〜長」を表す。

制服（学ラン）

学ランの詰め襟を表している

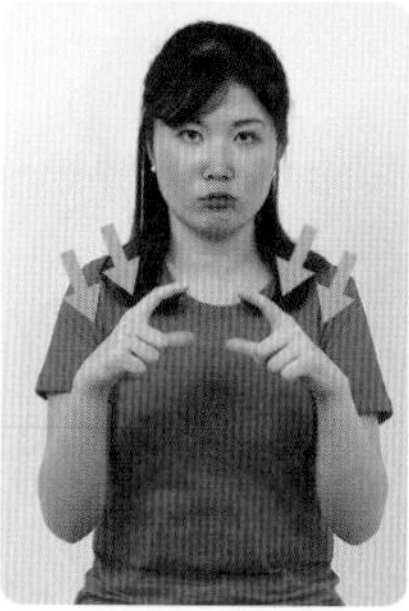

両手とも親指と人差し指でコの字型を作って首の横に置き、同時に2回前に出す。

●制服 ＋ 買う ＝ 制服を買う
●高校 ＋ 制服 ＝ 高校の制服

参 「スーツ（P 186）」の手話で、性別に関係なく「制服」という意味で使うこともある。

整理する

「片づけ」と「物事の整理」とで表現が異なる

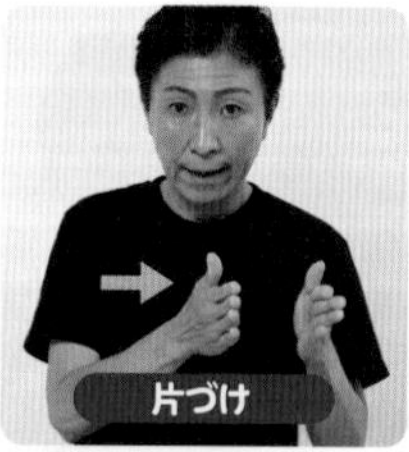

指を揃えた両手のひらを左右で向かい合わせ、同時に横に移動させ、2回繰り返す。

●整理する ＋ 必要 ＋ あなた ＝ 片づけなさい

同 整理整頓、片づけ

両手とも人差し指と中指を前に向けて伸ばし、両手同時に横に移動させる。

●言う ＋ 整理する ＝ 話を整理する

同 準備、制度、用意、話の整理

セーター

編み物をしている様子

1

両手とも人差し指を伸ばして交差させ、内側に２回手首をひねる。

2

両手のひらを胸にあて、下げる。

●未(羊) + セーター = ウールのセーター
●セーター + 買う = セーターを買う

1 同 編む、編み物

セキュリティ

錠前の鍵穴に施錠している様子

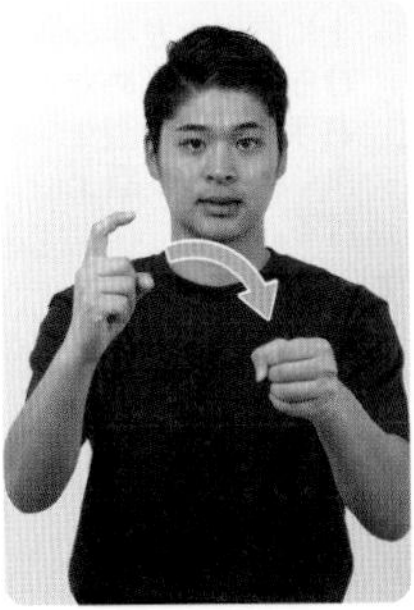

少し曲げた右手の人差し指を下げ、左手を差し込む。

●家 + セキュリティ + 忘れる + ない① + お願い = 家の鍵閉めを忘れないで

同 ロック、鍵をかける　参 片手のこぶしに、もう一方の手の人差し指をあてると「目的」という意味になる。P342

切ない

胸が痛む様子

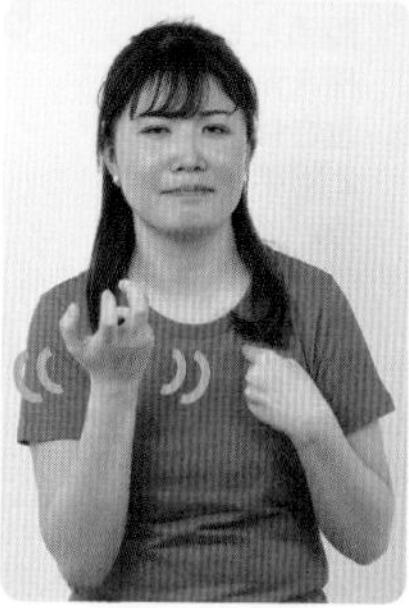

左手の人差し指を胸にあて、右手は上に向けて指を軽く曲げ、小刻みに振る。

●この（指差し）＋映画＋切ない＝この映画は切ない（ストーリー）です

同 胸が痛い（感情）、胸のあたりに痛みがある（身体）

参 「さびしい」は、片手を胸の前に置き、親指とその他４指の指先を閉じる。P155

節分

豆をまく様子

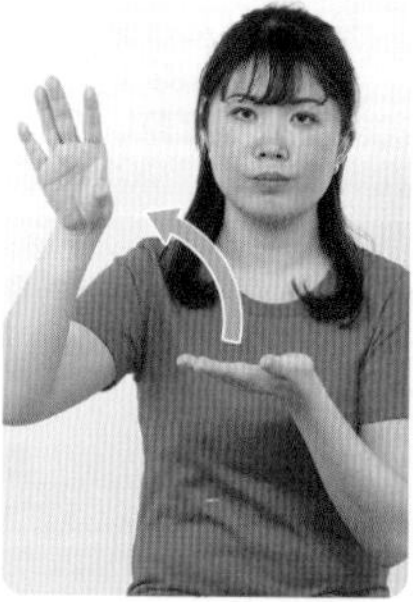

上に向けた左手のひらに、すぼめた右手をあて、豆をまくように２回上げる。

●節分＋春＋始まる＋行事＝節分は春が始まる行事

同 まく

参 「鬼」は、両手とも人差し指を立て、角のように頭の上にあてる。

説明する

その時の心情を表情に表すのがポイント

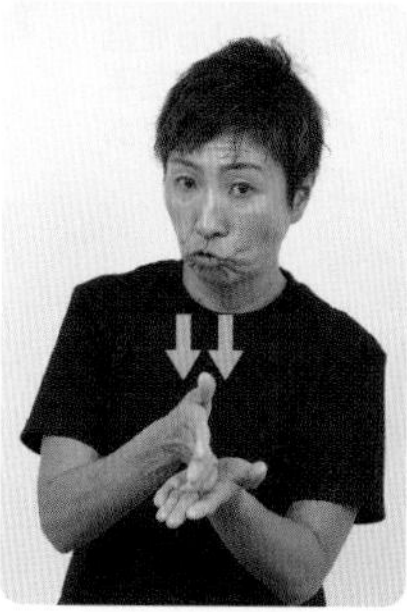

指先を前に向けた右手のひらを、左手のひらに２回あてる。

●会社 + 説明する + ～会 = 会社説明会

同 説得、話す

反 「説明される」は、右手の指先を自分に向けて、左手のひらに2回あてる。

狭い

間隔を狭めることで表す

両手のひらを左右で向かい合わせ、同時に中央に寄せる。

●家 + 狭い = 家が狭い　●気分 + 狭い = 心が狭い

参 中央に寄せれば寄せるほど、より狭い意味になる。

反 「広い」は、両手を左右に広げる。P301

センスがいい

上半身・下半身の組み合わせを表す

1

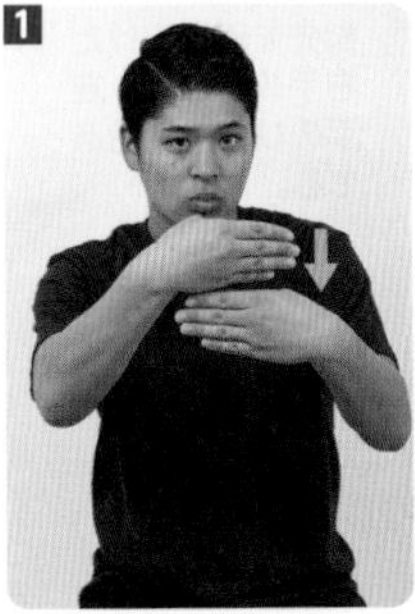

両手のひらを自分に向け、左手の上に右手をあてる。

片手の親指と人差し指で輪を作り(OK サイン)、胸の前あたりにかざす。

2

●あなた + センスがいい = あなたはセンスがいいですね

1 同 組み合わせ

参 「センスが悪い」は、「組み合わせ+悪い(P372)」で表す。

ぜんそく

胸がゼーゼーしている様子

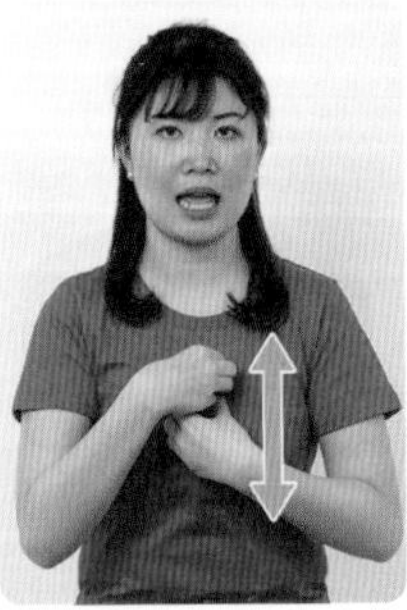

両手ともすべての指を胸の中央にあて、同時に上下させる。

●ぜんそく + 苦しい = ぜんそくで苦しい

参 「動悸、ドキドキする」は、左胸の前に左手のひらをあて、右手の甲を左手のひらに数回あてる。P249

先輩

手を上げることで、年齢や地位が上であることを表す

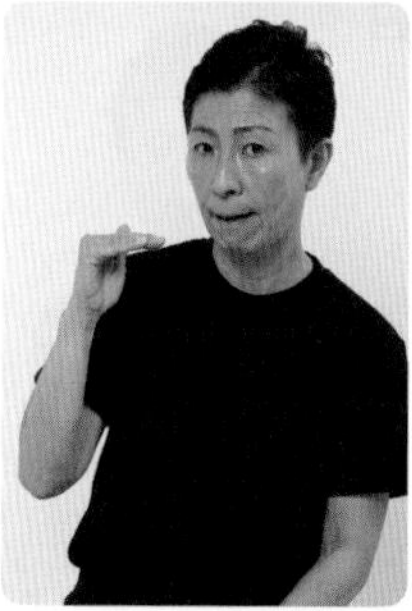

指先を内側に受け、直角に曲げた片手を胸の前あたりに構える。

手の形はそのままで、手を頭の位置まで上げる。

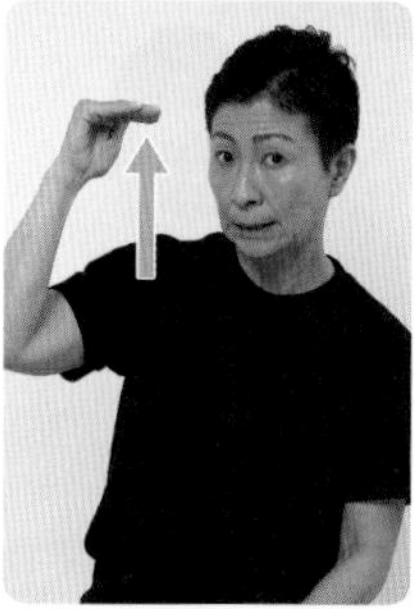

●2 + 先輩 = 2年先輩　●会社 + 先輩 = 会社の先輩

同 上級生　反「後輩」は、片手のひらを胸の前で下向きに置き、ウエストの位置まで弧を描くように下げる。P140

線路

線路の形を表している

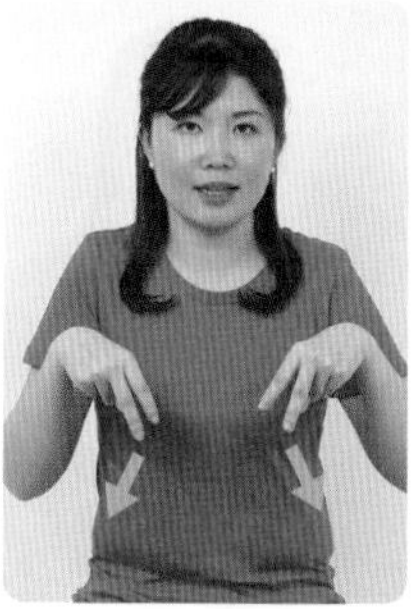

両手とも人差し指と中指を下に伸ばし、同時に前に出す。

●線路 + 入る + やめる + お願い = 線路に立ち入らないでください

参 両手とも人差し指と中指を下に伸ばし、交互に前後させながら両手を同時に中央に寄せ、前に出すと「ボランティア」という意味になる。P322

葬式

「焼香 + 拝む」で表す

1

片手の親指、人差し指、中指を付け、額に付ける。

2

両手のひらをこすり合わせる。

●**夜** + **葬式** = お通夜　●**葬式** + **休み** = 忌引
●**葬式** + **座る** = 葬式に参列する

1 同 焼香　**2** 同 拝む、宗教

想像

思いをふくらませるイメージ

片手のひらを上に向けて、雲を描くように上げる。

●**雨** + **想像** = 雲行きがあやしい

同 予想、夢、たぶん、夢想　参 手のひらを下にして指をひらひら揺らしながら前に出すと「憧れ」の意味になる。P22

相談

親指を人に見立て、話をするイメージ

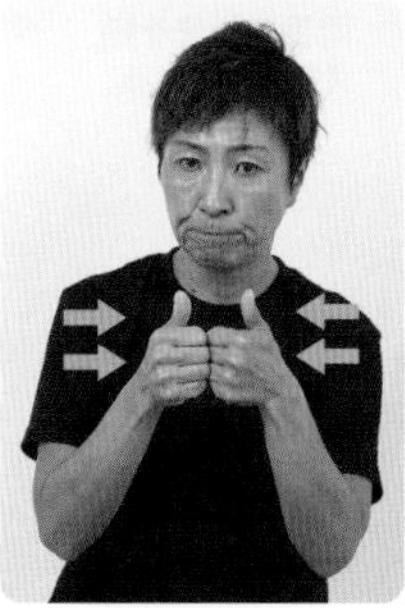

両手とも親指を立てて向かい合わせ、2回ぶつける。

●彼＋相談＝彼に相談する　●結婚＋相談＋場所＝結婚相談所

同 打ち合わせ、会議

参 両手を少し上げながら1回だけぶつけると、「試合」の意味になる。Ⓟ156

卒業

卒業証書をおじぎしながら受け取る様子

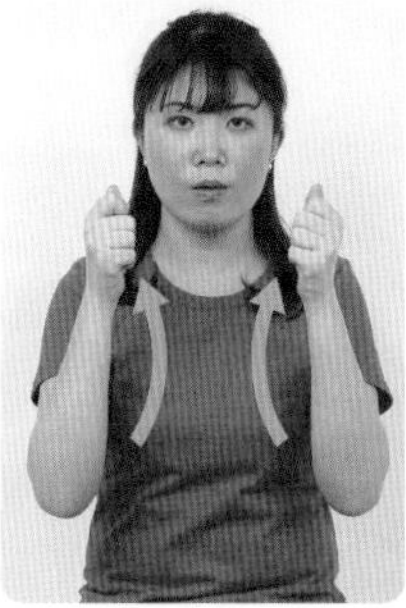

両手のこぶしを体の前に置き、同時にひじから曲げる。

●卒業＋学生＝卒業生　●卒業＋～式＝卒業式
●酒＋卒業＝断酒

参 「入学式」は、「入る(Ⓟ279)」と「～式(Ⓟ160)」で表す。

そろそろ

両手を交差させることで、時間を合わせるようなイメージ

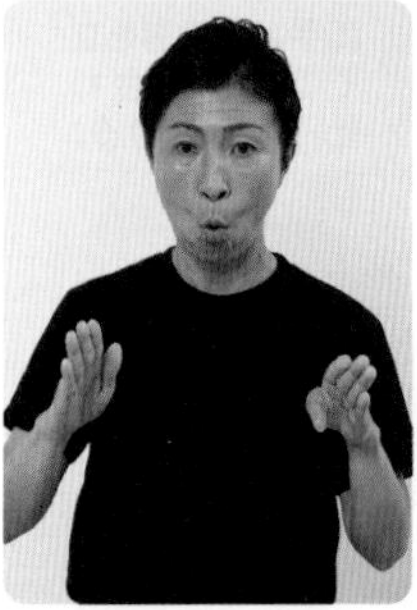

両手の指先を揃えて前に向ける。

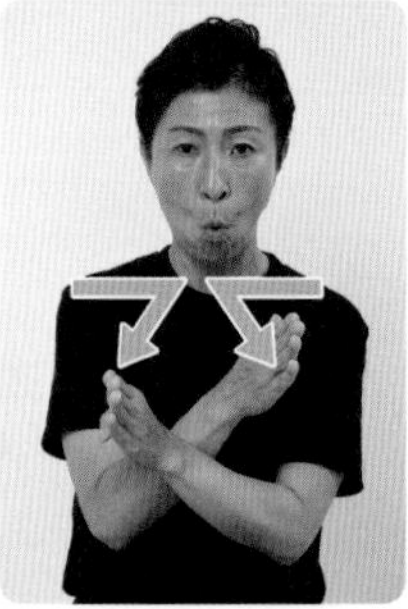

両手を上下に構えて、交互に左右に１回軽く振る。

●そろそろ + 子ども + 寝る + 時間 = そろそろ子どもは寝る時間だ
●そろそろ + 行く = そろそろ行こう

同 休憩、余裕

体育

体を鍛える、体が丈夫といったイメージ

両手のこぶしを胸に２回あてる。

●体育 + 先生 = 体育の先生

同 鍛える、鍛錬、ジム

参 両手とも軽くにぎって、体の前で腕を交差させる「体操」の手話で表すこともある。

ダイエット

ほっそりとしたウエストラインを表す

両手のひらを向かい合わせる。

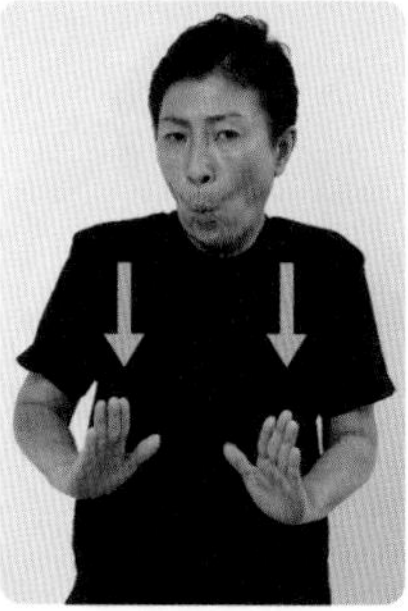

幅を狭めながら、両手同時に下げる。

●ダイエット + ～中 = ダイエット中　●ダイエット + 薬 = やせ薬

同 痩せる、痩せている、(体が)細い

参「太る」は、両手をお腹のあたりで構え、左右に広げる。P 307

体温計

体温計を脇にはさむ様子

片手の人差し指を脇にはさむ。

●体温計 + どこ? = 体温計はどこにありますか?

参「熱がある」は、片手の親指と人差し指を付け、脇にあて、指を離す。P 271

大学

大学生の角帽の形を表す

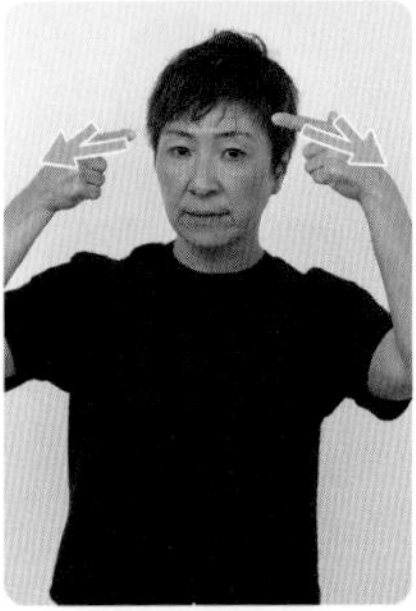

額の前で、両手とも親指と人差し指を斜め前に出しながら付ける。

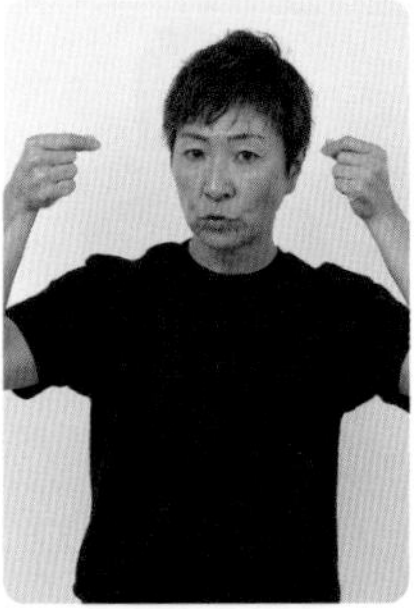

前後の手を変えて、同じ動作を繰り返す。

- **短い** + **大学** = 短期大学
- **大学** + **学生** = 大学生
- **国** + **立つ** + **大学** = 国立大学

参 両手の人差し指を伸ばし、目の前で左右に開いて後ろに持っていく表現もある。

退屈

退屈そうな表情を付けるのが大事

片手のひらを軽く開き、中指をこめかみに2～3回あてる。

- **仕事** + **暇** + **退屈** = 仕事が暇で退屈
- **退職** + **今** + **退屈** = 退職して今は暇を持て余している

同 暇

退職

「仕事 ＋ 辞める」で表す

1

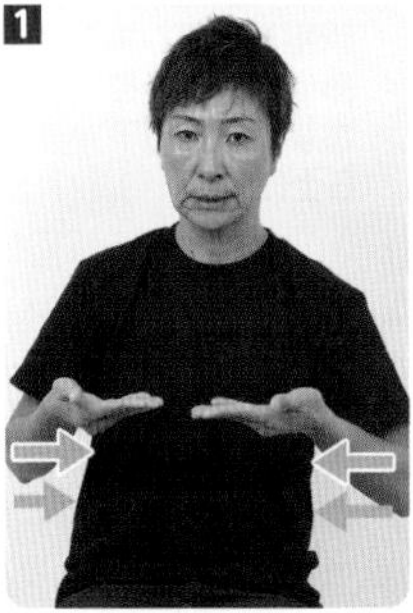

両手とも手のひらを上に向けて、左右から中央に2回寄せる。

2

すぼめた右手を左手のひらの上に置き、右手だけ自分のほうに払う。

●退職 ＋ お願い ＝ 退職願
●退職 ＋ 申し込む ＝ 希望退職

1 同 仕事、職業、働く　**2** 同 辞める

台風

渦巻いている台風の様子

1

人差し指を伸ばした両手を上下に向かい合わせ、互い違いに回す。

2

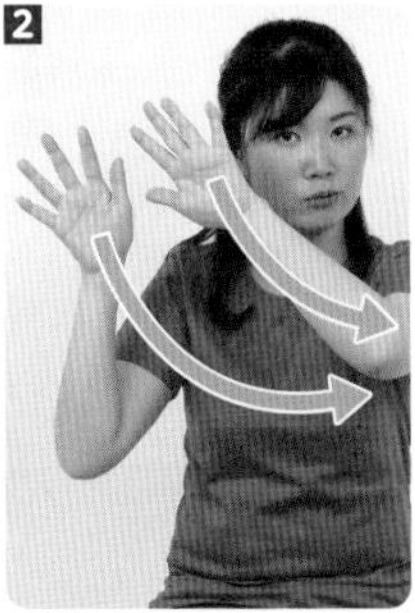

両手とも前に向け顔の横に構え、斜め下に下げる。

●今日 ＋ 台風 ＝ 今日は台風だ　●台風 ＋ 注意 ＋ お願い ＝ 台風に気をつけて

1 同 繰り返す、応用　参 片手の親指と人差し指で輪を作って体の前に置き、斜め上に上げる表現もある。

太陽

水平線から太陽がのぼる様子

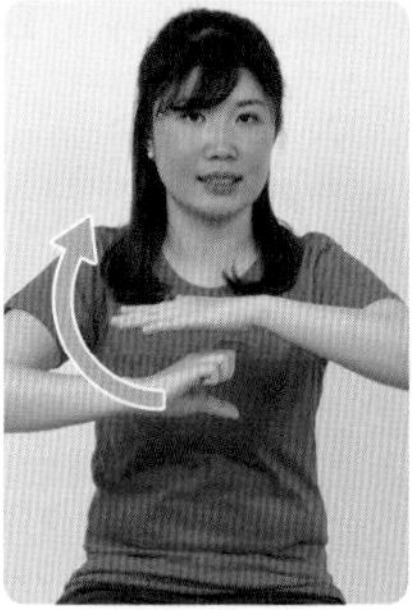

親指と人差し指を伸ばした右手を、左手のひらの下から上げる。

●初めて + 太陽 = 初日の出　●海 + 太陽 = 水平線から太陽がのぼる

参「太陽」の手の形のまま、右手を上げてから左手の内側に下ろすと「徹夜」という意味になる。

耐える

上から押し付けられても耐えている様子

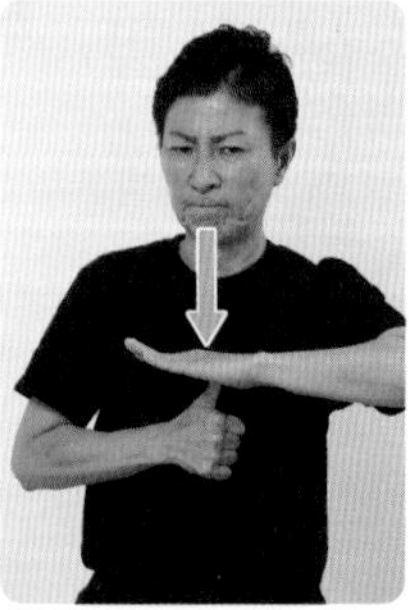

左手のひらを下に向け、立てた右手の親指を付け、下げる。

●耐える + 無理 = 耐えられない
●苦しい + 耐える = 苦しさに耐える

同 我慢する

倒れる

親指を人に見立て、人が倒れる様子

親指を立てた右手を、左手のひらに倒して乗せる。

●病気 + 倒れる = 病気で倒れる

同 転ぶ　反 「起き上がる」は、右手の人差し指と中指を伸ばし、指先を左手のひらに付けて起き上がらせて乗せる。

(身長などが) 高い

身長などが高い場合に使う

親指以外の 4 指を揃えて曲げ、胸の前に置き、上げる。

●高い + ビル = 高いビル　●高い + あなた = 身長が高いですね
●父 + 私 + 同じ + 高い = 父も身長が高い

反 「背が低い」は、同じ手の形にして頭に乗せ、脇をしめながら手を下げる。

(値段が)高い

親指と人差し指で輪を作り、
お金を表す

親指と人差し指で輪を作った片手を上げる。

●家 + お金 + 高い = 家賃が高い

反「安い」は、左手を添えて輪を下げる。Ⓟ348

参 人差し指で目を指し、「(値段が)高い」を表すと「お目が高い」という意味になる。

タクシー

タクシーが走っていく様子

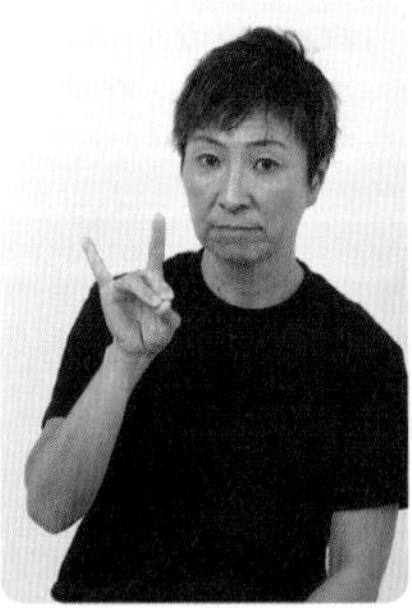

片手の人差し指と小指を立て、その他3指は指先を付け、指先を離しながら前に出す。

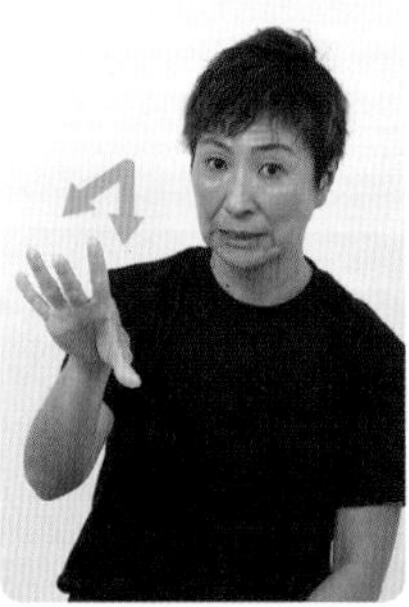

●タクシー + 車 + 男(女) = タクシー運転手

参 片手を上げ、もう一方の手は親指とその他4指を平行に伸ばして前に出す表現もある。

宅配便

伝票を書く様子と荷物の箱で表す

1

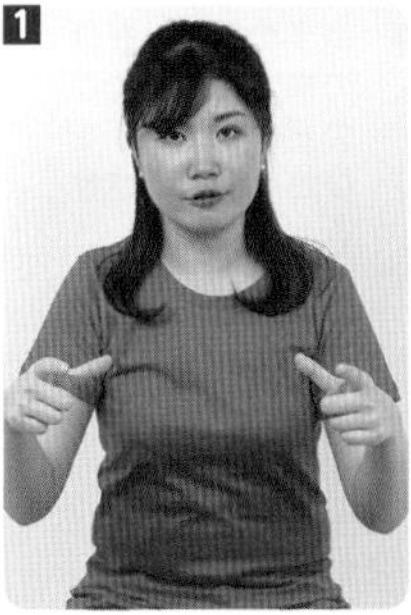

両手とも親指と人差し指をコの字型に曲げて、左右に向かい合わせて自分に引き寄せる。

2

左手のひらに、ペンで線を書いているように右手を滑らす。

●**宅配便** + **送る** = 宅配便を送る
●**郵便局** + **宅配便** + **お願い** = 郵便局で宅配便をお願いする

2 同 書く

～だけ

「打ち止め」というイメージ

右手の人差し指を前に向けて伸ばし、左手のひらの上に構える。

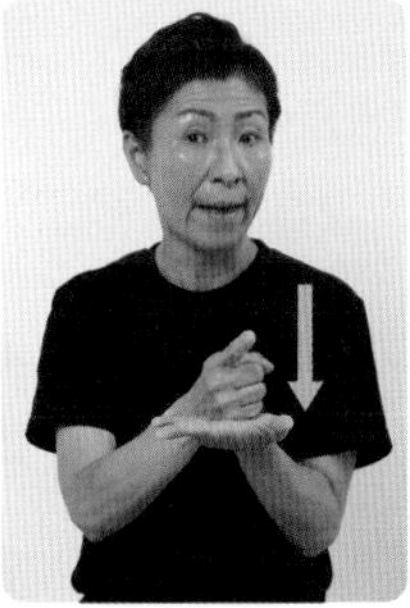

手の形はそのままで、右手を左手のひらにポンっと乗せる。

●**私** + **～だけ** = 私だけ　●**～だけ** + **違う** = ～だけではない

同 ～しか　参 左手に乗せた右手の人差し指を左右に振りながら前に出すと「地図」の意味になる。

たこ

たこの足が動く様子

両手のこぶしを体の横で構え、たこの足のように手をひねり、上下させる。

●**たこ + 刺し身** = たこの刺し身　●**たこ + 食べる** = たこを食べる

参 あごの下に片手の甲を付け、すべての指をひらひらを動かすと「いか」の意味になる。

助けてもらう

誰かに介助されているイメージ

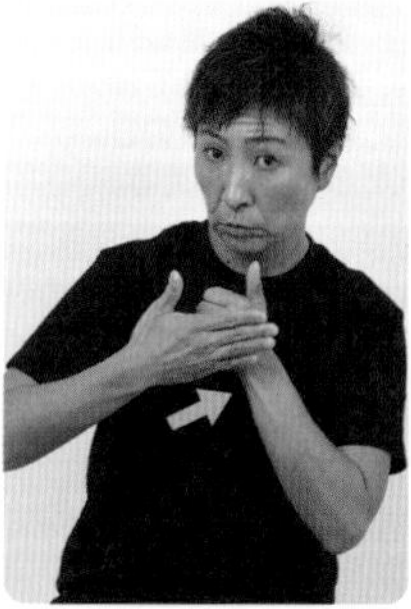

親指を立てた左手を、右手のひらで押して自分に引き寄せる。

●**仕事 + 助けてもらう** = 仕事を助けてもらう
●**宿題 + 助けてもらう** = 宿題を手伝ってもらう

同 手伝ってもらう、カバーしてもらう　参 右手のひらを手前から押し出すと「助ける」の意味。

正しい

気持ちがまっすぐであることを表す

両手ともつまむような形にして、胸の前に置き、上下に離す。

●正しい + 言葉 = 正しい言葉　●気分 + きれい + 正しい = 純粋な心

同 素直、正直、まじめ

参 人差し指と親指を付けた片手を、胸の前で上げるだけでも表せる。

建物

ビルの形を表している

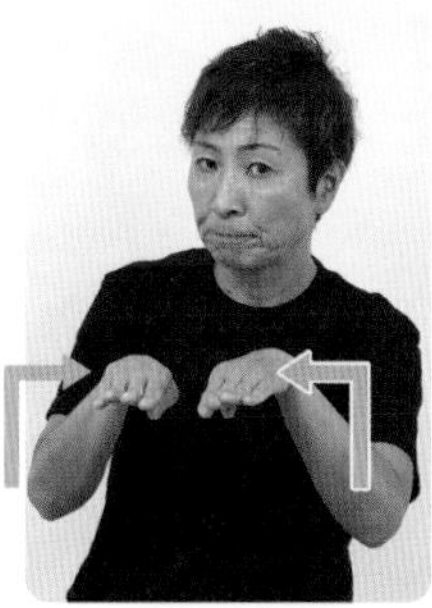

両手のひらを左右に向かい合わせて、同時に直角に上げて中央で付ける。

●本 + 建物 = 図書館　●映画 + 建物 = 映画館

●絵 + 建物 = 美術館

同 ～館、ビル

七夕

7月7日と表す

両手とも親指、人差し指、中指を横に伸ばし、上下に構える。

●今日 + 保育園 + 七夕 + イベント + ある = 今日、保育園で七夕イベントがある

同 7月7日　参 指文字「2 + 3」で「節分」、「3 + 3」で「ひなまつり」、「7 + 5 + 3」で「七五三」を表すこともある。

食べる

箸を使って食べている様子

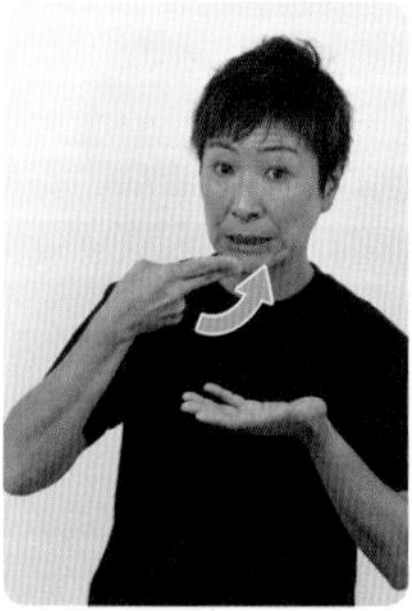

左手のひらを上に向けて、右手の人差し指と中指を口元に数回すくい上げる。

●日本 + 食べる = 和食　●朝 + 食べる = 朝食
●必ず + 食べる = 定食

同 食事、ご飯

卵

卵を割る様子

すべての指を軽く曲げた両手を向かい合わせる。

卵を割るように、2回手首をひねって両手を下に向ける。

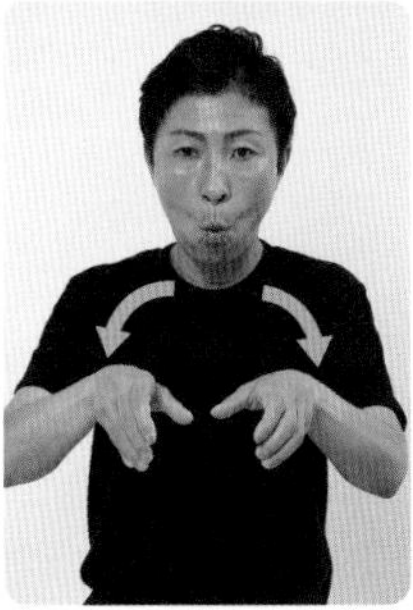

●**温泉＋卵**＝温泉卵　●**医師＋卵**＝医者の卵

参 医者の卵、弁護士の卵という場合にも使える。

参 同じ動作を1回だけ行うと「割る」という意味になる。

だます

きつねの「き」を指文字で表している

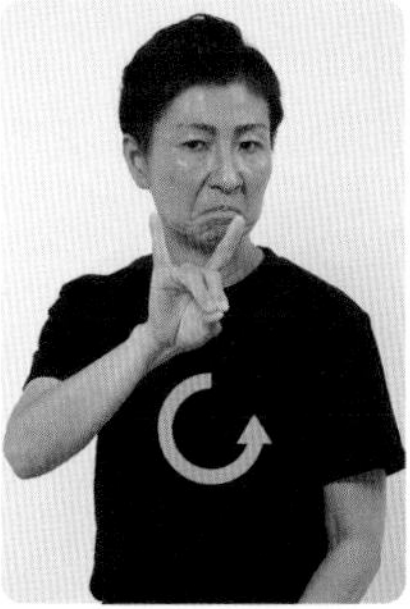

片手の人差し指と小指を立て、親指、中指、薬指を付けて、胸の前で2回小さく回す。

●**うそ＋だます**＝偽装　●**女＋だます**＝女性をだます

同 ごかます、詐欺

反 「だまされる」は、手を同じ形にして、指先を自分に向けて回す。

た

試す

人差し指を立て「1 回」を表し、指を目の下にあて「見てみる」を表す

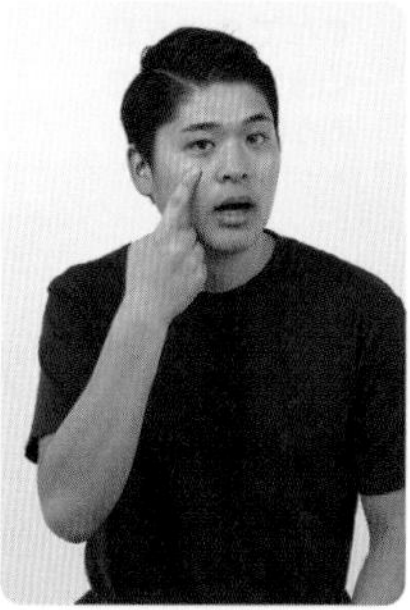

片手の人差し指を目の下に 2 回あてる。

●試す ＋ 食べる ＝ 試食　●服 ＋ 試す ＝ 試着
●試す ＋ 構わない?(疑問の表情で) ＝ 試してみてもいいですか?

参 小指を立て、目の下に2回あてると「愛人」の意味になる。

誰

顔を確認する意味から

片手の指の背側をほおに 1 回あてる。

●今日 ＋ 来る ＋ 誰?(疑問の表情で) ＝ 今日、誰が来る?
●紹介 ＋ 誰?(疑問の表情で) ＝ 誰からの紹介?

参 誰かを指して「誰?」と表現すると、「あの人は誰ですか?」の意味になる。

誕生日

「生まれる ＋ 日」で表す

1

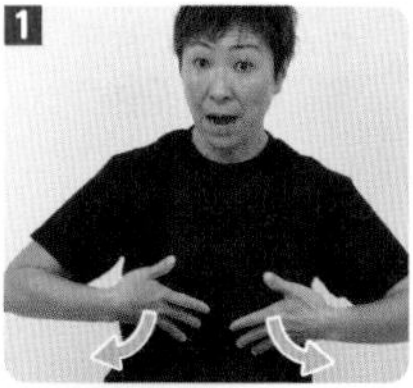

開いた両手のひらをお腹にあて、手首をひねって前に払う。お腹から出てくるイメージ。

2

伸ばした左手の人差し指に、伸ばした右手の人差し指、中指、薬指をあてる。

- **誕生日 ＋ おめでとう** ＝ 誕生日おめでとう
- **誕生日 ＋ パーティー** ＝ 誕生日パーティー

1 同 生まれる、産む、出産、出身　**2** 同 日

ダンス

軽やかに踊っている様子

右手の人差し指と中指を下に向け、左手のひらの上で左右に振る。

- **私 ＋ 趣味 ＋ ダンス** ＝ 私の趣味はダンスです
- **昭和 ＋ ダンス** ＝ モダンダンス

参 「社交ダンス」は、両手とも親指を立て、自分に向けて上下に構え、体を左右に振る。 P11

担当

自分の肩にかかっている様子

わん曲させた片手を、肩にあてる。

●担当 ＋ 先生 ＝ 担任の先生　●担当 ＋ 持つ ＝ 責任を持つ

同 責任、任務、〜のせいで、係、担任

参 わん曲させた片手を肩に乗せると「任される」という意味になる。

血

血が体内を流れる様子

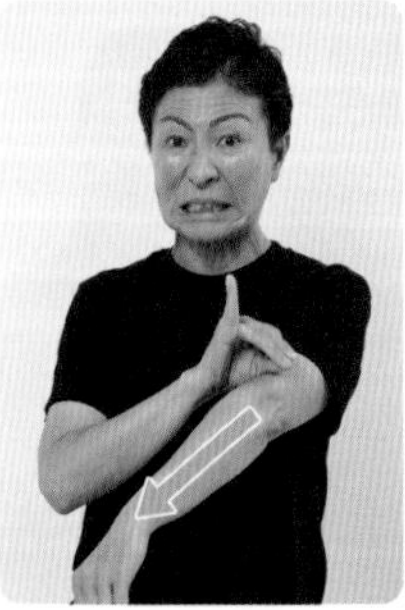

左腕を伸ばし、小指を立て、ほかの4指の先を合わせた右手（指文字「ち」）を手首に向かってすべらせる。

●血 ＋ 与える ＝ 献血　●血 ＋ 調べる ＝ 血液検査

同 血液、血液型、遺伝

参 血液型は、それぞれのアルファベットの指文字で表す。

地域

周辺一帯というイメージ

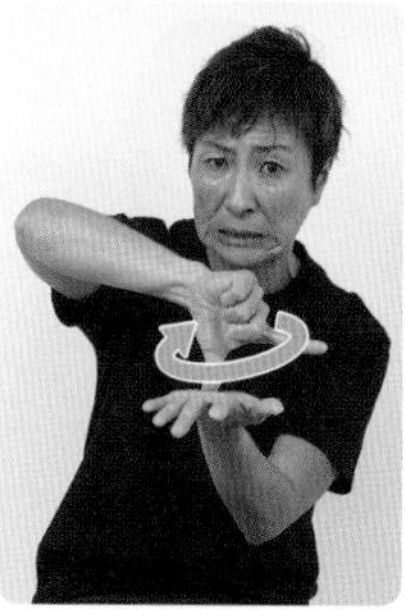

左手のひらの上に親指と人差し指を伸ばした右手を置き、親指を軸にして人差し指を半回転させる。

- **地域** + **政治** + **グループ** = 自治体
- **地域** + **交際** = 地域交流

同 地元、コンパス、一帯、エリア

チェックアウト

建物の外に出ていくイメージ

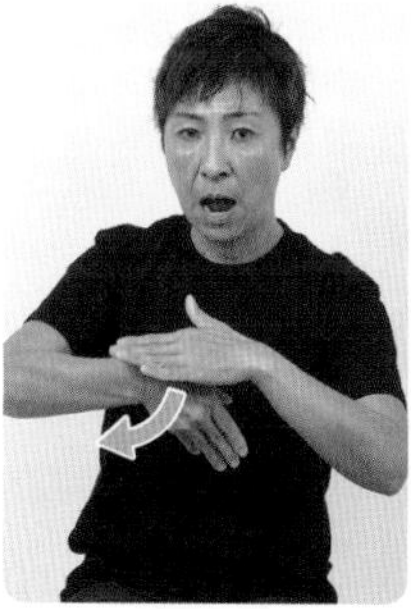

左手のひらの下に右手のひらを置き、右手だけ前に出す。

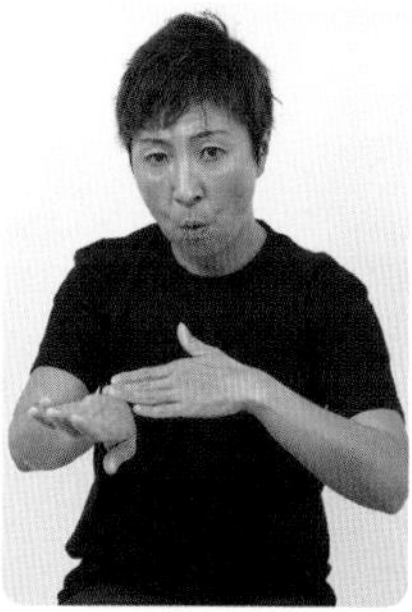

- **民宿** + **チェックアウト** = 民宿をチェックアウトする
- **遊園地** + **チェックアウト** = 遊園地を退園する

参 左手を屋根の形にして右手を前に出すと「家から出る（外出）、家出」という意味。

違う

「いいえ、違います」と答える時にも使う

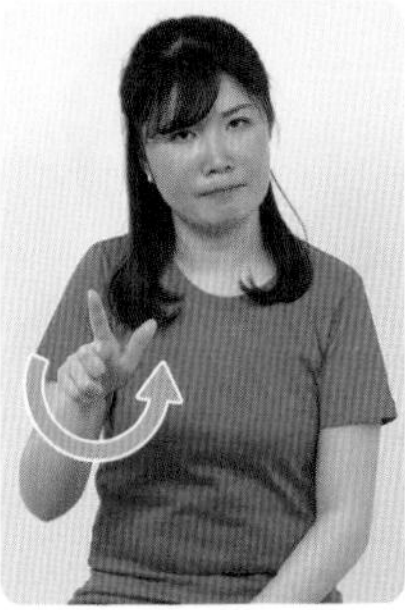

人差し指と親指を伸ばし（その他の指は軽くにぎり）、前に向け、手首をひねる。

●場所 + 違う = 場所が違う　●昨日 + 違う = 昨日と違う

同 いいえ

参 両手の親指と人差し指を伸ばして、左右に並べ、互い違いにひねる表現もある。

近々

手を少し前に出すことで、近い未来を表す

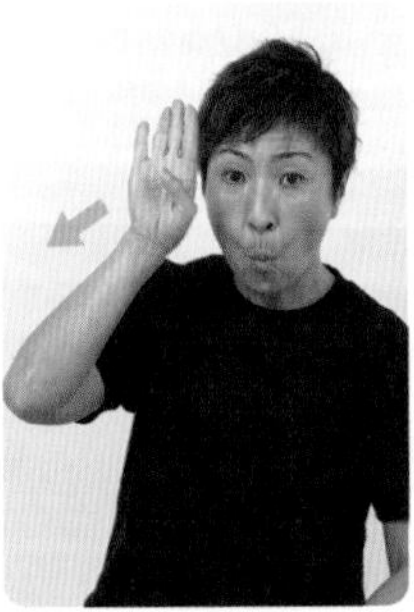

片手のひらを前に向けてこめかみにあて、少し前に出す。

●近々 + デート + ～したい = 近々デートしたい
●近々 + 遊ぶ + 行く = 近々遊びにいく

同 もうすぐ、今度　参 手のひらを大きく前に出すと「将来」という意味になる。

地下鉄

右手を電車、左手を地面に見立て、地面の下を電車が走る様子

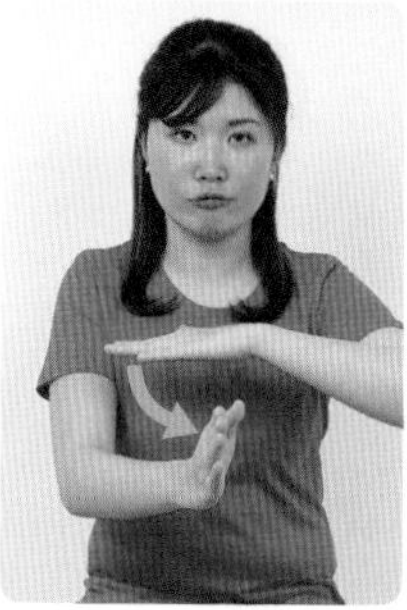

下向きにした左手の下に、指先を前に向けた右手のひらをくぐらせる。

●**地下鉄 + 駅 = 地下鉄の駅**
●**指文字「と」 + 営業 + 地下鉄 = 都営地下鉄**

参 「地下」は、左手を下に向けて胸の前に置き、右手の人差し指で下を指し、下げる。

〜中

真ん中を表す

立てた左手のひらに、親指とその他4指でコの字型を作った右手をあてる。

●**仕事 + 〜中 = 仕事中**　●**電車 + 〜中 = 電車に乗車中**

同 (〜の)最中、〜しているところ　参 「中学校」は、右手の中指に、左手の親指と人差し指をあて(「中」)、「学校」の手話を表す。

注意

胸にしっかりおさめる様子

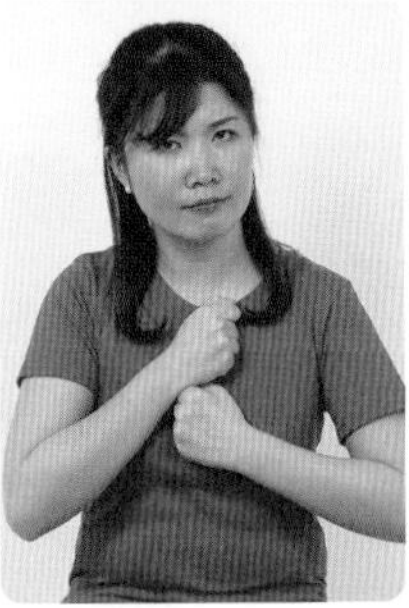

軽く開いた両手を胸の前に上下に置き、にぎりながら胸にあてる。

●**ストーカー ＋ 注意 ＝ ストーカーに注意**

同 気をつける、気をつけて

反 「注意」の両手を左右にふわりと開くと「不注意」「気を抜く」という意味になる。

中止

「中 ＋ し（指文字）」で表す

右手の中指に、左手の親指と人差し指をあてる。

左手の形はそのままで、右手の親指、人差し指、中指を横に伸ばす。

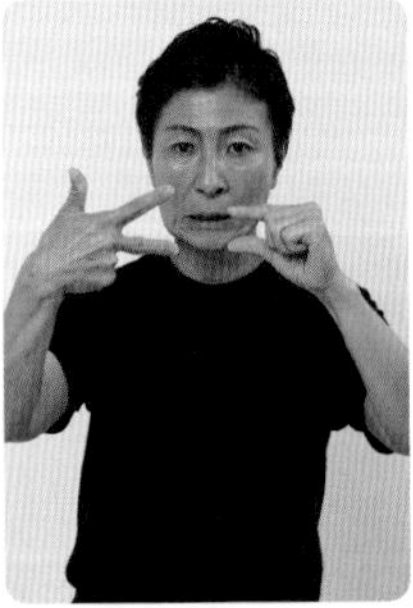

●**痛い ＋ 中止 ＝ 痛み止め**　●**試合 ＋ 中止 ＝ 試合中止**

同 止める、やめる

参 左手のひらに、体と垂直にした右手を上から乗せる表現もある。

注射

腕に注射をしている様子

右手の親指と人差し指を伸ばし、人差し指の先を左腕にあてる。

●わ ＋ 注射 ＝ ワクチン　●断る ＋ 注射 ＝ 予防注射

同 麻酔、麻薬

参 「注射」と同じ動きを２回行うと、「点滴」の意味になる。P 243

駐車場

車が並んでいる様子

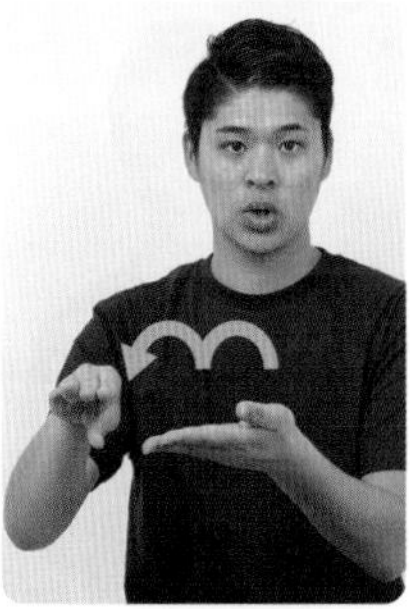

左手のひらの上で、親指とその他４指を向かい合わせた右手を横にずらして数回置く。

●駐車場 ＋ 探す ＝ 駐車場を探す　●お金 ＋ 駐車場 ＝ コインパーキング

参 指文字「P」＋「場所」で表すこともある。

参 「駐車」は、左手のひらにコの字型にした右手を乗せる。

注文

注文を伝えるイメージ

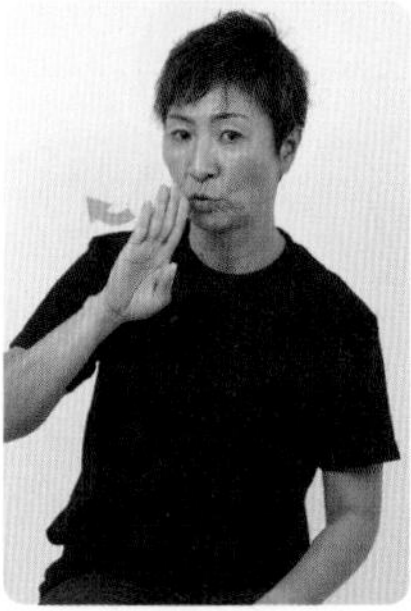

前に向けた片手のひらを口元にあて、前に出す。

●**電話 + 注文** = 電話注文
●**注文 + 終わり?(疑問の表情で)** = もう注文した?

参 左手のひらに右手の人差し指を乗せて前に出す「申し込む」でも表現できる。

ちょうど

時間や重さ、サイズ、温度などの場合に使う

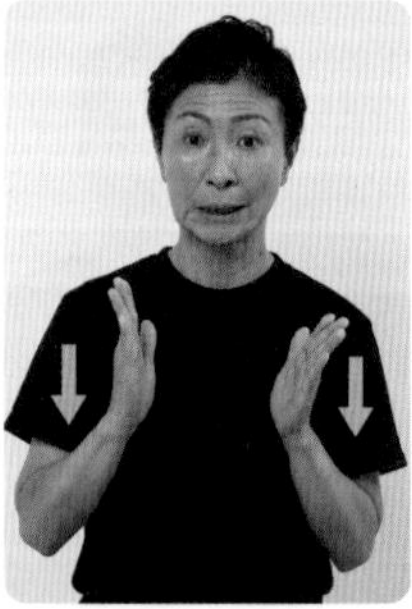

向かい合わせた両手を2回下げる。

●**100 + 円 + ちょうど** = ちょうど100円　●**時間 + 6 + ちょうど** = 6時ちょうど

同 ほどほど　参 両手を1回だけ下げると「間」、手を向かい合わせたままトントンと横にずらしていくと「片付ける」の意味になる。

使う

右手の輪はお金を表す

右手の親指と人差し指で輪を作り、左手のひらの上に乗せる。

手の形はそのままで、右手だけ2回前にすべらせる。

●使う + 税金 = 消費税　●上司 + 頭 + 使う = 上司に気を使う

同 使用、消費、利用

参 もともとは「お金を使う」という意味だが、「気を使う」などにも使う。

使えない

「パーになる」というようなイメージ

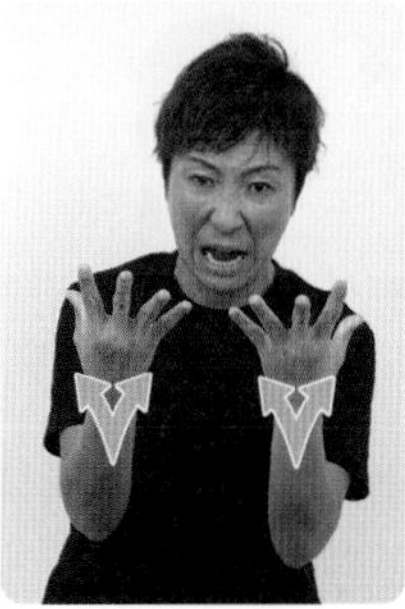

両手ともこぶしを作って上に向け、手を開きながら上げる。

●結婚 + 使えない = 婚約破棄　●約束 + 使えない = 予約が取れなかった

参 片手だけで表現することもある。

参 他に手立てがない、にっちもさっちもいかないという場合に使う。

疲れる

体から力が抜けて、だるくなる様子

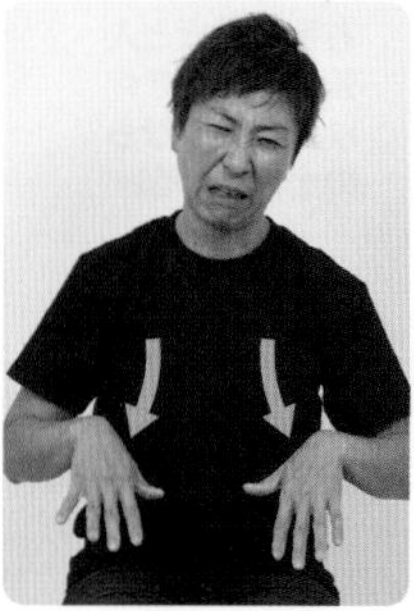

両手の指先を肩の前にあて、手を開きながら手首をひねって下げる。

●仕事 + 疲れる = 仕事で疲れる　●気分 + 疲れる = 心労
●遊ぶ + 疲れる = 遊び疲れ　●疲れる + 寝る = 疲れて寝る

参 両手首を下ろして、そのまままっすぐ下げると「ワンピース」の意味になる。

次

「そこの隣」の意味

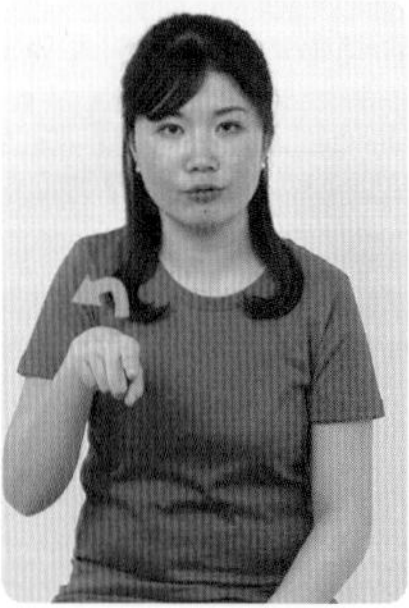

片手の人差し指を前に伸ばし、手首をひねって横に倒す。

●家 + 次 = 隣の家　●次 + いつ?(疑問の表情で) = 次はいつ?

同 隣

参 手の形は同じままで、手首を逆にひねる場合もある。

作る

かなづちで物を作る様子

両手ともこぶしを作り、左手に右手を2回ぶつける。

●手＋作る＝手作り　●手＋作る＋パン＝手作りパン
●自分＋食事＋作る＝自炊する　●木＋作る＝木製

同 仕事

(明かりを)点ける

明かりが灯る様子

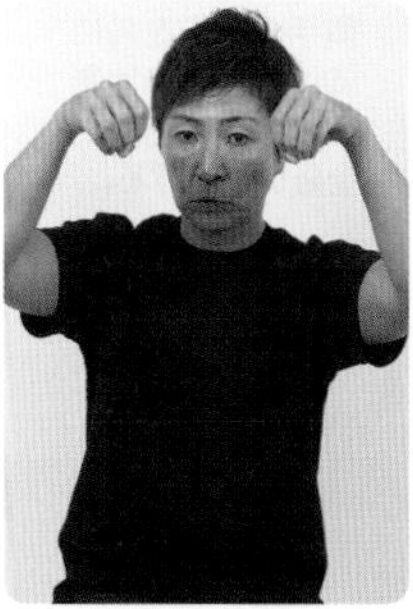

両手のこぶしを頭の前に構える。

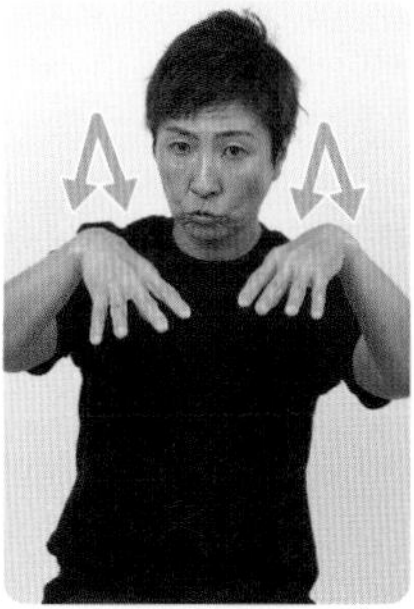

両手を同時にパッと開きながら下げる。

●(明かりを)点ける＋担当＝照明係
●(明かりを)点ける＋お願い＝明かりを点けて

同 灯る、照明　参 同じ動作を少し前に出しながら2回行うと「銀座」の意味になる。

伝える

言葉を前に向かって伝えるようなイメージ

両手とも親指と人差し指でＬ字型を作り、向かい合わせ、同時に前に出す。

●**結婚** + **伝える** = 結婚の報告
●**試験** + **伝える** = 合格発表

同 答える、報告、告知、告白、宣伝、発表、返事

津波

津波の動きを表す

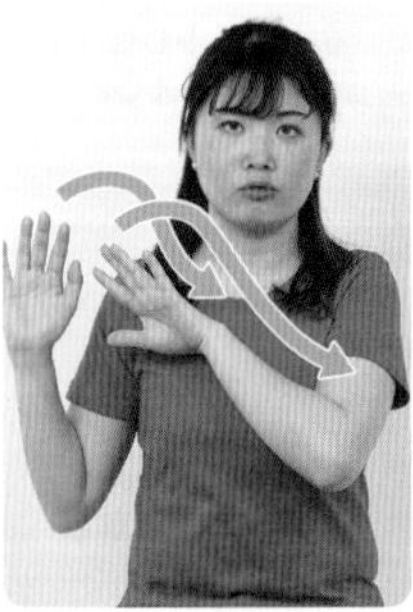

両手のひらを前に向けて、体の片側に構え、同時に山を描いて下げる。

●**津波** + **注意** + **伝える** = 津波注意報

同 波

参 「大波」は「津波」の手の動きを大きく表し、「小波」は小さく表す。

つまらない

つまらなそうな表情を付ける

すぼめた片手を目の前に置き、

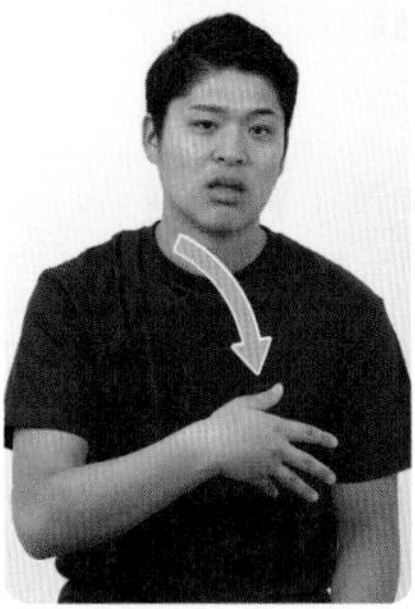

パッと開きながら下げる。

●仕事 + つまらない = つまらない仕事
●映画 + つまらない = つまらない映画

参 右手の指を軽く曲げて、顔を覆うようにしてそのまま下ろす表現もある。

つまり

両手で何かをつかんで、ひとまとめにする様子

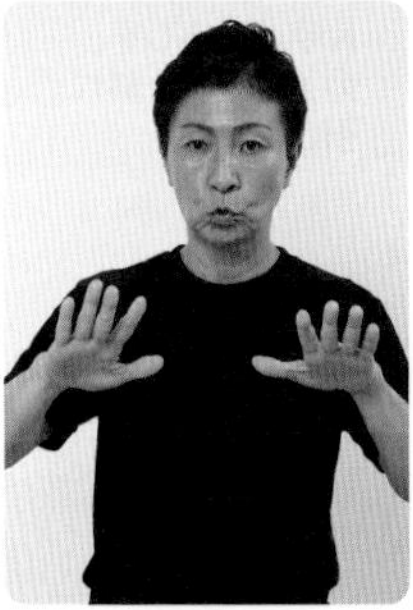

両手のひらを下向きにして、胸の前あたりに構える。

両手のひらをにぎりながら、中央に寄せる。

●つまり + ～会 = 総会
●つまり + 何?(疑問の表情で) = つまり何?

参 両手の親指と人差し指を付けて、水引を結ぶようにすると「結果」の意味になる。

梅雨

「梅 + 雨」で表す

1

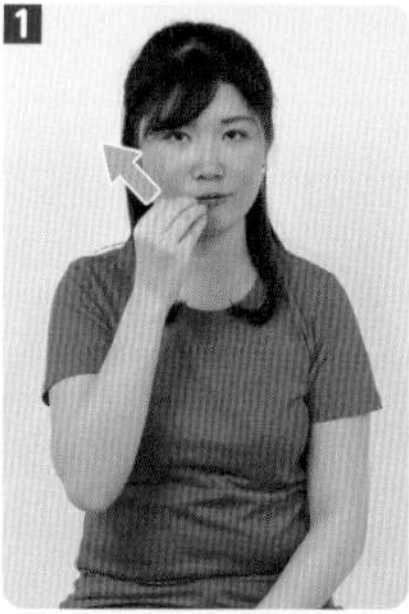

片手のすべての指先を口元に付け、ほおに上げる。

2

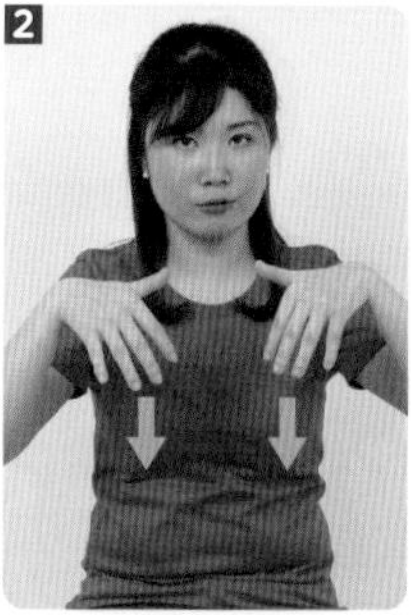

指先を下に向けて両手を顔の前あたりで構え、同時に上下させる。

●梅雨 + 始まる = 梅雨入り　●梅雨 + 終わる = 梅雨明け

1 同 梅
2 同 雨

強い

力こぶを見せて強さを表す

片手のこぶしを、力強くグッと肩に引き寄せる。

●休み + ない※ + 仕事 + 強い = 休みなく働くなんてよくできるね!
●それ(指差し) + 食べる + できる + 強い = よく食べられるね!

参 良い意味でも悪い意味でも「すごい」「よくできるね」という意味で使う。

※「ない」は①②③④いずれでも良い。

つらい

苦しくて胸をかきむしる様子

わん曲させた片手を胸にあて、回す。

●試験 + 勉強 + つらい = 受験勉強はつらい
●気分 + つらい = 心苦しい

同 苦しい　参 片手のこぶしで胸を叩くと「息苦しい」の意味になる。

連れていく

手を引く様子

両手の甲を前に向け、右手で左手の指先を持ち、そのまま前に引っ張る。

●友達 + 連れていく = 友達を連れていく

同 案内する、送る、連れてくる

参 すべての指をそろえ、同じ手の形で水平に回すと「連盟」の意味になる。

Tシャツ

「T」の形を表す

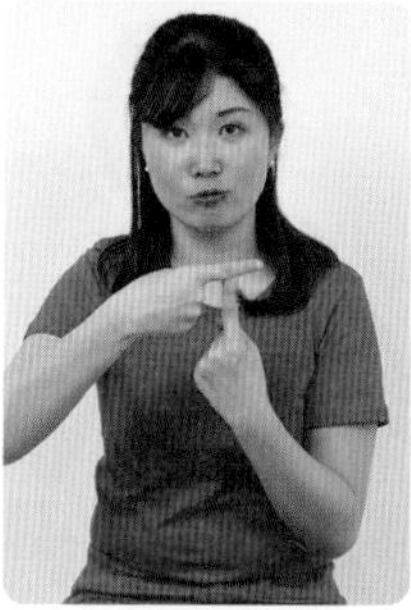

立てた左手の人差し指の先に、横に伸ばした右手の人差し指を２回あてる。

●**白 + Tシャツ** = 白のTシャツ
●**Tシャツ + 買う** = Tシャツを買う

参 片手の人差し指と中指で首下に丸襟型になぞると「トレーナー」という意味になる。

DVD

「D」と「V」でDVDの形を表す

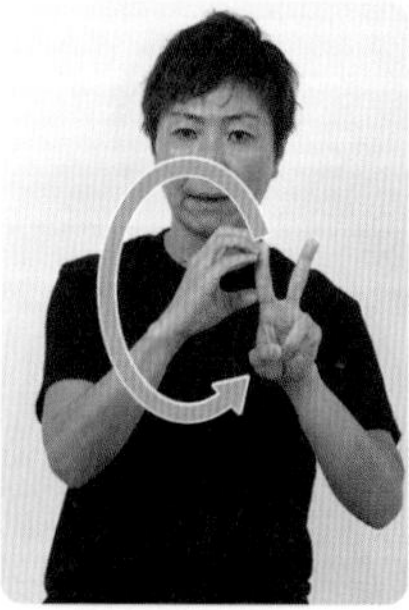

左手で指文字「V」を表し、左手の人差し指に右手の指先を付けて「D」を作り、そのまま円を描く。

●**映画 + DVD** = 映画のDVD
●**DVD + コピー** = DVDにダビングする

参 「ブルーレイ」は、「青(P412)」+指文字「れ」+指文字「い」で表す。

定期券

胸ポケットからカードを出している様子

片手のひらを胸にあてる。

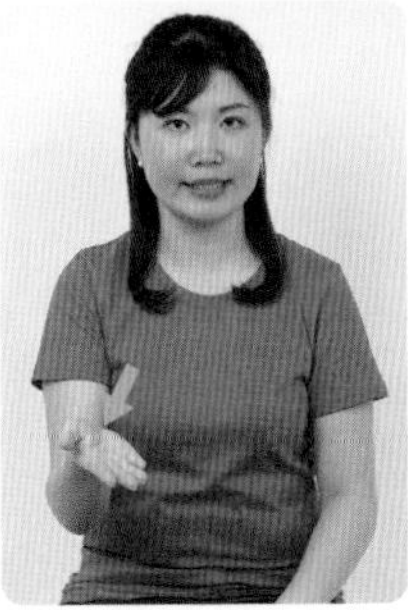

片手のひらを上向きで前に出す。

●学校 + 通う + 定期券 = 学割定期券
●定期券 + 失う = 定期券をなくす　●定期券 + 交換 = 名刺交換

同 名刺

テイクアウト

袋を持って運ぶ様子

右手は袋の持ち手をにぎるように構え、左手のひらは袋の底を支えるように上に向けて、同時に前に出す。

●家 + テイクアウト + 食べる = 家に持ち帰って食べる

参 右手を紐をつまむようにして同じ動作をすると「贈る、お土産、プレゼント」の意味になる。P58

停電

電灯が消える様子

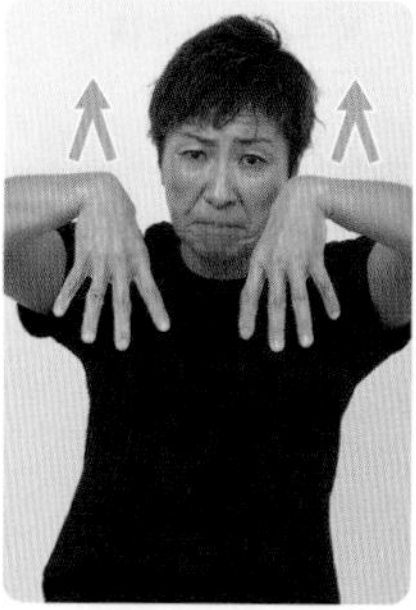

両手のひらの指先を下に向けて、顔の前に置き、同時ににぎりながらパッと上げる。

●突然 + 停電 + 困る = 突然停電して困る

同 雨が上がる、明かりを消す

参 「停電」の動きを逆にすると、「(明かりを)点ける」という意味になる。P229

デート

親指が男性、小指が女性を表す

片手の親指と小指を立て、2 回前に出す。

●初めて + デート = 初デート　●デート + 約束 = デートの約束
●デート + 予定 = デートするつもり

参 親指と小指を立てて、手首を軽くねじると「カップル」「夫婦」の意味になる。P391

できない

さや（刀剣）を横には抜けないことを由来とした動き

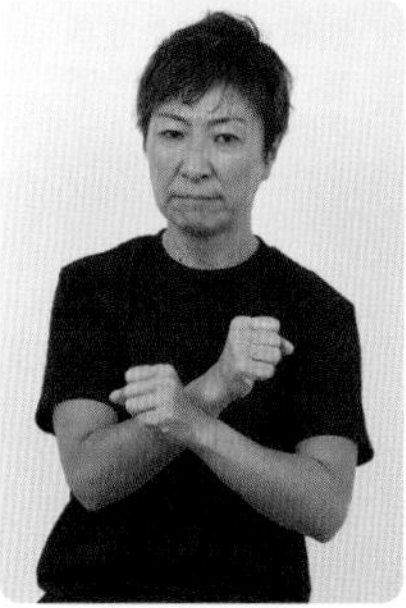

胸の前で両手のこぶしを交差させ、こぶし同士をぶつけて開く。

●忙しい + 仕事 + 休む + できない = 仕事が忙しくて休めない

同 間に合わない、不可能

参 軽くにぎった手をほおのあたりに付け、ひねる表現もある。

できる

自信があるのか、不安があるのか、その時の感情を表情に表す

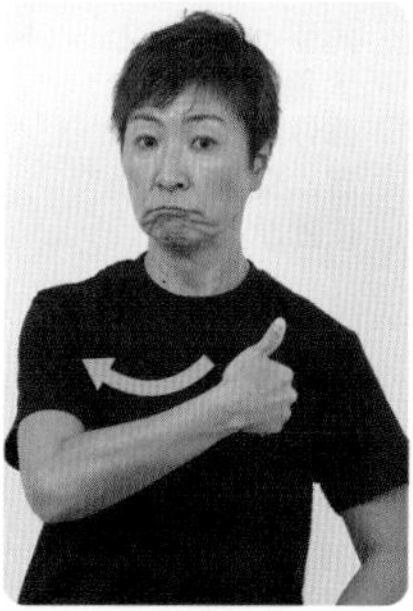

片手の４指（親指以外）を左胸にあて、そのまま弧を描きながら、右胸に移動させる。

●できる?（疑問の表情で）= 大丈夫?
●歩く + できる = 歩ける

同 大丈夫、可能

手伝う

親指を人に見立て、人を後押しする様子

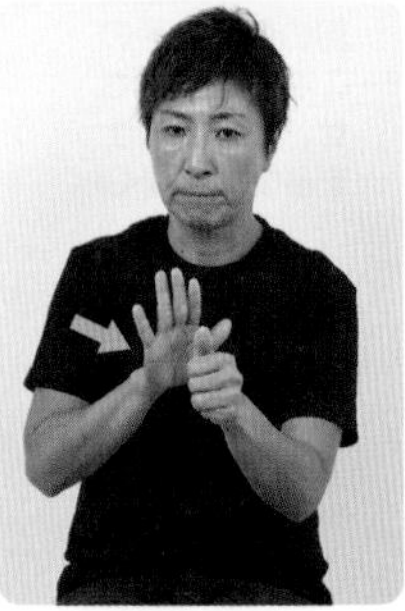

親指を立てた左手を、右手のひらで2回叩く。

●料理 + 手伝う + 私?(疑問の表情で) = 料理を手伝いましょうか?

同 助ける、協力、支援、サポート、フォロー する、慰める　反「助けてもらう」は親指を立てた左手を、右手のひらで押して自分に引き寄せる。P214

デパート

「店 + 建物」で表す

1

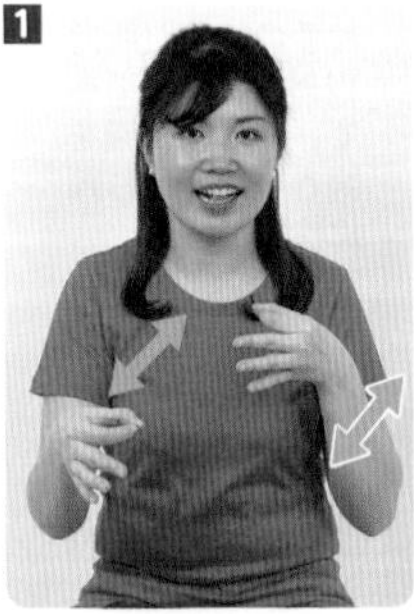

両手とも親指と人差し指で輪を作り、上下に置き、交互に前後に動かす。

2

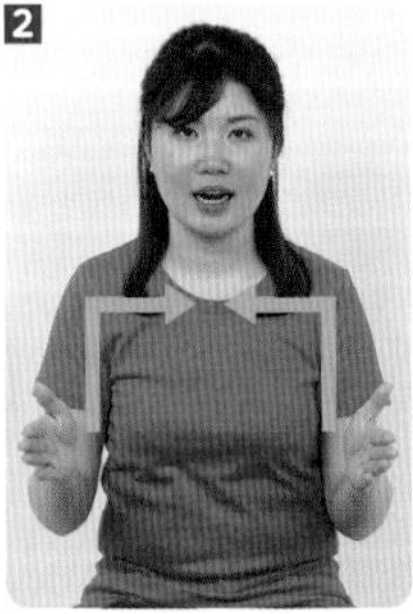

両手を向かい合わせて、同時に直角に上げて中央で付ける。

●すてき + デパート = 高級デパート

1 同 店、商売、販売

2 同 建物、〜館、ビル

デフリンピック

デフリンピックのロゴマークから

両手とも親指と人差し指で輪を作って、その他3指は伸ばし、輪と輪を前後に合わせ、手首をひねって手を入れ替える。

●デフリンピック + 見る = デフリンピックを観戦する
●デフリンピック + 楽しい + 終わり = デフリンピック楽しかった

参 人差し指を耳と口に付けてから、「オリンピック(P 74)」を表す表現もある。

でも

状況が変わるイメージ

片手のひらを前に向けて、顔の横あたりに置く。

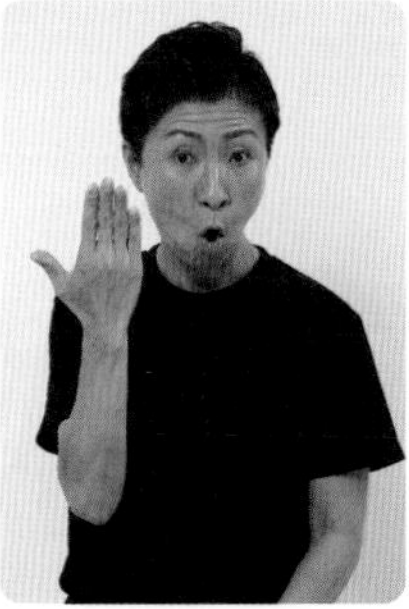

手の形はそのままで、手首をひねって反回転させる。

●雨 + でも + 家 + 出る = 雨でも外出する

同 しかし、だが、けれども、けど
参 手を上げながらねじるように返すと「なかなか」の意味になる。

寺

お経をあげ、木魚を叩く様子

指先を前に向けた
左手のひらの横で、
右手の人差し指を
2 回振り下ろす。

●京都 + 寺 + いっぱい = 京都には寺が多い
●葬式 + (〜)の時 + 寺 + 行く = 葬式の時に寺に行く

同 お盆、仏教

出る

建物を出る様子

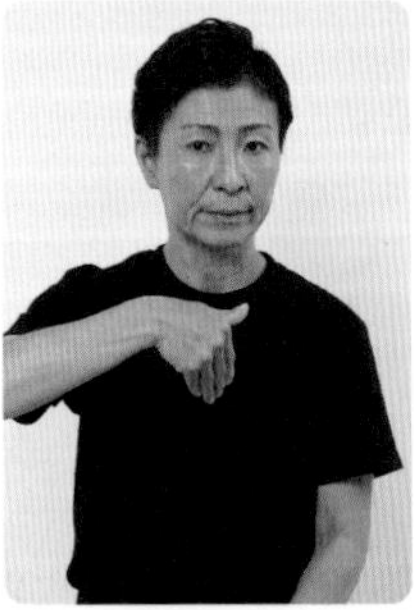

片手のひらを少
しわん曲させて、
自分に向ける。

手首をひねって、
指先を前に出す。

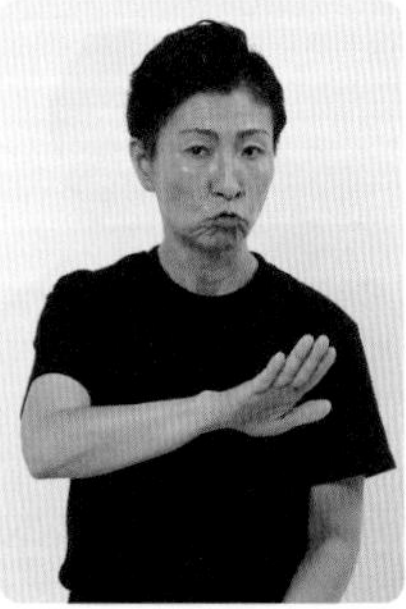

●家 + 出る = 外出　●出る + 口 = 出口
●今 + 出る = 今から出かける

同 出かける

テレビ

画面に映像が映っているイメージ

両手の指を広げて
手の甲を前に向け、
交互に上下に振る。

●大きい + テレビ = 大きなテレビ　●テレビ + 遊ぶ = テレビゲーム

同 スクリーン、映画　参「テレビに出る」は、「テレビ」の手話を表した後、親指と人差し指を立てた両手を並べ、同時に手前に引く。

天気予報

「天気 + 想像」で表す

1

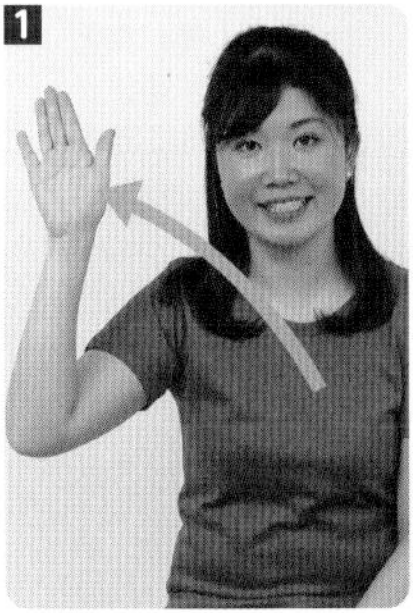

手のひらを前に向けて胸の前から、弧を描くように上げる。

2

片手のひらを上に向けて、雲を描くように上げる。

●ニュース + 天気予報 + 見る = ニュースで天気予報を見る

1 同 天気、空

2 同 想像、たぶん、〜だろう

展示

絵が展示してある様子

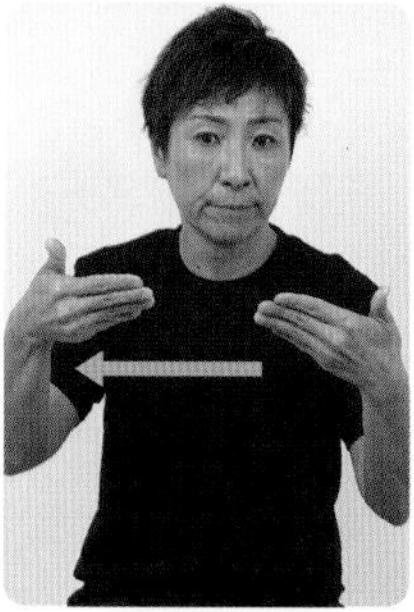

親指を立てた両手のひらを自分に向けて重ね、片手だけ横に動かす。

●外国 + 展示 = 万博　●展示 + ～会 = 展覧会　●展示 + ～会 + 見る + 行く + OK?(疑問の表情で) = 展示会を見にいこう

同 展覧

電車

電車のパンタグラフの様子

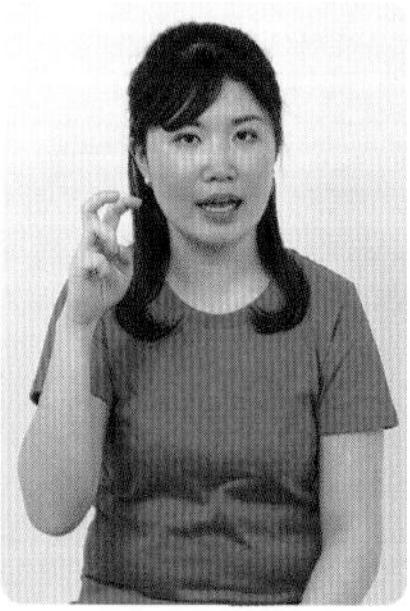

片手の人差し指と中指をカギ型にして、2 回前に出す。

●電車 + 通う = 電車通勤　●中 + 電車 = 中央線

同 列車、～線

参 「地下鉄」は、下向きにした左手のひらの下に垂直に立てた右手をくぐらせる。

点滴

点滴の針を腕に刺す様子

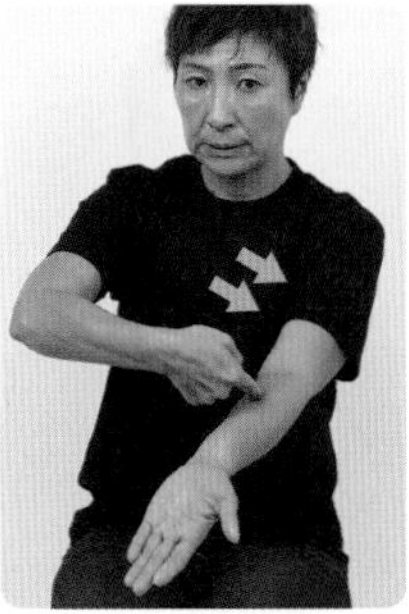

右手の人差し指を伸ばし、指先を左腕に２回あてる。

●**私 ＋ 貧血 ＋ 点滴 ＋ 必要** ＝ 貧血なので点滴をしなければならない
●**入院 ＋ 〜中 ＋ 毎日 ＋ 点滴** ＝ 入院中、毎日点滴をしている

参 「点滴」と同じ動きを１回行うと、「注射」の意味になる。P225

電話

スマートフォンとガラケーとで表現が異なる

◀A
左手のひらの上で、人差し指を伸ばした右手を２回横に動かす。

B▶
人差し指を伸ばし、その他４指をにぎった片手を耳の横に置く。

●**電話 ＋ 数 ＋ 教わる ＋ お願い** ＝ 電話番号を教えてください

A 同 スマートフォン　B 同 携帯電話
参 「タブレット」は左腕の上で、人差し指を伸ばした右手を横に動かす。P414

トイレ①

「W」と「C」を片手で表現している

片手の親指と人差し指で「C」の字を作る。

●**トイレ＋ 場所＋ どこ?(疑問の表情で)** ＝トイレはどこですか?
●**デパート ＋トイレ** ＝ デパートのトイレ

参 老若男女がよく使う表現。

トイレ②

「お手洗い」を表す丁寧な表現

手を洗うように、両手のひらをこすり合わせる。

●**トイレ② ＋ 借りる ＋ お願い** ＝トイレを貸してください

同 手を洗う
参 主に、年配の方や女性が使う表現。

動画

「動く+テレビ」で表す

両手のこぶしを下に向けて、互い違いに前後に回す。

両手の指を広げて手の甲を前に向け、交互に上下に振る。

●これ（指差し）＋動画＋おもしろい＝この動画おもしろいよ

1 同 動く
2 同 テレビ、スクリーン、映画

同級生

年齢が同じであることを表す

両手のひらを下に向けて、少し間をあけて前後に構える。

手の形はそのままで、両手を中央で２回打ちつける。

●同級生＋指文字「き」＝同期　●学校＋同級生＝学校の同級生

同 同い年、同期　参「先輩（P203）」は片手のひらを下向きにして上げ、「後輩（P140）」は手を下げる。

どうして?

口型は「ぽ」とする

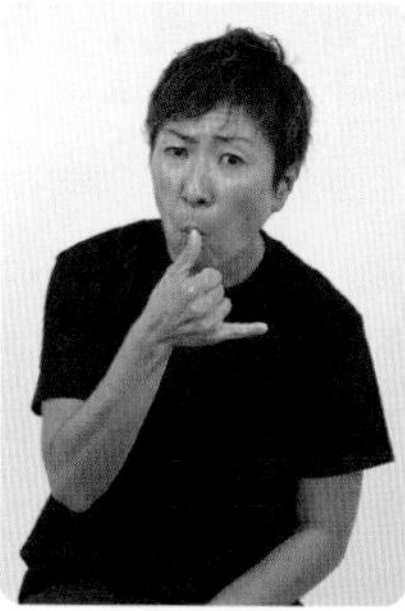

片手の親指と小指を伸ばして、親指を鼻にあてる。

●方法 + どうして? = どうやるのですか?

同 どうやって

参 片手の人差し指を自分に向け、指先を前に向けて数回振る表現もある。

同棲

親指を男性、小指を女性とし、一つにまとまる様子

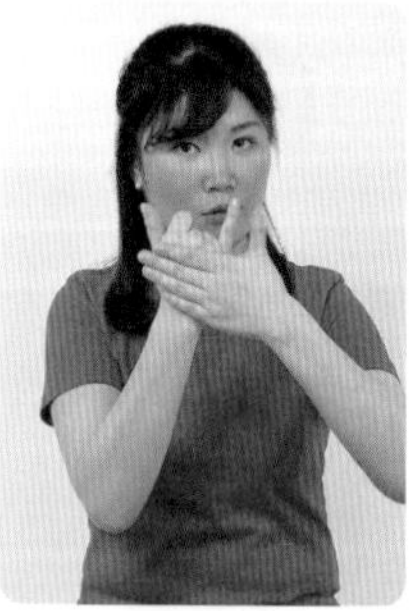

左手のひらの内側に、親指と小指を立てた右手を置き、

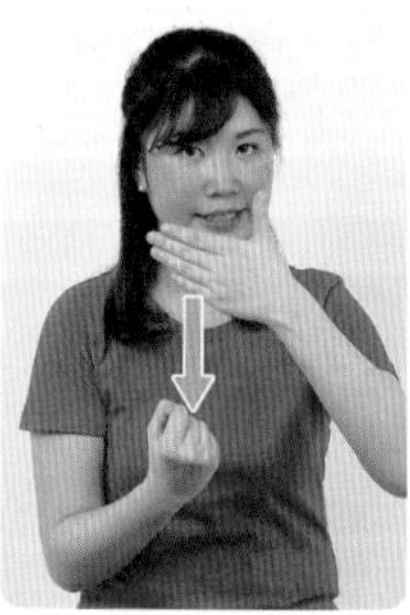

左手はそのままで、右手を下げながらにぎる。

●去年 + 同棲 + 始まる + 私 = 去年から同棲を始めた
●同棲 + ～中 + あなた?(疑問の表情で) = 同棲しているの?

参「結婚」は、右手の親指、左手の小指を立て、胸の前で合わせる。P391

動物園

「ゾウ + 場所」で表す

1

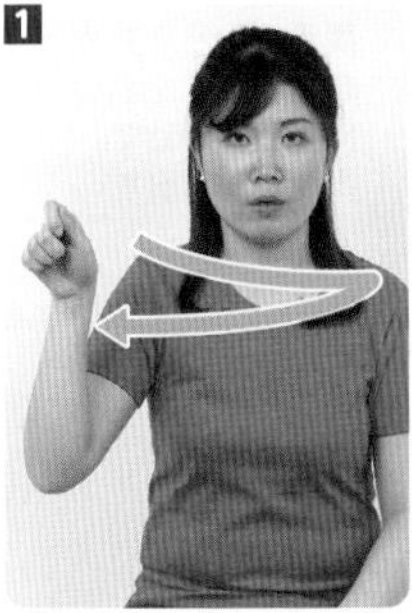

すぼめた片手を前に向け、左右に振る。

2

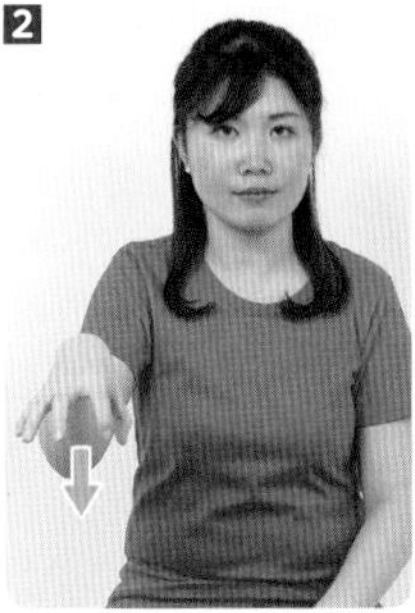

片手のすべての指を軽く曲げて下に向け、少し下げる。

●**おすすめ + 動物園 + 何?(疑問の表情で)** = どこの動物園が好き?

1 同 ゾウ、動物　**2** 同 場所

参 「水族館」は、「魚(Ⓟ152) + 建物(Ⓟ215)」で表す。Ⓟ185

透明

通り抜けてしまうイメージ

両手のひらを、指と指の間を開いて、胸の前で前後に構える。

手の形はそのままで、後ろにある手を前にある手を通り越して前に出す。

●**色 + ない① + 透明** = 無色透明

●**ドア + 透明 + 注意 + お願い** = 透明なドアなので注意してください

反 「にごる」は、指の間を開いた両手のひらを前後で向かい合わせ、互い違いに回す。

道路

道路がまっすぐ続いているイメージ

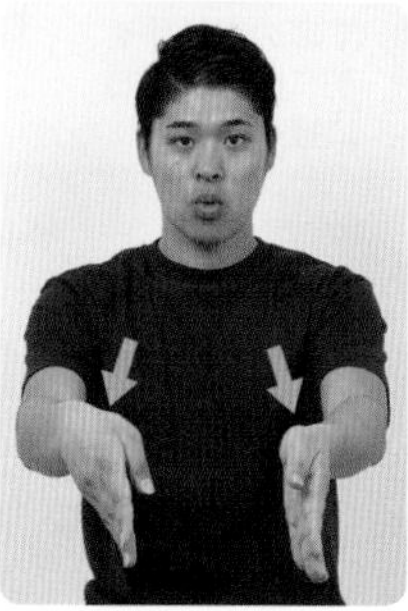

両手のひらを指先を下にして左右に向かい合わせて、同時に前に出す。

●国 ＋ 道路 ＝ 国道　●県 ＋ 道路 ＝ 県道

同 道

参 「線路」は、両手とも人差し指と中指を下に伸ばし、同時に前に出す。 P203

遠い

「とても遠く」をイメージした表情を付ける

親指と人差し指を付けた両手を合わせ、片手だけ前に出す。

●学校 ＋ 場所 ＋ 遠い ＝ 学校は遠くにある

同 永遠、永久

参 同じ手の形はそのままで、両手を横に同時に離すと「長い」という意味になる。

ドーム

ドームの屋根の形を表す

片手のひらを斜め下に向けて、ドームの屋根の形を描くように弧を描く。

●東京＋ドーム＝東京ドーム　●福岡＋ドーム＝福岡ドーム　●明日＋ドーム＋コンサート＋見る＋私＝明日、ドームコンサートを見にいく

同 岡、丘

ドキドキする

心臓がドキドキしている様子

左胸から離した場所に左手のひらを構え、右手の甲を左手に数回あてる。

●今日＋初めて＋デート＋ドキドキする＝今日初デートでドキドキする
●仕事＋初めて＋ドキドキする＝初出勤で緊張する

同 動悸、緊張、ワクワクする、ときめき

得

物を得るイメージ

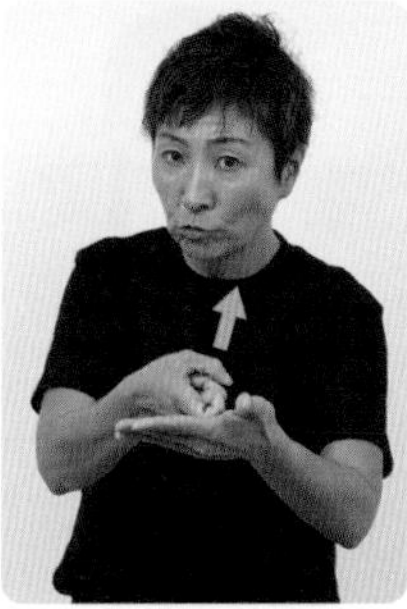

左手のひらを自分に向け、右手は人差し指を曲げて左手のひらにあて、同時に自分に寄せる。

●買う＋得＝お買い得　●得＋違う＝得ではない

同 節約　反 「損」は、両手の人差し指と親指で輪を作り、手のひらを向かい合わせ、指を開きながらパッと下ろす。

特別

昔の軍隊の特別な地位を表す腕章のＶ字に由来する

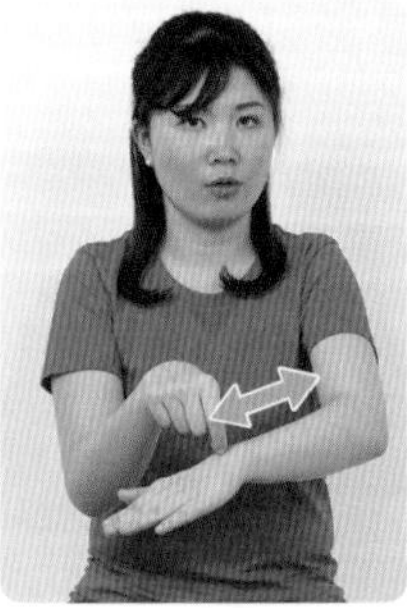

左手首に右手の親指と人差し指の指先をあて、腕を往復させる。

●特別＋すぐ（急行）＝特急　●特別＋客＝スペシャルゲスト

同 特に、スペシャル　参 「普通」は、両手の親指と人差し指を伸ばして前に向け、合わせ、左右に引く。P306

登山

山の傾斜面を登るイメージ

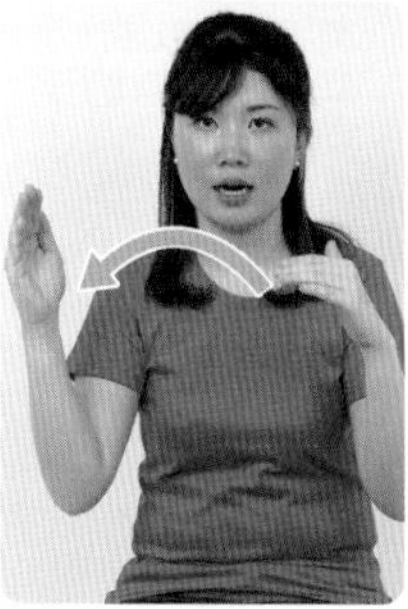

両手のひらを左側で構え、右手のみ山を描くように動かす。

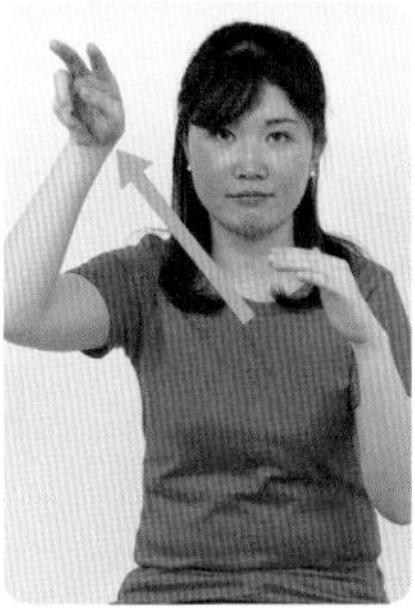

左手はそのままで、右手の人差し指と中指を交互に前後させ、上げる。

●私 + 趣味 + 登山 + 私 = 登山が趣味
●週末 + 登山 + 行く = 週末に登山に行こう

参 1つ目の動作は、右手で山の形を描くだけでも良い。

途中

進行の途中で逸れてしまうイメージ

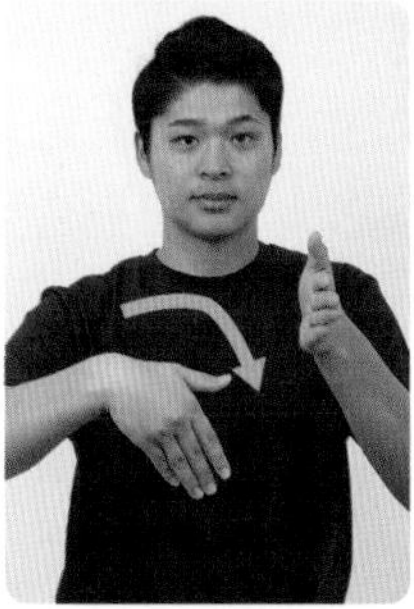

指先を前に向けた左手のひらに向かって、右手のひらを近づけ、手首をひねって下げる。

●途中 + 中止 + 悪い = 中途半端にやめるのはよくない
●途中 + 帰る = 早退　●途中 + 降りる = 途中で降りる

同 挫折、中途半端

どちら

比較を表す表現は、手の動きとともに疑問の表情を付ける

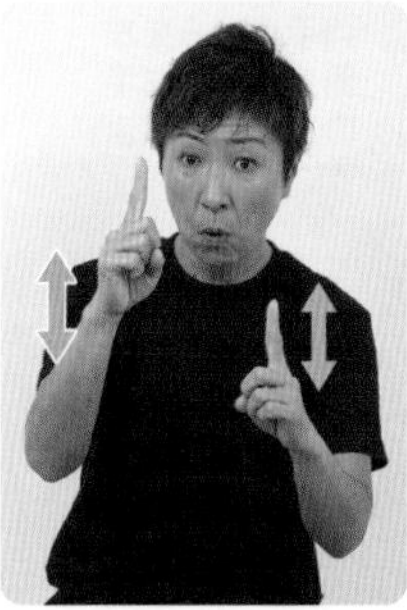

両手の人差し指を立て、交互に上下させる。

●コーヒー + 紅茶 + 好き + どちら?(疑問の表情で) = コーヒーと紅茶、どちらが好き?　●どちら + 構わない = どちらでも構わない

同 どっち、とにかく

止める

動いているものをせき止めるイメージ

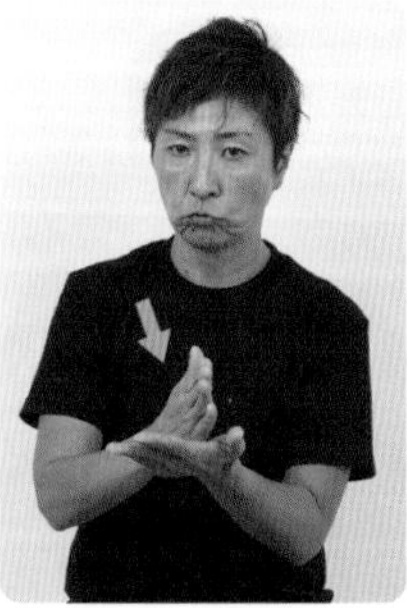

上に向けた左手のひらに、立てた右手のひらをあてる。

●止める + お願い = 止めてください　●痛い + 止める = 痛み止め

同 やめる、停まる、中止　参 体から離した左手のひらに弧を描いて立てた右手の小指側をあてると「到着、着く」の意味になる。

友達

手を取り合う仲間のイメージ

軽く曲げた両手を上下に構え、2回合わせる。

●**友達＋女＝女友達**　●**遊ぶ＋友達＝遊び友達**
●**指文字「め」「る」＋友達＝メル友**

参 両手を強く組んで胸の前で水平に回すと「親友、仲間、親しい」の意味になる。

トラブルが起きた

「トラブル ＋ 起こる」で表す

1

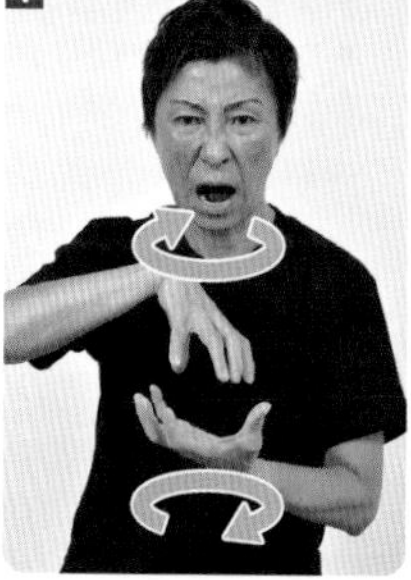

両手とも軽くわん曲させて、上下で向かい合わせ、互い違いに水平に回す。

2

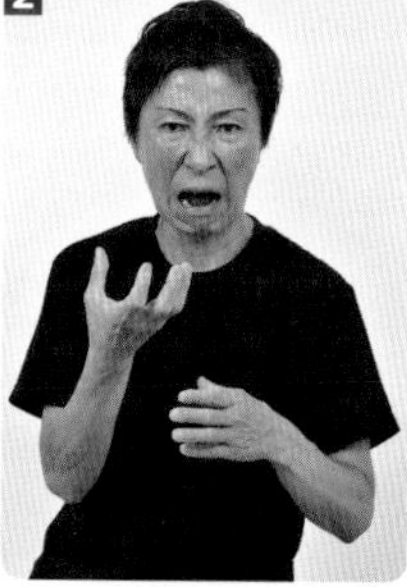

前に倒した左手のひらの上に、わん曲させた右手を置き、右手だけ上げる。

●**トラブルが起きた＋困る＋私＝トラブルが起こって困っている**
●**トラブルが起きた＋遅刻＋私＋ごめんなさい＝トラブルが起こって遅刻する**

1 同 トラブル　**2** 同 発生、(物事が)起こる

ドラマ

歌舞伎で見得《みえ》を切る様子

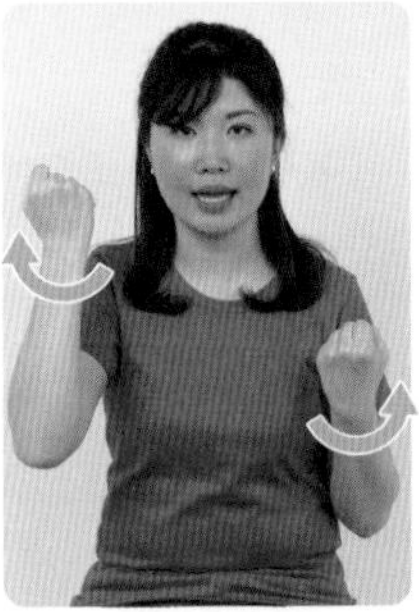

両手のこぶしを上下で構え、手首をひねって前に向ける。

●ドラマ + 見る = 観劇　●ドラマ + 場所 = 劇場

同 芝居、芸、演じる

参 「わざと～する」という使い方もある。

ドリンクバー

おかわりを繰り返す様子

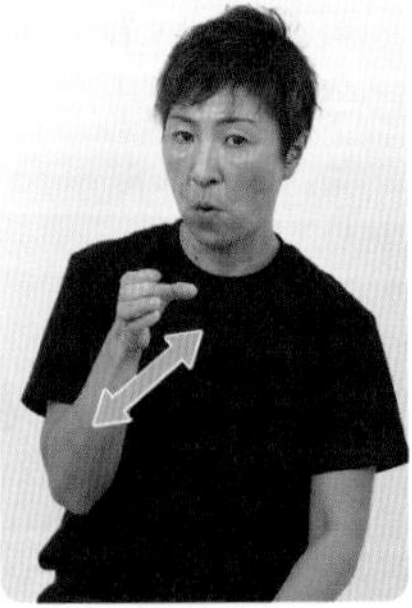

わん曲させた片手を胸の前に置き、数回前後に動かす。

●ドリンクバー + 必要 + あなた?(疑問の表情で) =ドリンクバーは付けますか?

同 飲み物をおかわりする　参 左手のひらを上に向け、右手の人差し指と中指を伸ばし、左手のひらに２回寄せると「バイキング」の意味になる。

ない①

物事がないという意味

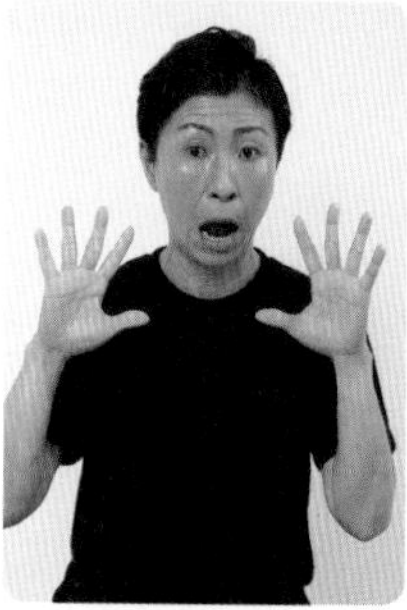

両手のひらを前に向ける。

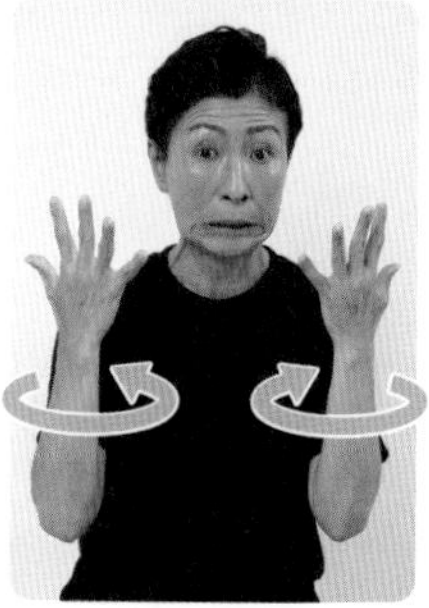

手首をひねって、両手のひらを自分に向ける。

●お金 + ない① = お金がない
●予定 + ない① = 予定がない
●家 + ない① = 家がない

参 さまざまなシチュエーションで使える。片手で表現することもできる。

ない②

質問されて、「いいえ」「いりません」と答える時にも使う

垂直に立てた手を、顔の前で軽く振る。

●使う + ない② = 使わないで
●捨てる + ない② = 捨てないで
●疑う + ない② = 疑わないで

同 いいえ

ない③

経験や回数がゼロという意味

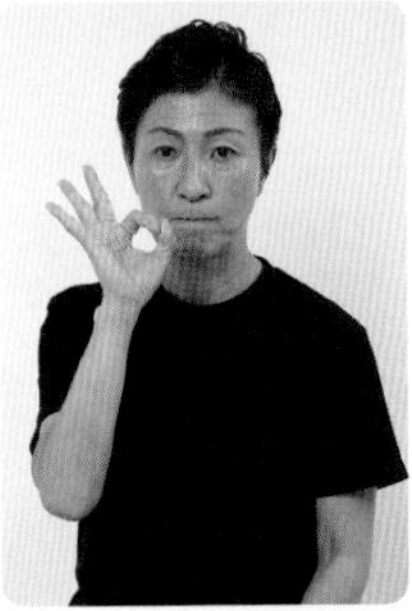

片手の親指と人差し指で輪を作り、口元に置く。

指を開きながら、手首をひねって斜め下に払う。

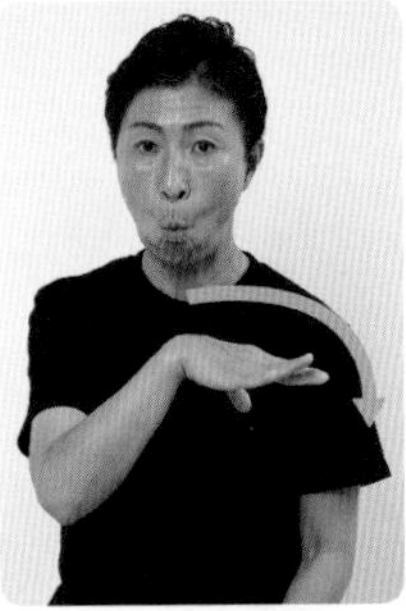

●料理 + 作る + ない③ = 料理を作ったことがない　●経験 + ない③ = 経験がない　●海外旅行 + ない③ = 海外旅行に行ったことがない

参 「一切ない」という場合に使い、「ない①（P 255）」より強い表現。

ない④

答案が 0 点のイメージ

左手を筒型に構え、その下で右手の人差し指と中指を伸ばす。

手の形はそのままで、右手を手首をひねって前に向ける。

●勉強 + ない④ = 勉強していない
●食事 + ない④ = 食事をとっていない

参 量がゼロであることを表している。

内科

「内側 ＋ 指文字か」で表す

1

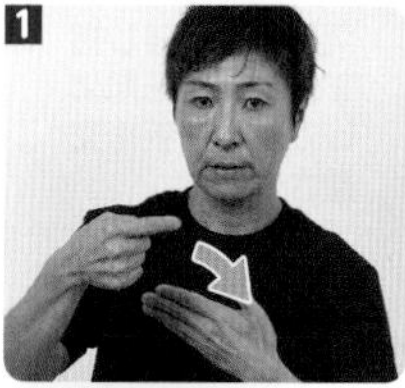

自分に向けた左手のひらの内側に、人差し指を伸ばした右手を差し入れる。

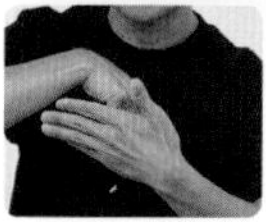

2

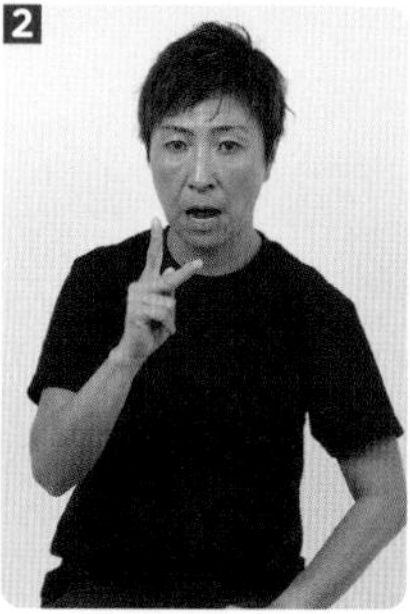

片手の人差し指を立て、伸ばした中指の中ほどに親指をあてる。

●内科 ＋ 病院 ＋ 通う ＝ 内科の病院へ通う

1 同 内側、下着
2 同 指文字「か」、蚊

内容

中身を表している

甲を前に向けた左手のひらの内側で、人差し指を下に伸ばした右手を回す。

●内容 ＋ 相談 ＋ 必要 ＝ 内容を相談しなければならない
●内容 ＋ 知る ＋ 驚く ＝ 内容を知ってびっくり

同 内部、中身

直す

両手のひらを交差する「なる」と混同しないように注意

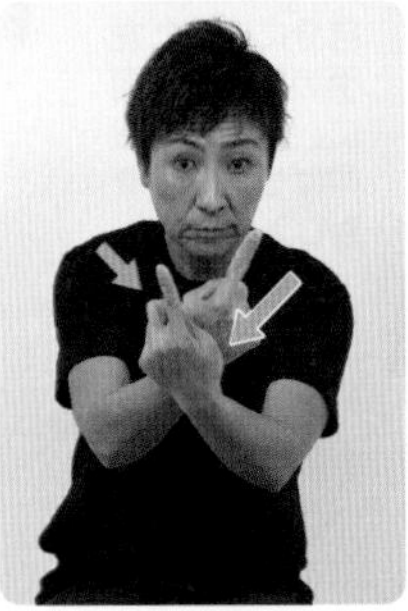

両手とも人差し指を立て、甲を前にして、２回手を交差させる。

●テレビ ＋ 壊す ＋ 直す ＝ テレビの故障を直す

同 改造、修理

参 基本的には２回手を交差させるが、１回もしくは数回表現する場合もある。

眺める

手で日差しをさえぎっている様子

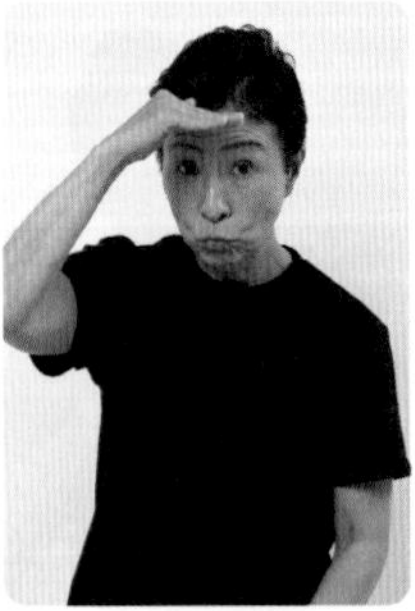

片手のひらを下に向け、額の前にかざす。

●海 ＋ 眺める ＝ 海を眺める　●眺める ＋ きれい ＝ きれいな景色

同 景色

参「凝視する」は、片手の人差し指と中指を前に伸ばして、目の前に置き、前に出す。

泣く

涙が流れる様子

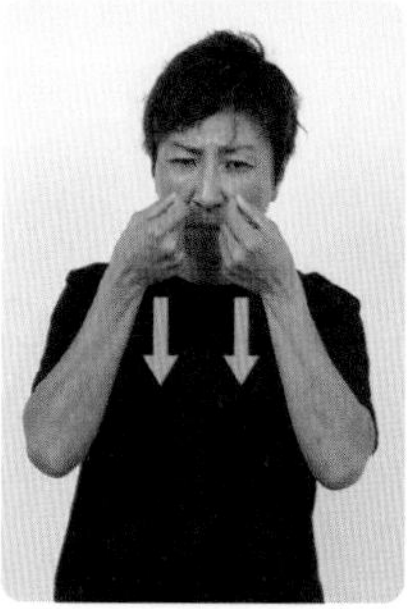

両手とも親指と人差し指の先を付け、目の前に置き、同時に下げる。

●**映画 + 見る + 泣く** = 映画を見て泣く

同 悲しい、かわいそう、涙

参 「笑う」は、軽くわん曲させた片手を口の前に置き、左右に動かす。P 371

夏休み

「夏 + 長期休暇」で表す

1

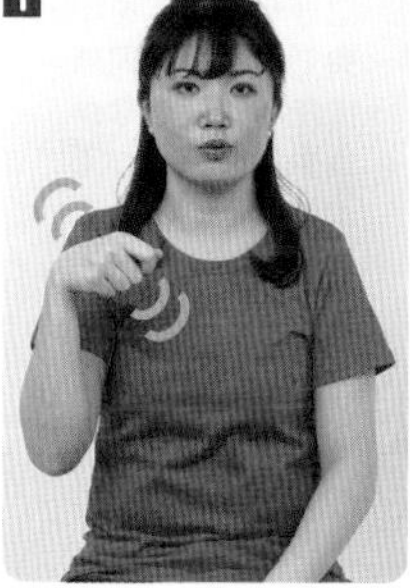

片手を軽くにぎり、顔の横で手を2回ほど上下させる。

2

両手のひらを下に向けて合わせ、横に動かしながら、数回同じ動きをする。

●**春 + 連休** = 春休み　●**冬 + 連休** = 冬休み

1 同 夏、南、暑い、うちわ、あおぐ

2 同 連休、長期休暇

何

文末に置き、疑問文を作ることが多い

片手の人差し指を伸ばして立て、軽く数回振る。

●食べる ＋ 何?(疑問の表情で) ＝ 何を食べますか?

同 どう、どこ、どうした

参 この表現だけでも「どこ」と表せるが、「場所(P282) ＋ 何」で表すこともある。

鍋

鍋の形を表す

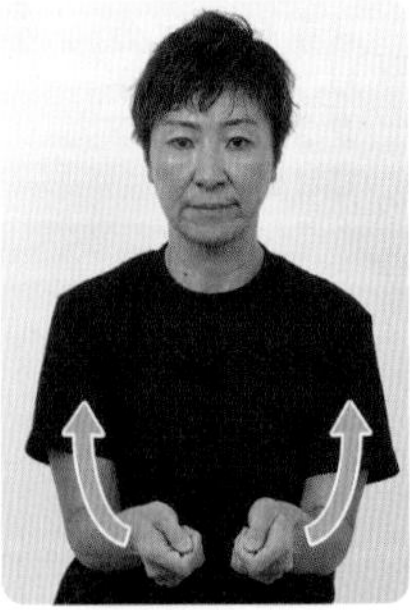

にぎった両手を中央で合わせ、同時に左右に開きながら手首をひねって上げる。

●鍋 ＋ 料理 ＝ 鍋料理　●暗い ＋ 鍋 ＝ 闇鍋

同 渡辺(姓)　参 片手のこぶしを前後に揺すり、炒めるようにすると「フライパン」の意味になる。P309

名前

拇印《ほいん》を押す様子

広げた左手のひらに、右手の親指の腹をあてる（他の4指はにぎる）。

●名前 + カード = 名刺　●私 + 名前 + 佐藤 = 私は佐藤です

同 姓名　参 関西方面では、片手の親指と人差し指で輪を作り、胸にあてて表す。（「〜員（P 39）」）

悩む

頭でぐるぐる考えをめぐらす様子

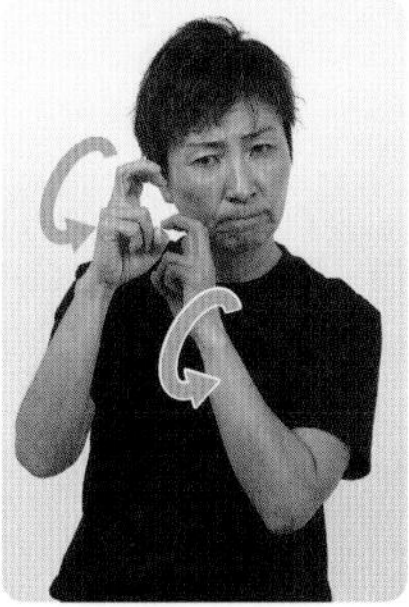

両手とも人差し指と中指をカギ型にし、頭の横で交互に回す。

●どちら + 選ぶ + 悩む = どちらにするか悩む

参 この手話は、進路や方法など思い悩む時に使う。食べ物（料理）などの場合は「迷う（P 329）」を使う。

なるほど①

目上の人に対するときに使う

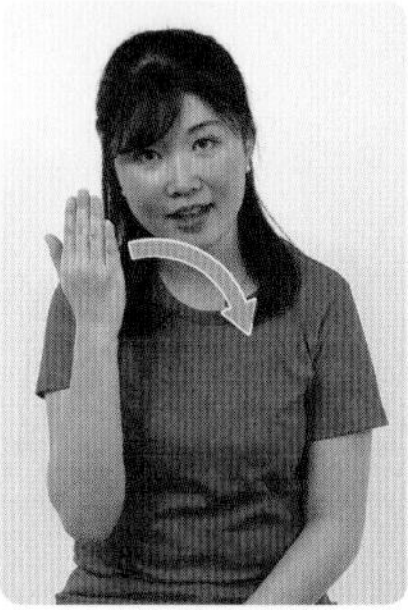

指を揃えた片手のひらを顔に向けて顔の前に置き、横に倒す。やや顔をかしげる。

●なるほど① + 説明される + 同じ = なるほど、おっしゃるとおりですね

参 目上の人に対する時に使う。

参 「納得する」は、片手の人差し指で何かを飲み込むような軌道を描く。

なるほど②

「なるほど①」が変化した表現

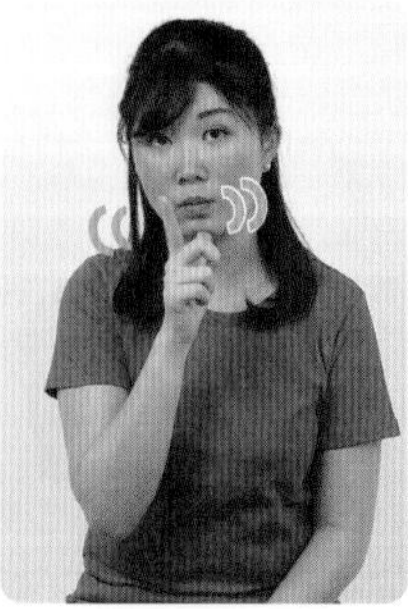

親指と人差し指を伸ばし、親指をあごに付けたまま人差し指を数回揺らす。

●なるほど② + やっと + 指文字「り」 + わかる = なるほど、やっと理解したよ

同 感心する、へぇ、そうなんだ　参 目上の人には失礼な表現なので、注意。

何時

「時計 + いくつ」で表す

1

右手の人差し指を左手の手首に付ける。

2

左手はそのままで、右手を上向きに開いて、親指から順に閉じていく。

●**いる + 可能 + 最後 + 何時?(疑問の表情で) =**
チェックアウトは何時までですか?

1 同 時計　**2** 同 いくつ

似合う

指と指を合わせることで、
「合う」を表す

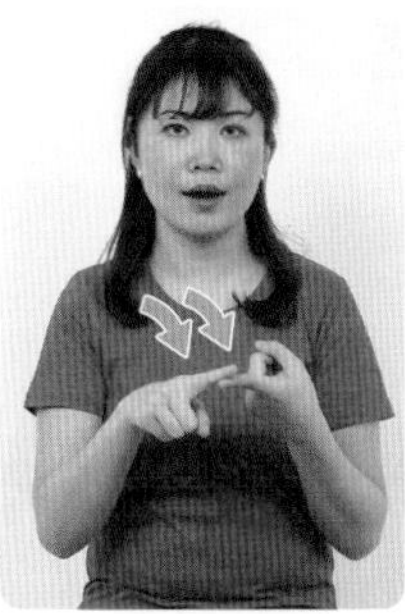

左手の人差し指に、右手の人差し指を2回あてる。

●**あなた + 赤 + Tシャツ + 似合う =** あなたは赤いTシャツが似合いますね

同 合う、相性、〜的、ちょうど良い、ぴったり

反 「似合わない」は、両手の人差し指をあて、手首を返しながら離す。

2位

表情を付けることで、うれしいのか残念なのかを表す

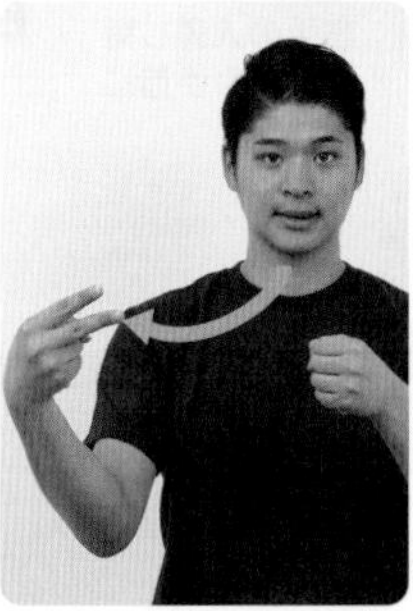

左手のこぶしに、人差し指と中指を横に伸ばした右手をあてて、横にすべらせる。

●2位 + 残念 = 2位惜しい！　●2位 + おめでとう = 2位おめでとう

参 1位や3位など、ほかの順位を表す時には、右手をそれぞれの順位の指文字数字にする。

苦い

口の中が苦くて、いがいがする様子

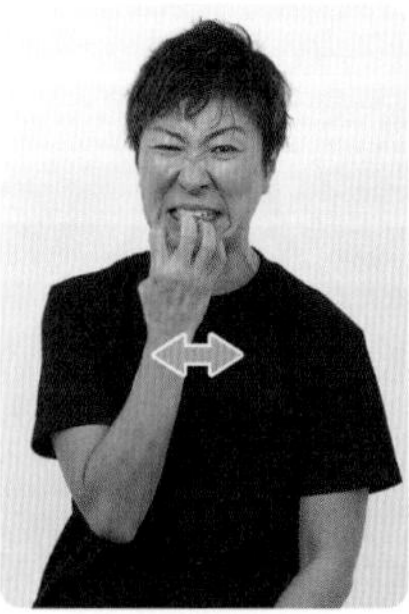

すべての指を軽く曲げた片手を、口元で小刻みに左右に揺らす。

●コーヒー + 苦い = 苦いコーヒー　●少し + 苦い = ほろ苦い

同 塩

参 軽く指を曲げた手を口元で回すと「辛い」の意味になる。P98

苦手

鼻をつぶすというイメージ

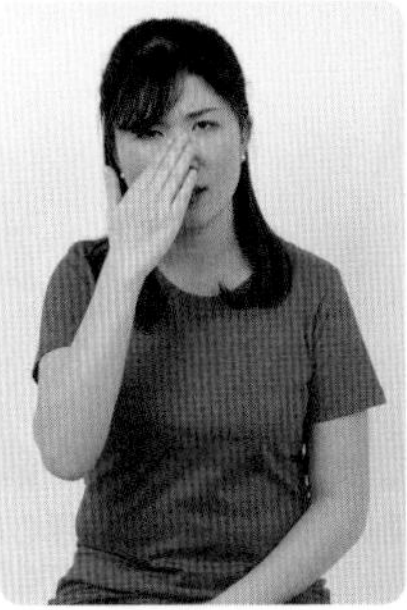

片手のひらを鼻にあてる。

●辛い + 苦手 = 辛い物は苦手　●スポーツ + 苦手 = スポーツは苦手

反「得意」は、上に向けた片手のひらにフッと息を吹きかける。年上や目上の人には使わない。

肉

皮をつまむことで、肉の意味を表す

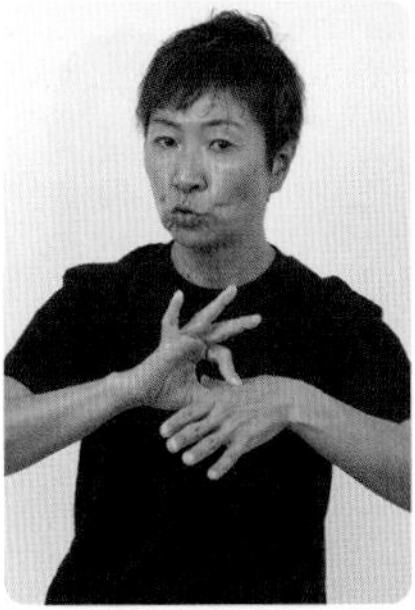

右手の親指と人差し指で左手のひらをつまむ。

●牛(丑) + 肉 = 牛肉　●鳥(酉) + 肉 = 鶏肉
●馬(午) + 肉 = 馬肉　●羊(未) + 肉 = ラム肉

同 皮　参 食用の肉には使えるが、「体の肉づきがいい」などを表すことはできない。

逃げる

意味合いによって手話を使い分ける

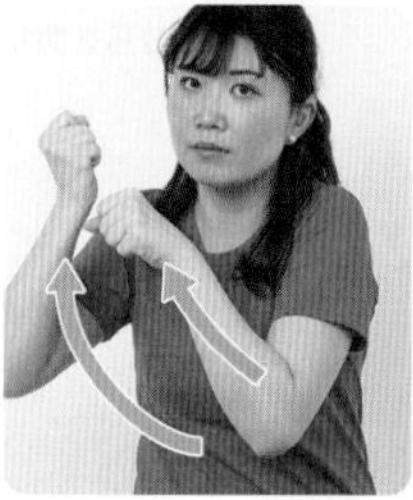

両手のこぶしを、同時に斜め上に上げる。

●学校 + 逃げる = 学校をさぼる

同 さぼる

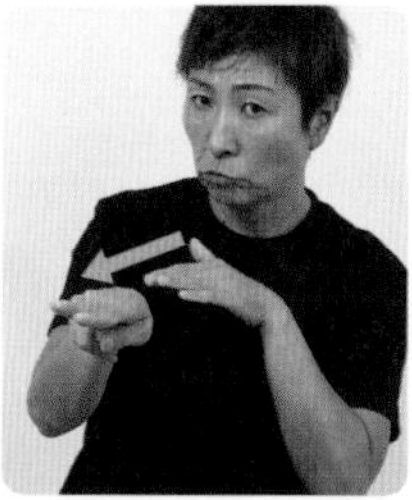

左手のひらの下に、人差し指と中指を伸ばした右手を通す。

●食べる + 逃げる = 食い逃げ

同 脱出、逃走

虹

数字「7」で七色を表し、虹がかかる様子を表す

片手の親指、人差し指、中指を伸ばし、左から右へ弧を描く。

●雨 + 雨が上がる + 虹 = 雨上がりの虹

参 LGBTQ+の象徴である「レインボーフラッグ」は、指文字「6」か「4」を表して、「虹」と同じように弧を描く。

日本酒

「日本 + 酒」で表す

1

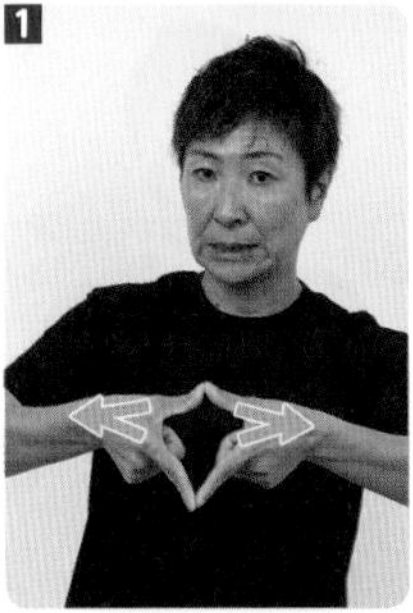

両手の親指と人差し指を合わせ、左右に引き指先を付ける。

2

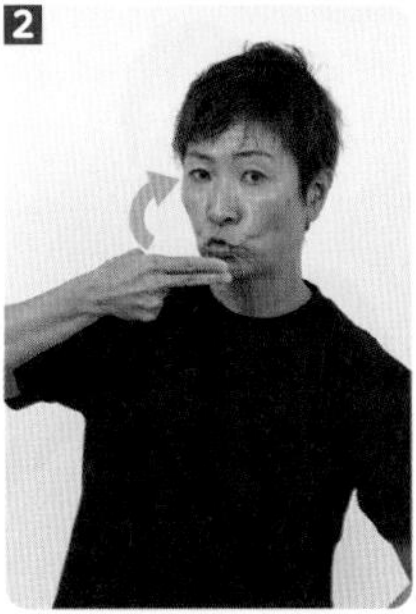

片手の人差し指と中指を伸ばし、あご、額の順にあてる。

●日本酒 + 酔う + スムーズ = 日本酒は酔う
●日本酒 + 甘い + 口+好き + 私 = 日本酒は甘口が好きです

1 同 日本　**2** 同 酒、アルコール一般

入院

担架で運ばれる様子

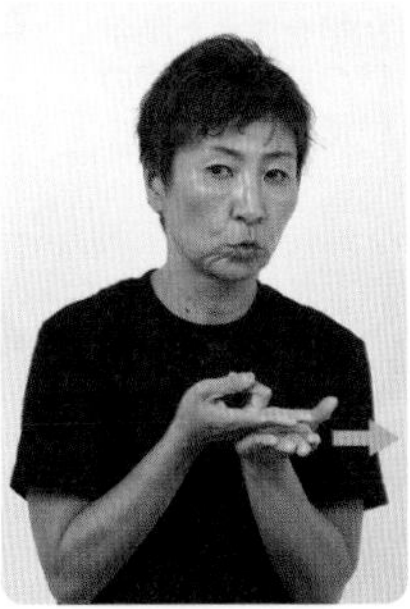

左手のひらに、人差し指と中指を伸ばした右手を乗せ、同時に前に出す。

●入院 + 病気 + 人々 = 入院患者

反「退院」は、左手のひらに人差し指と中指を伸ばした右手を乗せ、右手だけ引き寄せる。　参 左手のひらに人差し指と中指を2回付けると「ベッド」の意味。P314

ニュース

指文字「に」を表し、ニュースを発信する様子

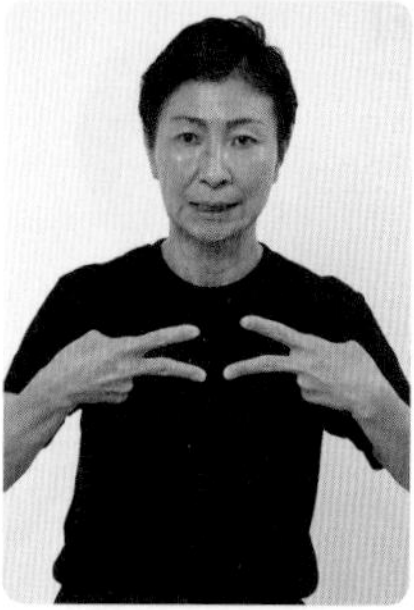

両手の人差し指と中指を横に伸ばし、向かい合わせる。

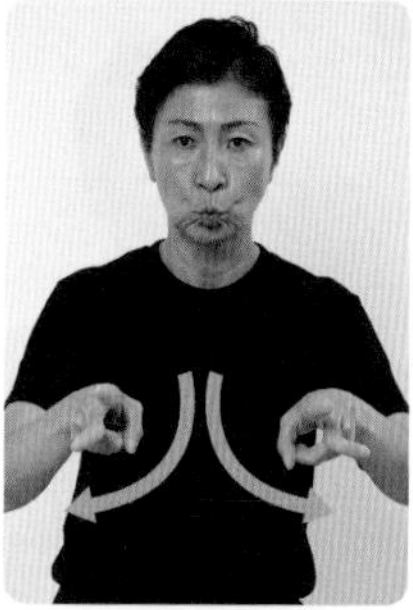

手首を軸にして、前に２回はらう。

●手話＋ニュース＝手話ニュース　●経済＋ニュース＝経済ニュース
●あなた＋朝＋ニュース＋見た？(疑問の表情で)＝朝のニュースを見ましたか？

参「新聞」は、左手の甲の上に右ひじを置き、右手をにぎり手首を２回ねじる。Ⓟ184

庭

家の中の敷地を表す

1

指を揃えた両手のひらで屋根の形を作る。

2

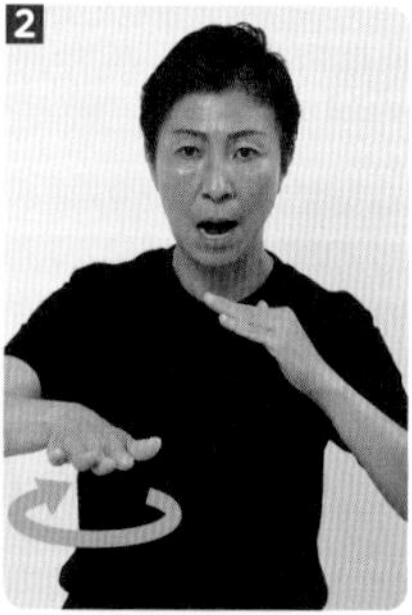

左手はそのままで、右手のひらを下に向けて、水平に回す。

●学校＋庭＝校庭　●幼稚園＋庭＝(幼稚園の)園庭
●庭＋きれい＝きれいな庭　●庭＋遊ぶ＝庭で遊ぶ

1 同 家　**2** 同 庭先

妊娠

大きなお腹を表す

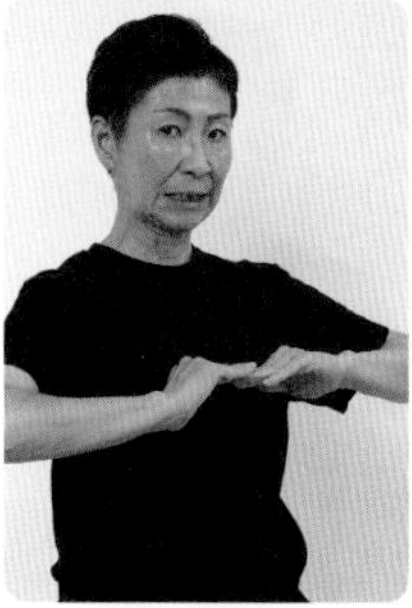

両手のひらを下に向けて指先を合わせて、胸の下あたりで構える。

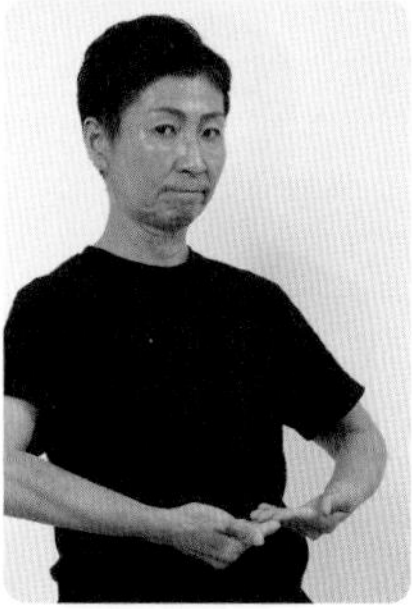

お腹の前で弧を描くように、両手を返しながら下げる。

●妊娠 ＋ 検査 ＋ 薬 ＝ 妊娠検査薬　●妊娠 ＋ 防ぐ ＝ 避妊

参 片手だけで表現しても良い。

参 「出産」は開いた両手のひらをお腹にあて、手首をひねって前に払う。P 45

脱ぐ

衣類を脱ぐ様子

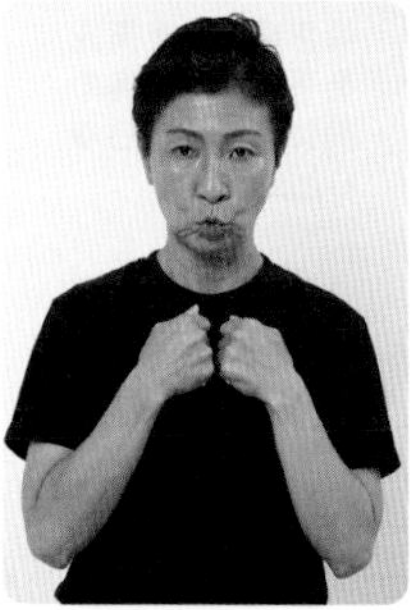

にぎった両手を胸にあてる。

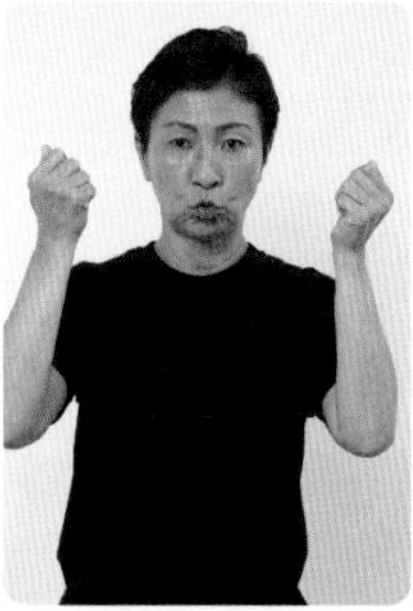

両手を同時に左右に開く。

●脱ぐ ＋ 場所 ＝ 脱衣所　●脱ぐ ＋ すぐ ＋ 片づけ ＋ お願い ＝ 脱いだらすぐ片づけて

参 パンツを脱ぐ、靴を脱ぐなど、脱ぐ物によって動作を変える。

反 「着る」は、にぎった両手を肩の上から胸の前あたりに下ろす。

盗む

指先で物を盗むイメージ

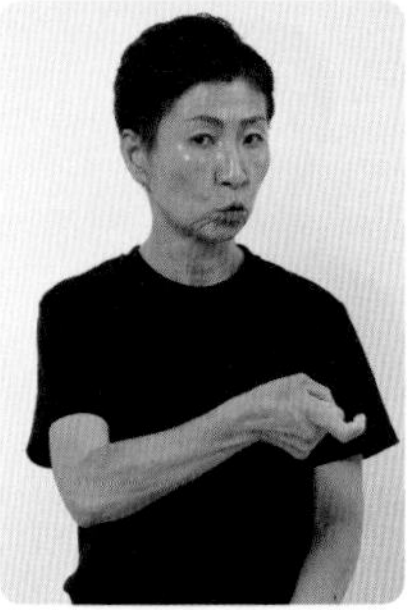

片手の人差し指を曲げる。

手の形はそのままで、自分の体に１回引き寄せる。

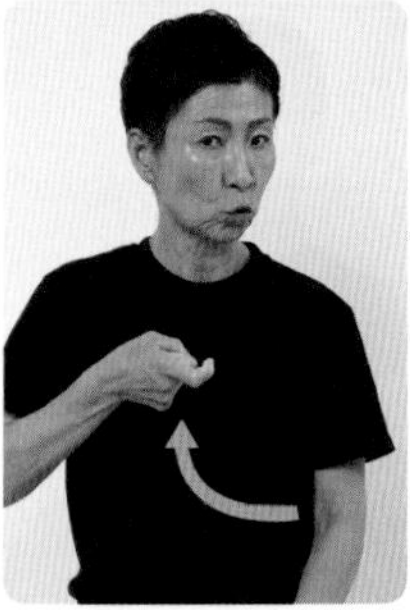

●本 + 盗む = 本を盗む　●お金 + 盗む = お金を盗む

同 万引き、泥棒

反 「盗まれる」は、手の甲を前に向け、人差し指を曲げて斜め前に出す。

ぬるい

風呂に手を浸している様子

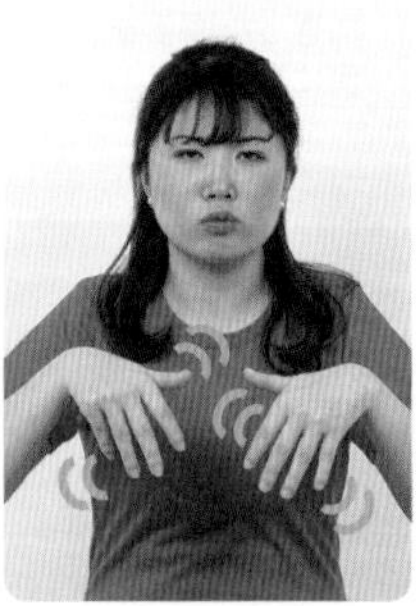

両手のひらを指先を下に向けて胸の前に置き、ゆらゆらと振る。

●ぬるい + コーヒー = 冷めたコーヒー

●ぬるい + 風呂 = ぬるい風呂

同 冷めた　反 「熱い」は、両手とも指先を下に向け、同時にパッと上げる。P 26

熱がある

体温計の目盛りがぐんぐん上がっていく様子

片手の親指と人差し指を付け、脇にあて、指を離す。

●熱がある + 40 = 熱が40度ある

同 熱が上がる

参 親指以外の４指を額に軽くあて、斜めに少し上げる表現もある。

ネックレス

ネックレスが首にぶら下がっている様子

片手の親指と人差し指を首の下にあて、下げながら指先を付ける。

●デパート + ネックレス + 買う = デパートでネックレスを買う

参 「パールネックレス」は、片手の親指と人差し指で輪を作り、首の下で横へすべらせる。　参 「ピアス」「指輪」など、アクセサリー類はそれぞれの形を表現する。

寝坊

枕を外す様子

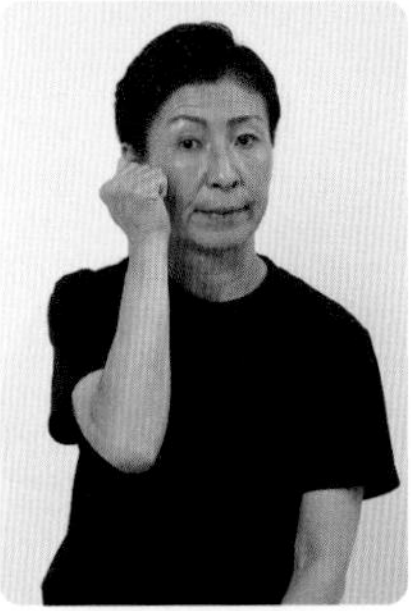

片手のこぶしをこめかみにあてる。

頭を傾けながら手を斜めに上げる。

●**寝坊 ＋ 注意 ＋ お願い** ＝ 寝坊しないように気をつけて
●**日曜日 ＋ 寝坊 ＋ 構わない** ＝ 日曜日は寝坊してもいい

参 こぶしをこめかみにあてて、手を下げると「朝」の意味になる。P406

眠い

目が閉じていく様子

両手とも軽くわん曲させ、向かい合わせて顔の前に置く。

両手とも指を閉じながら、横にすべらせる。

●**眠い ＋ 私 ＋ 部屋 ＋ 行く** ＝ 眠いから部屋に戻る

同 眠る、睡眠
反 「眠れない」は、目の横で合わせた指を付けたり離したりする。

寝る

意味合いによって手話が異なる

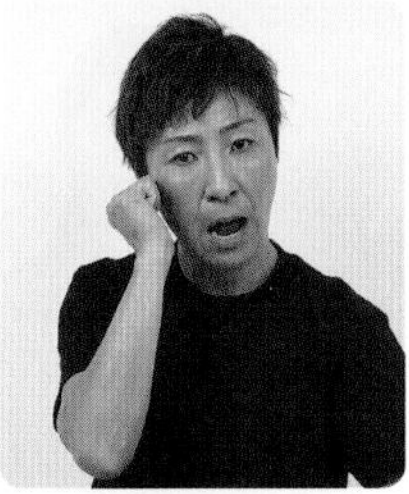

片手のこぶしをほおにあて、首を少しかしげる。

●1 + 寝る + 同じ? (疑問の表情で) = 1泊のご滞在ですね?

同 宿泊、泊まる

片手のひらをほおにあてるようにして、首を少しかしげる。

●赤ちゃん + 寝る = 赤ちゃんが寝ている

同 おやすみなさい

ねんざ

足首をくじく様子

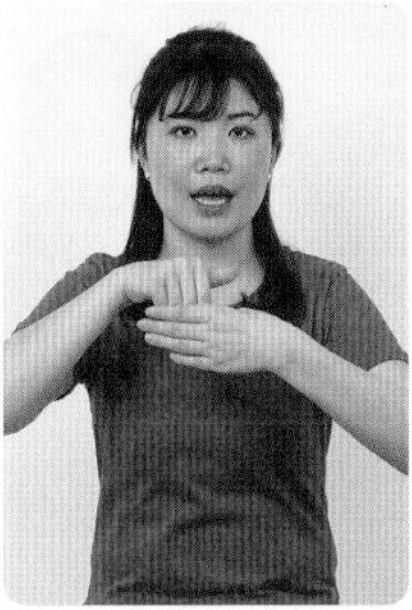

左手のひらの内側に右手の指を半分差し入れ、手首をひねって前に倒す。

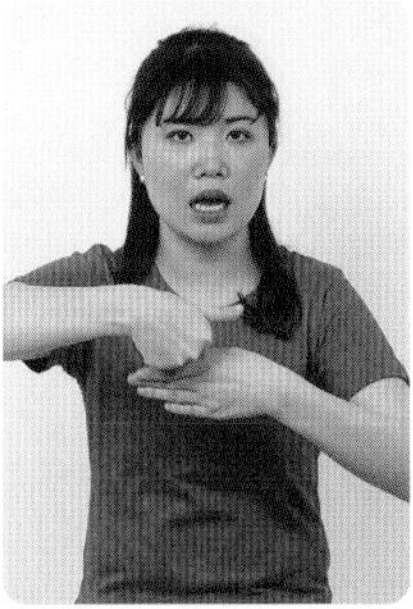

●スキー + ねんざ + 終わる = スキーでねんざした
●ダンス + ねんざ + 終わる = ダンスをしてねんざした

参「骨折」は、両手の人差し指と中指を横に伸ばし、手首をひねって前に向ける。P144

年齢

年齢を重ねて、伸びるひげを表現

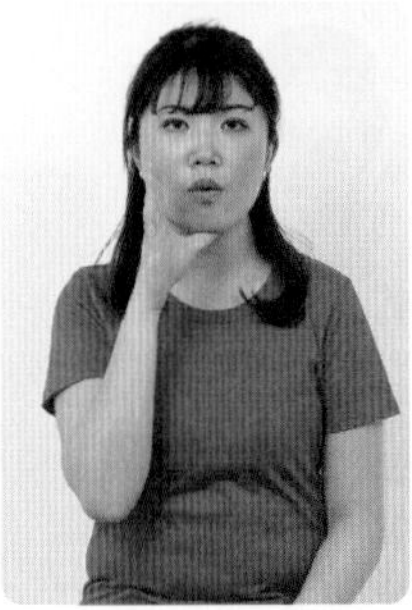

あごの下に片手を置き、親指から順に折り曲げてにぎる。

- 年齢 + いくつ?(疑問の表情で) = 何歳ですか?
- 年齢 + 20 = 20歳

同 ～歳、年《とし》

乗り換え

場所を変えるイメージ

片手の人差し指と中指を前に伸ばし、手首をひねって横に倒す。

- 乗り換え + 駅 = 乗り換え駅
- お金 + 乗り換え = 両替
- いつ + 乗り換え = 日付を変更
- JR + 乗り換え = JRに乗り換え

同 両替、変更

ノンアルコール

「指文字の ＋ ん ＋ 酒」で表す

1

片手の人差し指を横に伸ばし、手首をひねって前に向ける。

2

片手の人差し指と中指を伸ばし、あご、額の順にあてる。

●ノンアルコール ＋ ビール ＝ ノンアルコールビール

2 同 酒

参 アルコールの度数は、「パーセント」の手話で表す。

パーセント

「%」の斜線を表す

親指と人差し指で輪を作り、その他３指は立てる。

指を揃えた手のひらを斜め下に振り下ろす。

●100 ＋ パーセント ＝ 100パーセント

参 「割る(÷)」は、左手の人差し指を横に伸ばし、右手の曲げた親指と人差し指ではさむようにする。「÷」の形を表す。

パーティー

グラスやおちょこが回っている様子

親指と人差し指を丸く曲げた両手を上下に置き、交互に水平に回す。

- 結婚 + パーティー = 結婚パーティー
- 卒業 + パーティー = 卒業パーティー

同 宴会　参 グラスを合わせて乾杯する様子を表す「乾杯」でも表現できる。P108

パート

指文字「ぱー」+「と」で表す

1

片手の人差し指と中指を揃えて伸ばし、上げる。

2

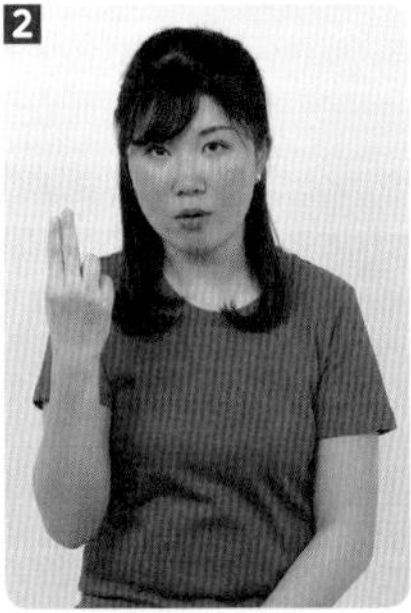

片手の甲を前に向け、人差し指と中指を揃えて伸ばす。

- コンビニ + パート = コンビニのパート
- 今 + パート + 探す + 私 = 今、パート先を探している

参 指文字「ぱ」+「仕事」で表すこともある。

バーベキュー

串に具材を刺して焼いている様子

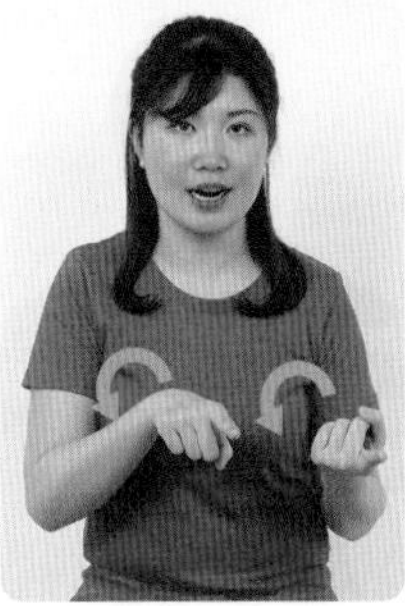

両手とも人差し指を前に伸ばし、同時に手首をひねって横に動かす。

●**週末 + キャンプ + バーベキュー + 実行 =**
週末にキャンプでバーベキューをやろう

参 「焼き鳥」は、片手の人差し指を横に伸ばして口元に置き、横に引く。P 344

パーマ

パーマがかかっている様子

わん曲させた両手を頭の横に置き、手首をひねりながら下げる。

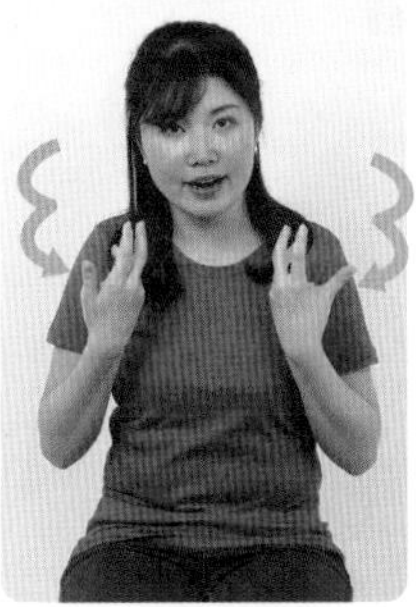

●**それ + パーマ + 似合う + あなた =** そのパーマ、似合ってるね
●**パーマ + あなた?(疑問の表情で) =** パーマかけた?

参 「ストレートパーマ」は両手の指をそろえ、頭の横でまっすぐ下ろす。

バイク

ハンドルをにぎって、アクセルをふかす様子

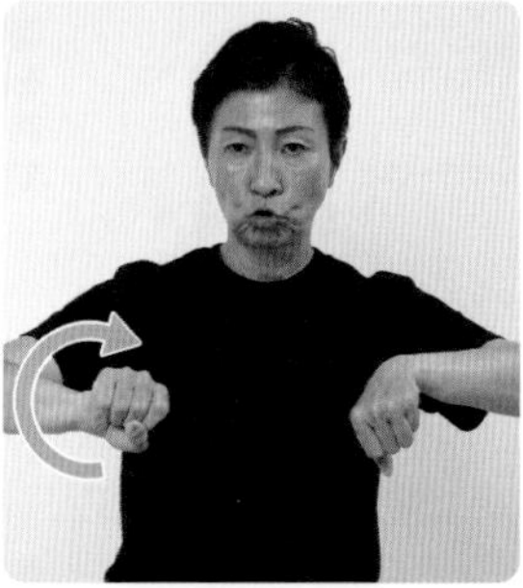

両手をこぶしを並べ、右手だけ手首を軸に２回上げる。

●白 + バイク = 白バイ　●バイク + グループ = バイク仲間
●バイク + かっこいい = かっこいいバイク

参 両手のこぶしを互い違いに前に回すと「自転車」の意味になる。 P166

灰皿

「タバコ + 小皿」で表す

1

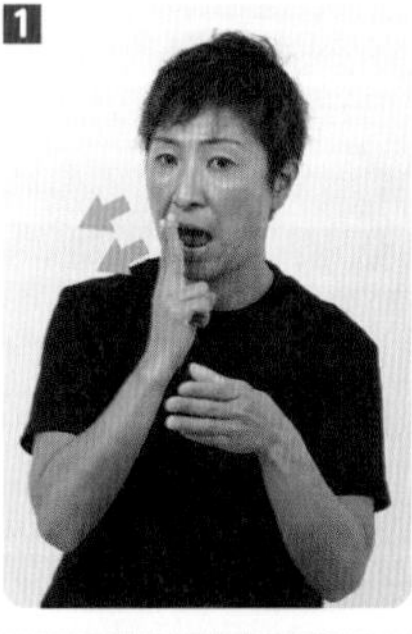

片手の人差し指と中指を口にあて、数回前に出す。

2

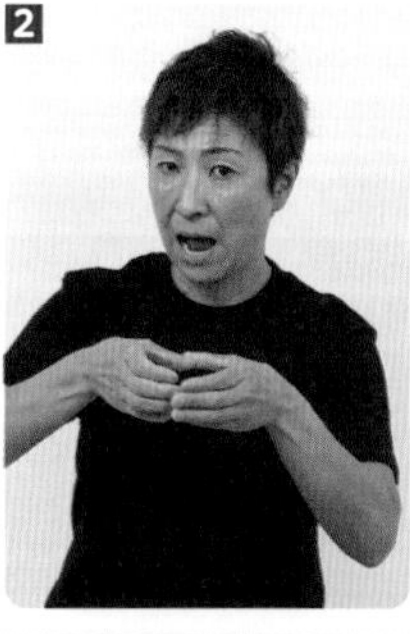

両手とも親指と人差し指で「C」型を作り、合わせる。

●灰皿 + ある？（疑問の表情で） = 灰皿はありますか？

1 同 タバコ　**2** 同 小皿
参 「ライター」は、片手でライターを持ち、着火する動作をする。

ハイヒール

親指でヒールの部分を表している

両手とも親指以外の4指を揃えて前に伸ばし、手首をひねって上げる。

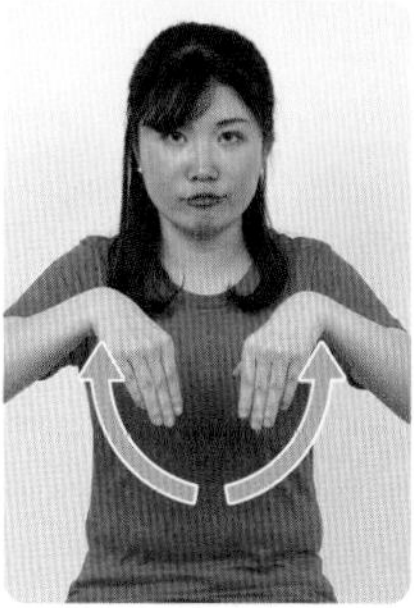

●赤 ＋ ハイヒール ＝ 赤いハイヒール

参「サンダル」は、下に向けた左手のひらの中指の上に、右手の人差し指と中指をあて、甲まで引く。

入る

漢字の「入」を表す

両手の人差し指を立て、自分から見て「入」の形を作り、前に倒す。

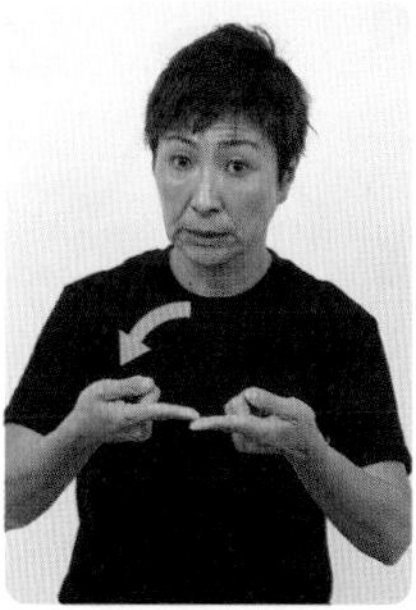

●希望 ＋ 高校 ＋ 入る ＝ 希望の高校に入学する

同 入れる、チェックイン、入学

反「入る」の動きを逆にすると、「入ってくる」という意味になる。

（～した）ばかり

素早く振るのがポイント

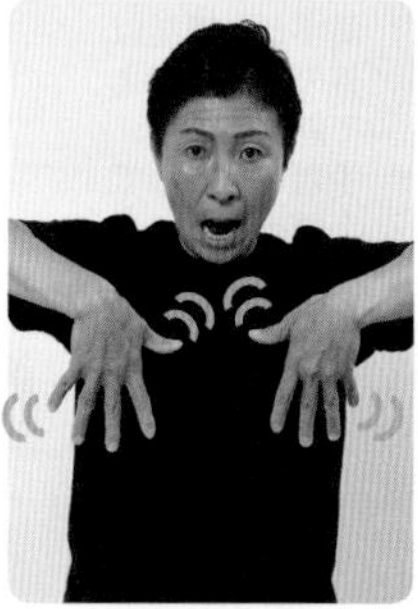

両手のひらを指先を下にして並べ、手を振る。

●帰る＋ばかり＝帰ってきたばかり　●寝る＋ばかり＝寝たばかり

同 まもない、あっという間

参 限定の意味の「～ばかり」は、「いっぱい」という手話で表現する。P38

博物館

開眼するイメージ＋建物で表す

1

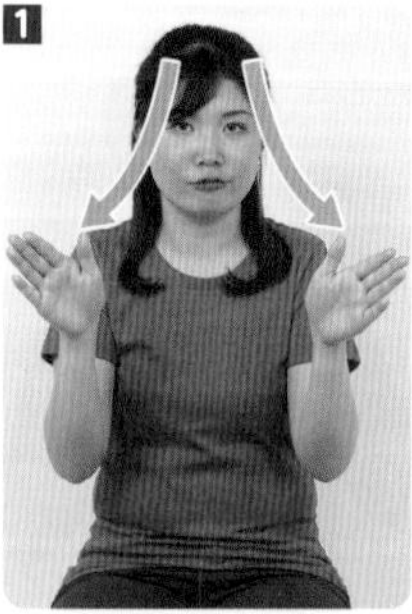

両手のひらを額の前に置き、同時に手首をひねって外に開く。

2

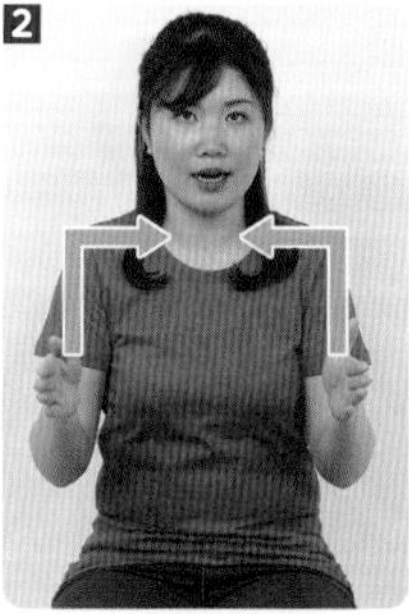

両手を向かい合わせて、同時に直角に上げて中央で付ける。

●明日＋博物館＋行こう＝明日博物館に行こう

2 同 建物、～館、ビル　参 1と同じ手の形で、胸の前で2回パッパッと前に開くと「改札」の意味になる。P79

橋

太鼓橋の形のイメージ

両手の親指、人差し指、中指を伸ばして前に向ける。

手の形はそのままで、自分側に向かって手首をひねる。

●橋 + 直す = 橋の修理　●虹 + 橋 = レインボーブリッジ

参「橋を渡る」は、「橋」の手話を表した後、片手だけ人差し指と中指を伸ばして歩いているように動かす。

箸

人差し指と中指で「箸」を表す

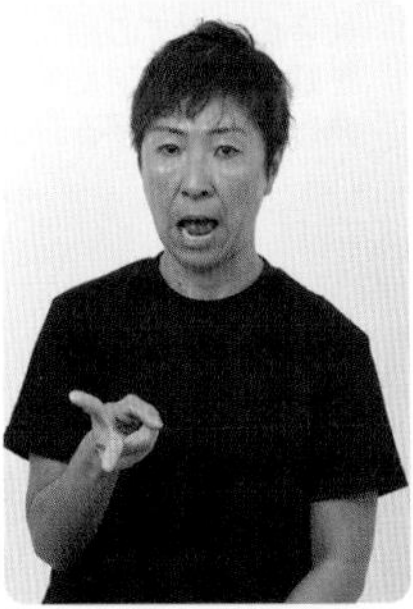

人差し指と中指を前に伸ばし、開いたり閉じたりする。

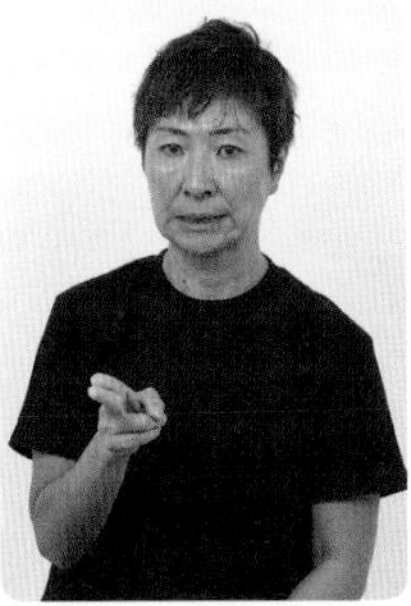

●箸 + 日本 + 文化 = 箸は日本の文化
●箸 + ある?(疑問の表情で) = 箸はありますか?

同 はさみ　参「割り箸」は、割り箸を割る動作を2回繰り返す。

初めて

店を開店する前に盛り塩をすることから

両手ともに下に向けて上下に構える。

上の手だけ上げながらすぼめる。

●初めて + 会う = はじめまして　●初めて + 人々 = 初心者
●初めて + 日 = 初日　●初めて + 知る = 初耳

同 最初

場所

スペースを表す

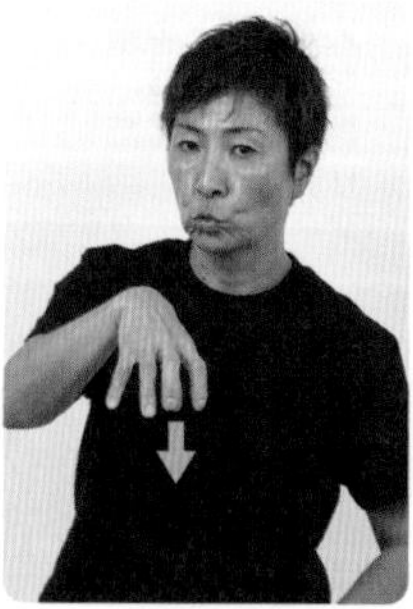

片手のすべての指を軽く曲げて下に向け、少し下げる。

●薬 + 場所 = 薬局　●遊ぶ + 場所 = 遊園地
●警察 + 場所 = 警察署　●場所 + お金 = 場所代

同 ～所、～場　参 両手を同じ形にして、グッと前に出すと「動物」の意味になる。

走る

腕を振って走っているイメージ

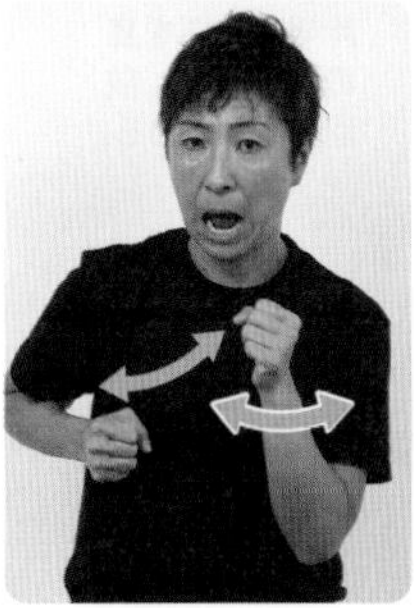

走っているように両腕を交互に前後に振る。

●運動会 + 走る = 運動会で走る

参「ランニング、ジョギング」は、両手のこぶしを脇の前に構え、同時に軽く上下に動かす。

バス

バスのバンパーを表す

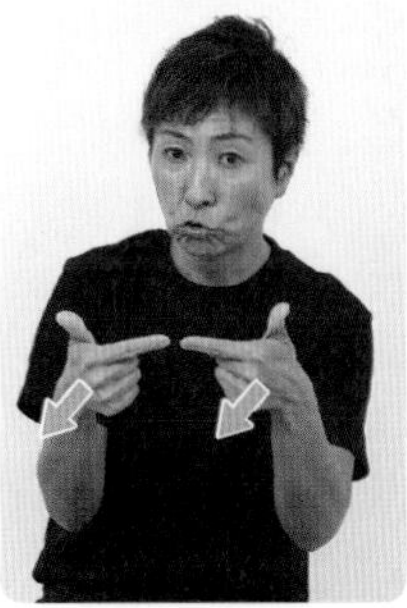

両手とも親指と人差し指を伸ばして、人差し指の先を合わせるように向かい合わせ、同時に前に出す。

●観光 + バス = 観光バス
●指文字「と」 + 営業 + バス = 都営バス

参「車」は、両手のこぶしを左右に構え、ハンドルを動かすように上下させる。P125

恥ずかしい

恥ずかしくて、顔を隠すような
イメージ

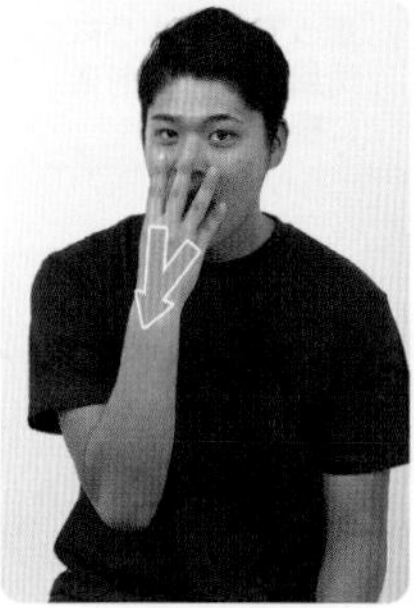

片手のひらを鼻の前に置き、数回指をすぼめる。

●恥ずかしい ＋ ない① ＝ 恥ずかしくない
●倒れる ＋ 恥ずかしい ＝ 転んで恥ずかしい

参「恥」は、両手の人差し指で「×」を作り、顔の前で1周回す。

バス停

バスの停留所の看板を表している

立てた左手の人差し指の上に、すぼめた右手をあてる。

●バス停 ＋ 待つ ＋ 会う ＝ バス停で待ち合わせ
●バス停 ＋ バス ＋ 止める ＝ バス停にバスが到着する

参「トラック」は、「車(Ⓟ125)」の手話より大きめのハンドルをにぎっているように動かす。

パスポート

出入国審査でパスポートに証印を押す様子

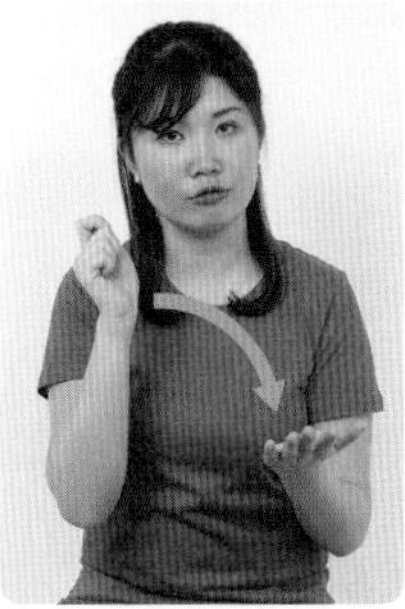

すぼめた右手で、上に向けた左手のひらにハンコを押すような動きをする。

●パスポート ＋ 直す（1回だけ交差）＝ パスポートを更新する　●パスポート ＋ 持つ ＋ あなた?（疑問の表情で）＝ パスポートを持っていますか?

参 「空港」は、「飛行機（P292） ＋ 場所（P282）」で表す。

外れる

「あてが外れる」という意味を表している

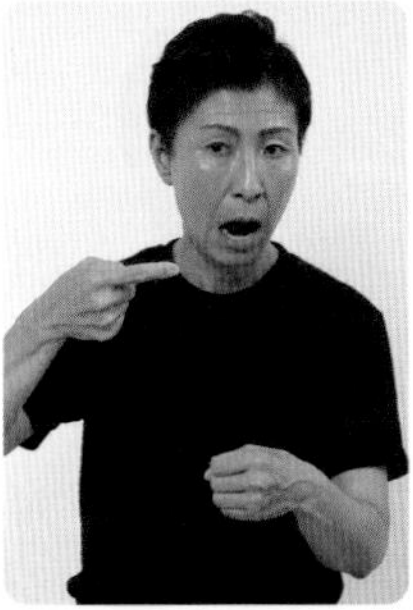

左手で筒を作り、右手は人差し指を伸ばして左右で構える。

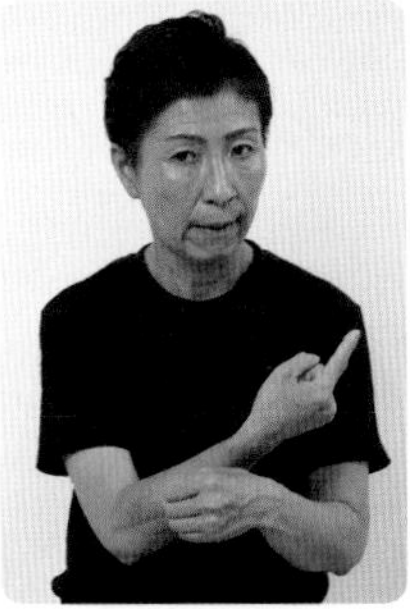

筒をかすめながら、右手の人差し指を左に動かす。

●想像 ＋ 外れる ＝ 予想外　●答える ＋ 外れる ＝ 不正解

同 意外

参 「あたる、目的」は、左手の筒に右手の人差し指をポンとあてる。P342

パソコン

表現が2種類ある

◀A
両手とも指を離して下向きにし、キーボードを叩くように指を動かす。

B▶
左手で指文字「ぱ」を表し、右手はキーボードを打つように動かす。

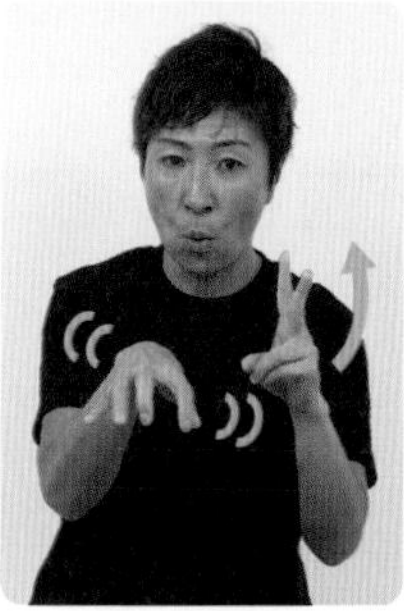

●パソコン + 難しい = パソコンは難しい

参 どちらの手話でも良い。

参 「ノートパソコン」は、ノートパソコンを開く動作で表す。

派手

強く勢いよく手を開くほど
「とても派手」の意味になる

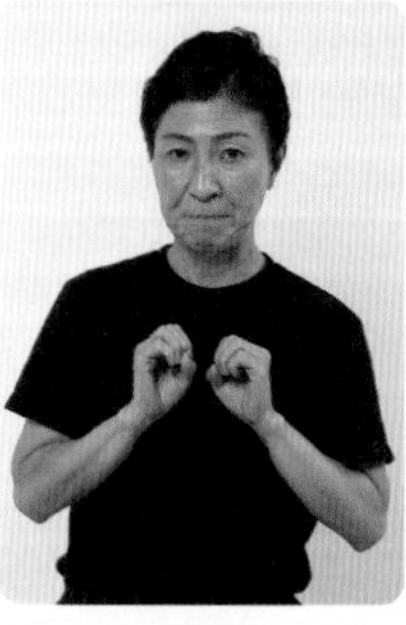

両手とも軽くにぎって、胸の前に構える。

両手とも、手のひらを開きながら、同時に横に開く。

●服 + 派手 = 派手な服　●化粧 + 派手 = 派手な化粧

同 （色や化粧が）濃い、目立つ

反 「地味」は、両手のひらを顔の前で交差させる「夜、暗い」で表現する。P 406

話す

説明しているイメージ

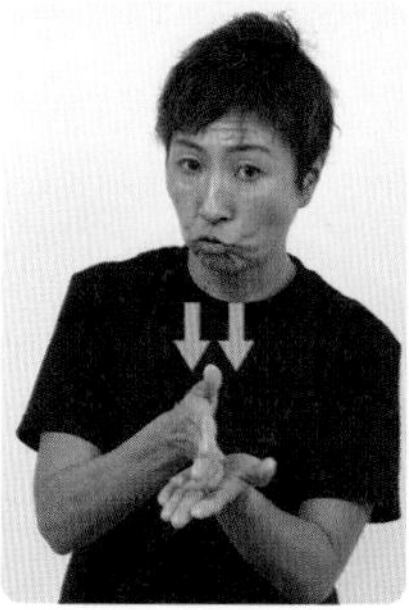

指先を前に向けた右手のひらを、左手のひらに２回あてる。

- 話す ＋ 書く ＋ お願い ＝ これから話すことをメモしてください
- 明日 ＋ 話す ＋ 私 ＝ 明日話すね

同 説明する、説得

花火

花火が打ち上がっている様子

すぼめた両手を上に向け、交互に手を開きながら上げる。

- 花火 ＋ ～式 ＝ 花火大会
- 花火 ＋ 見る ＋ 行く ＝ 花火を見にいく

参 すぼめた両手を同時に上げてパッと開くと「おめでとう」の意味になる。P 70

速い

手をすばやく動かすのがポイント

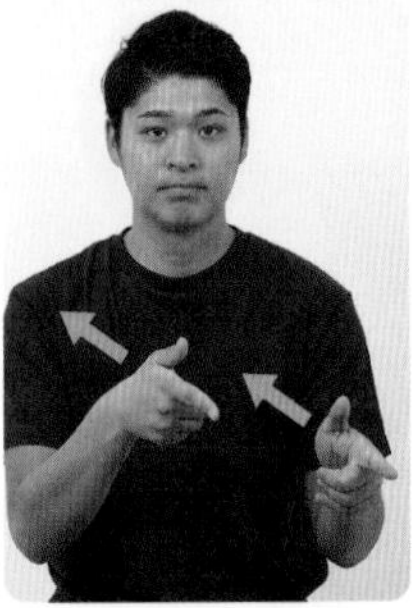

両手とも親指と人差し指を伸ばして前に向け、同時に勢いよく引き寄せる。

●最高 + 速い + 注意 + お願い = 最高速度を守ってください

同 スピード　参「すぐ、急いで、はやい、急行」は、片手の親指と人差し指を付け、離しながら横に動かす。P188

林

木がたくさん生えている様子

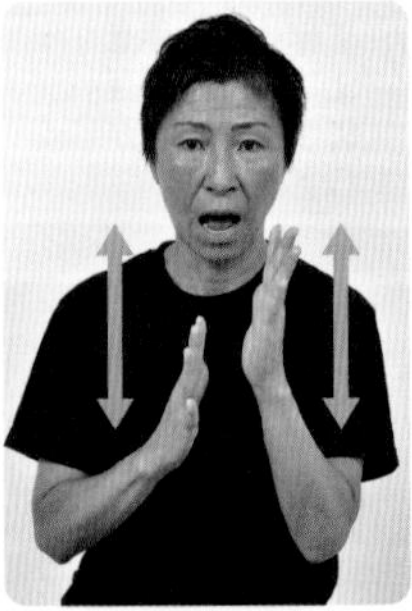

両手のひらを向かい合わせ、交互に上下させる。

●林 + 道 = 林道　●林 + 歩く = 林を散歩する

同 林(名字)

参「森」は、両手とも甲を前に向け、交互に上下させる。

流行る

広く行き渡る様子

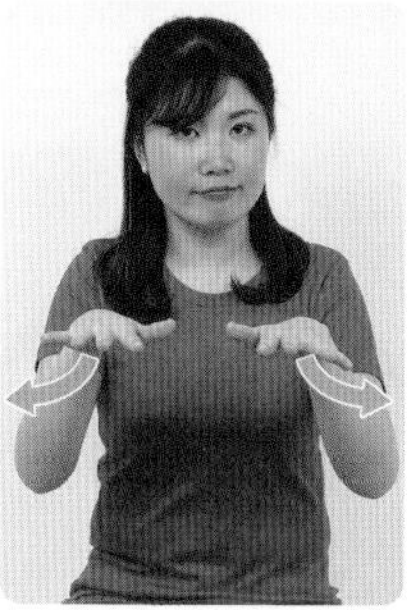

両手のこぶしを下に向け、手を開きながら前に出す。

●流行る ＋ 服 ＝ 流行のファッション　●流行る ＋ ～中 ＝ 流行中
●コーヒー ＋ 流行る ＝ コーヒーブーム

同 流行、話題、広まる、ブーム

バラエティー

「楽しい ＋ テレビ」で表す

1

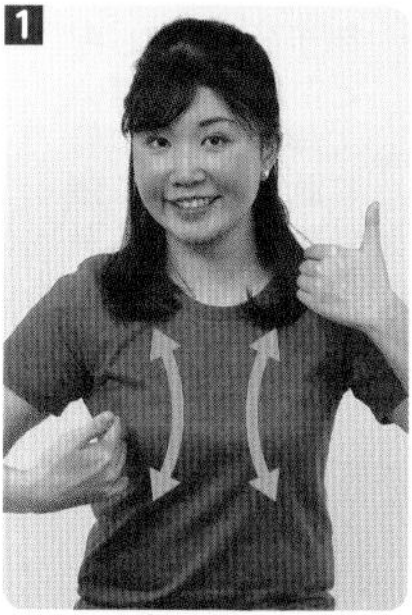

両手の４指（親指以外）を胸にあて、左右交互に上下に動かす。

2

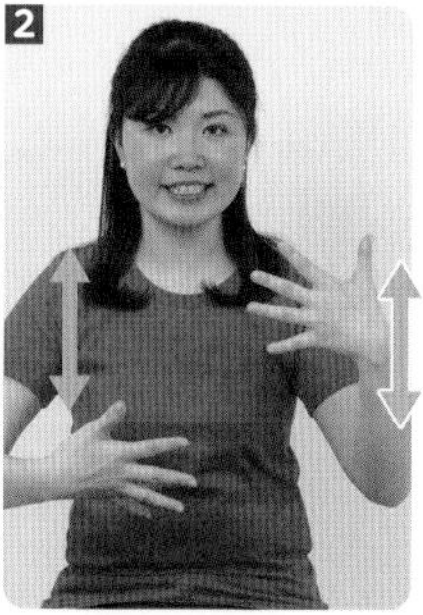

両手のひらを自分に向けて上下に構え、互い違いに上下させる。

●テレビ ＋ バラエティー ＋ 好き ＝ テレビはバラエティー番組が好き

1 同 楽しい、うれしい、喜ぶ、喜び　2 同 テレビ、映画、スクリーン
参 「クイズ」は、人差し指で「?」を空書する。

バレンタイン

気持ちを表すというイメージ

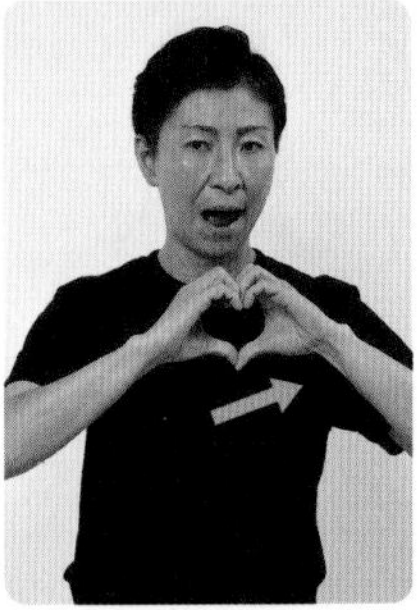

親指とその他４指を合わせて、両手でハートの形を作り、前に１回出す。

●バレンタイン＋茶色＝バレンタインチョコレート
●バレンタイン＋楽しい＋待つ＝バレンタインが楽しみ

参 ハートを割るように両手を離すと「失恋(P 166)」の意味になる。

ハロウィン

仮装の仮面を表している

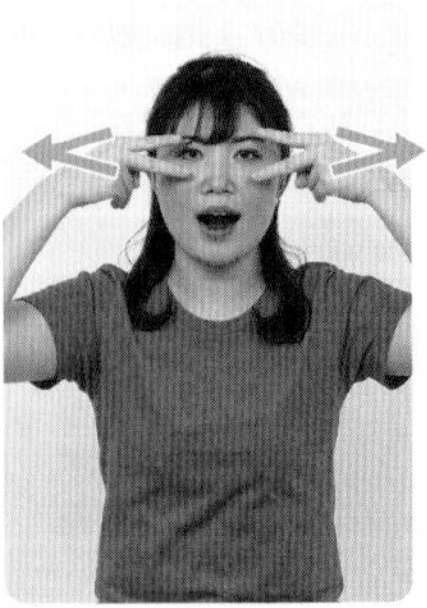

両手とも人差し指と中指を間を開いて伸ばし、目の前に置き、同時に閉じながら左右に引く。

●ハロウィン＋パーティー＝ハロウィンパーティー
●ハロウィン＋10月＋31日＝ハロウィンは10月31日だ

参 この手話は、指文字「は」もしくは「H」と仮面のイメージを組み合わせた表現。

パン

パンの生地がふくらむ様子

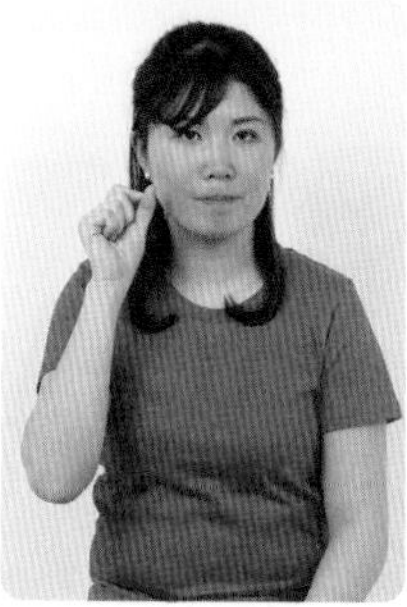

片手の親指と人差し指を付け、パンッとはじくように開きながら、少し前に出す。

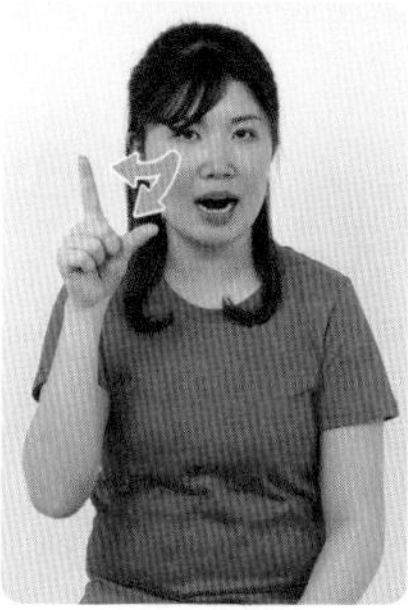

●**フランス + パン** = フランスパン　●**乾燥 + パン** = 乾パン

参「ご飯」は、親指と人差し指で輪を作り、その他３指を開いた片手を口元に置き、手首をひねって前に向ける。P 147

ビール

ビール瓶の栓を抜く様子

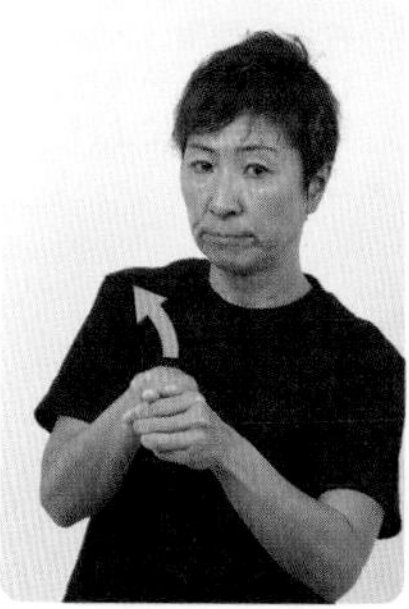

左手のこぶしの上に右手の人差し指と中指をあて、上げる。

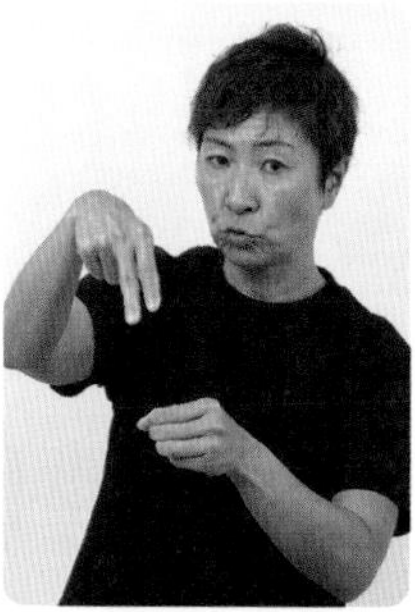

●**生きる + ビール** = 生ビール　●**黒 + ビール** = 黒ビール　●**ビール + 日本酒 + 好き + どちら?(疑問の表情で)** = ビールと日本酒どっちが好き?

参「生ビール」は、ジョッキでビールを飲む動作でも表現できる。

日帰り

行って帰ってくるイメージ

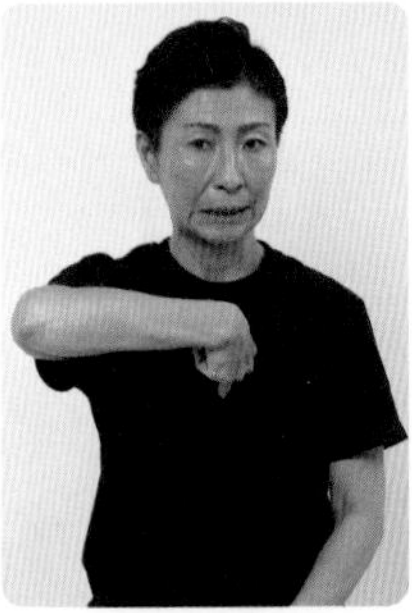

片手の人差し指を伸ばして、指先を胸に付ける。

人差し指を手首を軸にして前に出し、再度胸に戻す。

●日帰り ＋ 旅行 ＝ 日帰り旅行　●日帰り ＋ 風呂 ＝ 日帰り入浴
●日帰り ＋ お金 ＋ いくら？(疑問の表情で) ＝ 往復でいくら？

同往復

飛行機

飛行機が飛行する様子

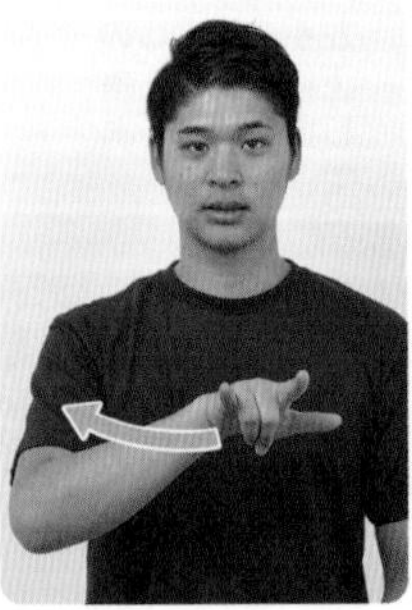

片手の親指、人差し指、小指を伸ばし、斜め上に上げる。

●飛行機 ＋ 場所 ＝ 空港　●飛行機 ＋ 世話 ＋ 女 ＝ 客室乗務員

同 (飛行機で)行く　参 親指を立てた片手を、下に向けたもう一方の片手のひらの中央にあて、横に動かすと「ヘリコプター」の意味になる。

ピザ

ピザを１切れ持って、口に入れる様子

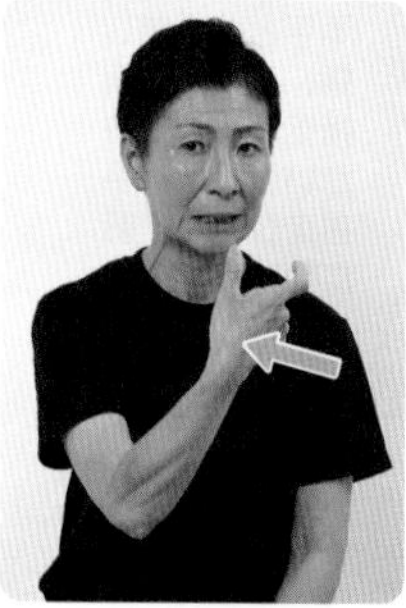

片手の親指と人差し指をやや広めに開き、口元に近づける。

●トリ＋ピザ＝チキンピザ　●本当＋場所＋ピザ＝本場のピザ

参 親指と人差し指の間隔を狭めると、「菓子、クッキー、せんべい」の意味になる。

参 「ハンバーガー」は、手をすぼめ、そのまま口元に近づける。

久しぶり

しばらく離れていた様子

両手の４指（親指以外）の背を合わせ、左右に離す。

●久しぶり＋会う＋うれしい＝久しぶりに会えてうれしい

参 「毎日、いつも」は、両手とも親指と人差し指を伸ばし、手首を２回前に回す。

P404

非常口

「非＋口」で表す

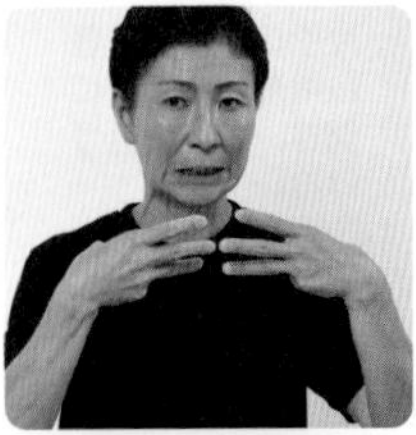

両手とも人差し指、中指、薬指を伸ばして向かい合わせ、手首をひねって前に向ける。

片手の親指と人差し指で輪を作り、口元に置く。

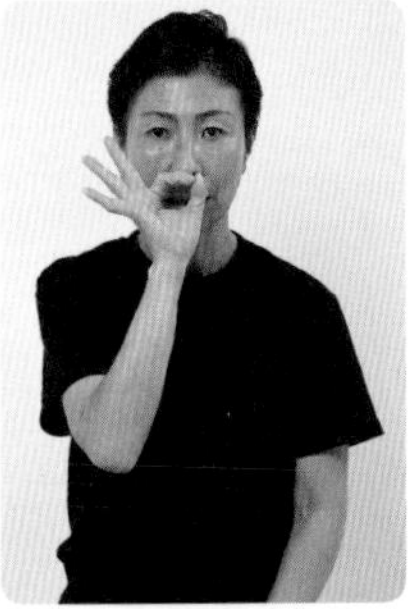

●**非常口＋場所＋確認**＝**非常口の場所をチェックする**

参「口」は片手の人差し指を立て、指先を口元で1周回す表現でも良い。

参「避難(P297)＋口」でも表せる。

ひったくられる

指文字「ぬ」で、引っ張られるイメージ

片手の人差し指を曲げてカギ型にしはね上げる。

●**歩く＋～中＋ひったくられる**＝**歩行中にひったくられた**

同 盗まれる

反 自分のほうに手首をひねると「ひったくる、泥棒」という意味になる。

必要

「かかる」と同義語で、時間や料金など広い意味で使う

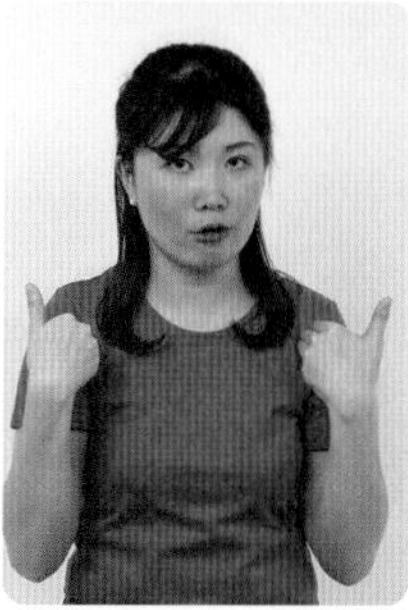

両手とも親指以外の４指を脇に２回あてる。

●コンビニ ＋ 行く ＋ 必要 ＝ コンビニに行かなければならない

同 ～しなければならない、用事

反 「必要ではない」は、指先を両脇にあてた後、手首をひねって前に出す。

人

「人」という字を空書して表す

片手の人差し指を伸ばし、自分から見て「人」を空書きする。

●日本 ＋ 人 ＝ 日本人　●外国 ＋ 人 ＝ 外国人

参 人数を表す時には、片手で「人」という字を空書きしながら、もう一方の片手で指文字の数字を表す。

ひどい①

口型は「オーバー」とする

片手のひらを縦にして、勢いよく少し前に出す。

●試合 + 中止?(疑問の表情で) + ひどい① =
試合が中止なんてひどい!

参「度を越している」という意味。表情によって、良い意味にも悪い意味にもなる。

ひどい②

「ひどい」という程度を表す表現

片手の親指と人差し指を伸ばし、勢いよく横に動かす。

●ケガ + ひどい② = ひどいケガ　●故障 + ひどい② = かなりの故障　●ホテル + すてき + ひどい② = とても高級なホテルだね!

同 とても、かなり　参 良い意味にも悪い意味にもなる。

ひなまつり

3月3日と、ひな人形を表している

1

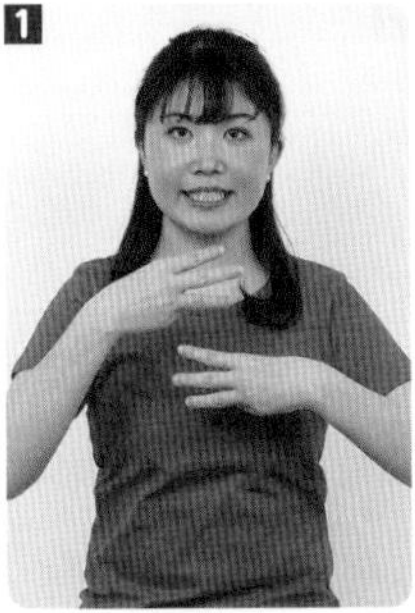

両手とも人差し指、中指、薬指を横に伸ばす。

2

両手のひらを前後に合わせて、胸にあてる。

●ひなまつり + 女 + 赤ちゃん + おめでとう = ひなまつりは女の子のお祝い

1 同 3月3日　参「七夕」は、指文字で「7月7日」を表す。

避難

建物から外へ出ていくイメージ

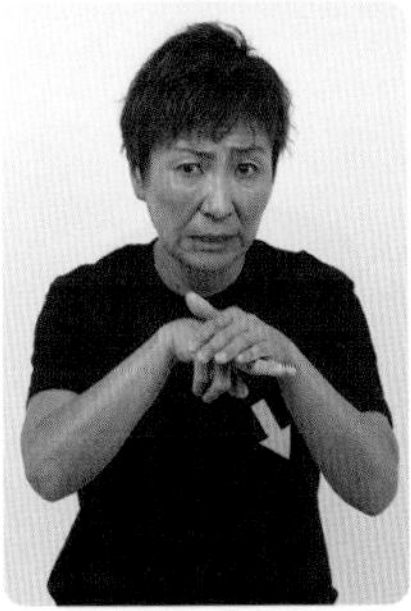

左手のひらの下に、人差し指と中指を伸ばした右手を置き、右手だけ前に出す。

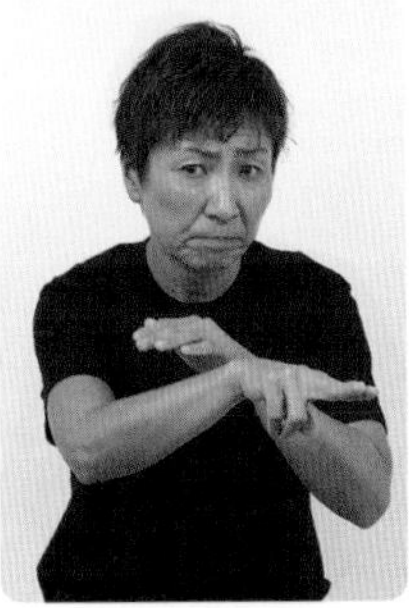

●避難 + 速い = 逃げ足が速い　●避難 + お願い = 避難してください　●避難 + 口 = 非常口

参 逃げる、逃亡

皮膚科

ほおを皮膚の一部としてつまんで表す

1

片手の親指と人差し指でほおの皮膚をつまむ。

2

片手の人差し指を立て、伸ばした中指の中ほどに親指をあてる。

●**皮膚科 ＋ 約束 ＋ 必要** ＝ 皮膚科の予約が必要
●**皮膚科 ＋ 通う** ＝ 皮膚科に通う

2 同 指文字「か」　参 診療科を示す「〜科」は、すべて指文字「か」を付けて表す。

暇

手が空いている様子を表す

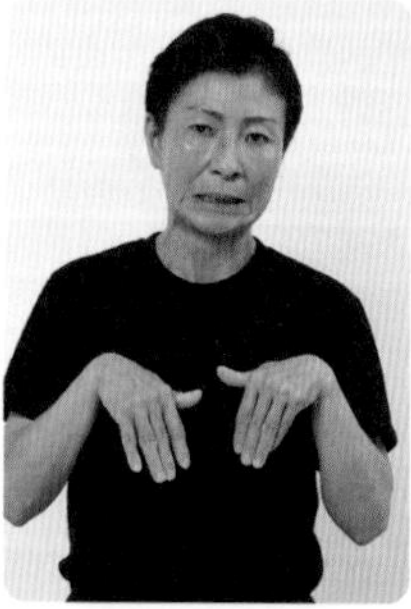

両手のひらを自分のほうに向け、胸の前で構える。

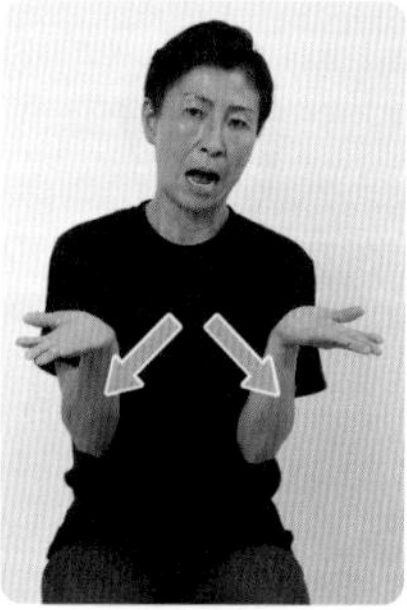

手首を返して、手のひらを上に向ける。

●**明日 ＋ 暇？(疑問の表情で)** ＝ 明日は暇？

同 のんびり、ゆったり

反 「忙しい」は、軽く曲げた両手の指先を下に向け、交互に水平に回す。P 36

病院

「脈 ＋ 建物」で表す

1

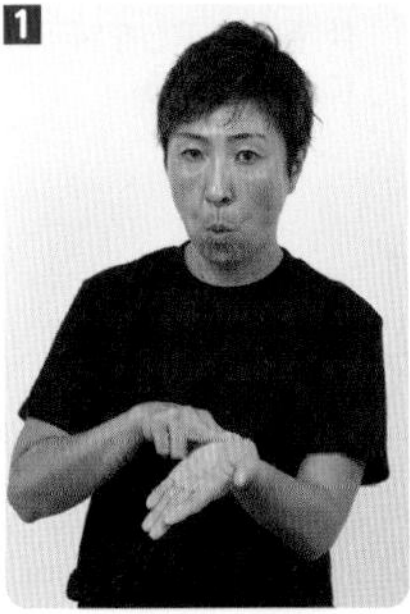

右手の人差し指と中指を、左手首にあてる。

2

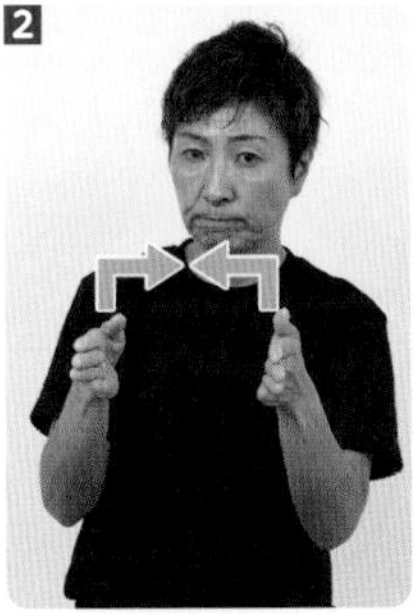

両手のひらを向かい合わせて、同時に直角に上げて中央で付ける。

●まとめる ＋ 病院 ＝ 総合病院　●大学 ＋ 病院 ＝ 大学病院
●病院 ＋ 行く ＋ 良い ＋ あなた ＝ 病院に行ったほうがいい

1 同 脈　**2** 同 建物、～館、ビル

美容院

パーマをかけている様子

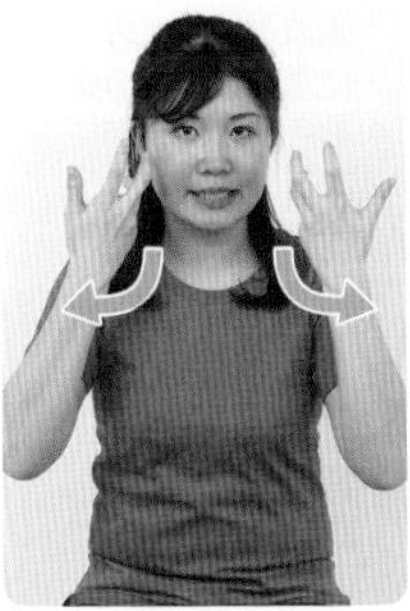

わん曲させた両手を顔の横に置き、手首をひねって下げる。

●指文字「き」＋ 入る ＋ 美容院 ＝ お気に入りの美容院
●美容院 ＋ 約束 ＝ 美容院を予約する

同 パーマ

病気

氷のうを額にあてている様子

片手のこぶしを額に２回あてる。

●病気 + ため + 休み = 病欠　●気分 + 病気 = 心の病

参 1回だけ額にこぶしをあてると「～症」「～病」の意味になる。指文字「え」を表した片手を額にあてると「エイズ」の意味になる。

開く

扉を開けている様子

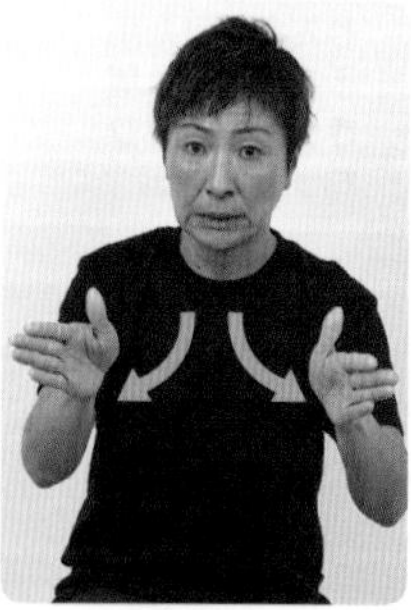

両手のひらを自分に向けて４指の先を合わせ、同時に左右に開く。

●開く + 会 + 式 = 開会式
●店 + 開く + 時間 + 10 + ～から = 店の開店時間は10時

同 オープン、開店、開園　反 「開く」の動きを逆にすると「閉じる」の意味になる。

（高層）ビル

ビルが建っている様子

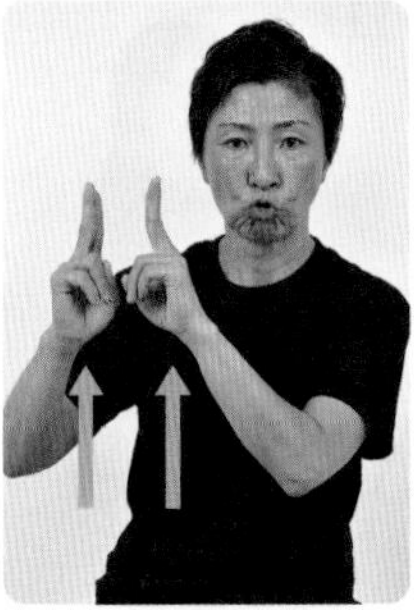

両手とも人差し指と中指を立て、向かい合わせ、上げる。

●会社 + ビル = オフィスビル　●あれ（指差し）+ ビル + 10階 + 私 + 会社 + ある = あのビルの10階に私の会社がある

参 「ビル」の動きを、手の位置を横にずらして２回表すと「都会」の意味になる。

広い

広がっているイメージ

両手とも親指と小指を伸ばして向かい合わせ、同時に左右に離す。

●広い + 部屋 = 部屋が広い　●広い + 指文字「お」= 広尾
●指文字「ろ」「び」「長音」+ 広い = 広いロビー

参 「狭い」は、両手のひらを左右で向かい合わせ、同時に中央に寄せる。Ⓟ201

貧血

血が足りず、目が回る様子

1

片手のひらを前に向け、小指を立て、その他4指は指先を付ける。

2

片手の親指をあごの下にあてる。

3

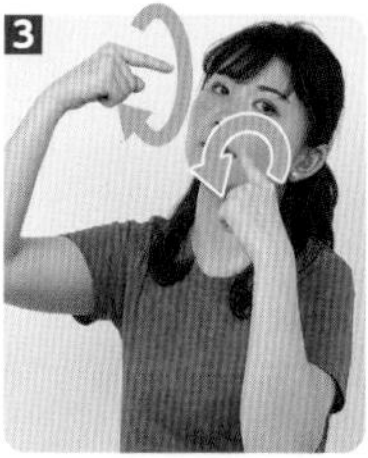

「めまい」の手話を表す。

●**貧血 ＋ 倒れる** ＝ 貧血で倒れる　●**貧血 ＋ (〜の)時 ＋ 指文字「れ」「ば」「長音」 ＋ 食べる ＋ 良い** ＝ 貧血の時はレバーを食べると良い

1 同 ち(指文字)　**2** 同 足りない　**3** 同 めまい P340

ブーツ

ブーツでひざまで隠れているイメージ

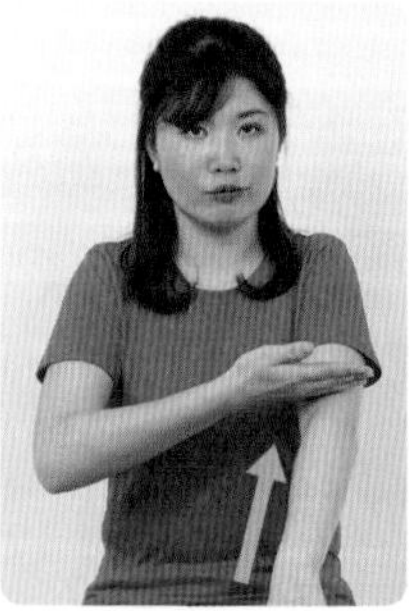

左腕の手首あたりに右手のひら（小指側）をあて、腕に沿って上げる。

●**黒 ＋ ブーツ** ＝ 黒いブーツ　●**ブーツ ＋ 温かい** ＝ ブーツは温かい

参「下駄」は、左手のひらの下に、立てた右手のひらをあて、少し横にずらして再度あてる。

プール

クロールで泳いでいる様子

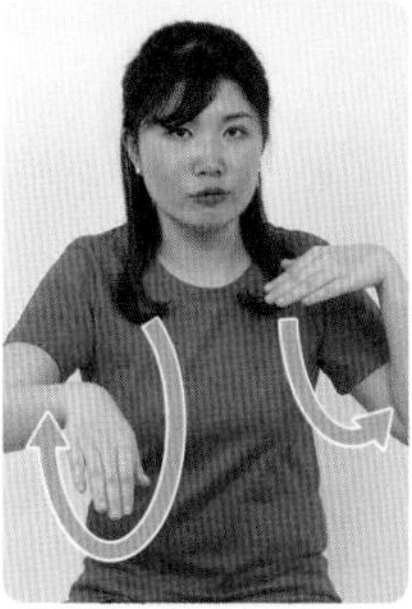

クロールで泳ぐように、両手で水をかく動きをする。

●プール + 行く = プールに泳ぎに行く

同 泳ぐ、水泳

参 人差し指と中指を横に伸ばし、交互に上下させながら横に動かす表現でも良い。

増える

徐々に増える様子

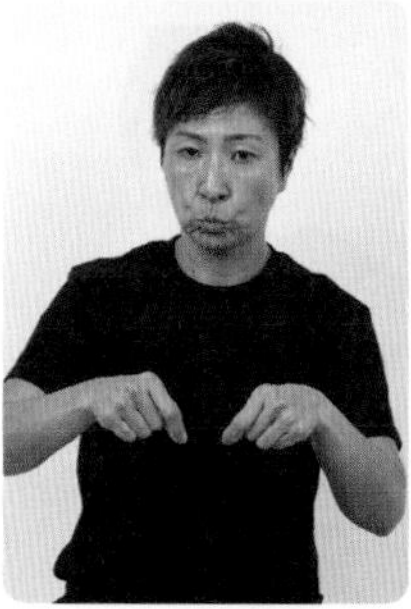

両手とも親指と人差し指を付け、指先を下に向ける。

両手とも同時に指先を離しながら、手首をひねって左右に離す。

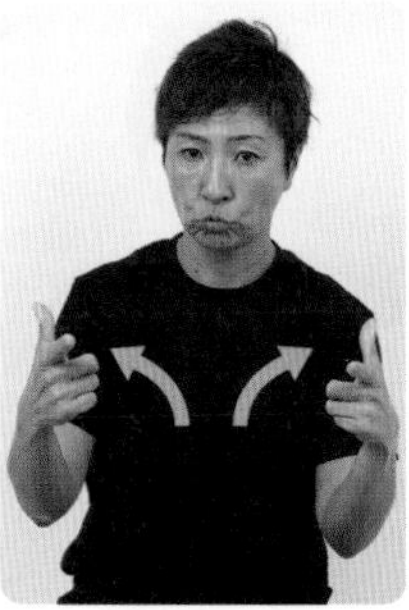

●人 + 数 + 増える = 人数が増える　●宿題 + 増える = 宿題が増える　●おもちゃ + 増える = おもちゃが増える

反 「減る」は、両手の親指と人差し指を向かい合わせ、左右から中央に寄せる。

部下

上司にかしずいている様子

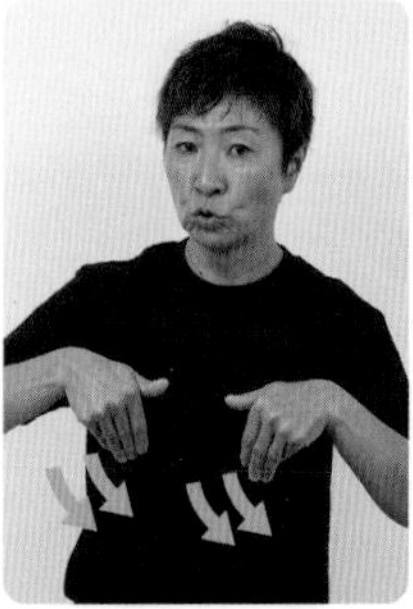

両手とも指先を下に向けて、指先を2回お腹にあてる。

●**部下 ＋ 会社 ＋ ～員 ＝ 新米社員**

同 新米、何でも言うことを聞く

参「同期」は、「同い年(P 245)」＋指文字「き」で表す。

深い

地の底のイメージ

人差し指を下に伸ばした右手を、手のひらを下に向けた左手の内側に置く。

手の形はそのままで、右手だけ下げる。

●**関係 ＋ 深い ＝ 深い関係**

●**海 ＋ 深い ＋ 注意 ＋ お願い ＝ 水深が深いから気をつけて**

同 熟睡　参「浅い」は、両手を軽く曲げて上下に構え、両手を近づける。P 22

服

直接、服をつまみ上げて示す

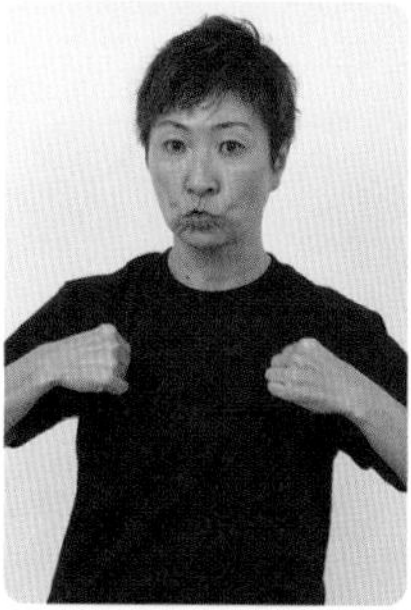

両手で服をつまむ。

●服＋センスがいい＝服のセンスがいい　●流行る＋服＝流行の服　●古い＋服＝古着　●黒＋服＝喪服

参 服をつまんだまま左右に何回か振ると「わがまま」という意味になる。

豚

豚の鼻を表す

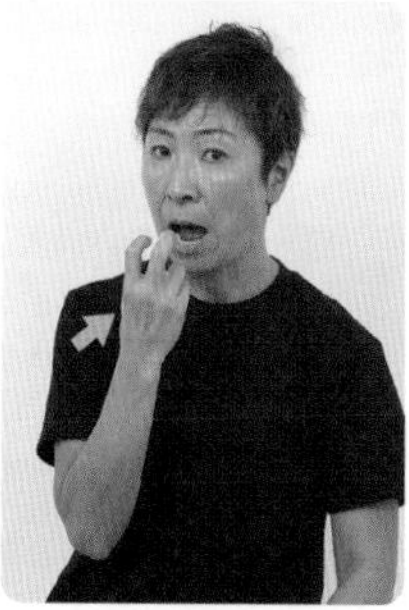

人差し指と中指を軽く曲げた片手を口の前に寄せる。

●豚＋肉＝豚肉　●豚＋指文字「か」「つ」＝トンカツ

参 「牛(丑)」は、両手とも親指と人差し指でコの字型を作り、こめかみあたりにあてる。P 387

ふ

再び

「二度目」というイメージ

片手のこぶしを、人差し指と中指を伸ばしながら横に出す。

●再び + 会う = また会おう　●再び + 行く = 再訪

同 再度、また、またね

参「一度(一回)きり」は、「1 (P 382) + ～だけ(P 213)」で表す。

普通

同じものがそろっている様子

両手の親指と人差し指を伸ばして前に向け、合わせ、左右に引く。

●普通 + 電車 = 普通電車　●毎日 + 普通 = 平凡な毎日

同 平等、平均、平凡、一般、平和　参「珍しい」は、指をすぼめた片手を顔の前に置き、手をパッと開きながら前に出す。P 340

太る

両手を広げれば広げるほど、
太いことを表す

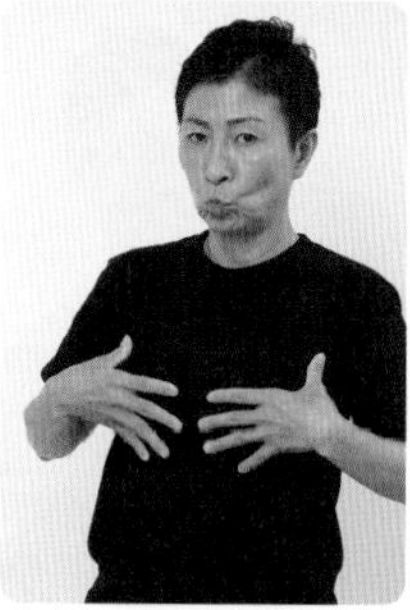

両手のひらをお腹のあたりで構える。

両手のひらを同時に左右に広げる。

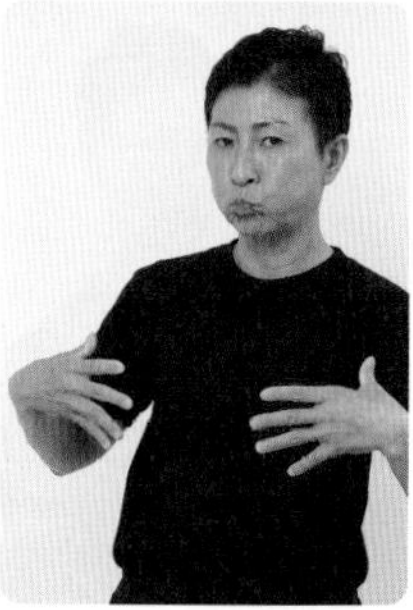

- **足（足を指す）＋太る**＝足がむくむ
- **太る＋犬（戌）**＝太っている犬

同 太い　参「足が太い」は両手を足の両横に置き、左右に広げる。

船

船の形を表している

少しわん曲させた両手のひらを合わせ、上に向け、前に出す。

- **豪華＋船**＝豪華客船
- **船＋旅行**＝船旅

同 親指を横に伸ばし、その他４指を揃えた右手を、わん曲させた左手に立てて乗せて前に出すと「ヨット」の意味になる。

不満

不満そうな表情をしながら表す

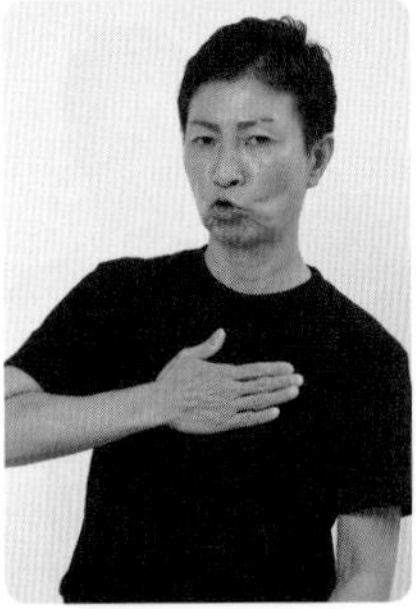

片手のひらを胸にあてる。

体から手のひらを離して前に出す。

●不満 + ある = 不満がある　●仕事 + 不満 = 仕事の不満

同 不服、不平

反 「満足」は、片手のひらを胸の前に置き、2～3回上下に動かす。

踏切

遮断機が上がったり下がったりする様子

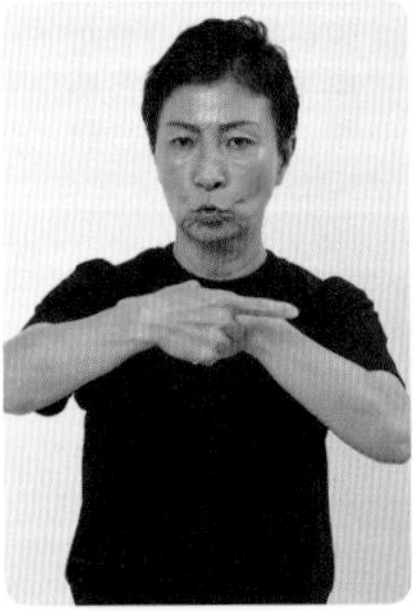

両手とも人差し指を伸ばして、前後に構える。

手の形はそのままで、同時にひじを軸にして1往復上げ下げする。

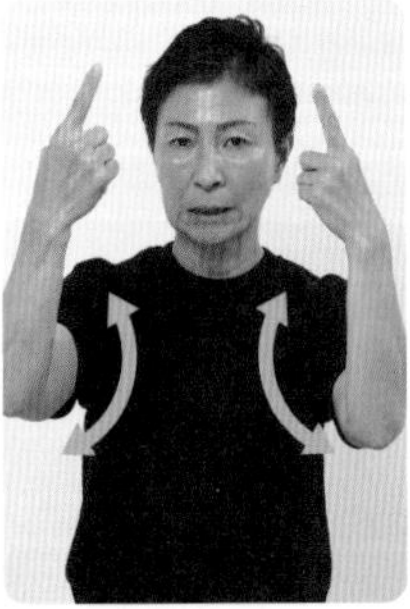

●踏切 + 待つ = 踏切で待つ

●踏切 + 歩く = 踏切を渡る

参 「線路」は、両手とも人差し指と中指を下に伸ばし、同時に前に出す。P203

フライパン

フライパンを振る様子

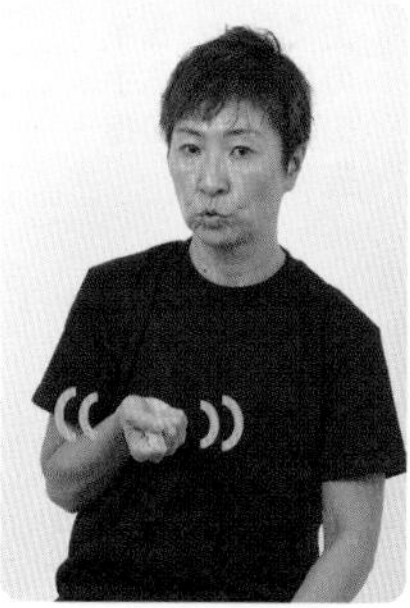

にぎった片手を体の前に置き、フライパンを振るように前後に動かす。

●フライパン + 買う = フライパンを買う

参「鍋」は、にぎった両手を中央で合わせ、同時に左右に開きながら手首をひねって上げる。P260

振り込む

お金を送るイメージ

片手の親指と人差し指で輪を作ったまま、前に出す。

●銀行 + 普通 + 振り込む = 普通口座に振り込む

同 払う、買う

反「振り込まれる」は、自分のほうに親指と人差し指の輪を引き寄せる。

(恋人を)振る

嫌ってはね付けるイメージ。
「追い出す」という意味の表現

上に向けた左手のひらに、右手の親指以外の指先を付ける。

右手を前にはらう。

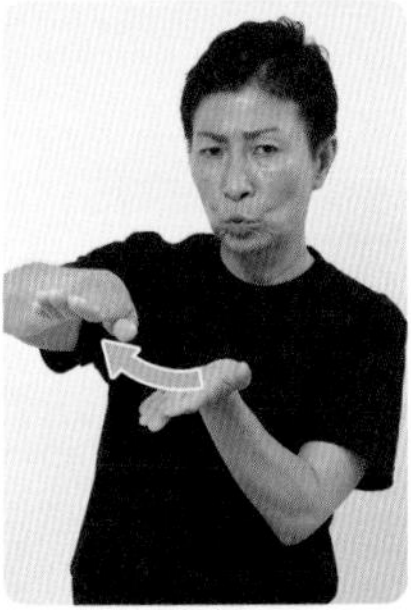

●**彼女 + 振る** = 彼女を振る　●**みんな + 振る** = みんな出ていって

同 排除、出ていけ

反 「振られる」は、「振る」と同じ手の形にして、右手を自分に向けてひねる。

古い

スフィンクスなど石像の鼻の部分が欠けている様子

人差し指を軽く曲げた片手を鼻の前に置き、横に傾ける。

●**古い + 服** = 古着　●**古い + 本** = 古本
●**古い + イス** = 古いイス

同 アンティーク　参 手をゆっくり左へ下ろすと「とても古い」の意味になる。

ブレーキ

車のブレーキを踏む様子

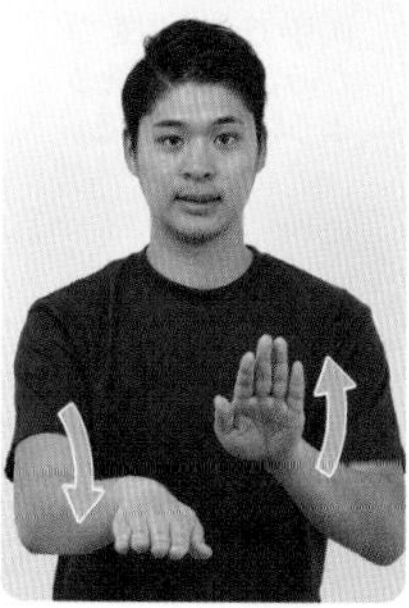

ペダルを踏むイメージで、両手のひらを下に向けて、

右手（アクセル）を手首をひねって上げ、左手を下げる。

●**ブレーキ** + **確認** = ブレーキを点検する
●**速い** + **ブレーキ** = 急ブレーキ

参 「アクセル」は、「ブレーキ」と逆の動きをする（右手を下げる）。

風呂①

女性や年配の方が使う傾向にある

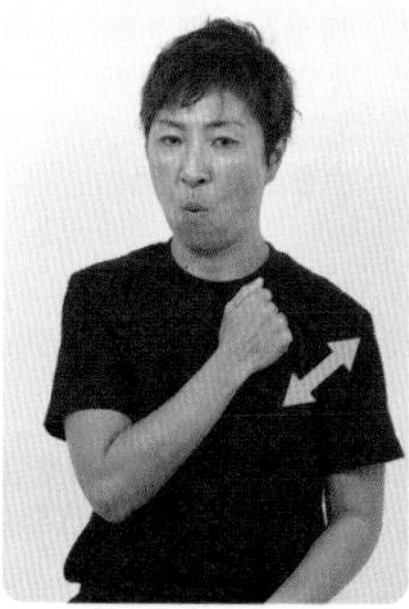

片手のこぶしを胸あたりにあてて、上下にこする。

●**広い** + **風呂①** = 大浴場　●**風呂①** + **場所** = 風呂場、浴室　●**借りる** + **風呂①** = 貸し切り風呂　●**指文字「ひ」「の」「き」** + **風呂①** = ひのき風呂

参 顔をこするような動作で表現することもある。

風呂②

男性が使う傾向にある

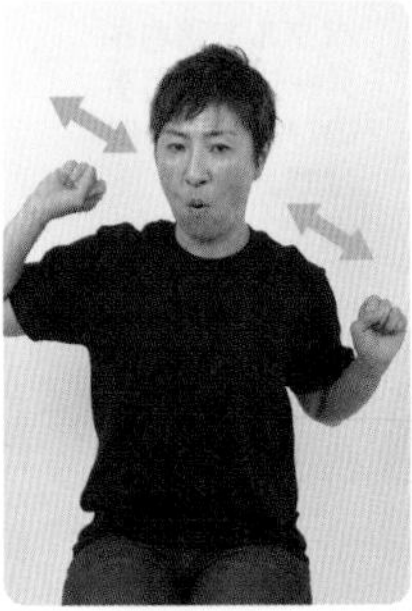

両手でタオルをつかみ、背中を洗うような動きをする。

●男 + 風呂② = 男湯　●風呂② + 好き = 風呂好き

参「シャワー」は、片手を軽くすぼめて頭の斜め上に構え、パッパッと開閉する。
参「サウナ」は指文字で表す。

文化祭

「文化 + 祝う」で表す

1

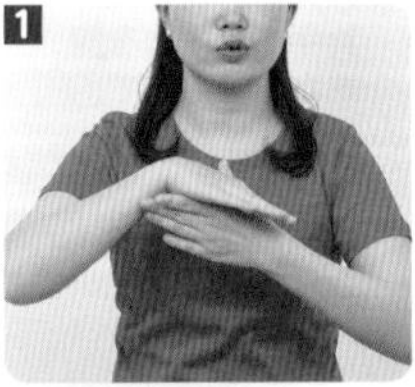

両手とも指を揃えて開き、親指を組み合わせ、手を組み替える。

2

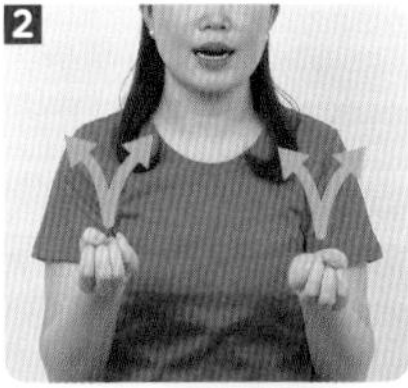

すぼめた両手を上に向け、パッと開きながら上げる。

●市 + 文化祭 = 市の文化祭　●文化 + 建物 = 文化センター

1 同 文化
2 同 祝う、おめでとう

ヘアカット

はさみで髪の毛を切る様子

顔の横で両手の人差し指と中指を立てる。

上下に動かしながら２本の指を開いたり閉じたりする。

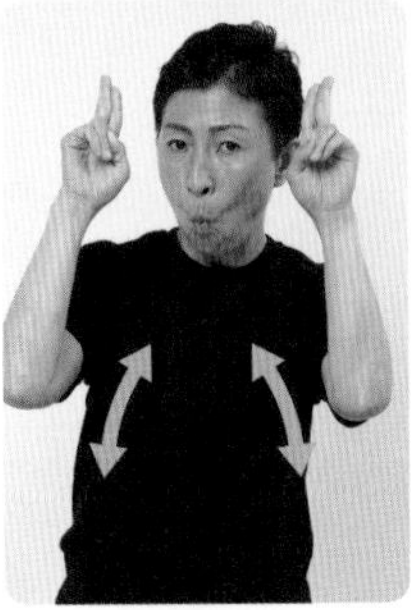

●**パーマ＋ヘアカット＋どちら?**＝パーマとカットどちらにしますか?
●**ヘアカット＋～だけ＋お願い**＝カットだけお願いします

参 「切る」という表現は、のこぎりや包丁など切る道具によって動作を変える。

別

「ここまで」と「それ以外」を表す

両手の甲を合わせ、片手だけ前に出す。

●**別＋誰＋いる?（疑問の表情で）**＝ほかに誰がいる?
●**私＋別＋外国＋人＋ばかり**＝私以外は外国人ばかり

同 ほか、その他、～以外

ベッド

ベッドで寝る様子

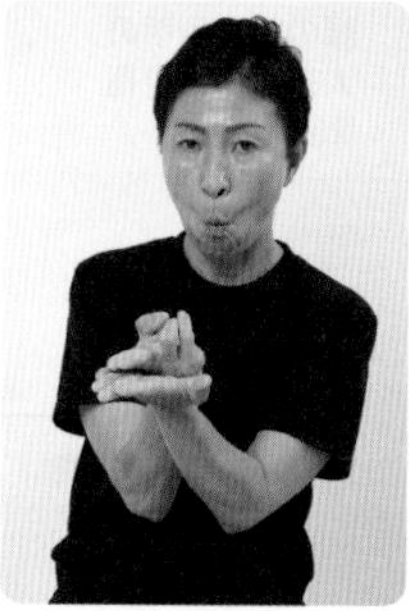

手のひらを上向きにした右手の人差し指と中指を、上向きにした左手のひらに2回あてる。

●指文字「W」＋ベッド＝ダブルベッド

参「入院」は、左手のひらに人差し指と中指を伸ばした右手を乗せ、前に出す。P267 参「退院」は、入院と同じ手の形にして、手前に引く。

部屋

部屋の仕切りを表す

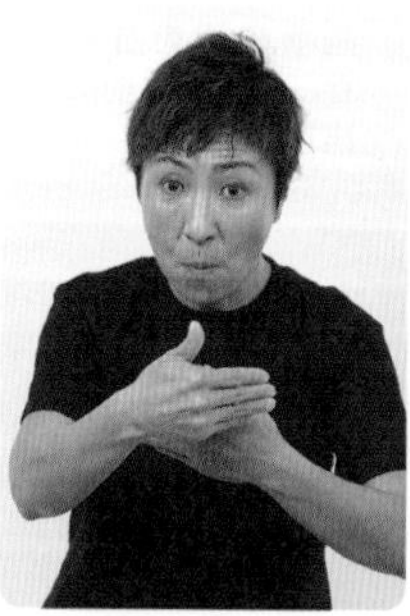

両手のひらを前後に置く。

向きを変えて指先を前にして向かい合わせる。

●すばらしい＋部屋＝高級な部屋　●教える＋部屋＝教室
●勉強＋部屋＝勉強部屋　●待つ＋部屋＝待合室

同 〜室、範囲

変

「かえる」の表現方法が転化した

左手のひらに、手のひらを前に向けた右手の親指をあてる。

左手から親指を離しながら、手首を軸にして右手を前に倒す。

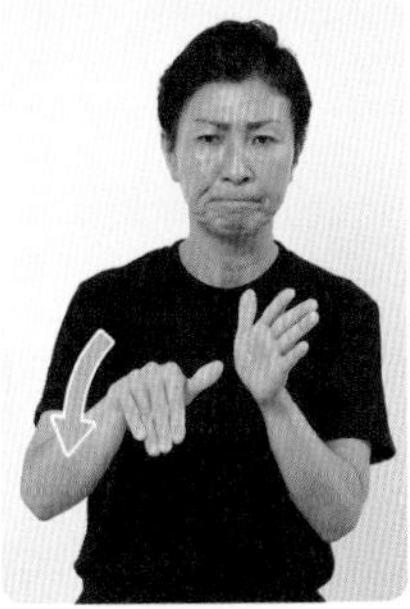

●顔（人差し指で顔の周りを1周回す）＋変＝顔色が悪い
●服＋変＝変な服　●教師＋変＝変わっている先生

同 変わっている、おかしい

返却

手のひらに乗っているものを相手に差し出す様子

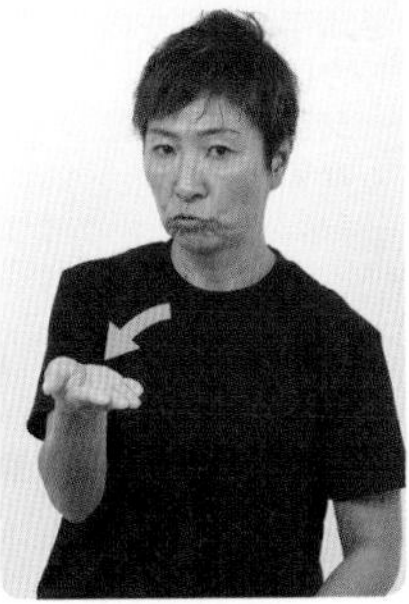

上に向けた片手のひらを胸にあて、前に出す。

●本＋返却＝本を返す　●DVD＋返却＝DVDを返す

同 あげる
反 上に向けた片手のひらを自分に引き寄せると「返却された」という意味になる。

便秘

便が詰まっている様子

左手のひらの内側にすぼめた右手の指を半分だけ入れる。

●私 + 便秘 + 病気 = 私は便秘症

同 詰まる　参 左手のひらの内側にすぼめた右手を置き、下げながら指をパッと開くと「下痢」の意味になる。P132

保育士

「世話 + 指文字『し』」で表す

1

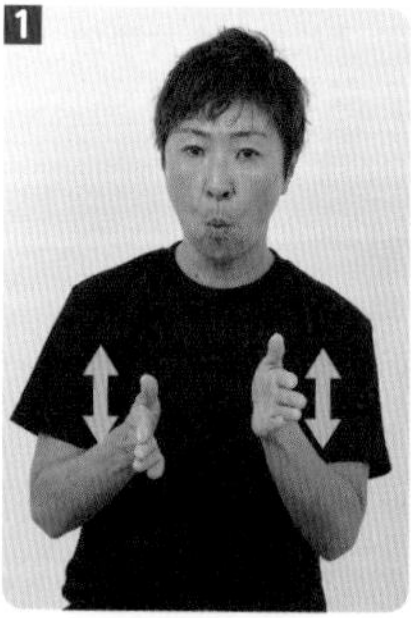

両手のひらを向かい合わせて、交互に上下に動かす。

2

片手の甲を前に向け、親指、人差し指、中指を横に伸ばして、胸にあてる。

●私 + 保育士 + 目的 + 勉強 + ～中 = 保育士を目指して勉強している

1 同 世話、サービス　2 同 し(指文字)

参 1 の手話の後、「場所」の手話を表すと「保育園」という意味になる。

帽子

帽子の縁を持って頭にかぶせるイメージ

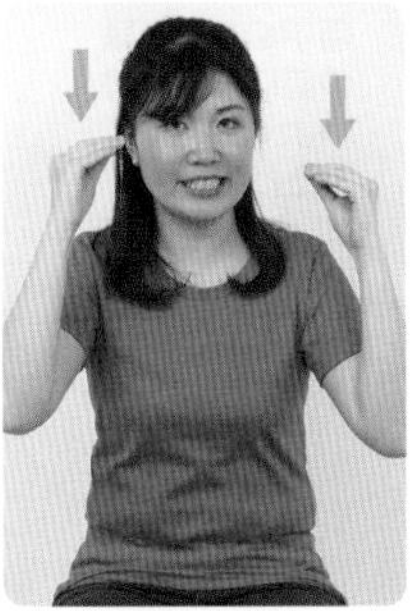

両手ともすべての指を付け、頭の横に置いて少し下げる。

●その(指差し) ＋ 帽子 ＋ かっこいい ＝ その帽子かっこいいね!
●今日 ＋ 暑い ＋ 帽子 ＋ 忘れる ＋ ない① ＋ お願い ＝ 今日は暑いから帽子を忘れないでね

同 かぶる、麦わら帽子、登山やキャンプ用の帽子(バケットハット)

○○放題

「自由」という手話で表す

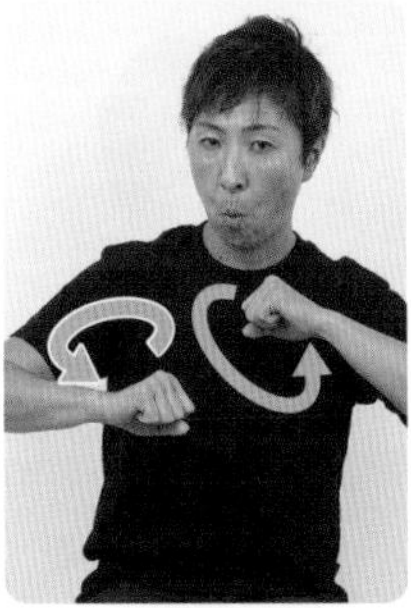

両ひじを張って、両手のこぶしを交互に回す。

●食べる ＋ ○○放題 ＝ 食べ放題
●お酒を飲む ＋ ○○放題 ＝ 飲み放題

同 自由

暴風

風が前から強く吹いている様子

両手のひらを顔の前に置き、勢いよく数回すくい上げる。

●**暴風 ＋ 傘 ＋ 使えない** ＝ 暴風で傘が壊れた

同 風(オーバーな表現にしない)

参 「暴風」と同じ動きを、やさしく数回繰り返すと「秋」の意味になる。P 411

方法

「手立て」という言葉があることから、手をあてることで表す

両手とも下に向け、右手のひらで、左手の甲を２回叩く。

●**毎日 ＋ 方法** ＝ 常套《じょうとう》手段　●**乗る ＋ 方法** ＝ 乗り方
●**方法 ＋ 何?(疑問の表情で)** ＝ どうしたら?

同 仕方、手段、手立て、～法

ボーナス

祝儀袋の水引の形を表す

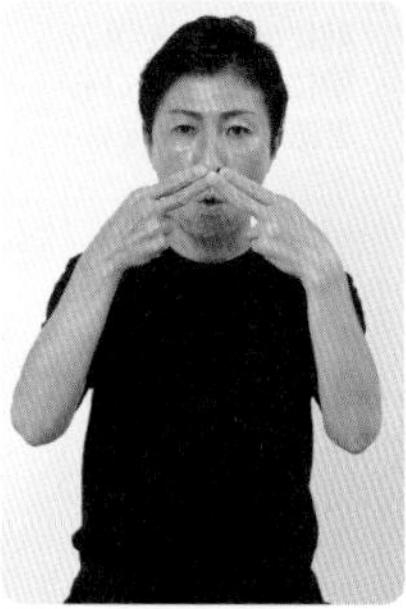

両手とも人差し指と中指を揃えて伸ばし、指先を付けて、顔の前に置く。

手の形はそのままで、同時にリボンの形を描く。

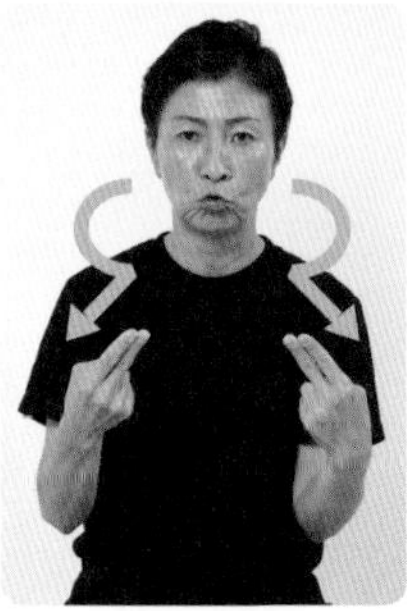

●ボーナス + もらう = ボーナスをもらう
●ボーナス + うれしい + 待つ = ボーナスを期待している

参 両手とも親指と人差し指を付けて、同じ動きをすると「結果」の意味になる。

(駅の)ホーム

まっすぐホームが伸びている様子を表す

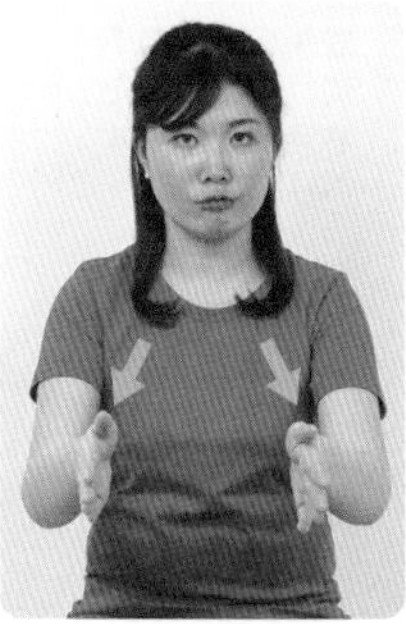

両手のひらを左右で向かい合わせ、同時に前に出す。

●駅 + ホーム = 駅のホーム　●学校 + ホーム = 学校の廊下
●ホーム + 電車+来る = ホームに電車が入ってくる

同 廊下、道

保険

体を大事にするイメージ

前に向けた左手の甲に、右手のひらをあて、なでる。

- 元気 + 保険 + カード = 健康保険証
- 保険 + お願い = お大事に

同 お大事に

ポスト

ポストに郵便物を投函する様子

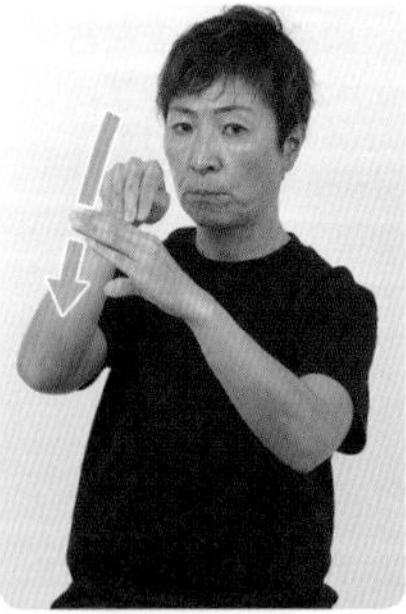

左手のひらの下に、下に向けた右手のひらをすべりこませる。

- 郵便 + ポスト = ポストに手紙を投函する

参 「郵便」は、右手の人差し指と中指を伸ばし、左手の人差し指を右手の中指にあてる。P353

保存する

フタのある入れ物や引き出しに物を入れる様子

両手のひらを下に向け、上下に重ね、下の手だけ前に出す。

●**冬 ＋ 服 ＋ 保存する** ＝ 冬服をしまう

同 保管する、保留、しまう　参「捨てる、削除」は、すぼめた右手を左手のひらの上に置き、右手だけパッと開きながら下げる。P 192

ホテル

各階のベッド、寝室を表している

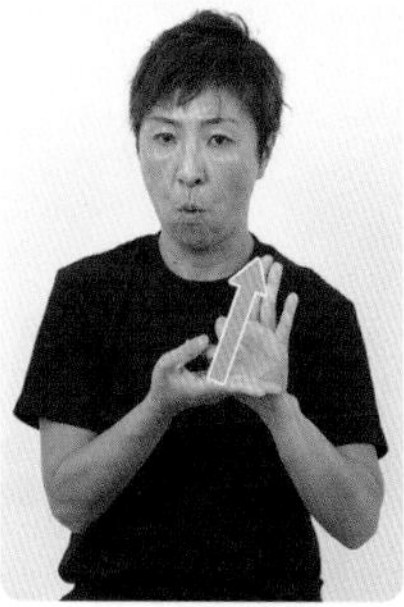

右手の人差し指と中指を伸ばして、左手のひらにあてながら上げる。

●**ホテル ＋ 約束** ＝ ホテルの予約　●**ホテル ＋ 寝る** ＝ ホテルに泊まる

参「民宿」は、両手とも親指と小指を立て、小指を合わせ、手首をひねる。両手のひらを下に向けて斜めにし、指先を付け、前に出す。P 335

ボランティア

指を足に見立て、少しずつ歩み寄る様子

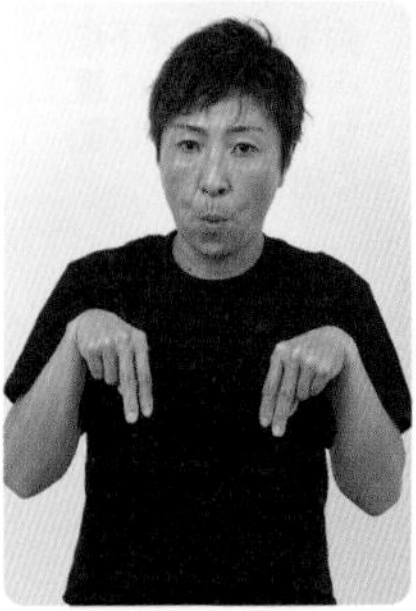

両手とも人差し指と中指を下に伸ばす。

人々が歩いて集まってくるイメージで、指を前後に動かし、両手を中央に寄せる。

●ボランティア ＋ サークル ＝ ボランティアサークル

同 歩み寄る　参 両手の人差し指と中指を下に向けて伸ばし、同時に平行に前進させる表現もある。

本

本を開く様子

両手のひらを合わせて、同時に左右に１回開く。

●絵 ＋ 本 ＝ 絵本　●本 ＋ 建物 ＝ 図書館
●本 ＋ 店 ＝ 本屋

参 「本」と同じ動きを２回繰り返すと、「手帳」の意味になる。

本当

「えっ、本当?」と驚きを表す時にも使う

片手のひらを立てて、指先を数回あごにあてる。

●**本当 + 気分** = 本心　●**本当 + お金** = 現金

同 事実、実際、真実、確かに、本物

反 「うそ」は、人差し指でほおをつつく。P 43

まあまあ

鼻の皮をむくようなイメージ

親指と人差し指をつまむようにして、手首を2回ひねる。

●**まあまあ + 同じ?(疑問の表情で)** = まあまあでしょう?
●**映画 + まあまあ** = 映画はまあまあだった

参 手首を1回だけひねると「まし」の意味になる。

まいった

うんざりしたという表情を付ける

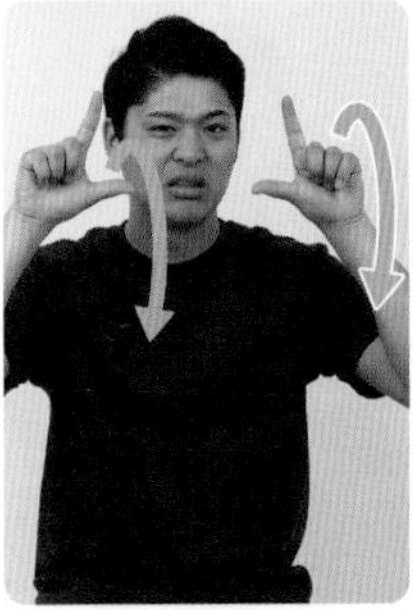

両手とも親指と人差し指を伸ばして上に向け、手首をひねって下げる。

●仕事 + 遠い + 通う + まいった = 遠距離通勤にうんざり
●毎日 + 勉強 + まいった = 毎日勉強するのはうんざり

同 うんざり

前

自分より前の位置を示す

片手のひらを前に向け、肩から前に出す。

●前 + イス = 前の席　●前 + 行く = 前のほうに行く
●前 + イス + 希望 = 前列に座りたい

反 「後ろ」は、片手の人差し指を立て、肩から後に倒す。P409

負ける

面目丸つぶれのイメージ

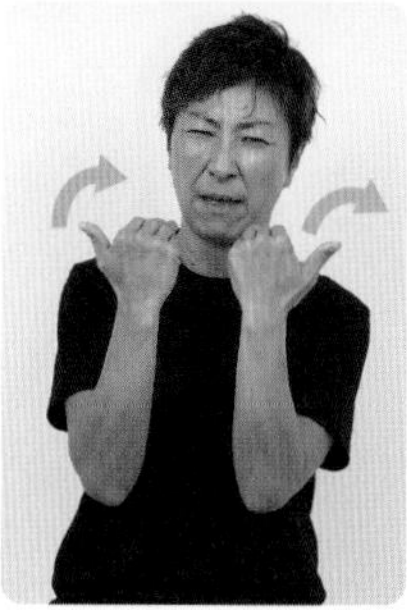

両手のひらを自分に向け、同時に自分に向かって倒す。

●**試合** + **負ける** = 試合に負ける　●**負ける** + **悔しい** = 負けて悔しい

同 敗れる

反 「勝つ」は、すぼめた両手を顔の横に置き、同時にパッと開き、前に出す。P91

まずい

口の前から弧を描くように手を下げると「吐く」の意味になる

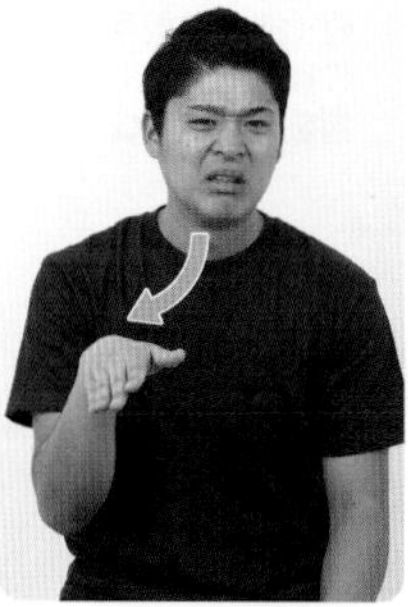

指の腹をあごに付けてから、指先を下に払う。

●**食事** + **まずい** = 食事がまずい　●**逃げる** + **まずい** = さぼるのはまずい　●**その(指差し)** + **方法** + **まずい** = そのやり方はまずい

同 不幸、不便

貧しい

口型「ぴ」を付け、親指をあごにあてると「少ない」という意味になる

片手の親指をあごの下にあて、2回前に出す。

●**貧しい＋人**＝貧しい人　●**経験＋貧しい**＝経験が乏しい

同 不足している、乏しい

参 同じ動作で口型を付けると「貧乏」「足りない」という意味にもなる。

ますます

積み上がり増えていくイメージ

軽く曲げた両手の親指と人差し指を上下に置く。

手の形はそのままで、下にある手を弧を描きながら、上に1回積み上げる。

●**わからない＋ますます**＝ますますわからない

●**きれい＋ますます**＝ますますきれいになる

同 増す、さらに、もっと、追加　参 表情がポイント。顔に感情をこめて表す。

まだ

左手は到達点を表し、そこまで至らない「途中」という意味

左手のひらを指先を前に向けて倒し、右手は甲を前にして手首を軸にして上下に振る。

●終わる＋まだ＝まだ終わらない　●結婚＋まだ＝未婚
●決める＋まだ＝未定　●書く＋まだ＝まだ書いていない

参 右手の動作だけで表現することもできる。

間違い

「見た」と思っていたものが逆だったというイメージ

両手とも親指と人差し指を付け、甲を前に向け、目の前で交差させる。

●想像＋間違い＋私＝私の思い違いだった

同 誤り、誤解、錯覚　参 目の前で人差し指と中指を横に伸ばし、そのまま手首をひっくり返す表現もある。

待つ

首を長くして待つ様子

片手の親指以外の4指を折り曲げて、あごにあてる。

●うれしい＋待つ＝期待　●待つ＋うれしい＋お願い＝お楽しみに　●待つ＋会う＝待ち合わせ　●彼氏＋待つ＝彼氏を待つ

同 待機

～まで

左手で終点を表し、そこに右手を付ける動作で表現する

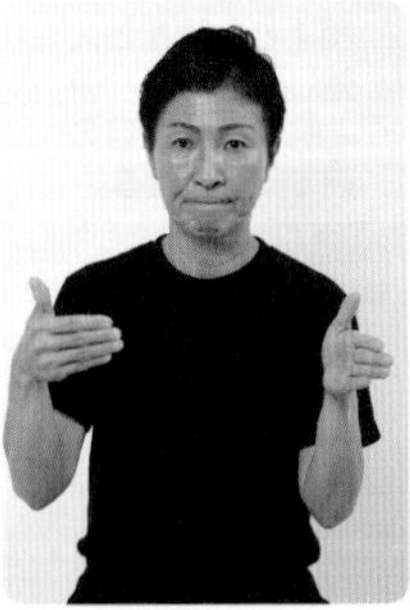

左手のひらを指先を前に向けて立てる。右手のひらは、指先を左手に向けて立てる。

手の形はそのままで、右手を左手に向かって移動させて、指先を左手に付ける。

●明日＋～まで＝明日まで　●～まで＋電車＝終電

参 数字や日時、範囲を限定する時に使う。　参 右手を左手まで移動させず、途中で右手首を下に向けると「途中」の意味になる。P 251

迷う

気持ちが揺れている様子

両手のひらを上に向けて、胸の前に置き、同時に左右に揺らす。

- 迷う + どうして?(疑問の表情で) = どうして迷うの?
- 行く + 迷う = 行こうか迷う

参 両手のひらを右にだけ振ると「浮気」の意味になる。

マンガ

「おもしろい + 本」で表す

1

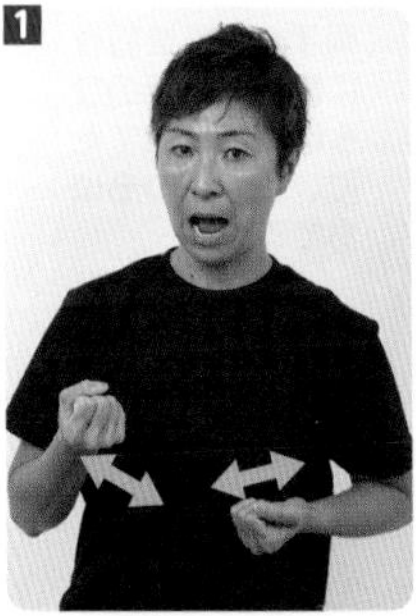

両手のこぶしをお腹の前に置き、同時に数回お腹を叩く。

2

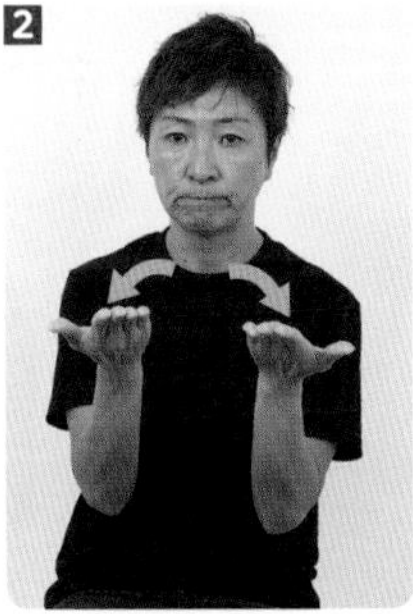

両手のひらを合わせて、同時に左右に1回開く。

- マンガ + 100 + 持つ = マンガを100冊持っている

1 同 おもしろい　2 同 本、メニュー

参 1は、片手でお腹を叩く動きでもよい。

マンション

「万 ＋ 建物」で表す

1

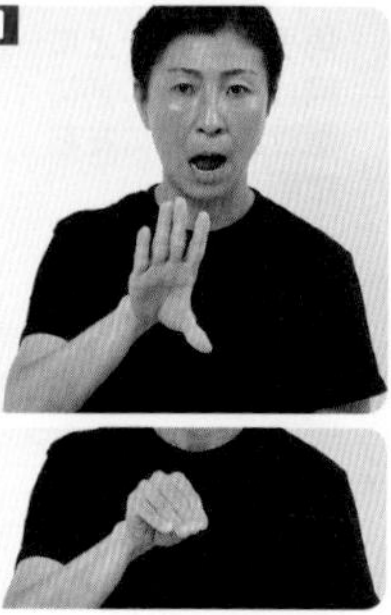

指を揃え開いた手のひらを前にけ、指をすぼめる。

両手のひらを左右に向かい合わせて、同時に直角に上げて中央で付ける。

2

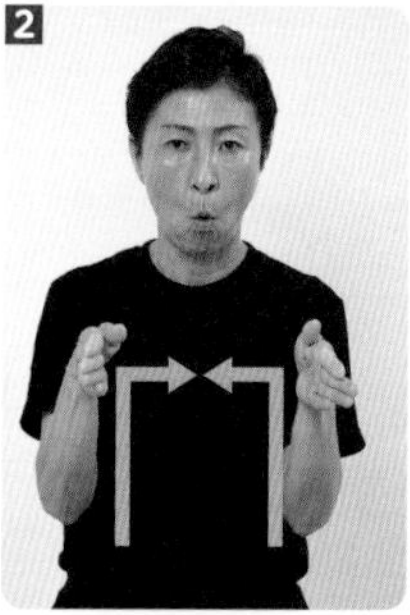

●すてき ＋ マンション ＝ 高級マンション

1 同 万　2 同 建物、～館、ビル
参 指文字「ま」を２回下げる表現もある。

満腹

お腹が限界まで膨らむ様子

両手のひらを前後に置き、右手のひらはお腹にあてた後、左手のひらにあてる。

●食べる ＋ ○○放題 ＋ 満腹 ＝ 食べ放題で満腹

参「満腹」と同じ動きを胸元で表すと「満足」の意味になる。　反「空腹」は、片手の親指以外の４指を下に向け、お腹をえぐるように下に滑らせる。

短い

長さや距離があまりないことを表す

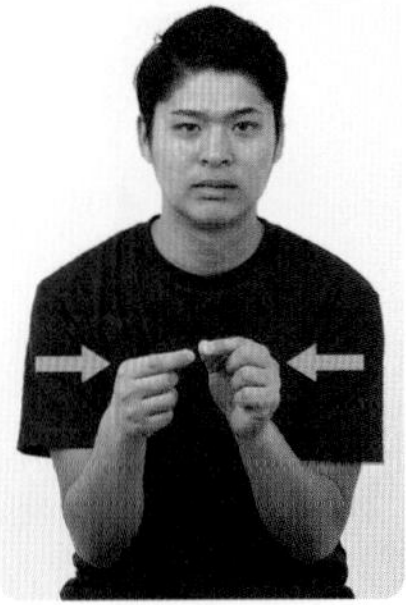

両手とも親指と人差し指を付けて向かい合わせ、同時に左右から寄せる。

●短い ＋ 大学 ＝ 短期大学　●時間 ＋ 短い ＝ 短時間

同 近い

反 「長い」は、親指と人差し指を付けた両手を向かい合わせ、左右に開く。

ミスした

自分自身を刀で斬る様子

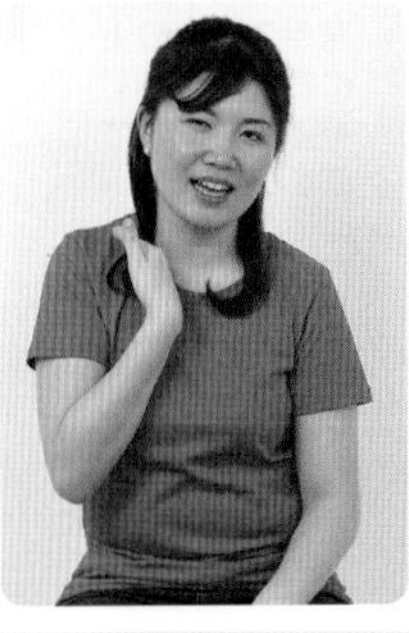

片手のひらの小指側を首元にあてる。

●買う ＋ ミスした ＝ 買って後悔した

●結婚 ＋ ミスした ＝ 結婚して後悔

同 後悔、悔やむ

店

売り買いする様子

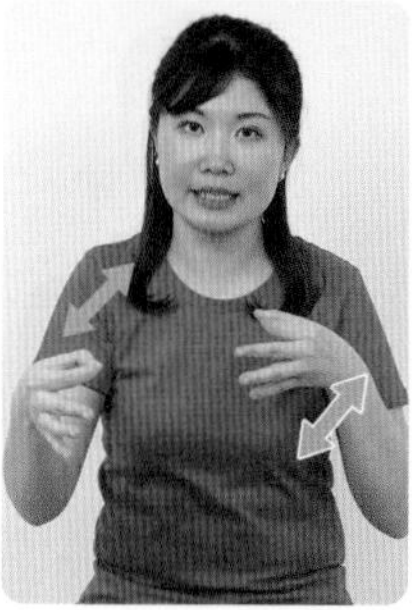

両手とも親指と人差し指で輪を作り、交互に前後に動かす。

●あの（指差し）＋ 店 ＋ ある ＋ 違う？（疑問の表情で）＝ あの店なら売っているかもしれない　●店 ＋ 開く ＋ 時間 ＝ 開店時間

同 商売、売買、販売

みそ汁

すり鉢で大豆をつぶして、
みそを作る様子

1

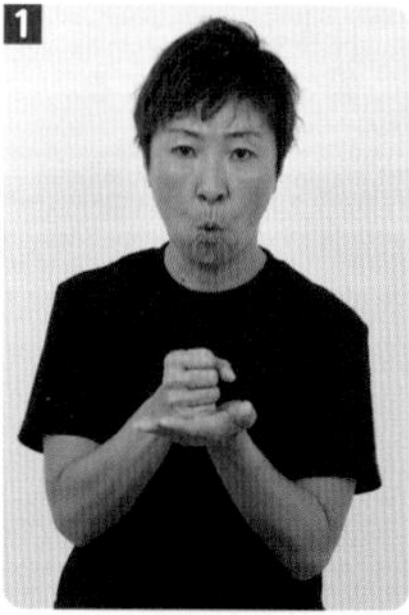

左手のひらの上に右手のこぶしを置き、回してこすり付ける。

2

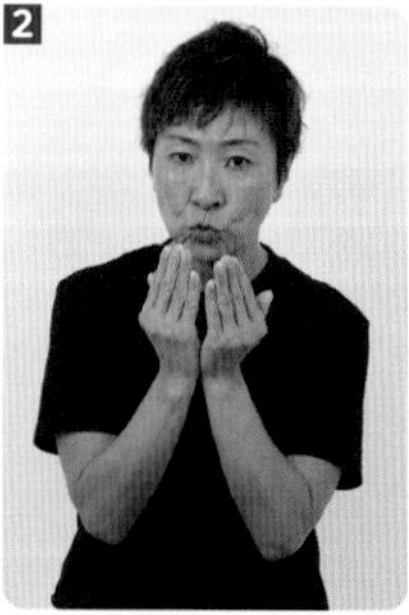

軽く曲げた両手のひらを口元に近づける。

●朝 ＋ 食べる ＋ みそ汁 ＋ 必要 ＝ 朝食にみそ汁は必須だ

1 同 みそ、ごますり、都合

参 1 は両手をにぎって上下に構え、同時に回す表現もある。

見つける

焦点が合う、目に留まるといったイメージ

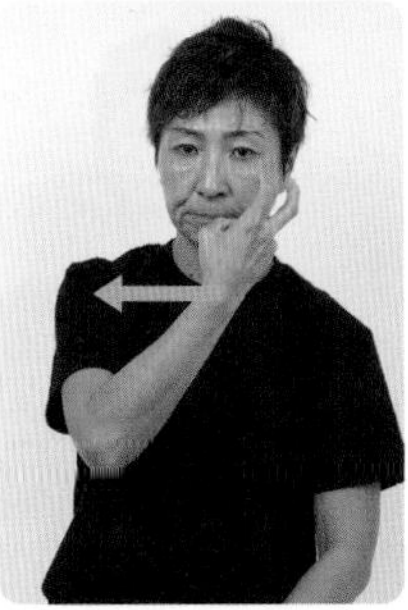

片手の人差し指と中指を曲げて、指先を目に向けたら、すばやく横へ動かす。

●おいしい ＋ 店 ＋ 見つける ＝ おいしい店を発見

同 発見　参 人差し指と中指を折り曲げた片手を、胸の脇あたりからすばやく顔の前に動かす表現もある。

認める

うなずく様子

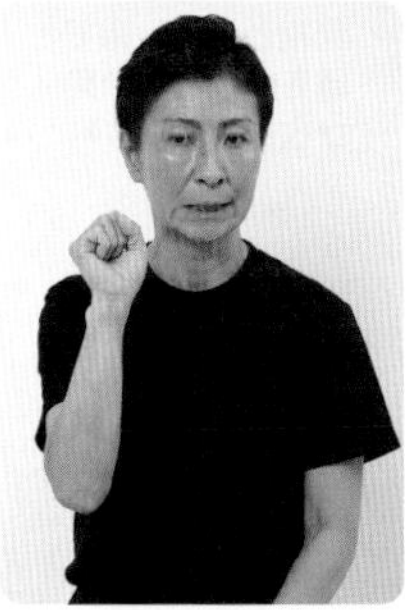

片手のこぶしを顔の横あたりに構える。

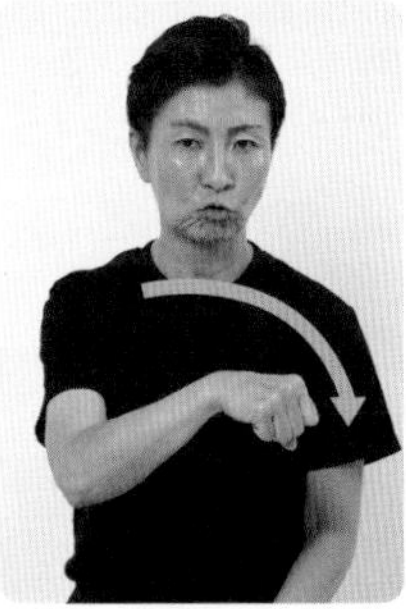

こぶしを体の正面まで下げる。

●おもしろい ＋ あなた ＋ 認める ＝ あなたがおもしろいのは認める

同 肯定、許す

反 「認めない」「否定」は、片手のこぶしを体の正面で構え、手首を返して上げる。

港

曲げた人差し指で防波堤を表し、
囲まれている様子

両手とも人差し指を軽く曲げ、左右で向かい合わせる。

●港 + 指文字「く」= 港区
●港 + ～から + 船 + 出る = 港から船が出る

参「港」と同じ指の形のまま、額の前で２回閉じると「クワガタムシ」の意味になる。

見る

「ぼんやりと見る」という意味の
手話

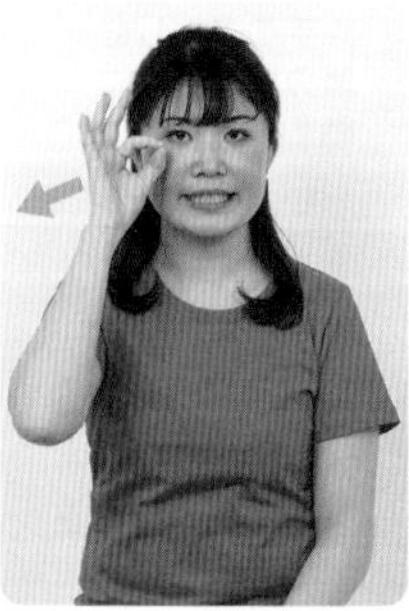

親指と人差し指で輪を作り、目の前から少し前に出す。

●花 + 見る = 花見　●ドラマ + 見る = 観劇

参 人差し指を立て、目の前あたりから前に出す表現もある。　参「きちんと（集中して）見る」は、人差し指と中指を立て、指先を前に向け、目から前に出す。

民宿

「人々 ＋ 宿」で表す

1

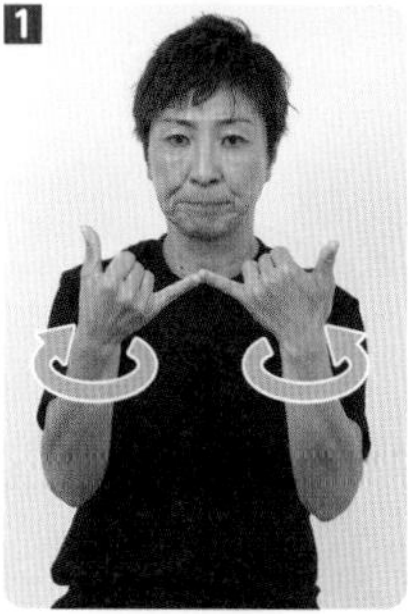

両手とも親指と小指を立て、小指を合わせ、手首をひねる。

2

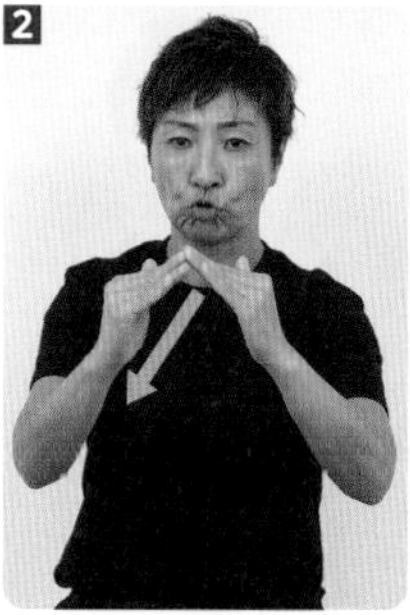

両手のひらを下に向けて斜めにし、指先を付け、前に出す。

●今日 ＋ 民宿 ＋ 寝る ＝ 今日は民宿に泊まる

1 同 人々　**2** 同 宿　参「ホテル」は、右手の人差し指と中指を伸ばして、左手のひらにあてながら上げる。P 321

むかつく

心を放り投げるイメージ

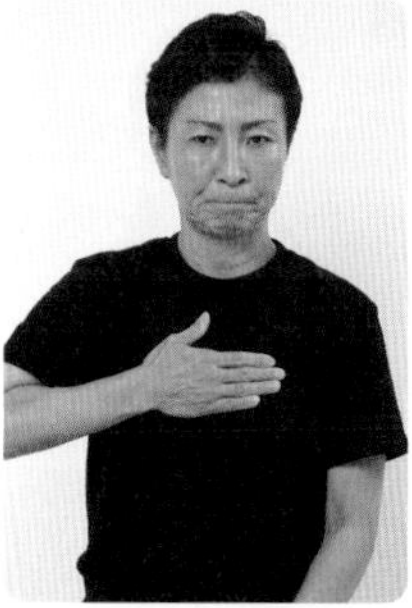

片手のひらを、胸にあてる。

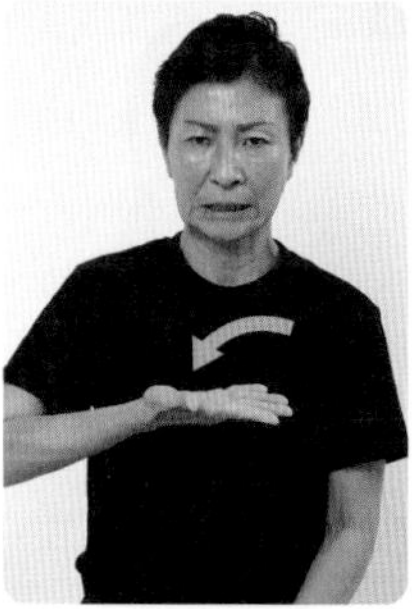

体から手を離しながら手のひらを上に向け、前に出す。

●彼 ＋ むかつく ＝ 彼にむかつく　●上司 ＋ むかつく ＝ 上司にむかつく

同 不服、不平

参「頭にくる」は、人差し指をこめかみにあて、そのまま下に振り払う。P 25

無視する

視線を外す様子

片手の人差し指と中指を前に向かって伸ばす。

手の形はそのままで、手首をひねって後ろの方に向ける。顔も指と同じ方向に反らす。

●無視する ＋ 良い ＝ 無視したほうがいい

反 「無視される」は、片手の人差し指と中指を自分に向けて伸ばし、手首をひねって指先を前に出す。

虫歯

「歯 ＋ 虫」で表す

1

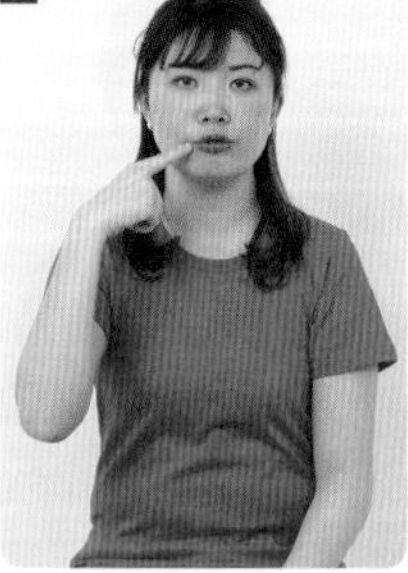

片手の人差し指で口(歯)を指す。

2

片手の人差し指を曲げたり伸ばしたりして、前に出す。

●虫歯 ＋ ない④ ＝ 虫歯ゼロ　●虫歯 ＋ 痛い ＝ 虫歯が痛い

1 同 歯　**2** 同 虫

参 順番を逆にして、「虫 ＋ 歯」で表してもよい。

蒸す

蒸気があたっている様子

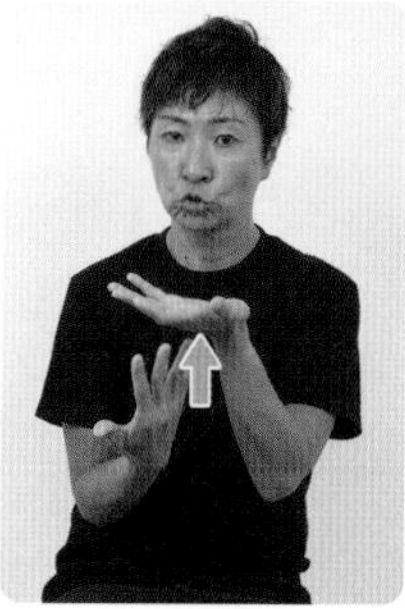

左手のひらを上に向け、その下に右手のひらを立て、指先を左手の甲にあてる。

●蒸す ＋ 料理 ＝ 蒸し料理　●野菜 ＋ 蒸す ＝ 野菜を蒸す

参「焼く、ゆでる」は、わん曲させた両手を上下に構え、下の手の指先を上の手の甲に2回あてる。P345

難しい

物事や専門知識、人間関係、人の性格について使う表現

親指と人差し指の指先を合わせた片手のこぶしをほおの横に置く。

手の形はそのままで、手首をひねって少し前に出す。つねるイメージ。

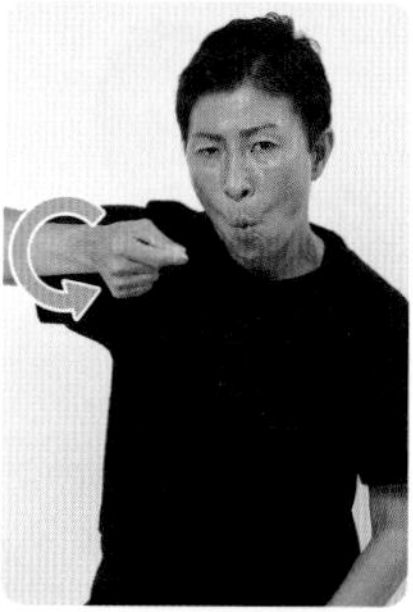

●仕事 ＋ 難しい ＝ 難しい仕事　●歩く ＋ 難しい ＝ 歩くのが困難だ

同 困難、できない、無理

反「易しい」は、右手の人差し指をあごにあてた後、左手のひらにポンと乗せる。

無理やり

串（意思）を突き刺すイメージ

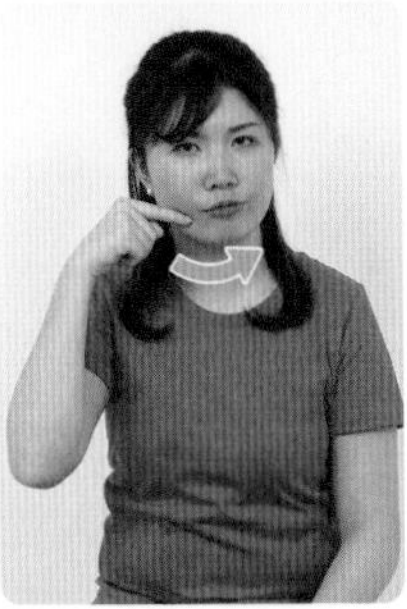

片手の人差し指を口元に置き、横に動かす。

●無理やり ＋ 出かける ＝ 無理やり出かける
●無理やり ＋ しないで（手のひらを振る） ＝ 無理しないで

参「無理、難しい」は、ほおを軽くつまむような動きをする。P337

無料

「ない③」と混同しないように注意

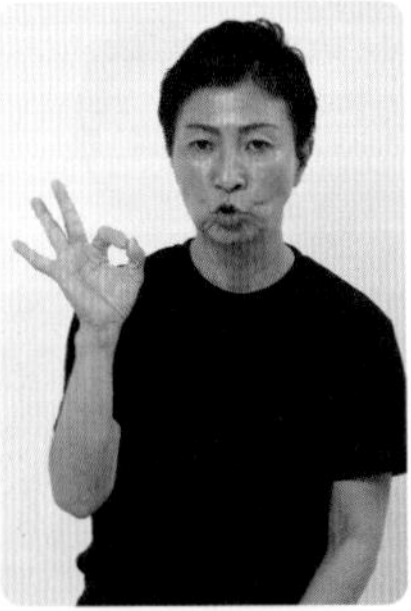

片手の親指と人差し指で輪を作る。

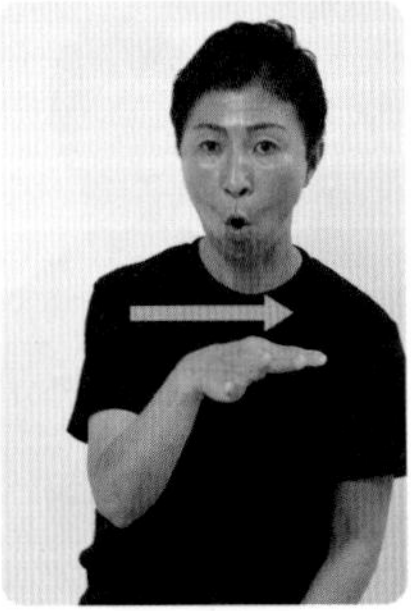

親指と人差し指をパッと離しながら、手首を横に払う。

●無料 ＋ チケット ＋ もらう ＝ 無料チケットをもらう
●参加 ＋ 無料 ＝ 参加無料

同 ただ

名刺

胸ポケットから名刺を出す様子

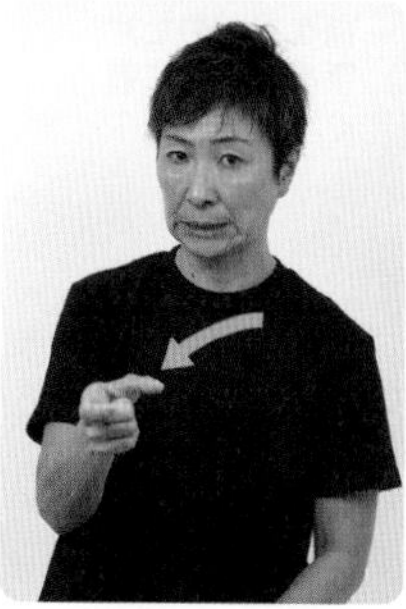

片手の親指と人差し指でコの字型を作り、胸にあて、前に出す。

●名刺 + 作る = 名刺を作る
●名刺 + 与える = 名刺を渡す

参「名札」は、両手とも親指と人差し指をコの字型にして向かい合わせ、胸にあてる。

目指す

左手の的に右手の矢をあてる様子

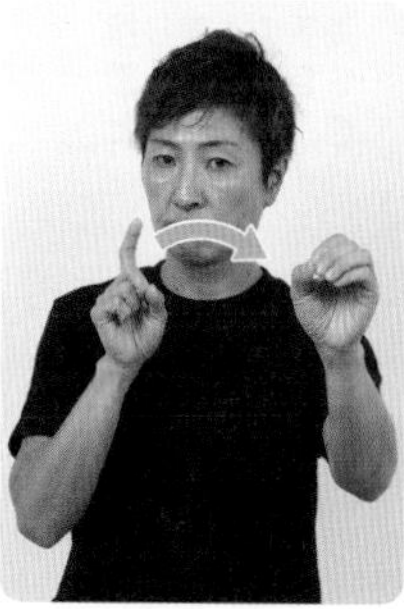

筒型にした左手を横にし、右手の人差し指をあてる。

●医師 + 目指す = 医師を目指す
●目指す + 場所 + 歩く = 目標地点に歩いて向かう

同 目標、目的

珍しい

「目新しい」「目に新鮮」という
イメージ

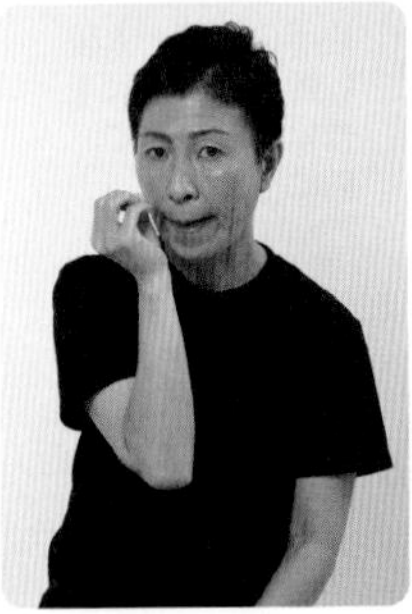

指をすぼめた片手を顔の前に置く。

手をパッと開きながら前に出す。

●花 + 珍しい = 珍しい花　●建物 + 珍しい = 珍しい建物

同 まれ、見慣れない　参 手をパッパッと開きながら、顔の周りを1周させる表現もある(「すごく珍しい」の意味)。

めまい

目が回る様子

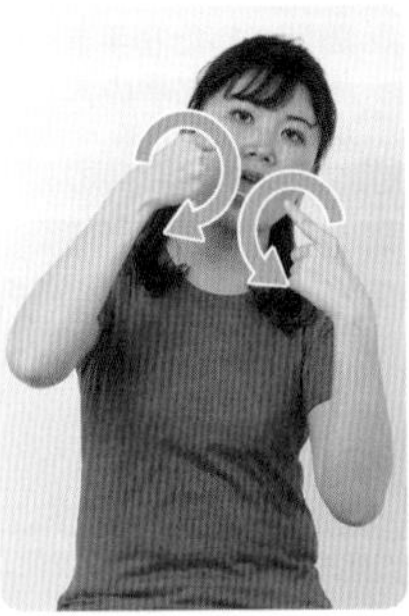

両手の人差し指を目の前に置き、ぐるぐると回す。

その際、頭も前後左右に揺らす。

●立つ + めまい = 立ちくらみ　●太陽 + めまい = 日射病

同 目が回る

参 表現する時は、上半身も少し揺らすとより伝わりやすくなる。

免許

2種類いずれの手話でも良い

わん曲させた右手を左手のひらにあてる。

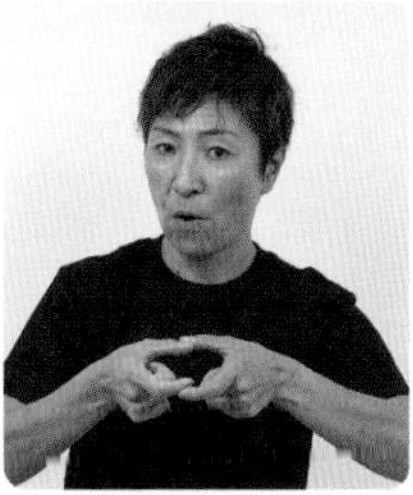

両手とも親指と人差し指をコの字型にして、指先を合わせる。

●車 + 免許 + ある?(疑問の表情で) = 車の免許証を持っていますか?
●お金 + 免許 = ゴールド免許

同 賞、証拠、証明

同 カード

申し込む

申請を出すイメージ

左手のひらの上に右手の人差し指をあて、同時に前に出す。

●結婚 + 申し込む = プロポーズ

同 届(とどけ)、申請　参「キャンセル、捨てる」は、すぼめた右手を左手のひらの上に置き、右手だけパッと開きながら下げる。P192

目的

左手の的に右手の矢をあてる様子

左手のこぶしに、右手の人差し指をあてる。

●目的 + お金 = 年金
●目的 + どこ?(疑問の表情で) = どちらまで行かれますか?

同 年、あたる、ため、目指す、目標

もちろん

2回という回数がポイント。
1回だと異なる意味になる

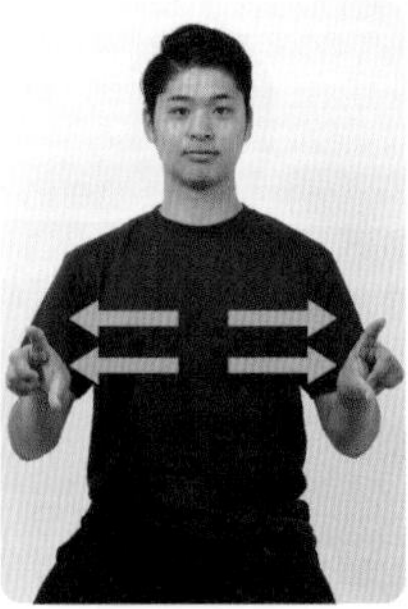

両手の親指と人差し指を伸ばして前に向け、合わせ、2回左右に引く。

●もちろん + 本当 = もちろん本当です

同 あたり前、当然　参「もちろん」と同じ手の形で1回だけ左右に引くと「普通」の意味になる。P 306

持つ

持ち上げるようなイメージ

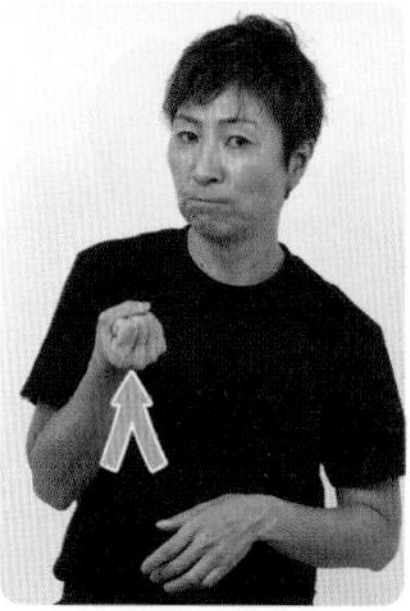

片手のひらを上に向け、上げながらグッとにぎる。

●傘 + 持つ + 良い = 傘を持ったほうがいい　●明日 + 持つ + 行く + 何?(疑問の表情で) = 明日持っていく荷物は何?

参 手をにぎりながら手前に引くと「持ってくる」の意味になる。

もらう

包みの紐をつまんでいる様子

右手は紐をつまむように、左手のひらは物の底を支えるようにして、同時に自分に引き寄せる。

●本 + もらう = 本をもらう　●服 + もらう = 服をもらう

参 この手話はお土産やプレゼントなどをもらった時に使う。参 物を受け取る、誰かに何かをしてもらう時は、両手のひらを上に向け、揃えて手前に引く。

盛り上がる

その場がドッとにぎやかになる様子

開いた両手のひらを、手首をひねりながら上げる。

●パーティー ＋ 盛り上がる ＝ パーティーが盛り上がる　●懐かしい ＋ コミュニケーション ＋ 盛り上がる ＝ 懐かしい話で盛り上がる

反「静か」は、両手のひらを下に向けて中央で合わせ、同時に左右に離す。P163

焼き鳥

焼き鳥を串から食べる様子

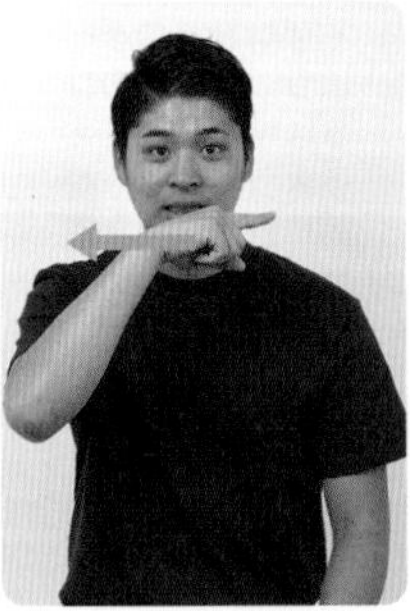

片手の人差し指を横に伸ばして口元に置き、横に引く。

●あの ＋ 居酒屋 ＋ 焼き鳥 ＋ おいしい ＝ あの居酒屋の焼き鳥はおいしい　●焼き鳥 ＋ お土産 ＝ 焼き鳥のお土産

参「唐揚げ」は、片手の人差し指と中指を前に伸ばし、左右に振る。P98

焼肉

箸で肉をつまみ、肉の両面を焼いている様子

片手の人差し指と中指を少し開いて下に向け、左右にひっくり返す。

●焼肉 + 好き = 焼肉が好き　●焼肉 + 店 = 焼肉店
●家 + 焼肉 + 食べる + 私 = 家で焼肉を食べる

参 人差し指と中指を伸ばし、手首を上下にひねると「すき焼き」の意味。P21

焼く

下の手が火を表している

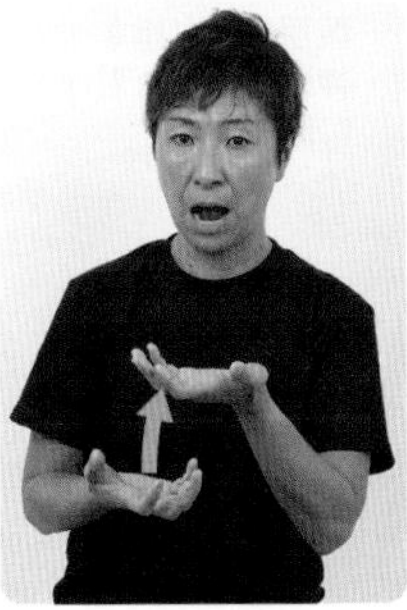

わん曲させた両手を上下に構え、下の手の指先を上の手の甲に２回あてる。

●ケーキ + 焼く = ケーキを焼く　●パン + 焼く = パンを焼く

同 ゆでる
参 「煮る」は「焼く」の手話で表すこともあるが、丁寧に表すなら、「水+焼く」と表す。

役所

事務員のアームカバーを表している

1

右手で左腕の上部をつかみ、その後左手首をつかむ。

2

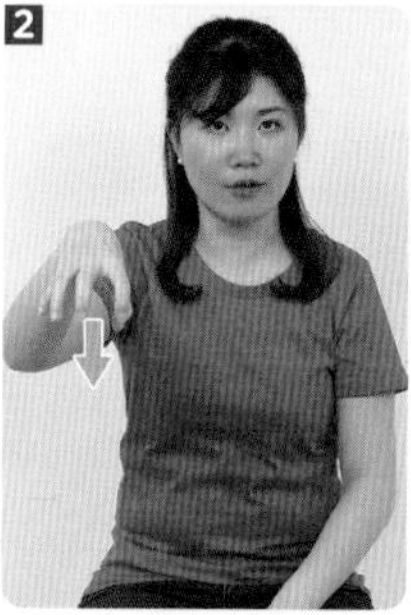

片手のすべての指を軽く曲げて下に向け、少し下げる。

●**指文字「く」＋役所**＝区役所　●**指文字「し」＋役所**＝市役所

2 同 場所、～所、～場　参 左手の指先の上に右手のひじを乗せ、右手を前後に振る動きをしてから、「場所(P 282)」の手話を表すのでも良い。

約束

指きりをする様子

両手とも小指を伸ばして、上下に絡ませる。

●**デート＋約束**＝デートの約束　●**結婚＋約束**＝婚約

同 予約、守る、きっと、必ず

反 「約束を破る」は、絡めた小指を上下に離す。

やけど

腕が焼けただれる様子

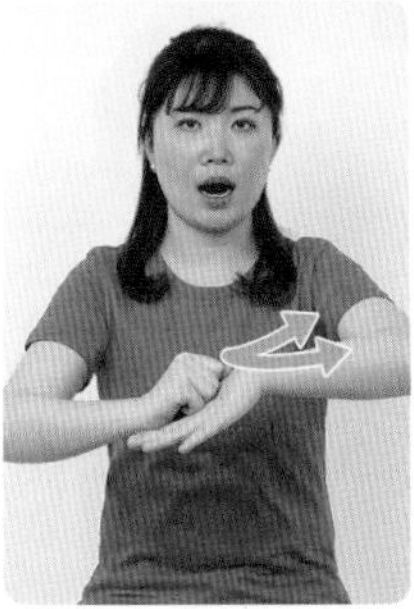

左手の甲に右手のこぶしをあて、手を開きながら腕に沿って上げる。

●やけど ＋ 注意 ＋ お願い ＝ やけどに気をつけてください

参 「日焼け」は、すぼめた片手を頭の斜め上に置き、パッと開いた後、親指と小指を立て、顔の前で下から上に上げる。

野菜

キャベツやほうれん草など野菜の形を表す

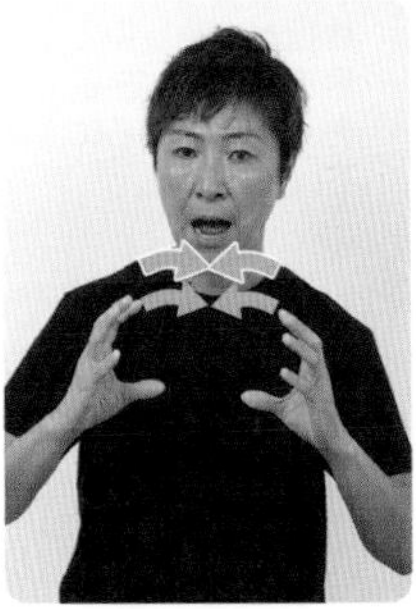

わん曲させた両手を左右で構え、2回中央に寄せて指先を付ける。

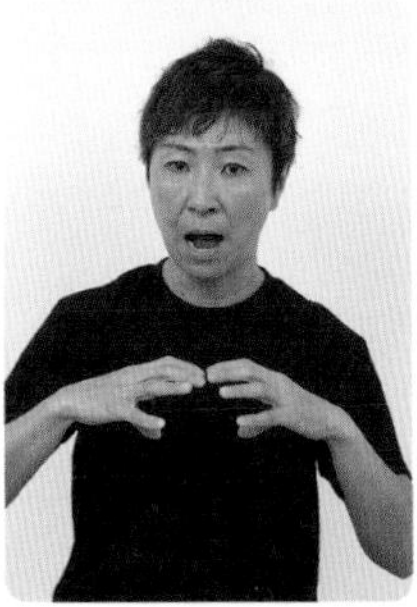

●野菜 ＋ ジュース ＝ 野菜ジュース　●野菜 ＋ 好き ＝ 野菜好き

同 サラダ、ベジタリアン

参 両手を2回上げて、真ん中で重なるようにすると「キャベツ」の意味になる。

夜食

遅い時間に食べるという意味

1

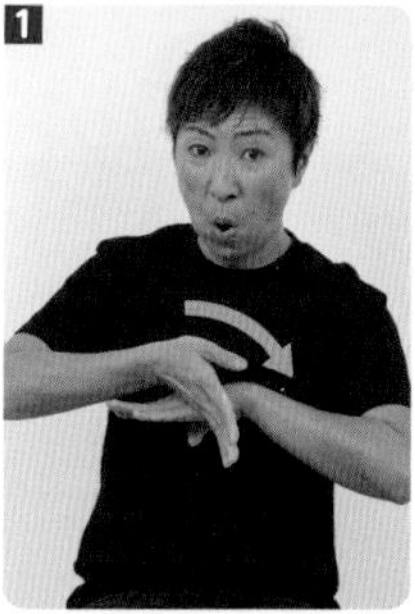

横に伸ばした左手に立てた右手をあて前にすべらせる。

2

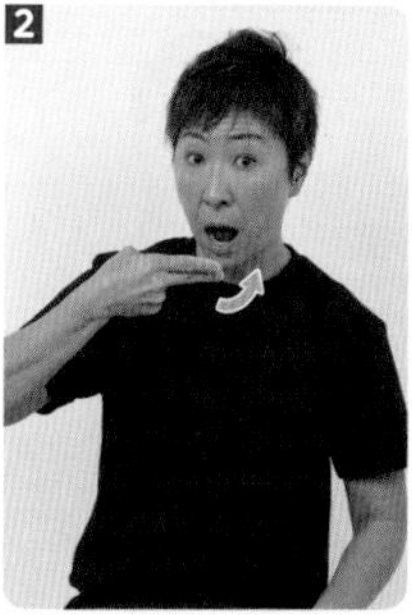

片手の人差し指と中指を口元で数回すくい上げる。

●夜食 + 太る = 夜食は太る

1 同 過ぎる、遅刻　2 同 食べる　参 1の手の形のまま、手を2回前にすべらせると「残業」の意味になる。

や

安い

右手はお金に見立て、値段が下である（安い）ことを表す

親指と人差し指で輪を作った右手を、左手のひらに下げてあてる。

●円 + 安い = 円安　●目 + 安い = 見る目がない
●安い + 服 + 買う = 安い服を買う

参 両手で輪を作り、同時に斜め下に下ろすと「値下がり」「値引き」の意味になる。

やっと

額にたまった汗をぬぐう様子

片手のひらを額にあてる。

手のひらを横に引き、下に振り払う。

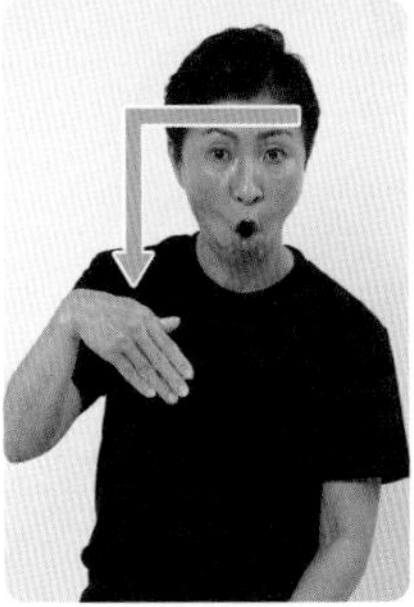

●やっと ＋ 仕事 ＋ 終わる ＝ やっと仕事が終わった

同 ついに

参 手を振り下ろさずに、横に引くだけだと「若い」の意味になる。 P 368

宿

「寝る ＋ 宿」で表す

1

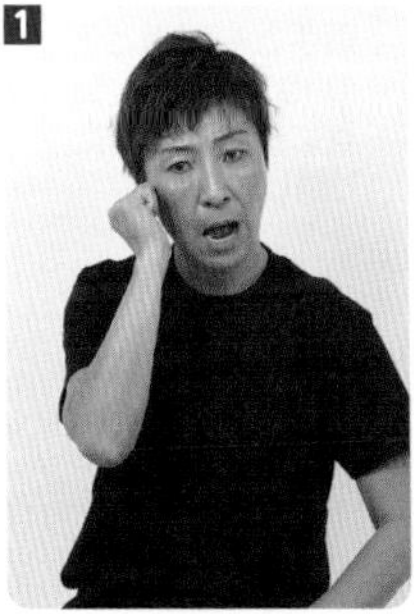

片手のこぶしをほおにあて、首を少しかしげる。

両手のひらを下に向けて斜めにし、指先を付け、前に出す。

2

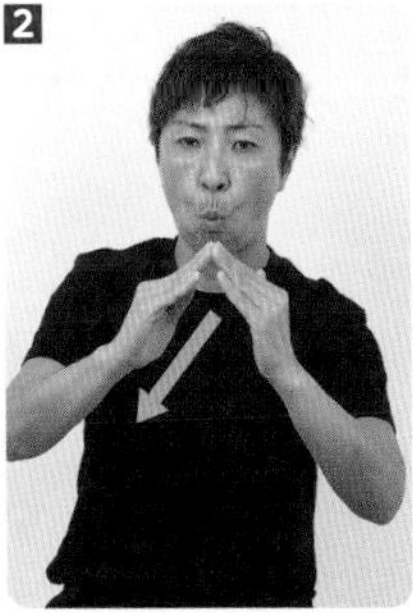

●宿 ＋ 約束 ＝ 宿の予約　●古い ＋ 宿 ＝ 古い宿

同 合宿、宿舎

1 同 眠る、睡眠

やる気がある

「する + ある」で表す

1

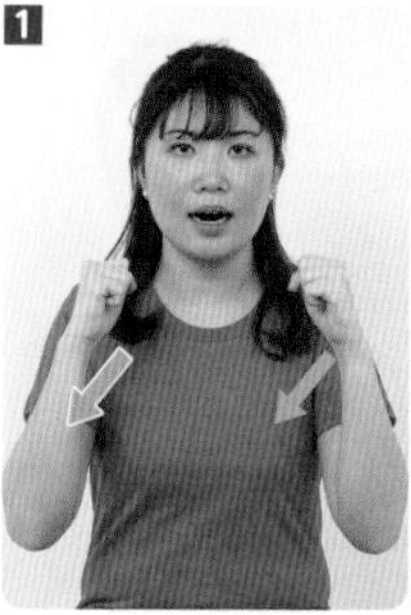

両手のこぶしを胸の前に置き、前に出す。

2

片手のひらを下に向けて、胸の前あたりに置き、少し下げる。

●やる気がある + 伝える = やる気があることを伝える

1 同 する、実行　2 同 ある

参 「する + 気分(P113)」でも「やる気がある」という意味になる。

や

やわらかい

ふわふわとやわらかいイメージ

両手とも親指とその他4指を、交互に指先を付けたり離したりする。

●料理 + 卵 + やわらかい = やわらかい卵料理

同 こんにゃく、(ゲームなどの)ソフト　参 「かたい」は、片手の親指と人差し指を軽く曲げ、斜め下に勢いよく下ろす。P90

遊園地

ジェットコースターのレバーをつかんでいる様子

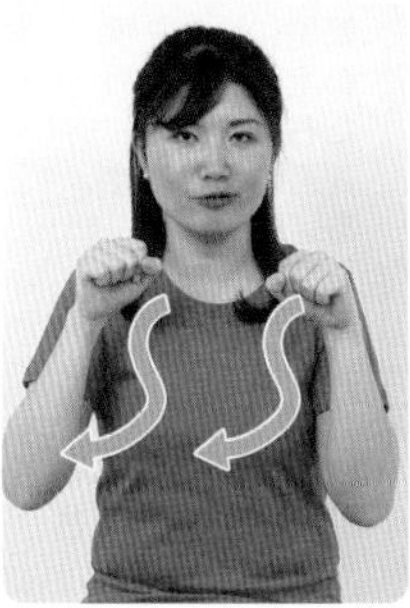

両手のこぶしを肩の前に構え、ジェットコースターの動きをイメージして同時に下げる。

●ゴールデンウィーク + 遊園地 + 行く = ゴールデンウィークに遊園地に行く

同 ジェットコースター

勇気

両手で行うのがポイント。片手のみだと異なる意味になる

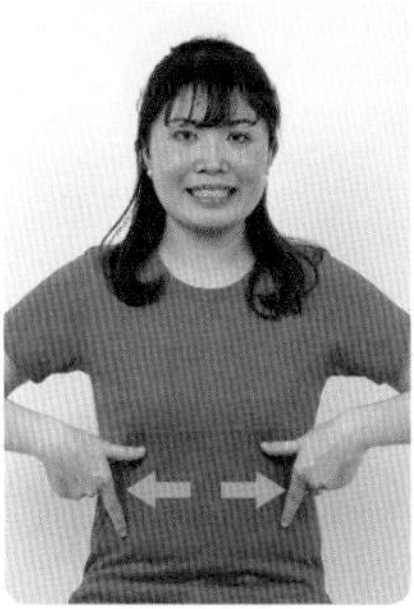

両手の親指と人差し指を伸ばしてお腹にあて、左右に離す。

●勇気 + ある = 勇気がある　●勇気 + ない① = 勇気がない

同 大胆　参「勇気」と同じ手の形で、片手のみお腹の前で横へ引くと「福岡」の意味になる。P398

有給休暇

必ず「有給休暇」という口型を付ける

1

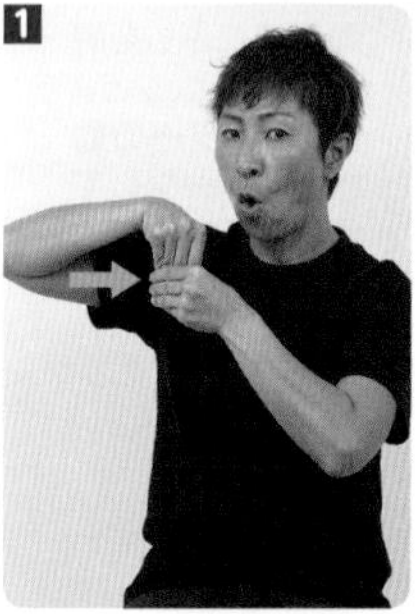

筒型にした左手の上に、すぼめた右手を置き、同時に引き寄せる。

2

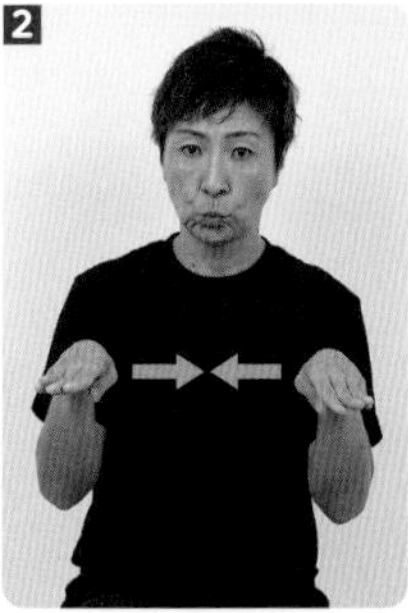

両手のひらを下に向けて左右に構え、中央で合わせる。

●**有給休暇 + 使う + 温泉 + 旅行 + 行く =**
有給休暇に温泉旅行に行く

1 同 給料　**2** 同 休暇、休む、休日、休み

優勝

両手で優勝旗を持つ様子

両手のこぶしを付け、胸の前に置き、同時に上げる。

●**野球 + 試合 + 優勝 = 野球の試合で優勝する**

参「2位」は、左手のこぶしに、人差し指と中指を横に伸ばした右手をあてて、横にすべらせる。P264

優先席

「高齢 ＋ 席」で表す

1

わん曲させた片手を下向きにして、甲をあごにあてる。

2

右手の人差し指と中指を少し曲げて、左手の人差し指と中指の上に乗せる。

● **優先席 ＋ 妊娠 ＋ 女性 ＋ どうぞ(手のひらを差し出す) ＝ 優先席を妊婦にゆずる**

1 同 高齢　2 同 席、イス、座る、出席する、乗り物、乗る

郵便

「〒」マークを表している

右手の人差し指と中指を伸ばし、左手の人差し指を右手の中指にあてる。

● **お正月 ＋ 郵便 ＝ 年賀状**　● **夏 ＋ 郵便 ＝ 暑中見舞い**
● **郵便 ＋ 場所 ＝ 郵便局**　● **郵便 ＋ 書く ＝ 手紙**

参 「ハガキ」は、「郵便」の手話の後、両手の人差し指を伸ばしてハガキの形・大きさを描く。

雪

雪が舞いながら降る様子

両手とも親指と人差し指で輪を作り、ゆらゆら揺らしながら交互に上下させる。

●初めて＋雪＝初雪　●雪＋日＋寒い＝雪の日は寒い
●雪＋山＝雪山　●雪＋見る＋酒＝雪見酒

参「みぞれ」や「ひょう」は手話があるが難しいので、指文字で表しても良い。

夢

就寝中に見る夢でも、将来の夢でも使える

両手とも親指と人差し指を伸ばしてL字型にし、額の前に構える。

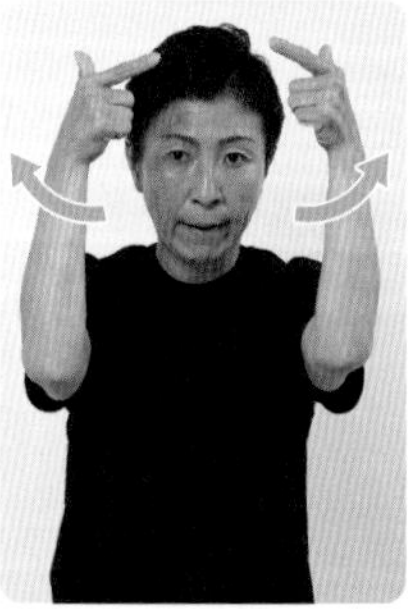

手の形はそのままで、弧の字を描くように少し上げる。

●私＋夢＋先生＝私の夢は先生になること
●昨日＋夜＋夢＝昨晩夢を見た

参 片手のひらを軽くわん曲させて、額の前に置き、雲を描くように揺らしながら少し上げる表現もある。

良い

こぶしを斜め上に出すと「天狗になる」の意味

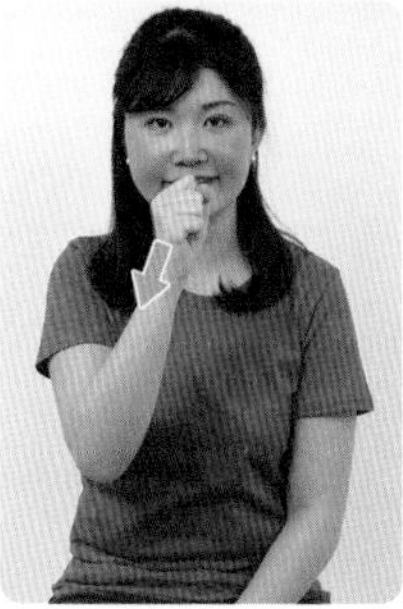

片手のこぶしを鼻の前に置き、少し前に出す。

●良い ＋ お願い ＝ よろしくお願いします

同 善い、好い、吉、良好　反「悪い」は、片手の人差し指を伸ばして、鼻にあてて、斜め下に下げる。P372

酔う

めまいや貧血など目が回る状態の時に使う

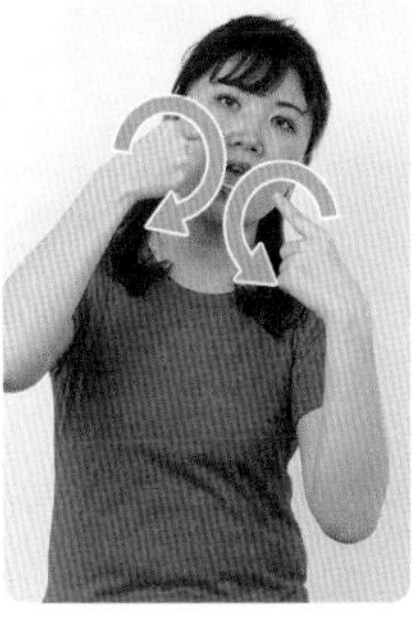

両手の人差し指を目の前に置き、ぐるぐると回す。

その際、頭も前後左右に揺らす。

●車 ＋ 酔う ＝ 車酔い　●船 ＋ 酔う ＝ 船酔い

参「酒を飲んで酔う」は、両手とも親指と人差し指で輪を作り、目の前に置き、斜め上下に離す。

用紙

紙の形を表している

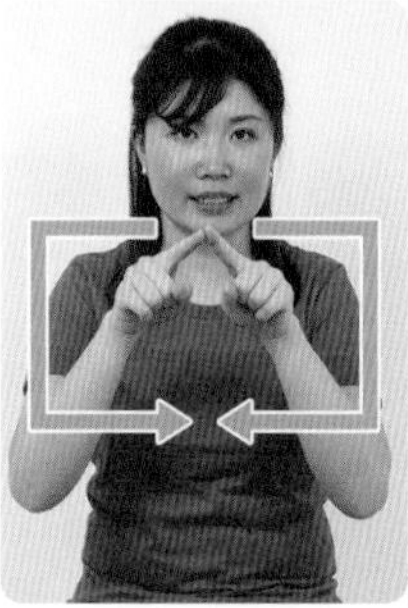

両手とも人差し指を前に伸ばして、四角形を描く。

●薬＋用紙＝処方箋　●いる＋用紙＝住民票

㊀ 四角、ハンカチ
㊇ それぞれ表したい実際のサイズで表すようにする。

幼稚園

「幼稚＋場所」で表す

1

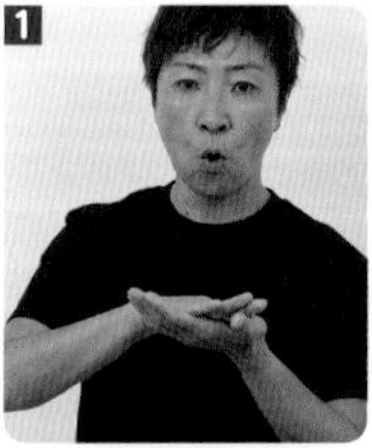

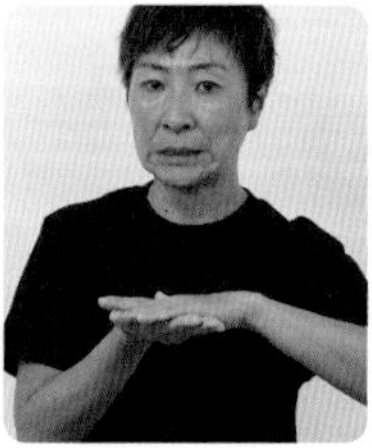

両手のひらを上下に合わせ、手首をひねって上下を入れ替える。

2

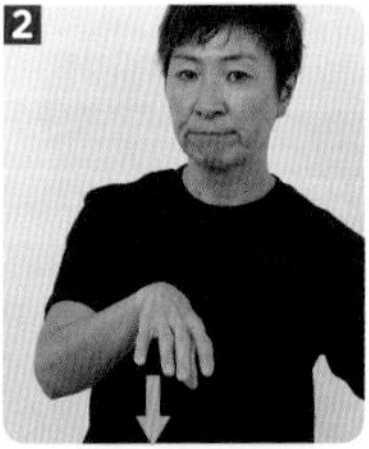

片手のすべての指を軽く曲げて下に向け、少し下げる。

●幼稚園＋子ども＋連れていく＝幼稚園に子どもを連れていく

1 ㊀ 幼稚　2 ㊀ 場所、～所、～場
㊇ 「保育園」は、「世話(Ⓟ78)＋場所」で表す。

ヨガ

ヨガの合掌のポーズを表す

両手のひらを胸の前で合わせる。

●ヨガ ＋ 教える ＋ 部屋 ＋ 通う ＝ ヨガ教室に通う

同 合掌、お参り　参 日本に新しく入ってきたヨガや太極拳などは、人によって表現方法が異なる場合がある。

汚れ

汚れやシミなどが付着している様子

右手のひらを軽くわん曲させて下向きにし、左手のひらを上向きにして、向かい合わせる。

手の形はそのままで、右手を左手のひらに２回ポンポンとあてる。

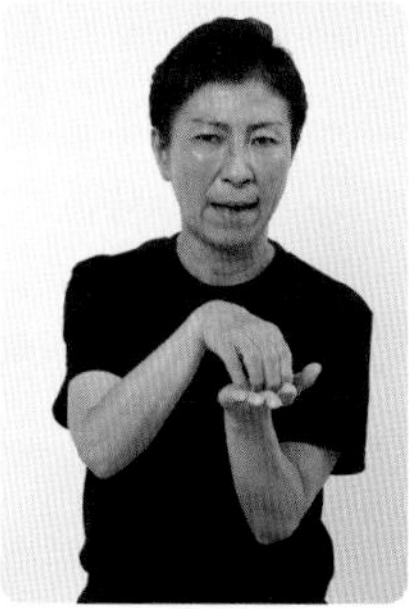

●服 ＋ 汚れ ＝ 服の汚れ　●汚れ ＋ 部屋 ＝ 汚い部屋

同 汚い、ごみ

参 「汚れ」と同じ動きを１回だけ行うと「免許、証拠、証明」の意味になる。 P341

予定

1回という回数がポイント

左手のひらを下に向け、直角に曲げた親指以外の右手の4指を左手の小指にあてる。

左手はそのままで、右手だけ、左手の小指に沿って横に1回すべらせる。

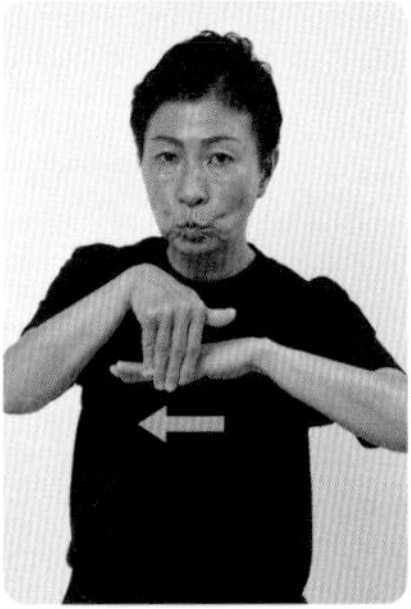

●明日 + 予定 + 何?(疑問の表情で) = 明日の予定は?

同 (〜する)つもり

参 「予定」と同じ動きを2回行うと「計画」の意味になる。P 126

呼ぶ

手招きする様子

下に向けた片手のひらを、手首をひねって自分に寄せる。

●家 + 友達 + 呼ぶ = 家に友達を招く
●遊び + 呼ぶ = 遊びに誘う

同 誘う、招く　参 「名前を呼ぶ」は、「名前(P 261) + 言う(P 33)」で表す。

読む

文章を目で追っているイメージ

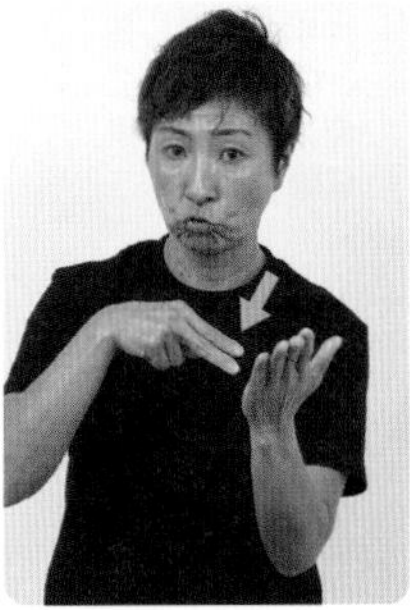

右手の人差し指と中指を伸ばし、左手のひらの上で上下させる。

●私 + 趣味 + 本 + 読む = 私の趣味は読書です

参 横書きの本や書類などを読む場合は、伸ばした人差し指と中指を横に2回ほどすべらせる。

弱い

脱力し、肩を落としながら表すのがポイント

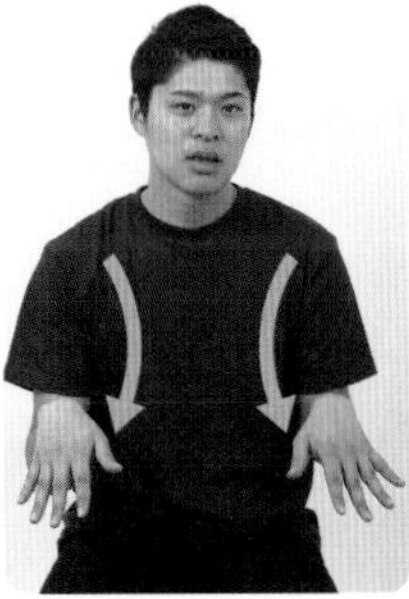

両手の指先を肩にあて、手首をひねって下げる。

●体 + 弱い + 人 = 体が弱い人　●風 + 弱い = 弱い風

同 弱点、弱る、軟弱、かよわい、ひ弱、弱々しい、力を抜く

参 勢いや力が劣る意味で使う。

〜らしい

「?」マークを表す

片手の人差し指と中指を揃えて伸ばし、顔の横に置く。

そのまま指「?」を書くように下げる。

●**明日 + 雪 + 〜らしい** = 明日は雪らしい

●**赤ちゃん + 生まれる + 〜らしい** = 赤ちゃんが生まれるらしい

同 (〜の)ようだ、〜だろう、〜みたい

ラジオ

音が出てくる様子

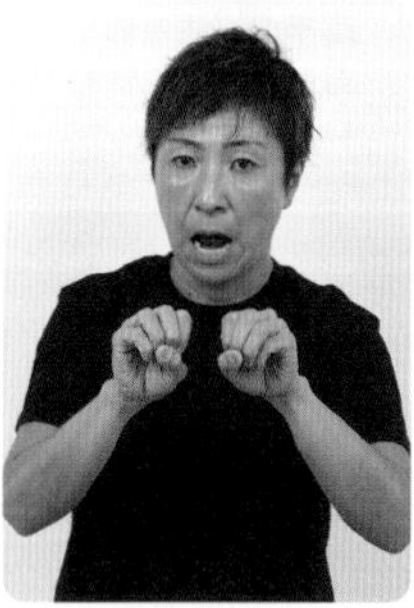

両手とも軽くにぎって、前に向ける。

両手とも2回パッパッと開きながら、前に出す。

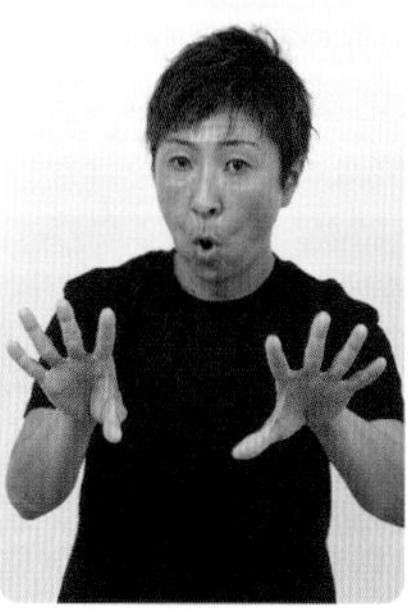

●**ラジオ + 場所** = ラジオ局(放送局)

●**ラジオ + 流行る + 歌 + 聞く** = ラジオで流行りの歌を聞く

同 放送、広報

ラッキー

物を得るイメージ

すぼめて下に向けた片手を、パッと手を開きながら少し上げる。

●無料 + チケット + もらった + ラッキー = 無料チケットをもらってラッキー

同 運がいい、得した

理科

理科実験室にある骨の模型を表している

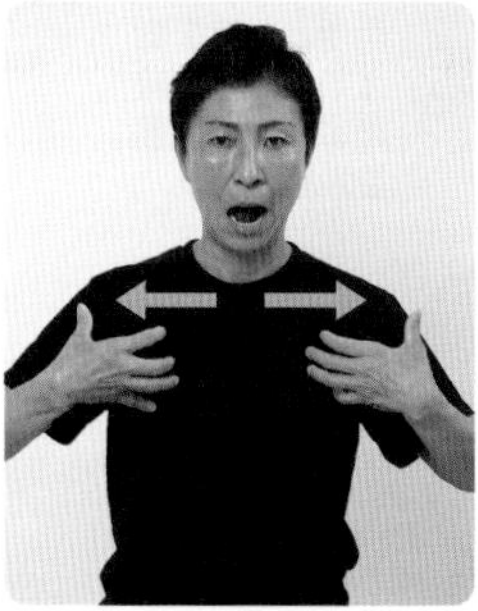

両手の指を軽く曲げて胸にあて、左右に引き離す。

●理科 + 先生 = 理科の先生　●理科 + 部屋 = 理科室
●理科 + 弱い = 骨が弱い

同 骨　参 試験管を持ったような手の形で片方ずつ注ぐという表現もある。

リモートワーク

「オンライン ＋ パソコンを打つ」で表す

両手とも親指、人差し指、中指を伸ばし、向かい合わせる。

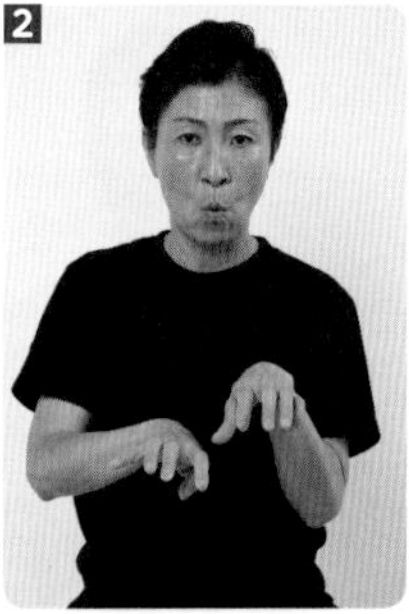

両手とも下向きにして、キーボードを打つような動きをする。

●最近 ＋ リモートワーク ＋ いっぱい ＝ 最近リモートワークが多い

同 テレワーク

1 同 オンライン　2 同 パソコン(キーボード)を打つ

両替

持っているものを交換するイメージ

両手とも指を揃えて上に向け前後に置いて位置を入れ替える。

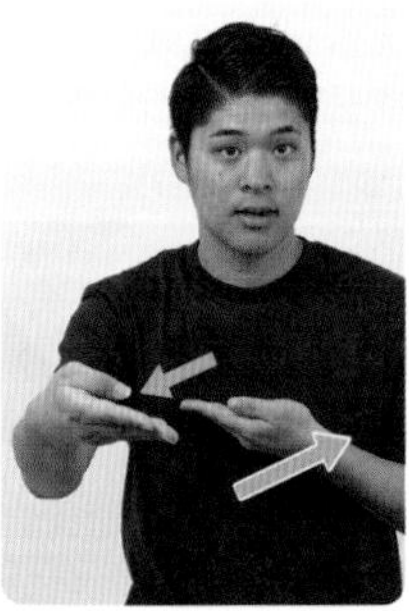

●両替 ＋ 場所 ＝ 両替所

●日本 ＋ 円 ＋ 外国 ＋ お金 ＋ 両替 ＝ 日本円と外貨の両替

同 交換　参「お金+両替」と表すとより丁寧。

料理

包丁で切る様子

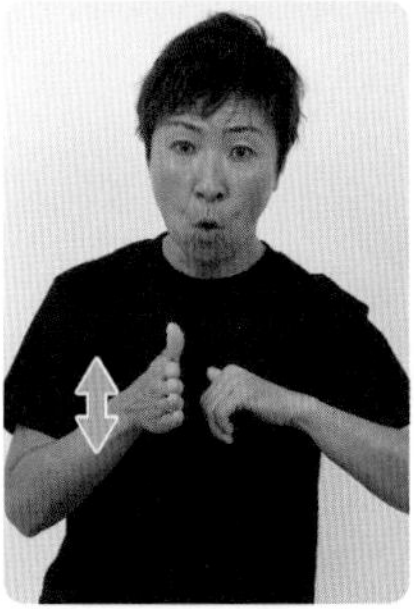

左手はすべての指を軽く曲げて下に向け、その横で右手のひらを垂直に数回上下する。

●料理 + 場所 = 台所　●中国 + 料理 = 中華料理
●料理 + 四角 = まな板　●日本 + 料理 = 和食

同 包丁

旅館

指文字「り」+「宿」で表す

1

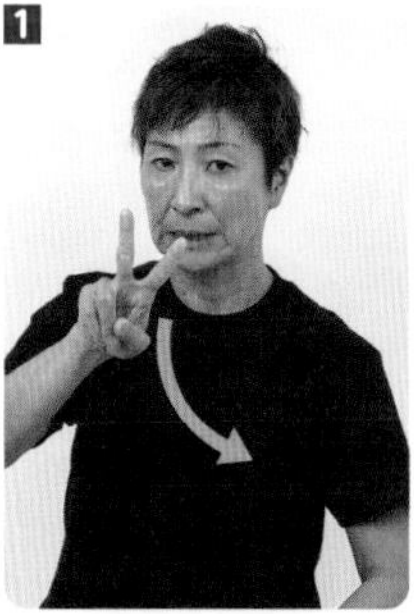

片手の人差し指と中指で「り」を書くように下ろす。

2

両手のひらを下に向けて斜めにし、指先を付け、前に出す。

●旅館 + 2 + 寝る(泊まる) = 旅館に2泊する

1 同 指文字「り」　2 同 宿
参「ペ + 宿」で「ペンション」の意味になる。

旅行

汽車の車輪を表現している

前に指を倒した左手のひらの横に、人差し指と中指を伸ばした右手を置き、右手だけ2回回す。

●外国 + 旅行 + 好き = 海外旅行が好き
●日本 + 旅行 = 国内旅行

同 旅、汽車

歴史

親指と小指は人々を表し、世代が変わるイメージ

両手の親指と小指を立て、位置を上下にずらして肩の位置で構える。

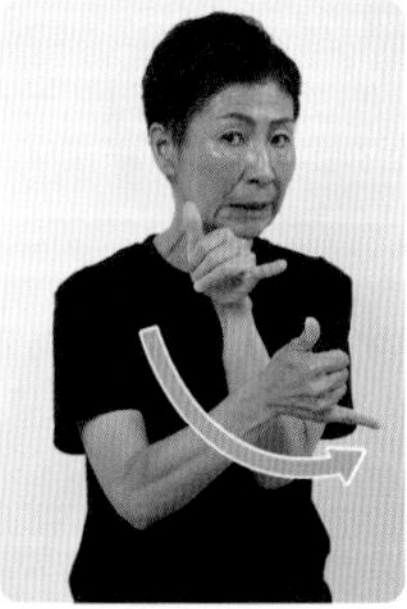

手の形はそのままで、上にある手を前に1回回して出す。

●日本 + 歴史 = 日本史　●外国 + 歴史 = 世界史
●歴史 + 本 = 歴史書

同 伝統　参 同じ手の形にして、交互に回転させながら下へ下げる表現もある。

レストラン

ナイフとフォークを使って食事をしている様子

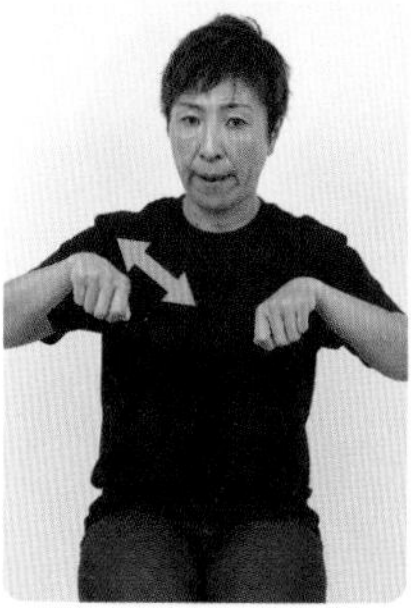

左手にフォーク、右手にナイフをにぎっているようにし、右手を前後に動かす。

●**家族 ＋ レストラン ＝** ファミリーレストラン　●**夜 ＋ 食事 ＋ レストラン ＋ 行く ＋ 〜したい ＝** 夕食はレストランへ行きたい

参 「居酒屋」は、片手の親指と人差し指で「C」の字型を作り、口元で傾ける。P59

レントゲン

胸のレントゲンを撮る様子

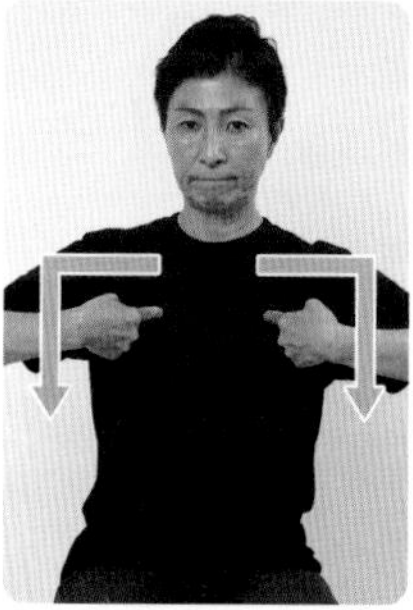

両手の親指と人差し指を向かい合わせ、胸にあて、左右に引いて下ろす。

左手はそのままで、自分のほうに向けて開いた右手を前方に出しながらすぼめる。

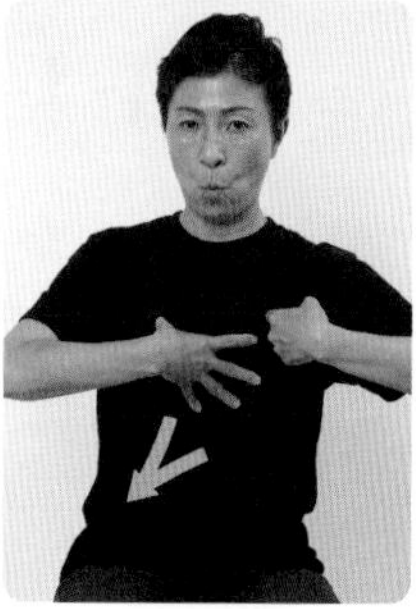

●**レントゲン ＋ 写真 ＝** レントゲン写真

参 両手とも上に向け、左手の甲に右手をあて、右手だけすぼめながら下げると「コピー」の意味になる。P145

連絡する

「関係」という手話と混同しないように注意

両手とも親指と人差し指で輪を作って絡ませ、軽く弧を描きながら前に出す。

●明日 + 先生 + 連絡する + 私 = 明日先生に連絡します

同 伝える、知らせる　反「連絡する」と同じ手の形のまま、輪を自分のほうに引き寄せると「連絡を受ける」という意味になる。

ろう

聞こえないことと話せないことを表す

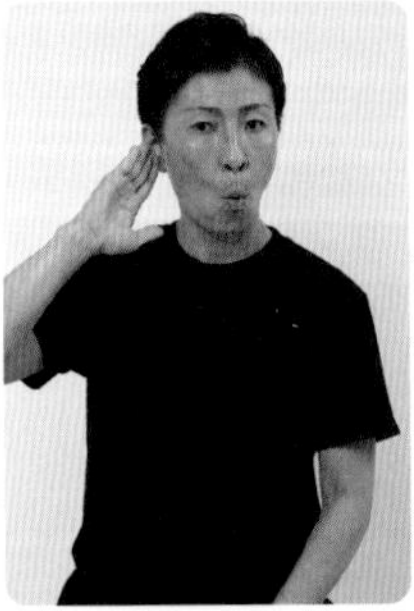

指を揃えた片手のひらで耳を押さえる。

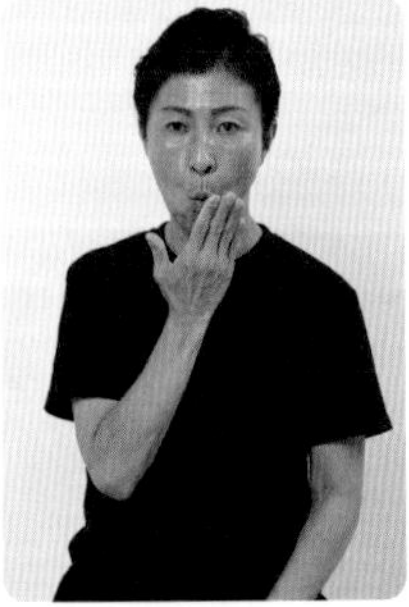

手の形はそのままで、口を押さえる。

●ろう + 学校 = ろう学校
●ろう + 人々 + 手伝い = ろう者をサポートする

参 右手の人差し指を耳に、左手の人差し指を口に置き、前に出すと「聴者」の意味。

Wi-Fi

Wi-Fiのマークを表す

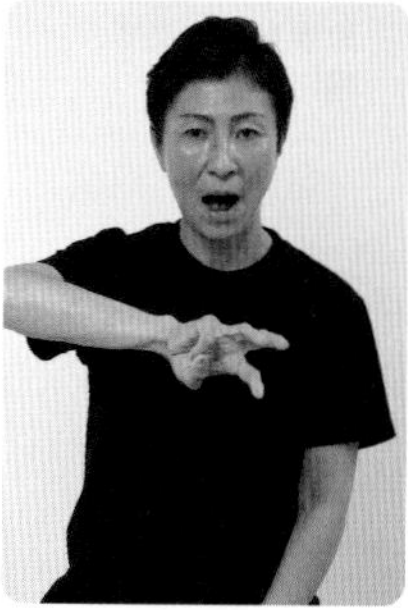

片手の人差し指と中指を少し曲げ、前に向けて、手首を横に倒す。

手の形はそのままで、弧を描くように手を横に動かす。

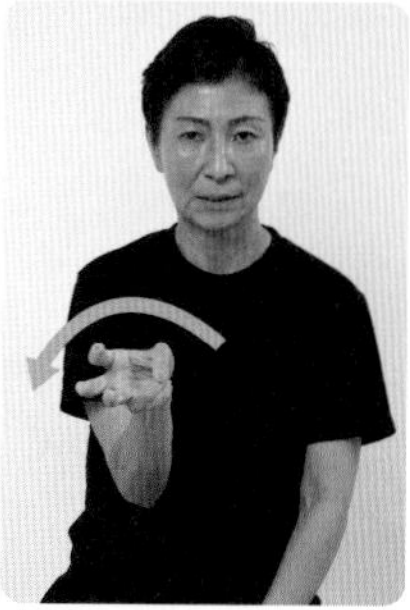

●コーヒー＋店＋Wi-Fi＋使う＝コーヒーショップのWi-Fiを使う

参「インターネット」は、左手のこぶしの前に、小指を立てた右手を置き、回しながら左手の後ろに動かす。にぎった両手を合わせ、開きながら半円を描き、前に出す。P417

ワイン

指文字「わ」で表す

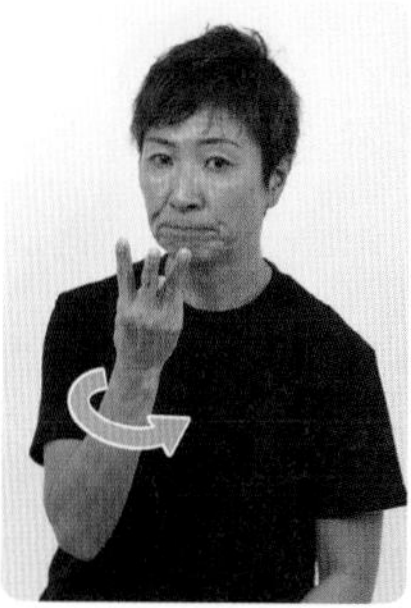

片手の人差し指、中指、薬指を立てて前に向け、ほおの横に置き、回す。

●赤＋ワイン＝赤ワイン　●白＋ワイン＝白ワイン

参「ロゼワイン」は、指文字で「ろ」「ぜ」と表す。

参 同じ形の手を口の端に2回あてると「ウイスキー」の意味になる。

若い

額にしわがない様子

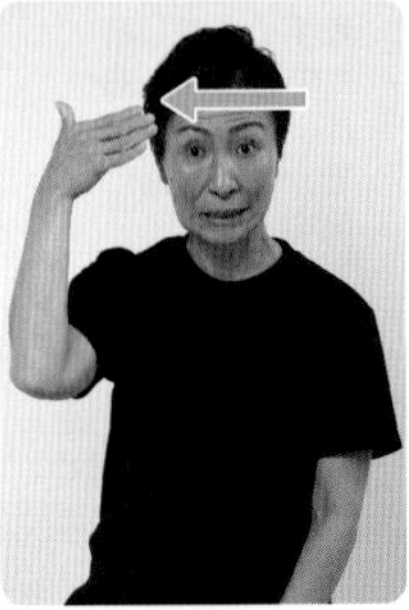

片手を額にあて、
横に引く。

●気分 + 若い = 気が若い　●若い + (〜の)時 = 若い時

同 青年

参 手を横に引いてから、下に振り下ろすと「やっと」の意味になる。P 349

わからない

身についていないというイメージ

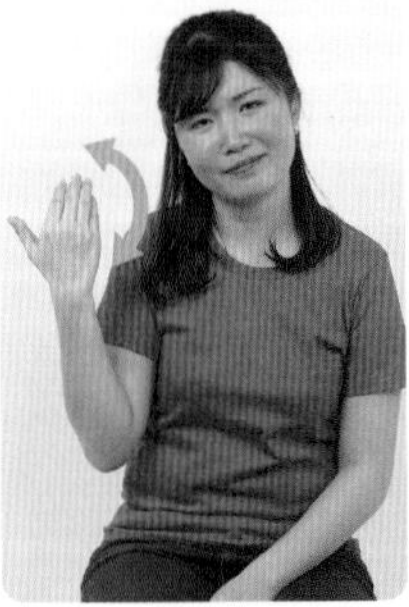

片手の指先を肩に
付け、払うように
2回上げる。
「わからない」と
いう表情を付けて。

●英語 + わからない = 英語がわからない

同 知らない　参 手のひらを顔の前に置き、鼻先に中指をあてたまま手首を数回ひねる表現もある。

わかる

「知っているよ」というふうに胸を張っている様子

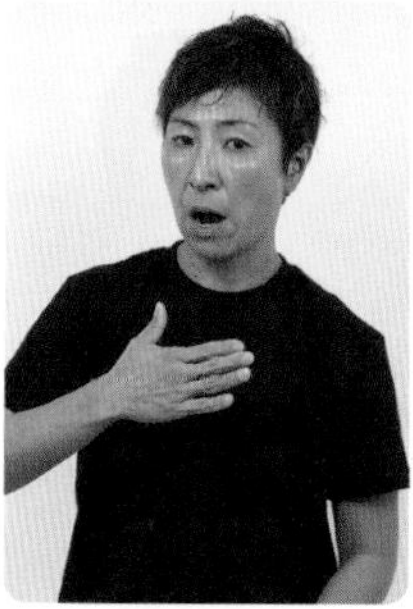

片手のひらで胸を軽く２回叩く。

●指文字「り」＋わかる＝理解
●手話＋わかる＝手話がわかる

同 知る、知っている、承知、了解　参 手をあてて、少し下げる表現もある。

別れる

背中を向けて離れる様子

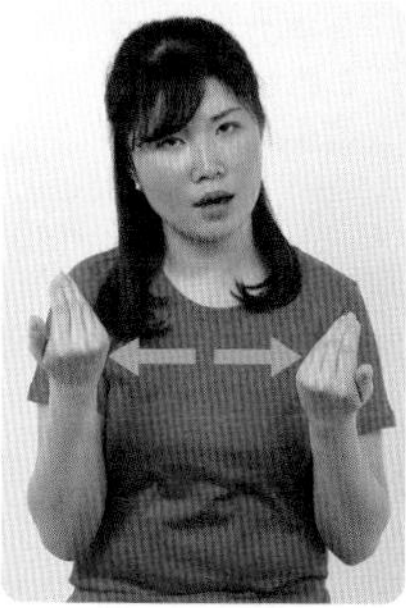

指を揃えた両手の指の背を合わせ、左右に離す。

●別れる＋会＝送別会　●春＋別れる＋季節＝春は別れの季節

同 離す、離れる、分ける　参「離れた場所」という場合は、両手ともわん曲させて下向きにし、手前の手はそのままで、もう片方の手を前に出す。

技

「お疲れさま」という手話と混同しないように注意

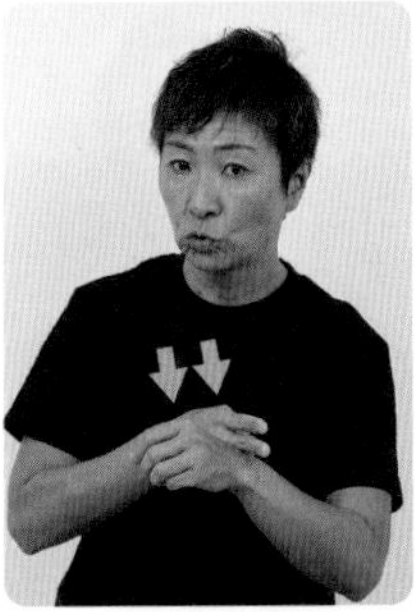

右手の人差し指と中指を伸ばし、左手首を2回打つ。

●技 + 人々 = 技術者　●技 + 連絡する = 技の伝承
●サッカー + 技 + 表す = サッカーのテクニックを披露する

同 技術、テクニック

忘れる

覚えたことが頭から抜ける様子

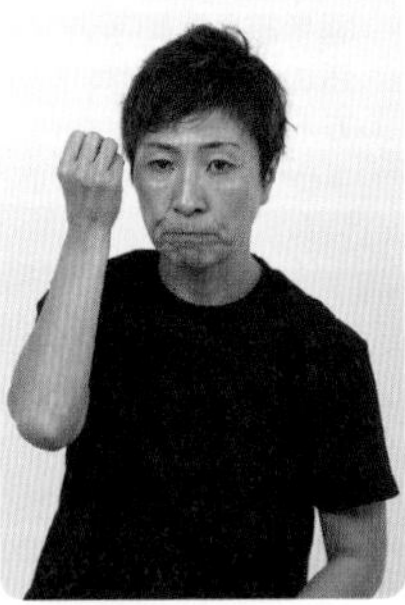

片手のこぶしをこめかみの横に置く。

手をパッと開きながら、上げる。

●名前 + 忘れる = 名前を忘れる
●忘れる + ない① + 注意 + お願い = 忘れ物がないように気をつけて

同 忘れ物　反「忘れる」と動きを逆にすると、「覚える」の意味になる。P69

笑う

口を開けて笑っている様子

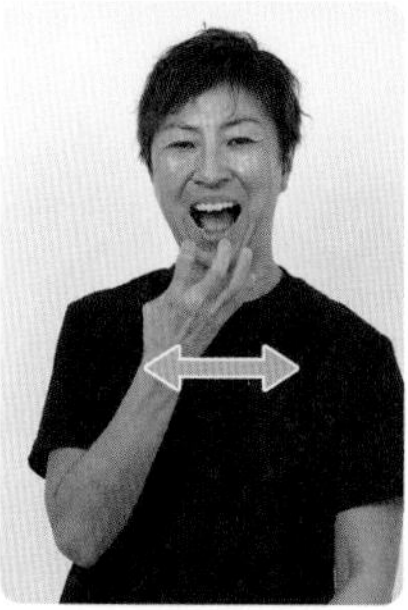

軽くわん曲させた片手を口の前に置き、左右に動かす。

●笑う ＋ 体 ＋ 元気 ＋ 良い ＝ 笑いは健康に良い
●笑う ＋ 止める ＋ お願い ＝ 笑わないで!（怒った表情を付ける）

参「笑顔」は両手とも親指とその他４指を軽く曲げて口の前に置き、手をすぼめながら左右に引く。

割り勘

お金を出し合う様子

両手とも親指と人差し指で輪を作って下に向け、左右から中央に寄せる。

●お酒を飲む ＋ ～会 ＋ 割り勘 ＝ 飲み会で割り勘にする

同 カンパ　反「おごる」は、両手とも親指と人差し指で輪を作り、上下に構え、手を開きながら左右に開く。P59

悪い

「鼻を折る」というイメージ

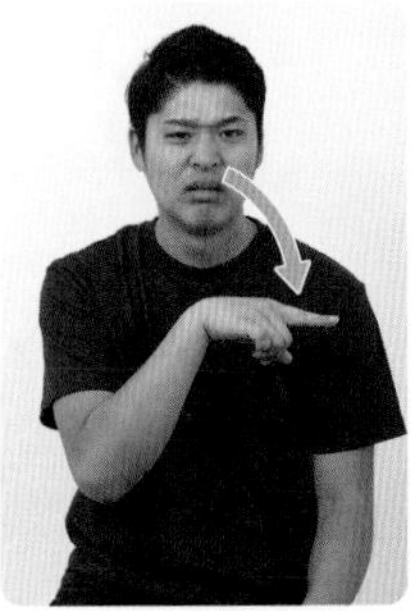

片手の人差し指を伸ばして、鼻にあてて、斜め下に下げる。

●**体 ＋ 悪い** ＝ 体調が悪い、気持ち悪い　●**悪い ＋ 口** ＝ 悪口

同 ダメ、ひどい

参 「悪い」と同じ動作を２回繰り返すと、「いじわる」の意味になる。

悪くない

「悪い ＋ ない」で表す

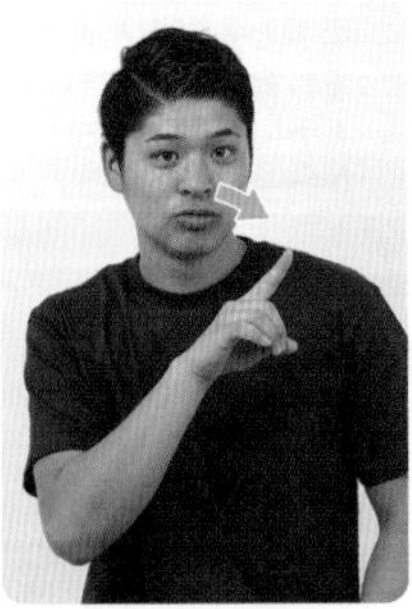

片手の人差し指を伸ばして、鼻にあてて、斜め下に下げる。

手を開きながら、手首をひねり、少し前に出す。

●**その（指差し） ＋ 服 ＋ 悪くない** ＝ その服とてもいいね

参 「よくない」というニュアンスで使うのではなく、高く評価したり、ほめたりする時に使う。

役立つ
基本単語集

五十音やアルファベット、数字など手話を学ぶ上で“基本”となる指文字のほか、日にちや干支、続柄などぜひ覚えておきたい手話を見やすくジャンル別にまとめました。 基本をマスターしていきましょう。

五十音

あ

親指を横に伸ばし、その他 4 指はにぎる。

い

小指を伸ばして立て、その他 4 指はにぎる。

う

人差し指と中指だけを伸ばして立てる。

え

すべての指を軽く曲げ、前に向ける。

お

親指とその他 4 指の先を付けて輪を作る。

か

人差し指を立て、伸ばした中指の中ほどに親指をあてる。

き

人差し指と小指を立て、その他 3 指は指先を付けて、前に向ける。

く

手の甲を前に向け、親指は立て、その他 4 指は揃えて横に伸ばす。

け

手のひらを前に向け、親指を曲げる。

こ

親指は立て、その他４指は揃えて横に伸ばす。

さ

手を前に向け、にぎる。

し

手の甲を前に向け、親指、人差し指、中指を横に伸ばす。

す

手の甲を前に向け、親指を横に伸ばし、人差し指と中指を下に向ける。

せ

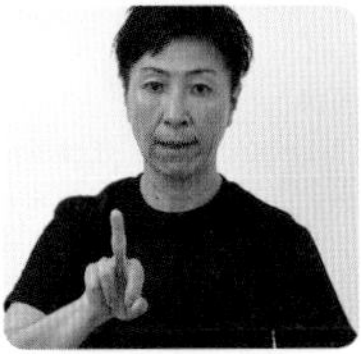

手のひらを前に向け、中指を立てる。

そ

人差し指を伸ばして、前に向ける。

た

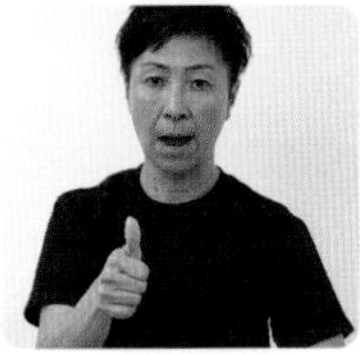

親指を立てる。

ち

手のひらを前に向け、小指を立て、その他４指は指先を付ける。

つ

手のひらを前に向け、薬指と小指を立て、その他３指は指先を付ける。

て

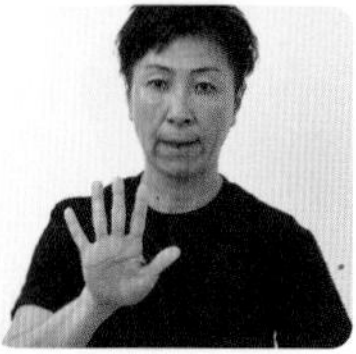

手を開いて、前に向ける。

と

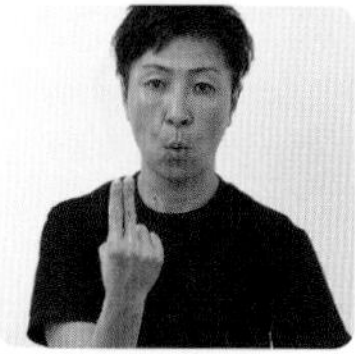

手の甲を前に向け、人差し指と中指を立てる。

な

人差し指と中指を伸ばして、下に向ける。

に

手の甲を前に向け、人差し指と中指を横に伸ばす。

ぬ

人差し指をカギ型に曲げて立てる。

ね

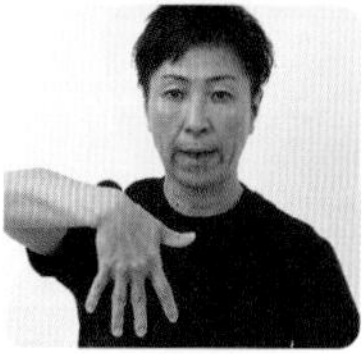

すべての指を下に向ける。指間は開ける。

の

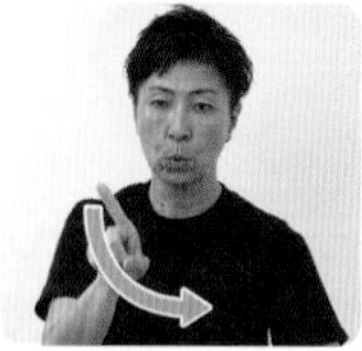

伸ばした人差し指でノの字を書くように下ろす。

は

人差し指と中指を伸ばして、前に向ける。

ひ

人差し指を立てる。

ふ

親指を横に伸ばし、人差し指を下に向ける。

へ

親指と小指を伸ばして、下に伸ばす。

ほ

手の甲を前に向け、すべての指を揃えて少し曲げる。

ま

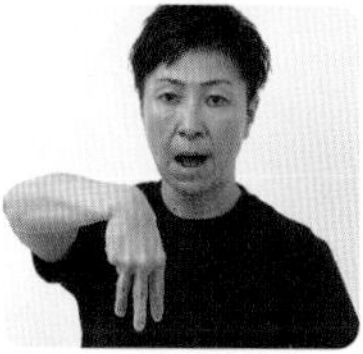

人差し指、中指、薬指を伸ばし、下に向ける。

み

手の甲を前に向け、人差し指、中指、薬指を横に伸ばす。

む

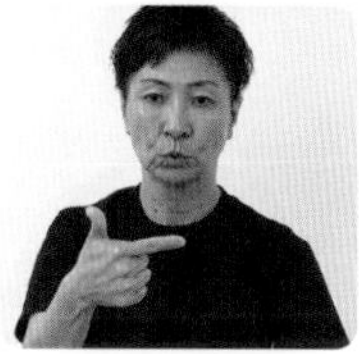

手の甲を前に向け、親指を立て、人差し指を横に伸ばす。

め

親指と人差し指の指先を付けて、その他 3 指は立てる。

も

親指と人差し指を伸ばして上に向け、少し下げながら指先を付ける。

や

手のひらを前に向け、親指と小指を立てる。

ゆ

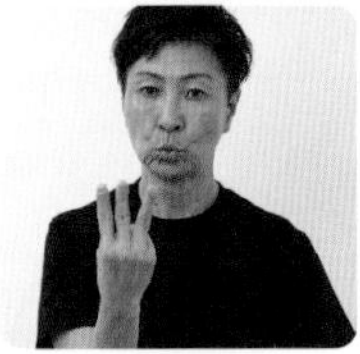

手の甲を前に向け、人差し指、中指、薬指を立てる。

よ

手の甲を前に向け、親指以外の４指を横に伸ばす。指間は開ける。

ら

人差し指と中指を立て、交差させる。

り

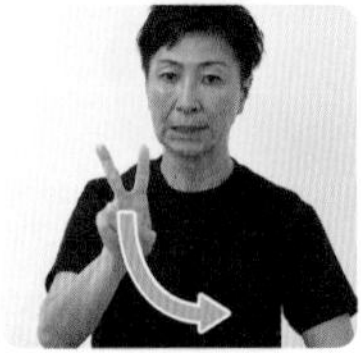

人差し指と中指で「り」を書くように下ろす。

る

親指、人差し指、中指を立てる。

れ

親指と人差し指を立てる。

ろ

人差し指と中指をカギ型に曲げて立てる。

わ

人差し指、中指、薬指を立てる。

を

親指とその他４指の指先を付けて筒型を作り、少し引き寄せる。

五十音／アルファベット

ん

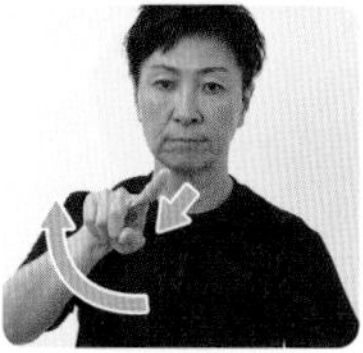

人差し指で「ン」を空書する。

濁音　例：が

指文字の形を作り、そのまま横に引く。

半濁音　例：ぱ

指文字の形を作り、手首を軸にしてはね上げる。

促音　っ

指文字「つ」の形を作り、そのまま手前に引く。

拗音　ゃ

指文字「や」の形を作り、そのまま手前に引く。

長音　ー(音引き)

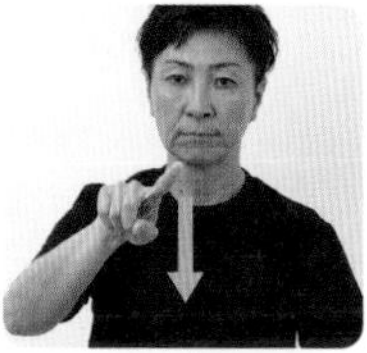

人差し指を伸ばし、まっすぐ下げる。

A

親指を横に伸ばし、その他 4 指はにぎる。

B

手のひらを前に向け、親指は曲げ、その他 4 指は揃えて立てる。

C

すべての指を軽く曲げ、「C」の形を作る。

D

人差し指を立て、その他4指は指先を付ける。

E

手のひらを前に向け、すべての指をカギ型にする。

F

親指と人差し指の指先を付けて、その他３指は立てる。

G

親指と人差し指を指間を開いて横に伸ばす。

H

人差し指と中指を前に伸ばす。

I

小指を伸ばして立て、その他４指はにぎる。

J

小指で「J」を空書する。

K

人差し指を立て、中指を横に伸ばし、その間に親指を添える。

L

親指と人差し指を伸ばして「L」の形を作る。

M

すべての指を曲げ、人差し指、中指、薬指を親指の上にのせる。

N

すべての指を曲げ、人差し指と中指を親指の上にのせる。

O

親指とその他４指の先を付けて輪を作る。

P

指文字「K」の形を作り、指先を下に向ける。

Q

指文字「G」の形を作り、指先を下に向ける。

R

人差し指と中指を立て、交差させる。

S

こぶしを前に向ける。親指はその他４指の前に出す。

T

カギ型に曲げた人差し指を、立てた親指の上に置く。

U

人差し指と中指を揃えて伸ばし、立てる。

アルファベット／数字

V

人差し指と中指を指間を開けて立てる。

W

人差し指、中指、薬指を指間を開けて立てる。

X

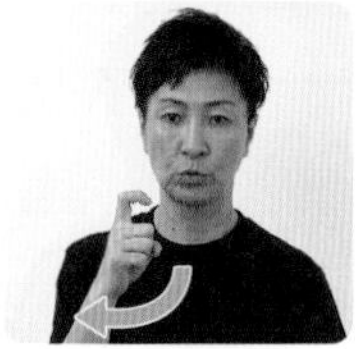

人差し指をカギ型に曲げて立て、手首をひねって前に向ける。

Y

手のひらを前に向け、親指と小指を立てる。

Z

人差し指で「Z」を空書する。

0

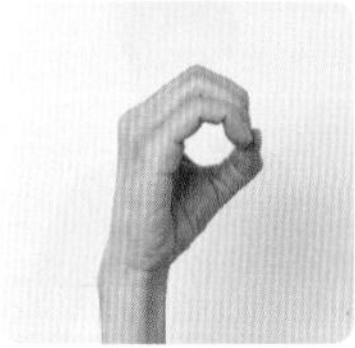

すべての指を軽く曲げて「0」の形を作る。

1

人差し指を伸ばして立てる。

2

人差し指と中指を伸ばして立てる。

3

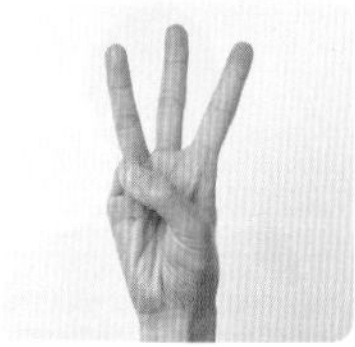

人差し指、中指、薬指を伸ばして立てる。

4

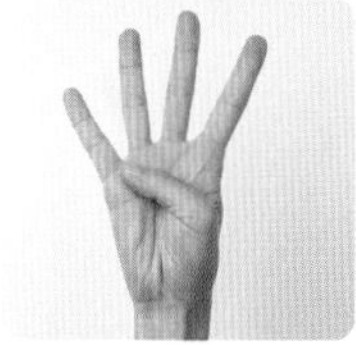

人差し指、中指、薬指、小指を伸ばして立てる。

5

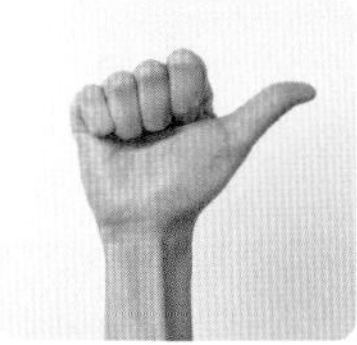

親指を横に伸ばす。

6

手の甲を前に向けて親指を立て、人差し指を横に伸ばす。

7

手の甲を前に向けて親指を立て、人差し指、中指を横に伸ばす。

8

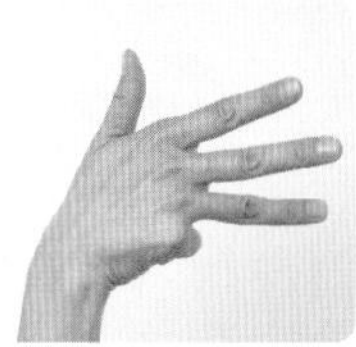

手の甲を前に向けて親指を立て、人差し指、中指､薬指を横に伸ばす。

9

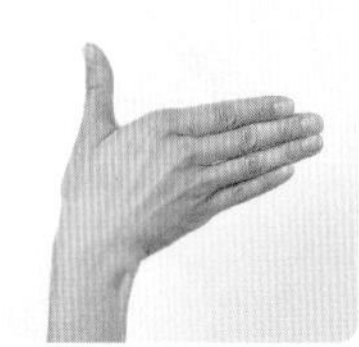

手の甲を前に向けて親指を立て、その他 4 指を揃えて横に伸ばす。

10

立てた人差し指を軽く曲げる。

11

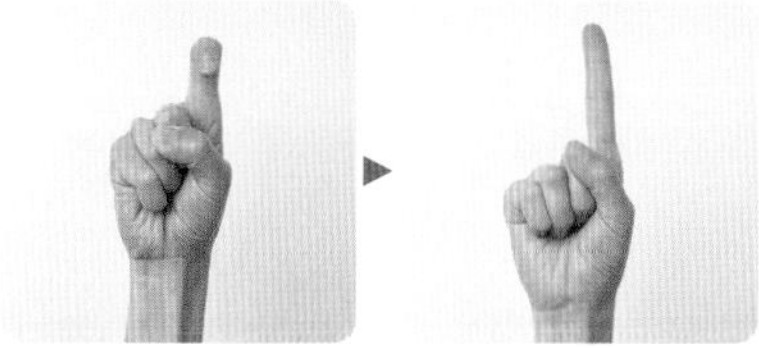

立てた人差し指を軽く曲げる。

人差し指を伸ばして立てる。

数字

20

立てた人差し指と中指を軽く曲げる。

30

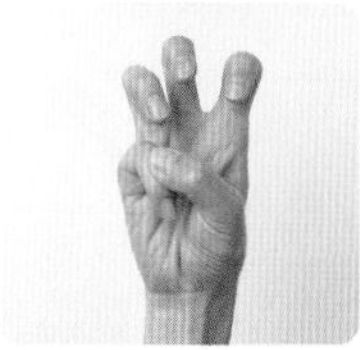

立てた人差し指、中指、薬指を軽く曲げる。

40

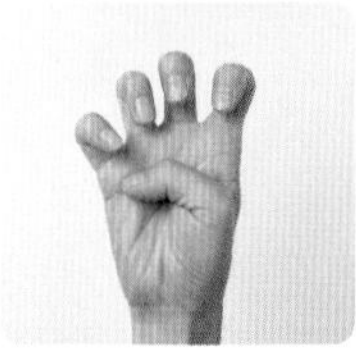

立てた人差し指、中指、薬指、小指を軽く曲げる。

50

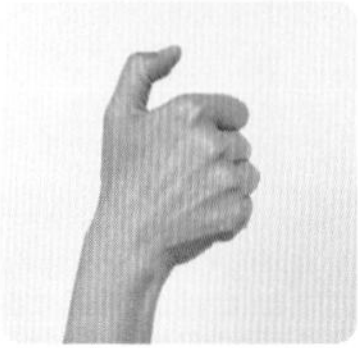

立てた親指を軽く曲げる。

60

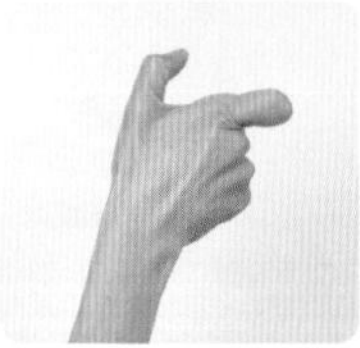

手の甲を前に向けて親指を曲げ、人差し指を曲げる。

70

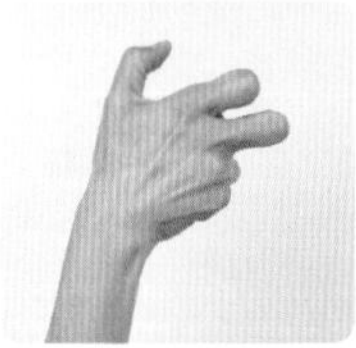

手の甲を前に向けて親指を曲げ、人差し指と中指を曲げる。

80

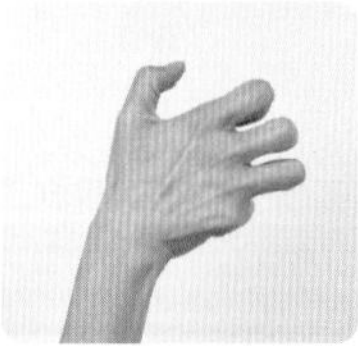

手の甲を前に向けて親指を曲げ、人差し指、中指、薬指を曲げる。

90

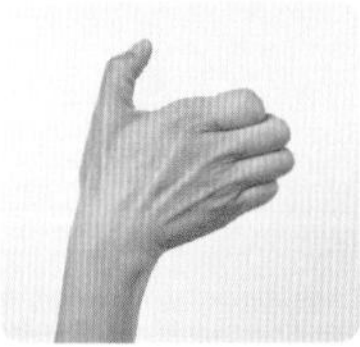

手の甲を前に向けて親指を曲げ、その他4指も曲げる。

100

人差し指を下に伸ばして、手首をひねって上にはね上げる。

101

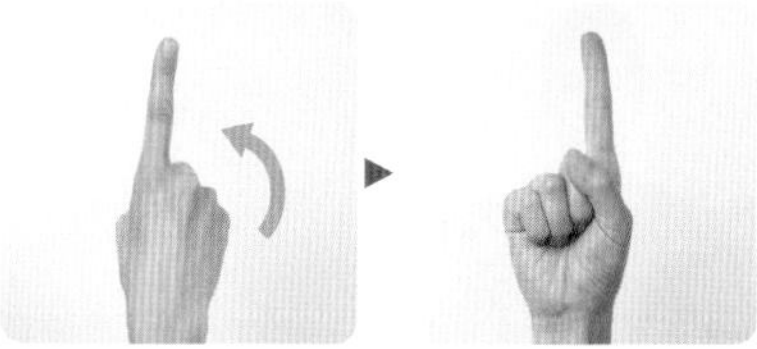

人差し指を下に伸ばして、手首をひねって上にはね上げる。

人差し指を伸ばして立てる。

200

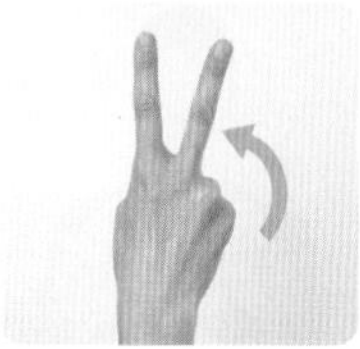

人差し指と中指を下に伸ばして、手首をひねって上にはね上げる。

1000

小指を立て、その他4指はくっつけて、横に動かす。

2000

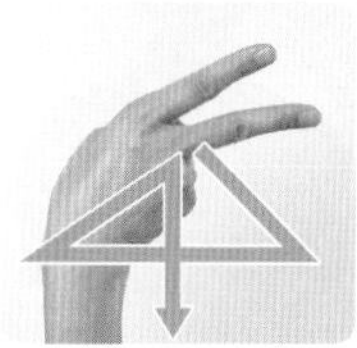

人差し指と中指を横に伸ばして、「千」と書く。

3000※

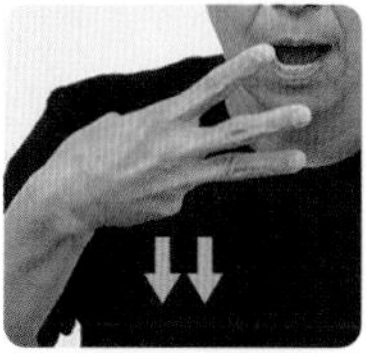

片手の甲を前に向けて、人差し指、中指、薬指を横に伸ばし、2回下げる。

1万

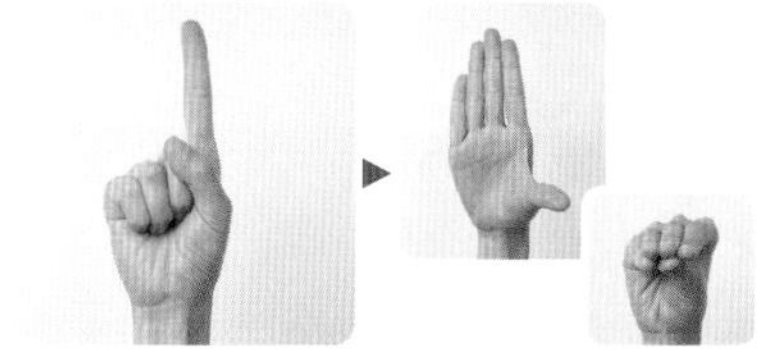

人差し指を伸ばして立てる。

指を揃え開いた手のひらを前に向け、指をすぼめる。

億

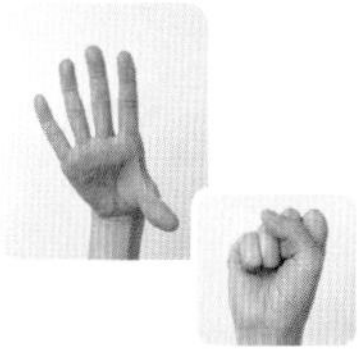

開いた手のひらを前に向け、そのままにぎる。

※3000～9000は同様の動作で表現します。

兆

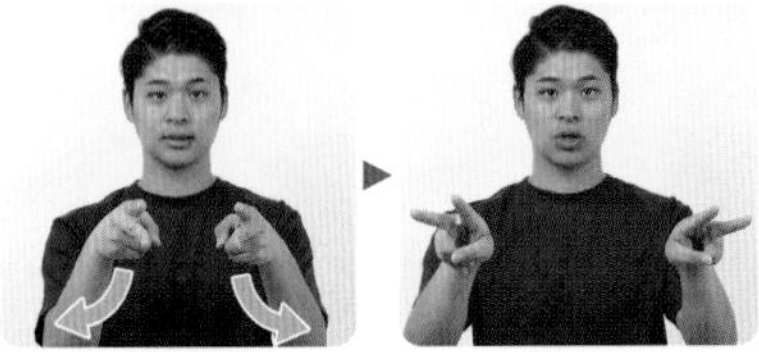

両手の人差し指と中指を前に向けて伸ばし、

外側へ払う。

小数点

人差し指を前に伸ばし、チョンっと点を打つ。

数字

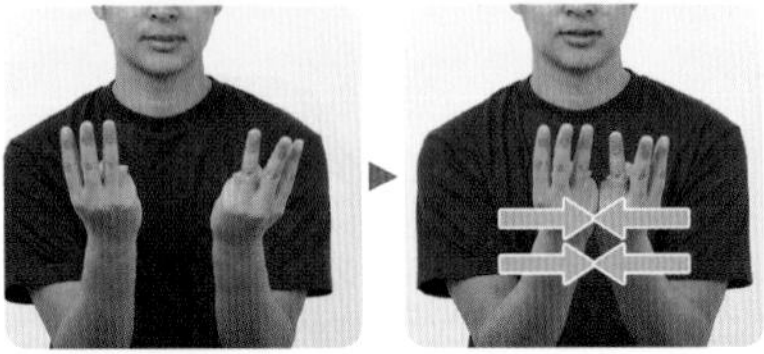

両手とも手の甲を前に向け、人差し指、中指、薬指を立てる。

両手を中央で２回ぶつける。
同 算数、数、番号

計算

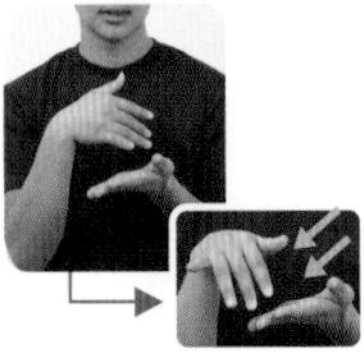

左手のひらの上で右手を２回横に払う。同 そろばん、約、会計、精算

倍

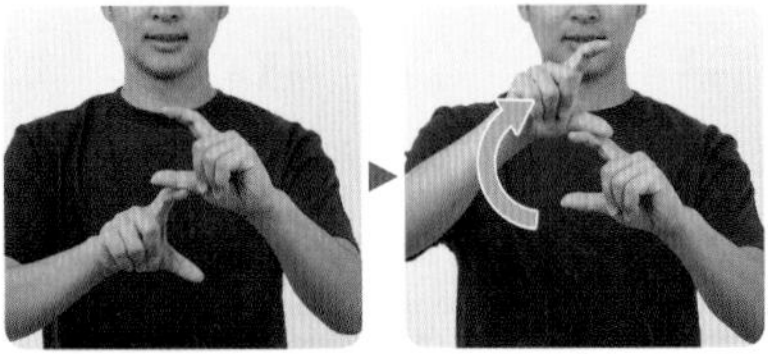

両手とも親指と人差し指でコの字型を作り、上下に構える。

下の手をもう片方の手の上に上げる。

干支

子(ね)

人差し指と中指を軽く曲げ、前に向けて口元に置く。同 グレー

丑(うし)

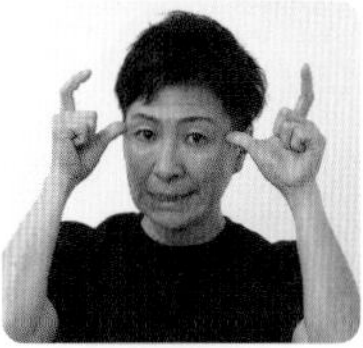

両手とも親指と人差し指でコの字型を作り、こめかみあたりにあてる。

寅(とら)

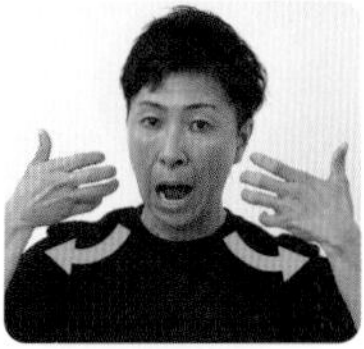

両手とも甲を前に向け、指先を軽く曲げ、ほおのあたりから横に引く。

卯(う)

両手とも甲を前に向け、耳の上に置き、少し後ろに払う。

辰(たつ)

両手とも人差し指を伸ばし、竜のひげを描くように口元から前に出す。

巳(み)

親指を伸ばしたこぶしを、手首を左右に揺らしながら前に出す。

午(うま)

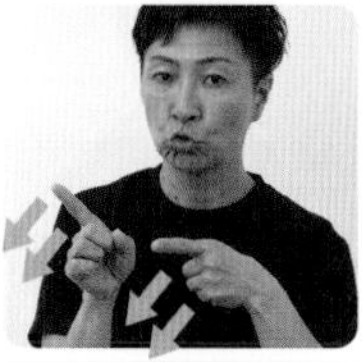

両手とも人差し指を伸ばし、2回軽く振り下ろす。同 競馬、群馬

未(ひつじ)

両手とも人差し指を伸ばし、顔の横で前から後ろに回す。

申(さる)

左手の甲を右手で掻く。

干支／家族

酉(とり)

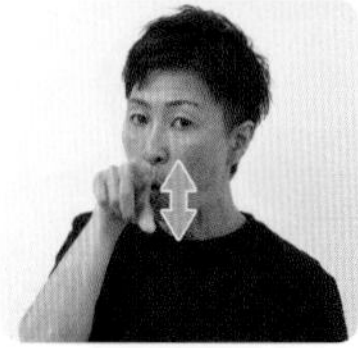

親指と人差し指を伸ばして指先を付け、口元でつけたり離したりする。

戌(いぬ)

開いた両手を額の横あたりに置き、軽く前後に振る。 同 ペット

亥(い)

両手とも人差し指をカギ型にして口元に置き、少し前に出す。

父

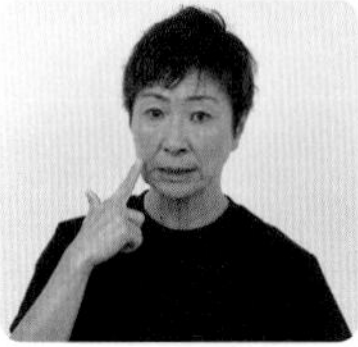

片手の親指と人差し指を伸ばし、ほおにあてる。

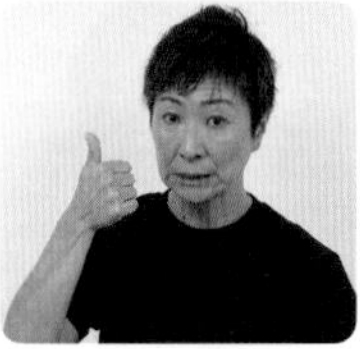

片手の親指を立てる。
同 男

息子

片手の親指を立て、胸の前に置き、やや下方に前に出す。

母

片手の親指と人差し指を伸ばし、ほおにあてる。

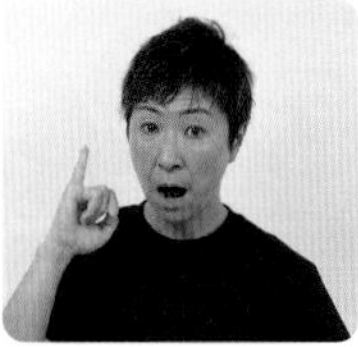

片手の小指を立てる。
同 女

娘

片手の小指を立て、胸の前に置き、やや下方に前に出す。

両親

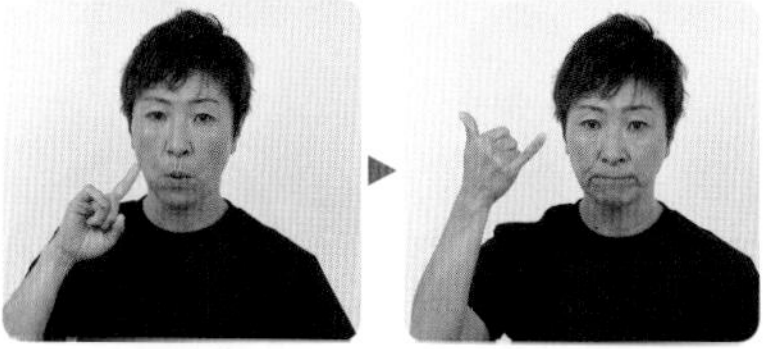

片手の人差し指を伸ばし、ほおにあてる。

片手の親指と小指を立てる。

兄

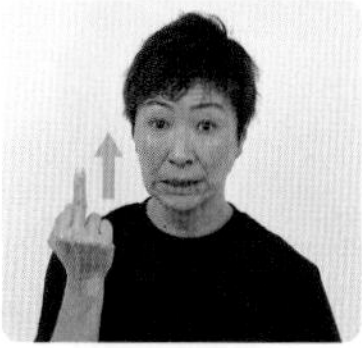

手の甲を前に向けた片手の中指を立てて、少し上げる。

家族

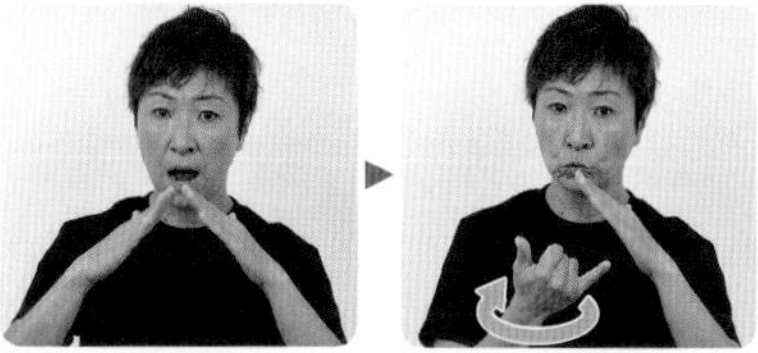

指を揃えた両手のひらで屋根の形を作る。

同 家

左手はそのままで、右手は親指と小指を伸ばし、手首を半回転ひねる。

弟

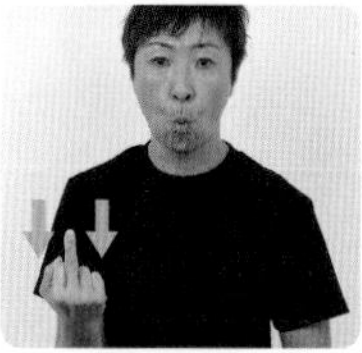

手の甲を前に向けた片手の中指を立てて、2回下げる。

姉

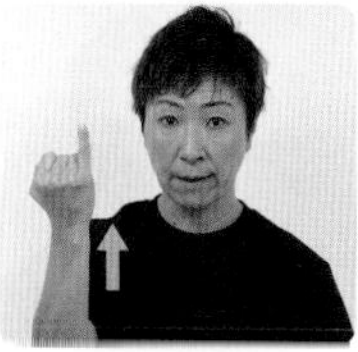

手の甲を前に向けた片手の小指を立てて、少し上げる。

妹

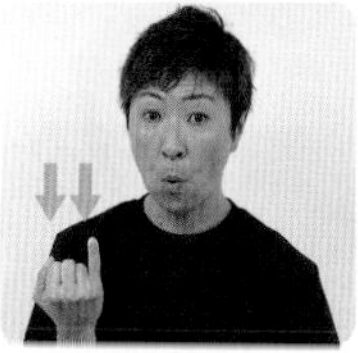

手の甲を前に向けた片手の小指を立てて、2回下げる。

子ども

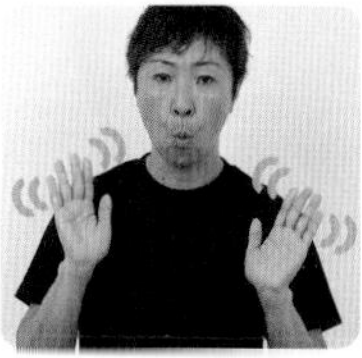

両手のひらを前に向けて体の前に置き、同時に小刻みに振る。

おじいさん

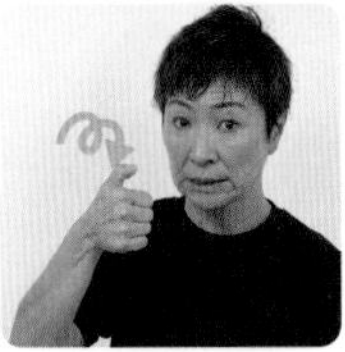

片手の親指をカギ型に折り曲げて、小さく2回回す。

おばあさん

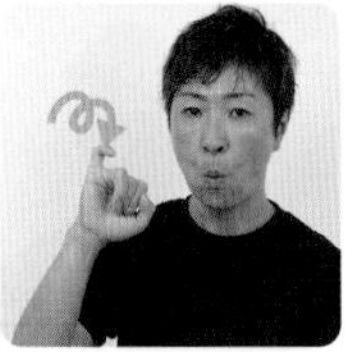

片手の小指をカギ型に折り曲げて、小さく2回回す。

孫

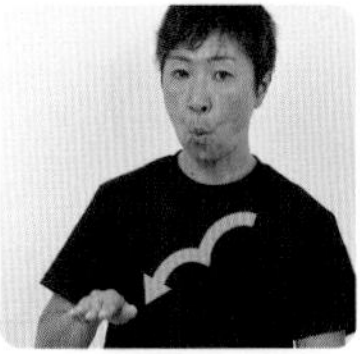

下に向けた片手のひらを2回階段を下りるように下げる。

長男

すべての指を揃えた両手のひらを、同時に自分に向ける。

次女（三姉妹の）

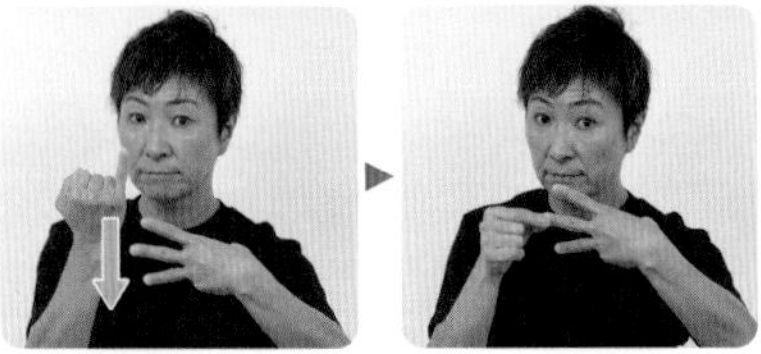

左手の人差し指、中指、薬指を横に伸ばし、右手の小指を立てて下げる。

左手はそのままで、右手で左手の中指をつまむ。

末っ子

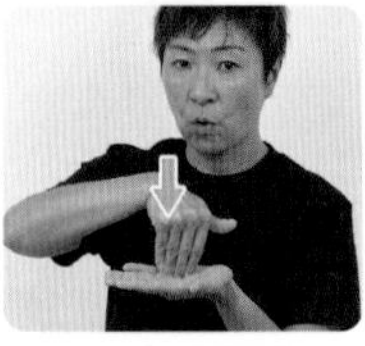

上に向けた左手のひらに、親指以外の4指を揃えた右手の指先をあてる。

おじ

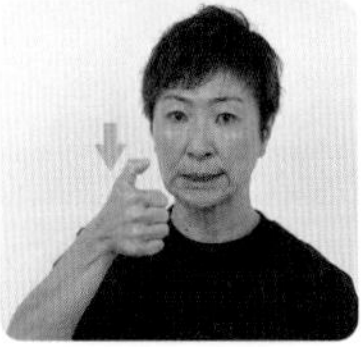

片手の親指をカギ型に折り曲げて、1回下げる。

おば

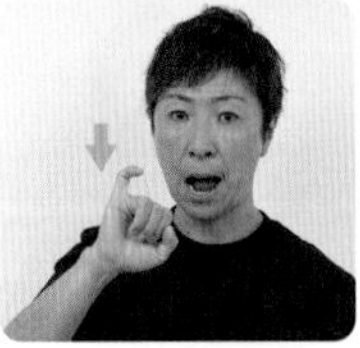

片手の小指をカギ型に折り曲げて、1回下げる。

親戚

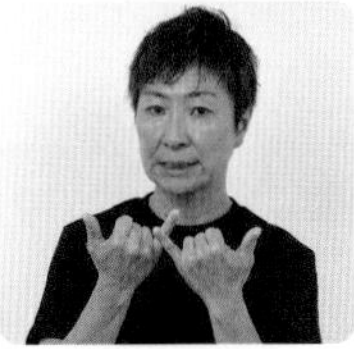

両手の親指と小指を立て、中央で２回あてる。
同 似る、～みたい

双子

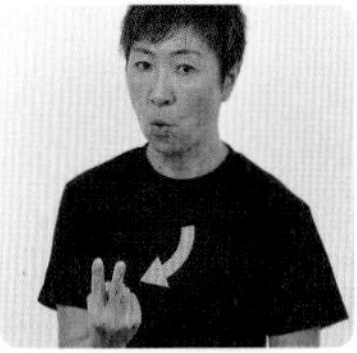

こぶしをお腹の前に置き、人差し指と中指を前に伸ばしながら、前に出す。

夫婦

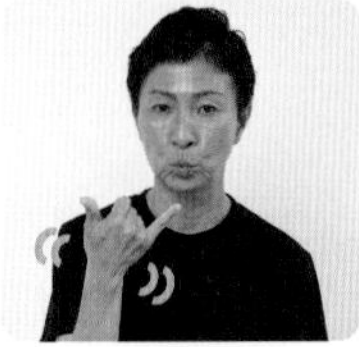

片手の親指と小指を伸ばして、手首を数回振る。同 カップル

いとこ

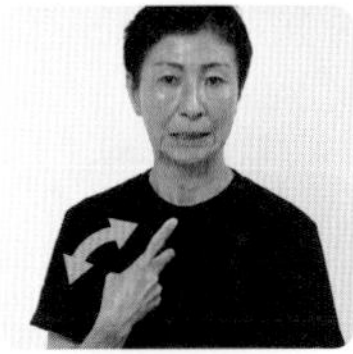

片手の人差し指と中指を伸ばし、胸にあて、前後に数回振る。

夫

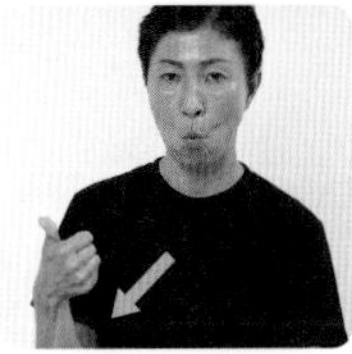

親指を立てた片手のこぶしを胸にあて、少し前に出す。

妻

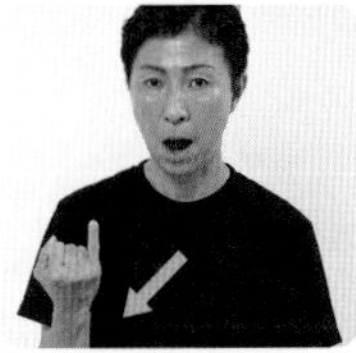

小指を立てた片手のこぶしを胸にあて、少し前に出す。

結婚

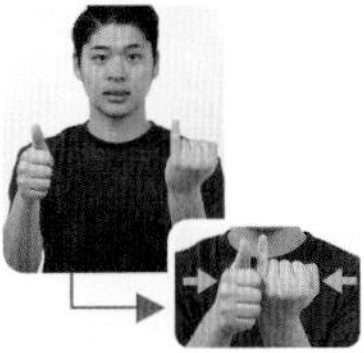

右手の親指、左手の小指を立て、胸の前で合わせる。

離婚

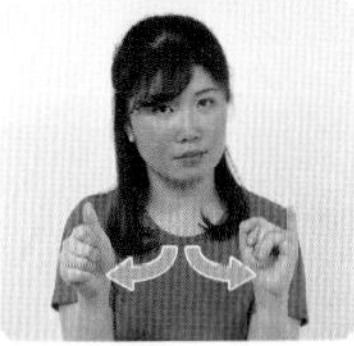

右手の親指と左手の小指を立ててあて、左右に引く。

パートナー

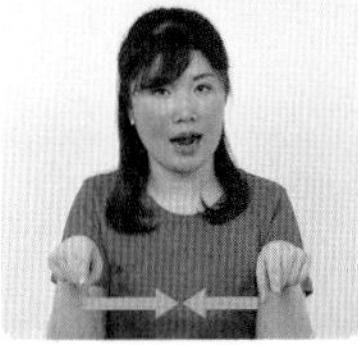

両手とも親指を人差し指を向かい合わせて下に向け、中央で合わせる。

地名

北海道

両手の人差し指と中指を伸ばして揃え、ひし形を描くように下げる。

青森

手の甲を前に向け、指先を口元に置き、後ろに引く。同 青

両手とも甲を前に向け、交互に上下させる。同 森

岩手

指を曲げた両手を上下に向かい合わせ、互い違いに回す。同 岩

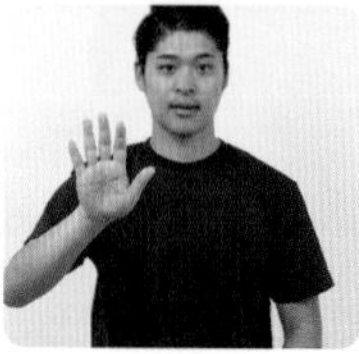

開いた片手のひらを前に向ける。同 手

秋田

上に向けた左手の甲に、立てた右手の親指をあてる。

宮城

両手とも指を伸ばして開き、斜めに組み合わせる。同 宮

両手とも人差し指をカギ型にして向かい合わせる。同 城、名古屋

山形

丸めた右手に、伸ばした左手の人差し指をあてる。同 さくらんぼ

福島

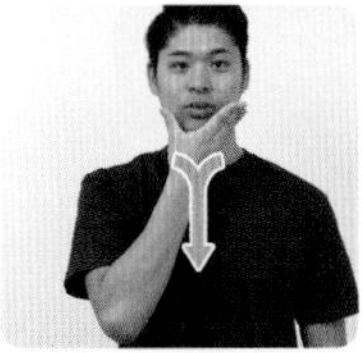

すべての指をあごにあて、指をすぼめながら下げる。同 福

左手のこぶしの上に、右手のひらを置き、水平に1周回す。同 島

群馬

両手とも人差し指を伸ばし、2回軽く振り下ろす。同 馬、競馬

栃木

右手の人差し指で、葉の形を描くように左手の指に沿ってなぞる。

茨城

両腕を交差させ、手のひらを肩の前にあてる。

両手のひらを同時に下に払う。

埼玉

開いた両手を上下で向かい合わせ、丸めるように互い違いに回す。

東京

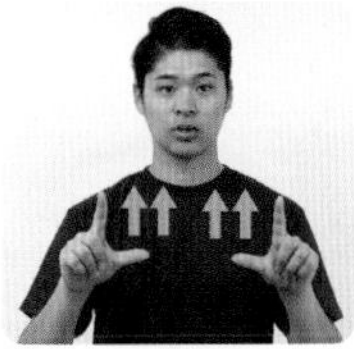

両手とも親指と人差し指でL字型を作り、胸の前で2回上げる。

千葉

右手の親指と人差し指に、左手の人差し指をあて、千の字を表す。

神奈川

開いた両手のひらを向かい合わせ、中央で合わせる。

片手の人差し指、中指、薬指を伸ばし、川の字を書くように下げる。

長野

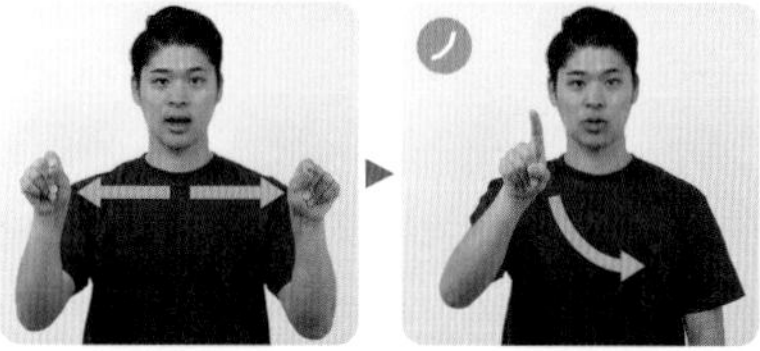

両手の親指と人差し指を付けて中央で合わせ、左右に引く。同 長い

伸ばした人差し指でノの字を描くように下す。

静岡

富士山の形を描くように両手を下ろす。

山梨

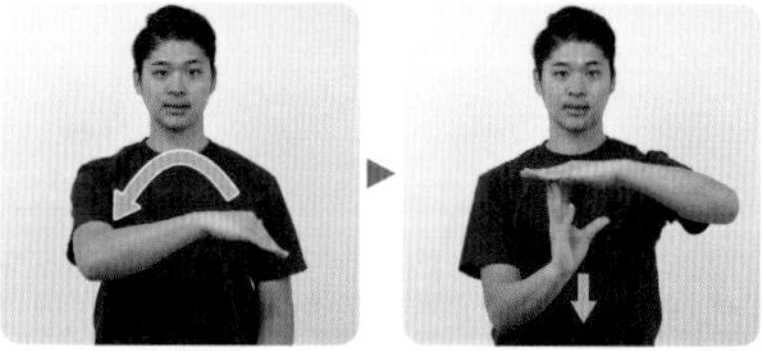

下に向けた片手のひらで左から右へ、山を描くように動かす。同 山

下に向けた左手のひらの下で、右手をひねりながら下げる。同 ぶどう

新潟

両手のひらを上に向け、交互に前後に動かす。

石川

石 別の表現

軽く指を曲げて上に向けた片手を、あごにあてる。

片手の人差し指、中指、薬指を伸ばし、下げる。同 川

立てた左手のひらに、右手のすべての指先をあてる。同 石

富山

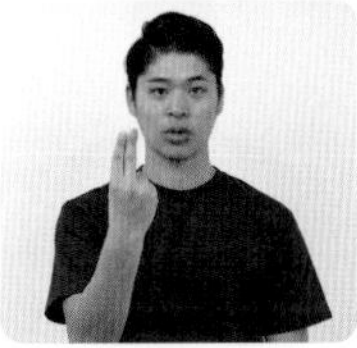

片手の甲を前に向け、人差し指と中指を立てる。

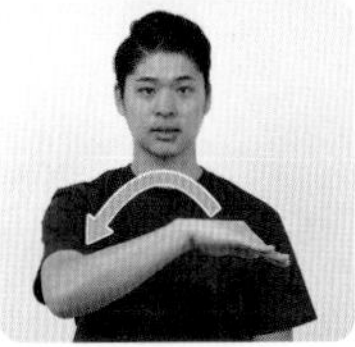

下に向けた片手のひらで左から右へ、山を描くように動かす。同 山

愛知

左手の親指を立て、その上で下に向けた右手のひらを回す。

福井

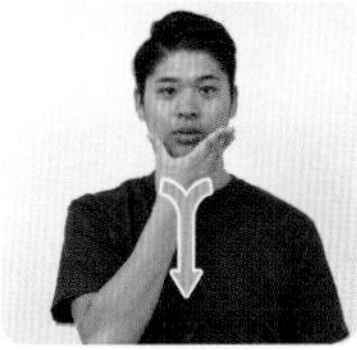

すべての指をあごにあて、指をすぼめながら下げる。同 福

両手とも人差し指と中指を伸ばし、組み合わせて「井」の字型を作る。

岐阜

片手の親指、人差し指、中指を口元に置き、付けたり離したりする。

三重

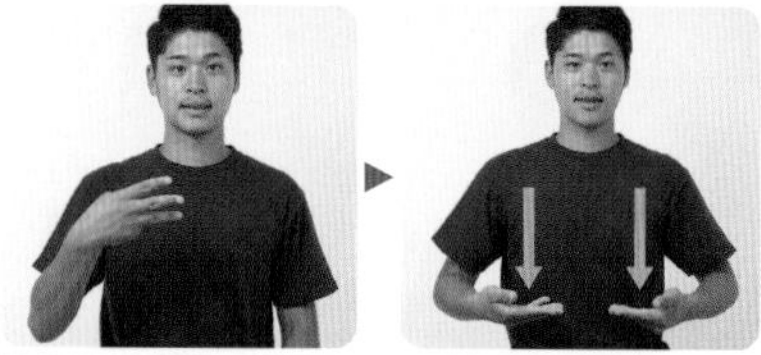

片手の人差し指、中指、薬指を横に伸ばす。

両手のひらを上に向け、同時に勢いよく下げる。
同 重い、重さ

滋賀

軽くにぎった両手を上下で構え、琵琶を弾くしぐさをする。

京都

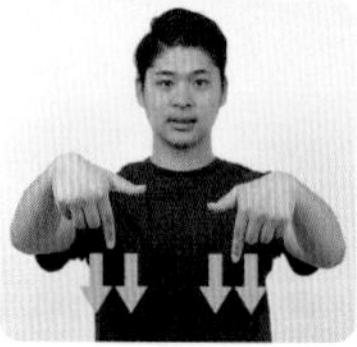

両手とも親指と人差し指でＬ字型を作り、下に向け、２回下げる。

大阪

片手の人差し指と中指を揃えて軽く曲げ、頭の横で２回前に出す。

奈良

右手は親指と人差し指で輪を作り、左手のひらを上に向ける。

和歌山

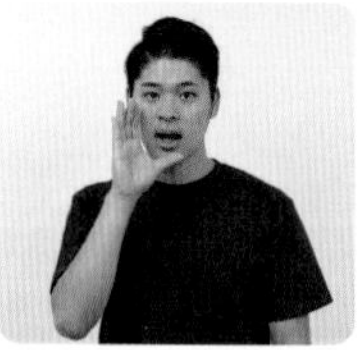

片手のひらを前に向けて口元に置く。歌う様子を表す。

兵庫

両手のこぶしを上下に置き、胸にあてる。銃を担いでいる様子。

岡山

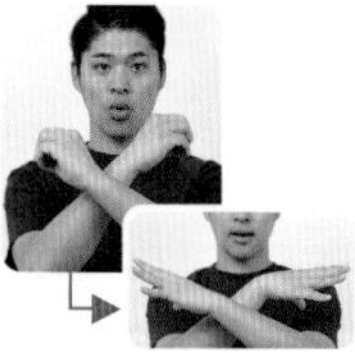

軽くにぎった両手を交差させ、２回はじくように開く。

鳥取

親指と人差し指を付け、口元で付けたり離したりする。同 鳥

下に向けた片手のひらを体の前に置き、引きながらにぎる。同 取る

広島

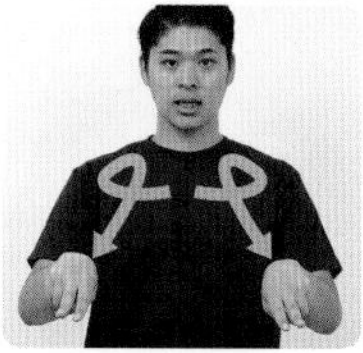

両手とも人差し指と中指を伸ばし、鳥居の形を描く。同 神社

島根

左手のこぶしの上に、右手のひらを置き、水平に1周回す。同 島

片手の指先をすべて伸ばし、下に向ける。同 根

徳島

片手の親指と人差し指でL字型を作り、親指をあごに2回あてる。

山口

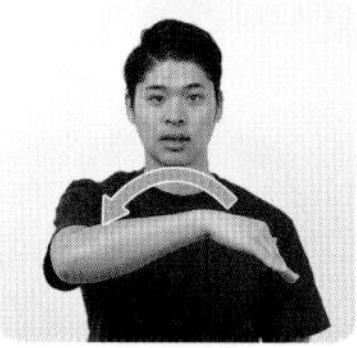

下に向けた片手のひらで左から右へ、山を描くように動かす。同 山

片手の親指と人差し指で輪を作り、口元に置く。

愛媛

下に向けた左手のひらの下で、小指を伸ばした右手を水平に回す。

香川

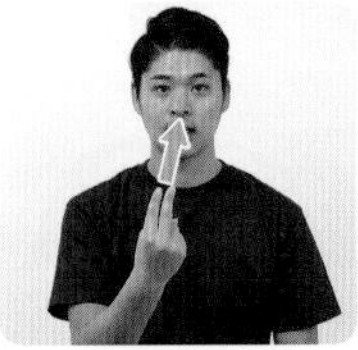

片手の人差し指と中指を伸ばして鼻に近づける。同 香り

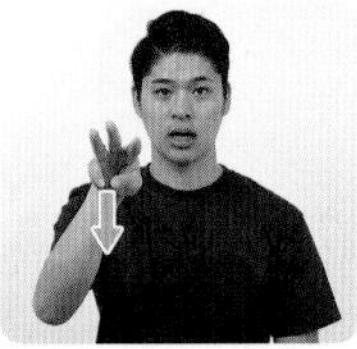

片手の人差し指、中指、薬指を伸ばし、下げる。同 川

福岡

片手の親指と人差し指でコの字型を作り、お腹の前で横へ引く。

高知

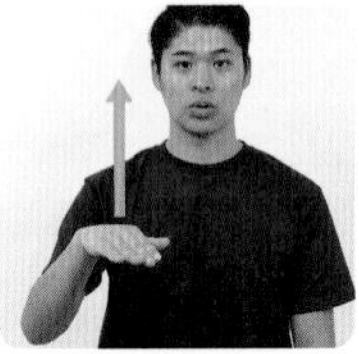

下に向けた片手のひらを胸の前に置き、上げる。同 高い

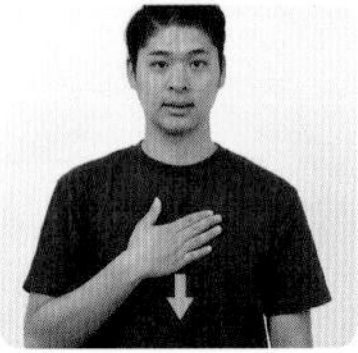

片手のひらを胸にあて、下げる。同 わかる、知る、承知、了解

大分

右手の親指と人差し指で輪を作り、左手の甲の上にのせる。

長崎

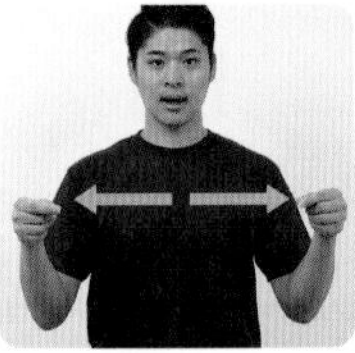

両手の親指と人差し指を付けて中央で合わせ、左右に引く。同 長い

両手すべての指を伸ばして揃え手を前に出しながら指先を付ける。同 先

熊本

両手とも親指と人差し指でＬ字型を作り、下に向け、お腹にあてる。

宮崎

両手とも指を伸ばして開き、斜めに組み合わせる。同 宮

両手すべての指を伸ばして揃え手を前に出しながら指先を付ける。同 先

佐賀

片手の人差し指を伸ばしてこめかみにあて、その他4指をパッと開く。

鹿児島

両手とも親指、人差し指、中指を伸ばし、上下に構える。

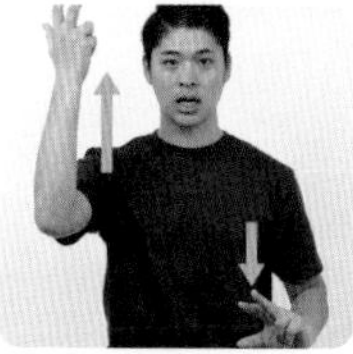

両手をひねりながら、上の手は上げ、下の手は下げる。

沖縄

両手とも人差し指と中指を立て、片手は上に、片手は下にひねる。

関東

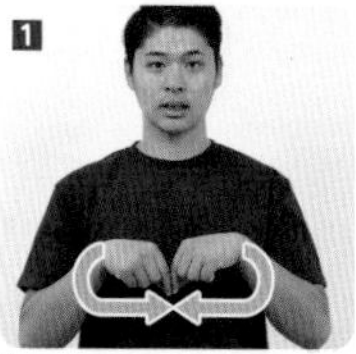

両手の親指と人差し指を付け、半円を描きながら前に出す。

両手とも親指と人差し指でＬ字型を作り、同時に１回上げる。同 東

関西

1の動作後、両手とも親指と人差し指でＬ字型を作り下に向け、１回下げる。同 西

県

顔の横で両手のひらを合わせ、互い違いにずらす。同 省、政府

町

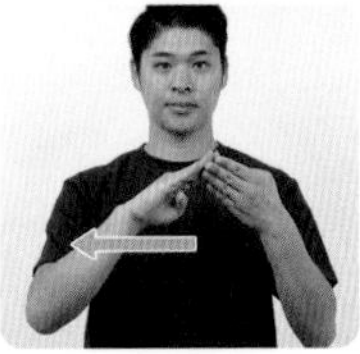

両手で屋根の形を作り、左から右へ手首をひねりながら動かす。

村

指を軽く曲げ下に向けた左手に、右手の人差し指を付け、手前に引く。

「都」「府」「区」「市」「郡」は指文字で表す

上記で「県」「町」「村」の手話を紹介していますが、「都」「府」「区」「市」「郡」はすべて指文字で表します（P374～378を参照）。

国

両手の親指と人差し指の指先を合わせ、横に引きながら指先を閉じる。

日本

両手の親指と人差し指を合わせる。

両手を上下（もしくは左右）に引きながら指先を付ける。

中国

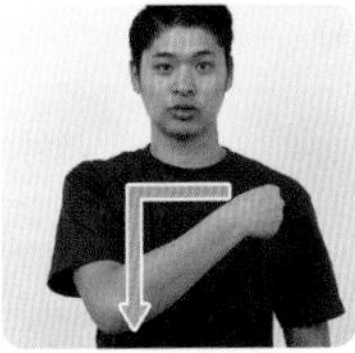

片手の親指と人差し指を付けにぎり、胸の前で横に引いて下げる。

韓国

片手の指先を頭にあて、帽子のつばを描くように横に引き、こめかみにあてる。

北朝鮮

両手とも親指、人差し指、中指を立て、手を交差させる。同 北

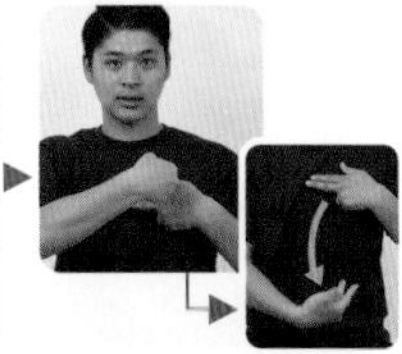

左手の親指、人差し指、中指を左胸にあて、わん曲させた右手をあて下げる。

台湾

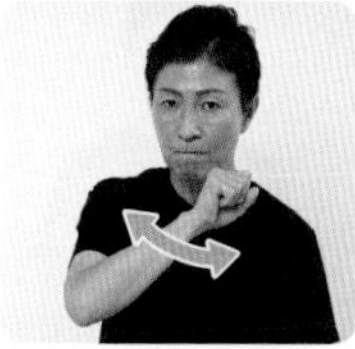

片手のこぶしをあごにあて、２回手首を前後にひねる。

アジア

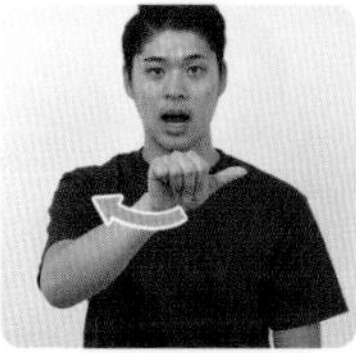

片手の親指を横に伸ばし、弧を描くように横に引く。

手のひらを前に向けて１周回す。

タイ

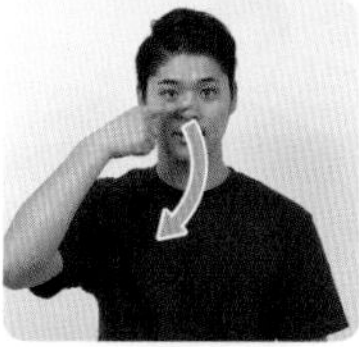

片手の人差し指を鼻にあて、象の鼻を描くように下げる。

インド

片手の親指を額にあてる。

シンガポール

両手のこぶしを上下に構え、上の手を１周回し、最初の位置に戻す。

アメリカ

片手のひらを額の前に置き、トントンと上下に振って横に動かす。

カナダ

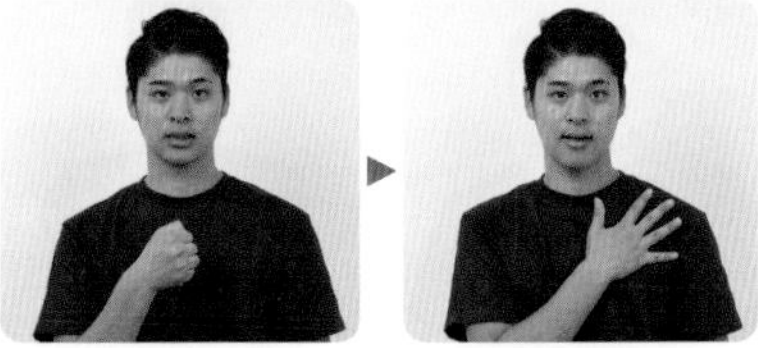

片手のこぶしを体の前に置き、

手をパッと開きながら、胸に手のひらをあてる。

ロシア

片手の人差し指をあごの前に置き、手首をひねりながら横に動かす。

イギリス

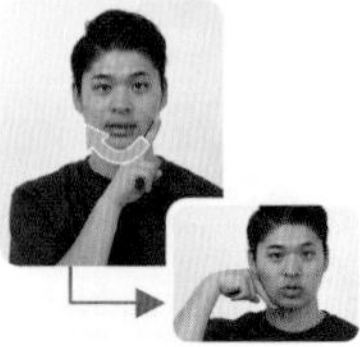

片手の人差し指と中指をほおにあて、あごに沿って横に動かす。

フランス

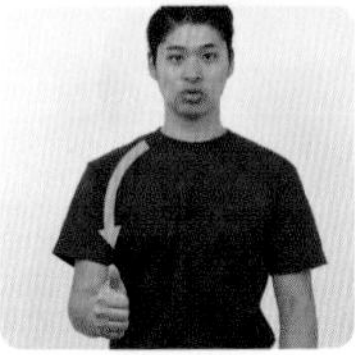

片手の親指を立て、肩の前に置き、弧を描くように下げる。

ドイツ

片手の人差し指を立てて額にあて、少し前に出す。

イタリア

片手の親指と人差し指を向かい合わせ、イタリアの地形を描くように下げる。

スペイン

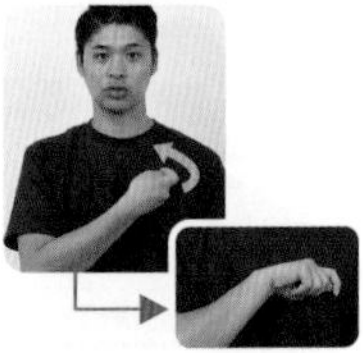

軽くにぎった片手を胸の前に置き、手首をひねって下に向ける。

ヨーロッパ

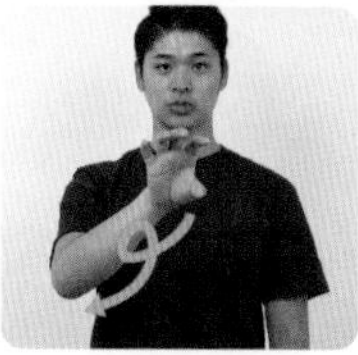

すべての指を軽く曲げた片手を、１回転半回しながら下げる。

オーストラリア

両手とも人差し指と薬指を立て、手をパッと開きながら前に出す。

ハワイ

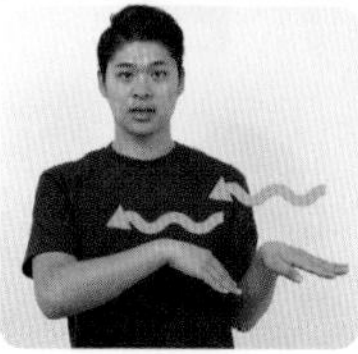

両手のひらを下に向け、フラダンスを踊るようにくねらせる。

アフリカ

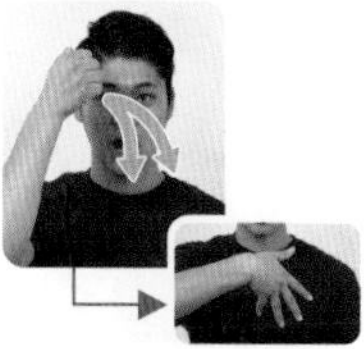

片手こぶしを額の前に置き、手を開きながら斜め下に下げる。

エジプト

両手ともこぶしにし、胸の前で腕を交差させる。

イラク

指を揃えた片手のひらを立てて額にあて、前に出す。

ブラジル

片手のひらを顔の前で立て、ブラジルの形を描くように下げる。

アルゼンチン

両手で弦楽器を持っているように構え、片手を弦を弾くように動かす。

メキシコ

両手ともすべての指先を頭の横にあて、指先を閉じながら横に引く。

日にち・時間

今日

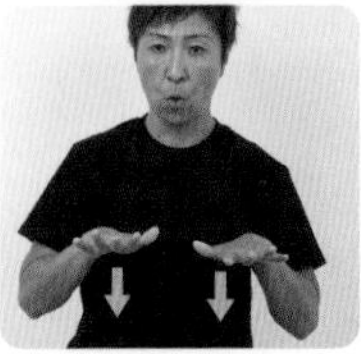

両手のひらを下に向け、少し下げる。
同 今

明日

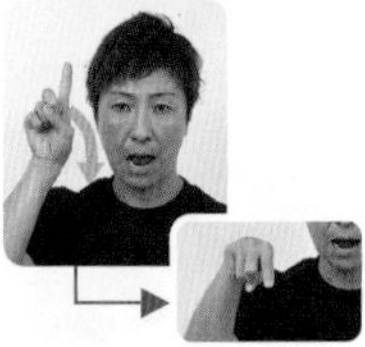

片手の人差し指を立て、肩から前に出す。

明後日

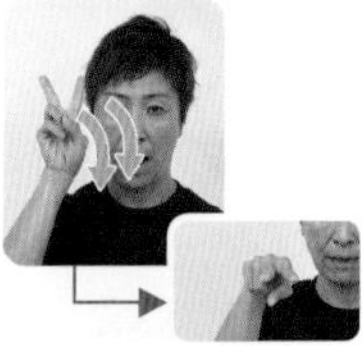

片手の人差し指と中指を立て、2回前に倒す。

一昨日

片手の人差し指と中指を立て、肩から後ろに2回倒す。

昨日

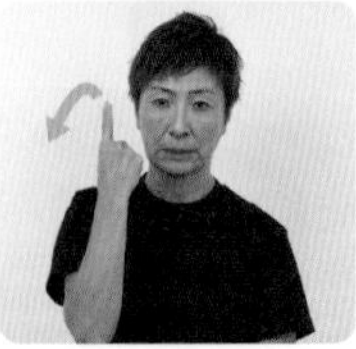

片手の人差し指を立て、肩から後ろに倒す。
同 後ろ

毎日

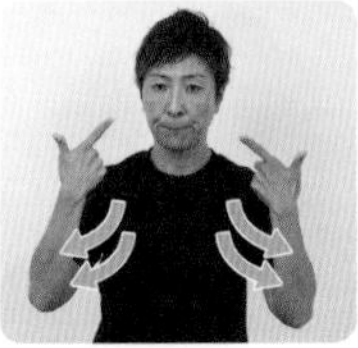

両手とも親指と人差し指を伸ばし、手首を2回前に回す。 同 いつも

1秒

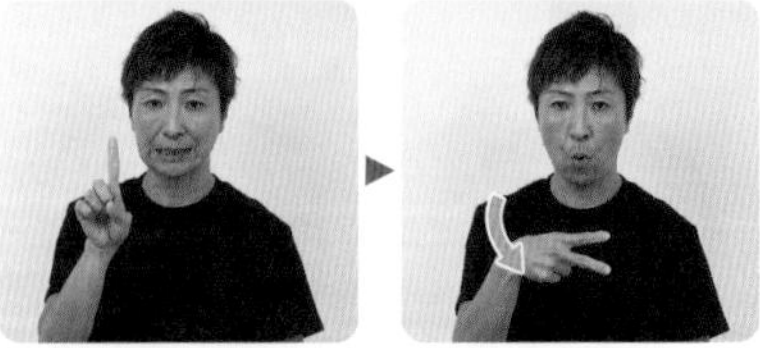

片手の人差し指を立てる。 同 指文字「1」

人差し指と中指を伸ばして、手首をひねって斜めに下げる。 同 秒

1分

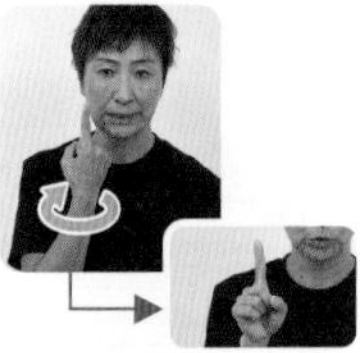

片手の人差し指を自分に向けて立て、手首をひねって前に向ける。

1時間

人差し指を伸ばし、上に向けた右手を、左手首の上で1周回す。

1日

片手の人差し指を立て、胸にあてて、横に動かして再度胸にあてる。

1カ月

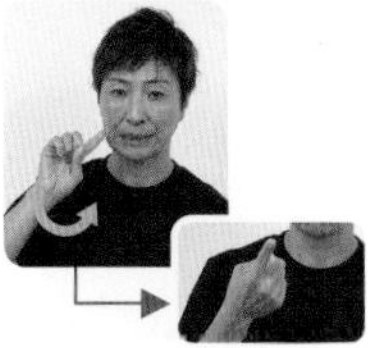

片手の人差し指を口元にあて、手首をひねって前に倒す。

1週間

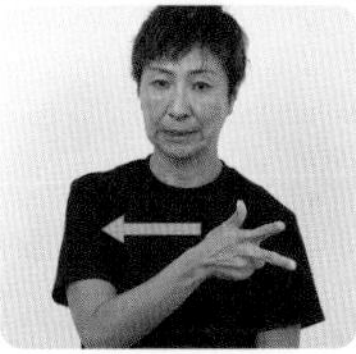

親指を立て、人差し指、中指を横に伸ばし（指文字「7」）、横に動かす。

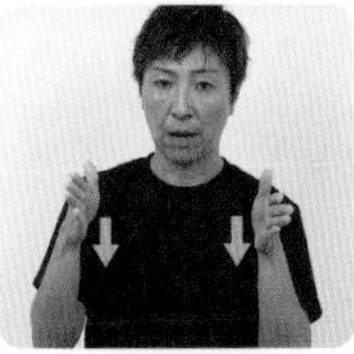

両手のひらを前に倒して立て、左右で向かい合わせて下げる。同 間

1年

左手のこぶしに、右手の人差し指をあて、こぶしの周りを1周させる。

今週

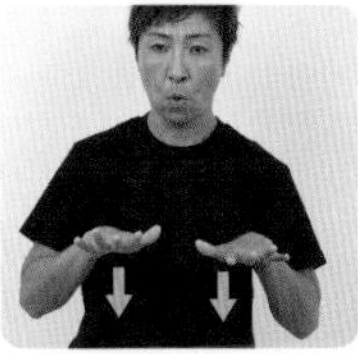

両手のひらを下に向け、少し下げる。
同 今日、今

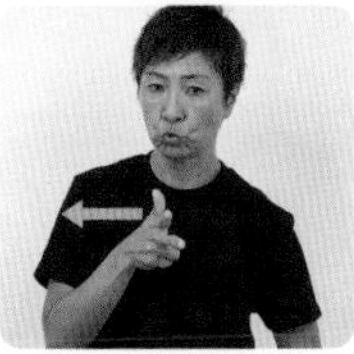

片手の親指、人差し指、中指を横に伸ばし（指文字「7」）、横に動かす。

来週

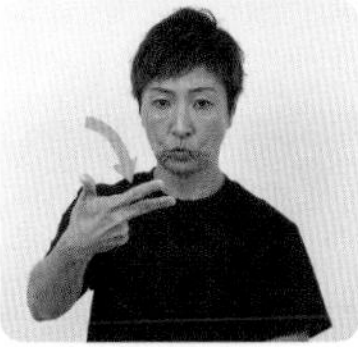

片手の親指、人差し指、中指を横に伸ばし、弧を描くように前に出す。

先週

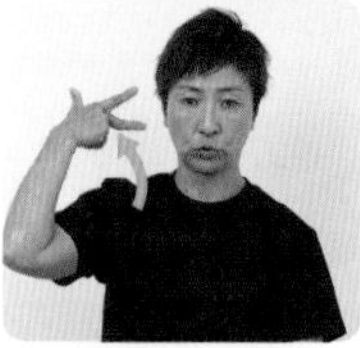

片手の親指、人差し指、中指を横に伸ばし、弧を描くように後ろに払う。

毎週

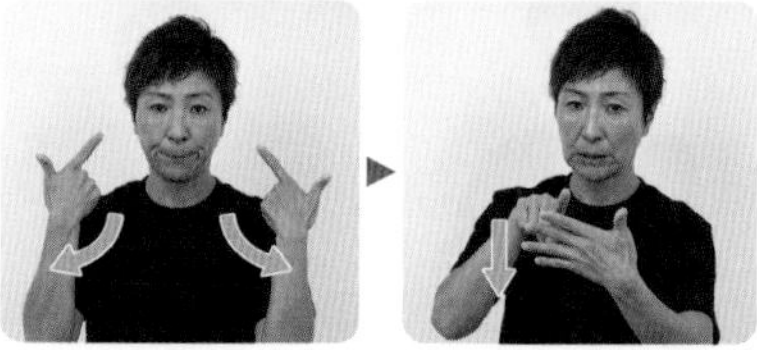

両手とも親指と人差し指を伸ばし、手首を1回前に回す。

自分に向けた左手のひらをなぞるように、右手の人差し指を下げる。

朝

片手のこぶしをこめかみあたりに置き、そのまま下げる。

昼／正午

片手の人差し指と中指を揃えて立て、額にあてる。

夜

左右に広げた両手のひらを、胸の前で交差させる。同 暗い、地味

午後

片手の人差し指と中指を揃えて立て、額に付けて、手首を倒す。

夕方

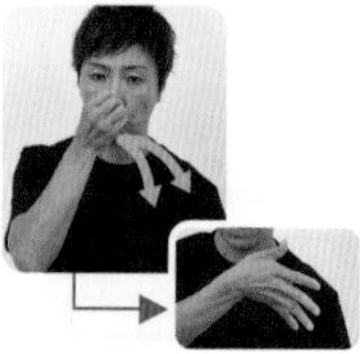

片手のこぶしを顔の前に置き、下に向かってパッと開く。

～ころ

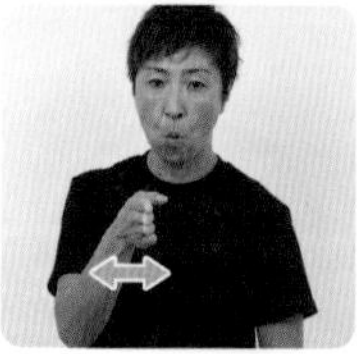

片手のひらを前に倒して立て、左右に振る。
同 くらい、だいたい

月曜日

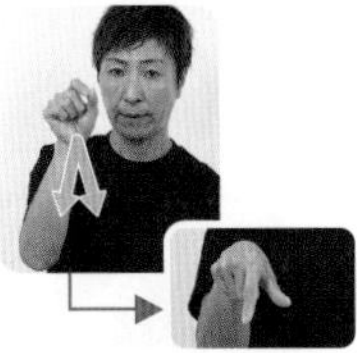

片手の親指と人差し指を付け、指先を離しながら下げる。同 月

火曜日

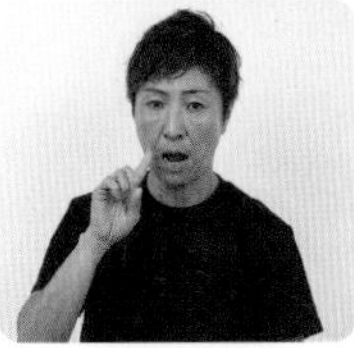

片手の人差し指を口元にあてる。

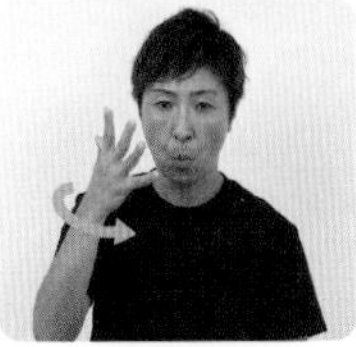

手首をひねりながら、パッと開く。

水曜日

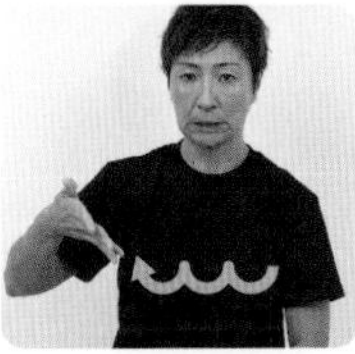

片手のひらを上に向け、波打たせながら横に動かす。同 水分、水

木曜日

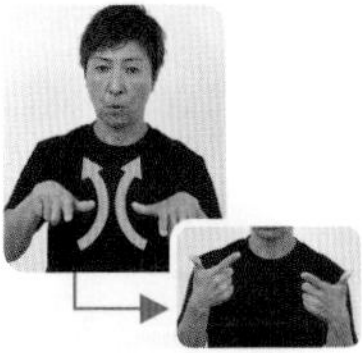

両手の親指と人差し指を伸ばして下に向け、手首をひねり上げる。同 木

金曜日

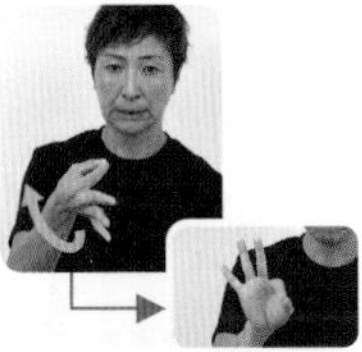

片手の親指と人差し指で輪を作り、手首をひねり前に向ける。同 お金

土曜日

片手の親指とその他 4 指を向かい合わせ、指先をこすり合わせる。

日曜日

片手の人差し指を伸ばして口元に置き、横に引く。同 赤

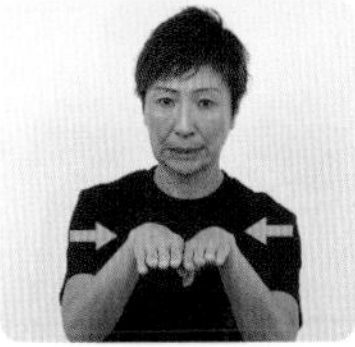

両手のひらを下に向けて左右に構え、中央で合わせる。
同 休む、休み、休暇、休日

祝日

親指を立てた両手のひらを、親指を絡ませてひらひら動かす。同 祭日

平日

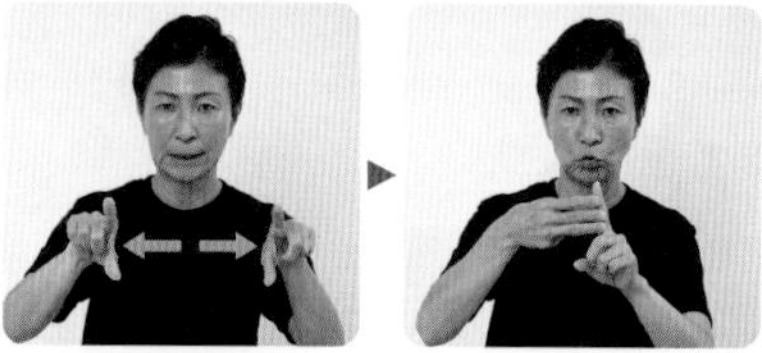

両手の親指と人差し指を伸ばして前に向け、合わせ、左右に引く。同 普通、平等、普段、平均、平凡

伸ばした左手の人差し指に、伸ばした右手の人差し指、中指、薬指をあてる。同 日

週末

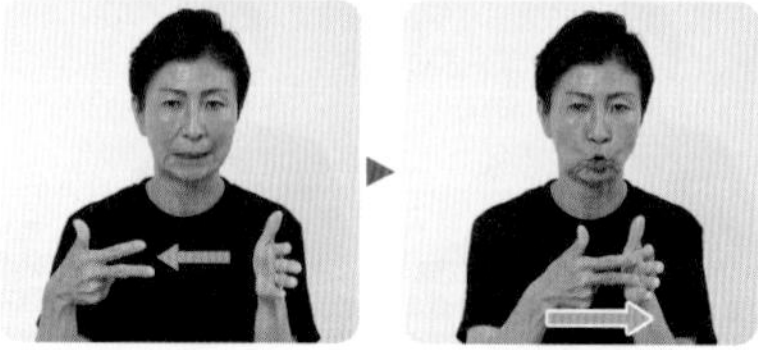

親指、人差し指、中指を伸ばした右手を、左手のひらにあててから横に引く。

左手はそのままで、右手の指先を左手のひらに再度あてる。

休暇

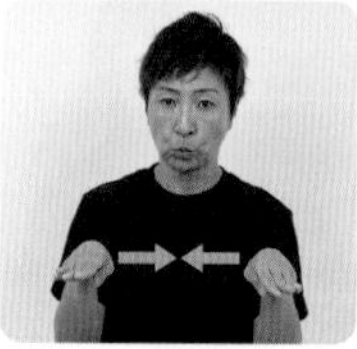

両手のひらを下に向けて左右に構え、中央で合わせる。同 休む、休み、休日

(〜)の時

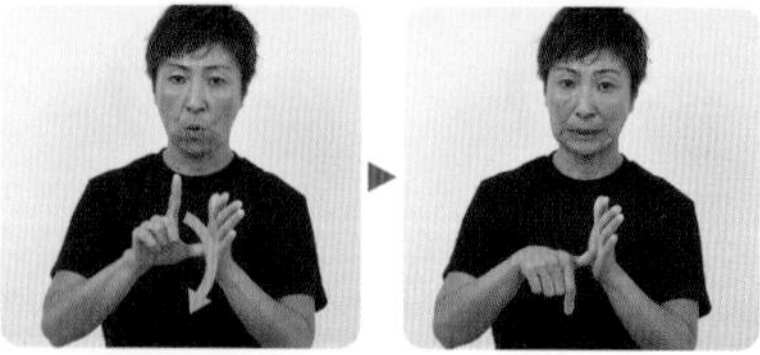

立てた左手のひらに、人差し指と親指を立てた右手の親指をあて、人差し指を前に倒す。同 場合

時々

片手の人差し指を前に伸ばし、弧を描いて横に動かす。同 たまに

今月

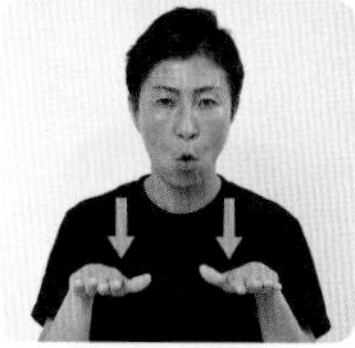

両手のひらを下に向け、少し下げる。
同 今日、今

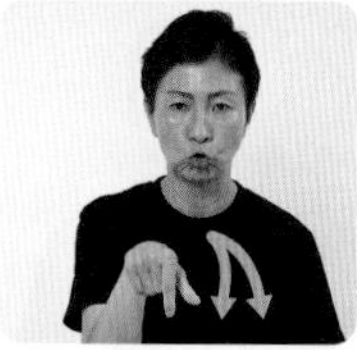

片手の親指と人差し指を付け、指先を離しながら下げる。同 月

前

片手のひらを前に向け、肩から前に出す。

今年

左手のこぶしに、右手の人差し指をあてる。
同 年、あたる、ため

両手のひらを下に向け、少し下げる。
同 今日、今

中

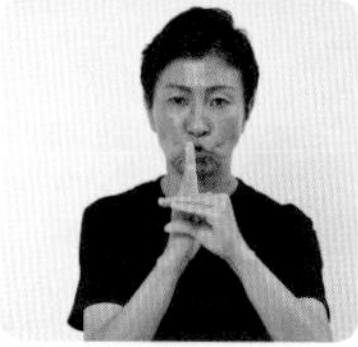

立てた右手のひらの小指に、コの字型にした左手をあてる。同 真ん中、最中

～年間

左手のこぶしに、数字の指文字をあてる。(ここでは「1」)※

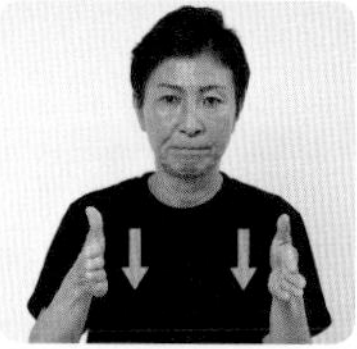

両手のひらを前に倒して立て、左右で向かい合わせて下げる。同 間

後ろ

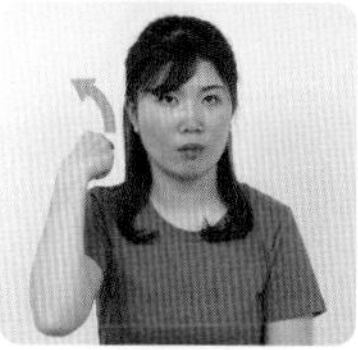

片手の人差し指を立て、肩から後ろに倒す。
同 昨日

※年数によって、指文字の数字を変える。

11時半

立てた人差し指を軽く曲げる。その後、人差し指を伸ばして立てる。

片手のひらを胸の前に置き、まっすぐ下げる。

2019年

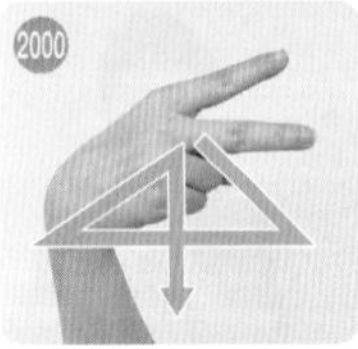

人差し指と中指を横に伸ばして、「千」と書く。

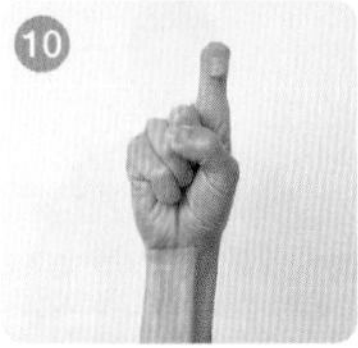

立てた人差し指を軽く曲げる。

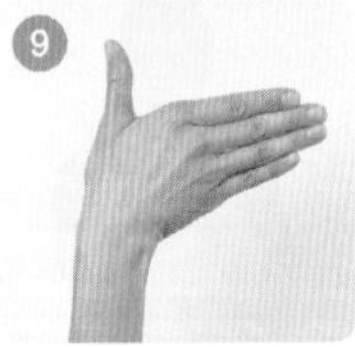

手の甲を前に向けて親指を立て、その他 4 指を揃えて横に伸ばす。

1月

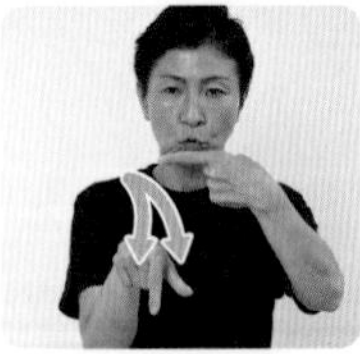

左手の人差し指を横に伸ばし、右手の親指と人差し指を付け、指先を離しながら下げる。

11月

左手の人差し指を立てた後、軽く曲げる。

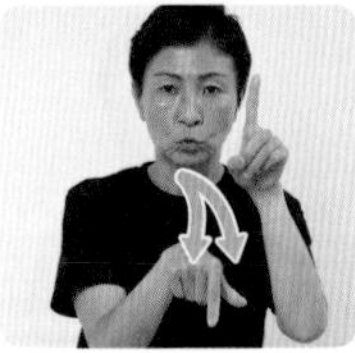

左手の人差し指を立て、右手の親指と人差し指を付け、指先を離しながら下げる。

8月3日

左手は小指以外の４指を横に伸ばし、右手は人差し指、中指、薬指を立てる。

春

両手のひらをふわりとあおぐように数回すくい上げる。

夏

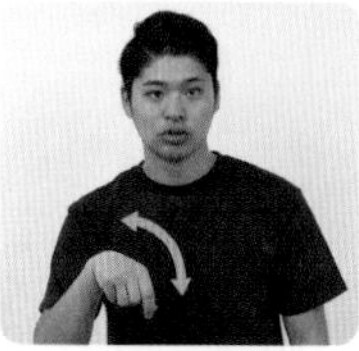

顔の横であおぐように手を２回ほど上下させる。同 南、暑い

昭和

片手の親指と軽く曲げた人差し指を首にあて、少し前に出す。

秋

両手のひらを肩のあたりで構え、数回あおぐ。
同 涼しい、そよ風

冬

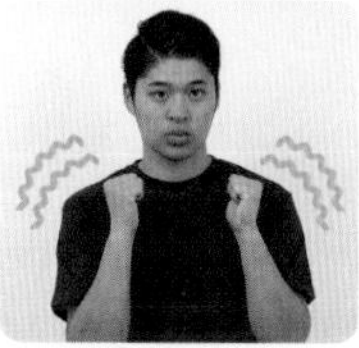

肩をすぼめ、両手をにぎり、こぶしを振る。
同 寒い、冷たい

平成

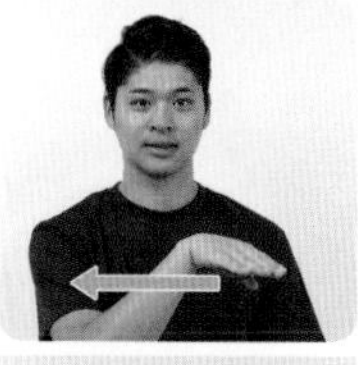

下に向けた片手のひらを横に水平に動かす。平らな様子を表す。

令和

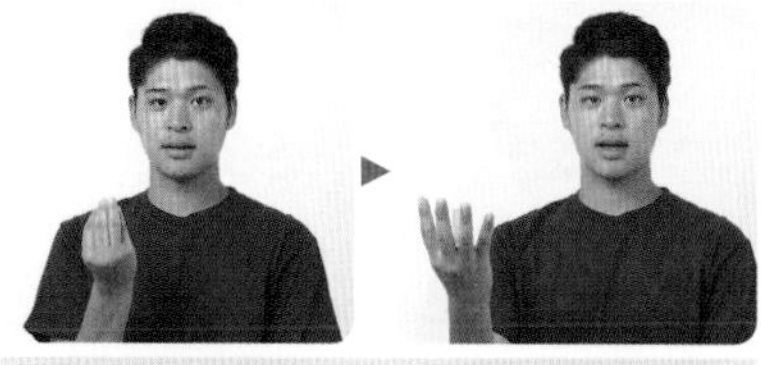

指先を上に向けて５本の指をすぼめた片手を、胸の脇に出し、前に動かしながら指先をゆるやかに開く。花のつぼみがゆるやかに開く様子を表している。

方角・色

北

両手とも親指、人差し指、中指を立て、手を交差させる。

南

片手を軽くにぎり、顔の横で手を2回ほど上下させる。同 夏、暑い

東

両手とも親指と人差し指でL字型を作り、同時に上げる。

西

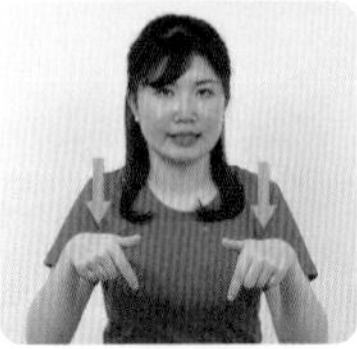

両手とも親指と人差し指でL字型を作り、下に向け、同時に下げる。

右

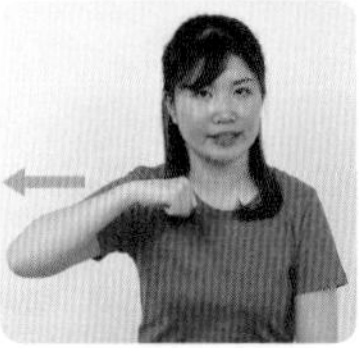

右手でこぶしを作り、ひじを右に引く。

左

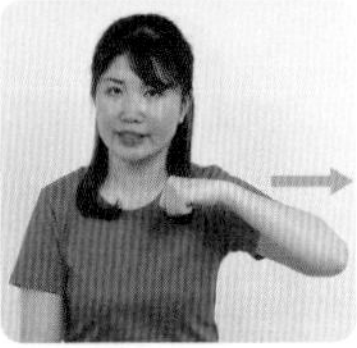

左手でこぶしを作り、ひじを左に引く。

赤

片手の人差し指を伸ばして口元に置き、横に引く。

青

手の甲を前に向け、指先を口元に置き、後ろに引く。

黄色

片手の親指を額にあて、立てた人差し指を左右に揺らす。

緑

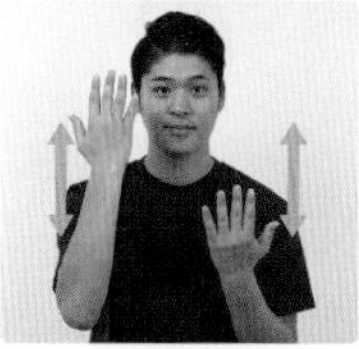

両手とも甲を前に向け、交互に上下させる。
同 草、芝生

水色

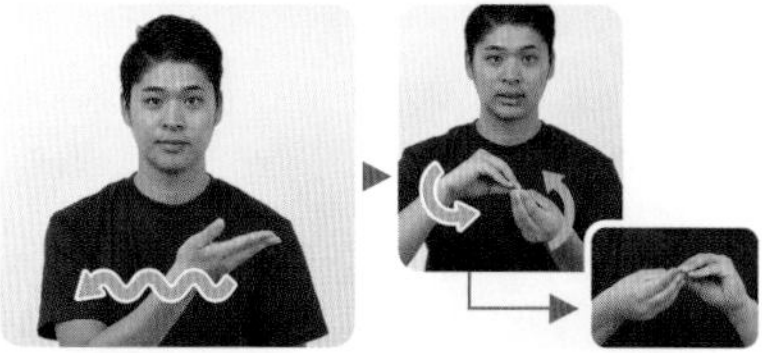

片手のひらを上に向け、揺らしながら横に動かす。同 水

すぼめた両手の指先を付け、互い違いにひねる。同 色

紫

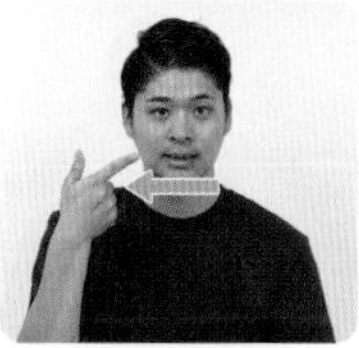

親指を立て、人差し指を横に伸ばした片手を口元に置き、横に引く。

ピンク

わん曲させた両手を向かい合わせ、中央で2回合わせる。

茶色

片手のこぶしを2回あごにあてる。同 栗

白

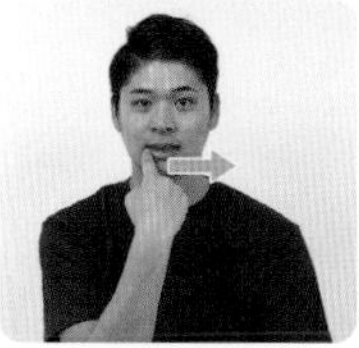

片手の人差し指で歯を指して、横に引く。

黒

片手のひらを頭にあて、下げる。

金

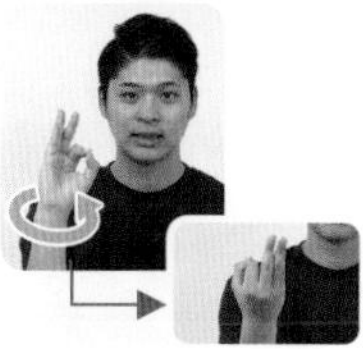

片手の親指と人差し指で輪を作り、手首をひねる。同 ゴールド

インターネット関連

メール

親指と人差し指で輪を作った右手を、左手のひらの上から前に出す。

アプリ

親指を横に伸ばし、その他４指はにぎる。
同 指文字「あ」

タブレット

左腕の上で、人差し指を伸ばした右手を横に動かす。

YouTube

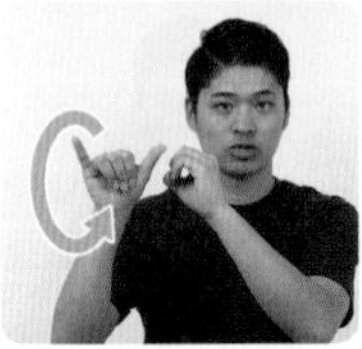

左手は筒形、右手は親指と小指を伸ばし、右手だけを上下に回す。

LINE

両手とも親指と人差し指でＬ字型を作り、交互に前後させる。

Twitter

口の前で、片手の親指、人差し指、中指を付けたり離したりする。

Instagram

片手の親指、人差し指、小指を立てて、顔の前に置く。

▶

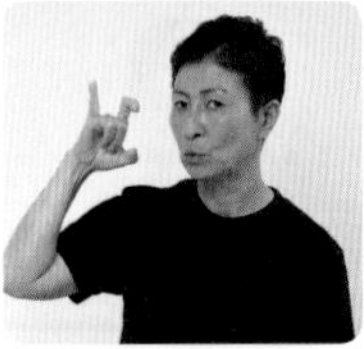

親指と人差し指を軽く曲げる。

いいね（ツイッター、インスタ）

両手でハートマークを作る。「いいね」のマークを表す。

SNS

左手のこぶしを前に向ける。

親指の上に人差し指と中指を伸ばし、下に向けた右手を、左手の横に置く。

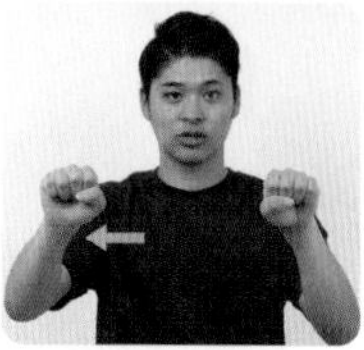

左手はそのままで、右手をにぎりながら、少し横にずらす。

ブロックする

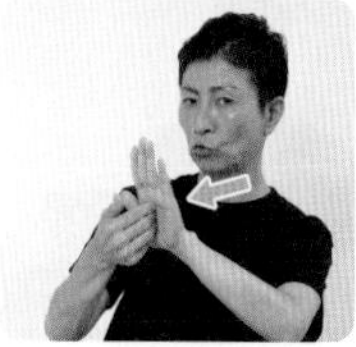

左手のひらに、右手の親指以外の 4 指の先をあて、両手ともグッと前に押し出す。

拡散する

前に向けた両手のこぶしを同時に開きながら前に出し、再度同じ動作を手と手の間を開いて行う。

マウス

わん曲させた片手を 2 周回す。マウスを持って動かすイメージ。

キーボード

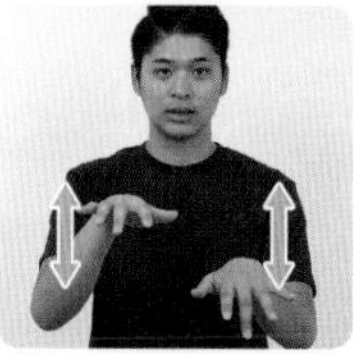

両手のひらを下に向け、交互に上下させる。

フォルダ

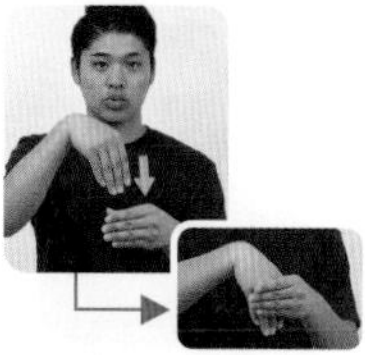

左手のひらを自分に向け、右手を左手の内側にすべりこませる。

容量

両手とも人差し指と中指を揃えて前に伸ばし、上下にあて、上げる。

ウイルス

片手の人差し指を下に向け、曲げたり伸ばしたりしながら前に出す。

圧縮

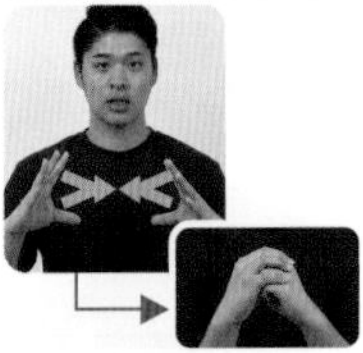

両手のひらを向かい合わせ、手をにぎりながら中央で合わせる。

解凍

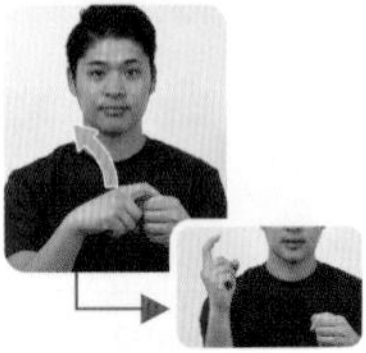

少し曲げた右手の人差し指を左手でにぎり、右手だけ上げる。

スキャナー

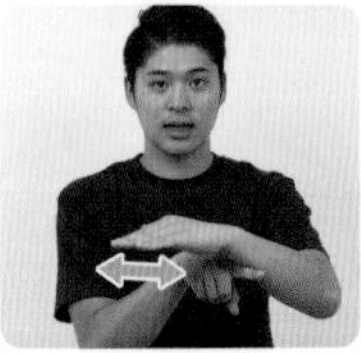

左手のひらの下で、人差し指を前に伸ばした右手を左右に動かす。

プリンター

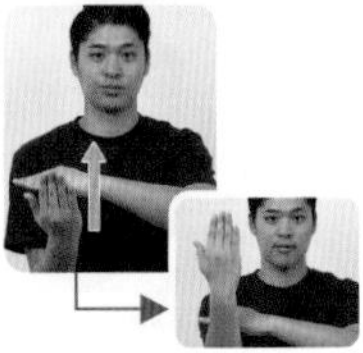

下に向けた左手の下から右手のひらを上げる。

パスワード

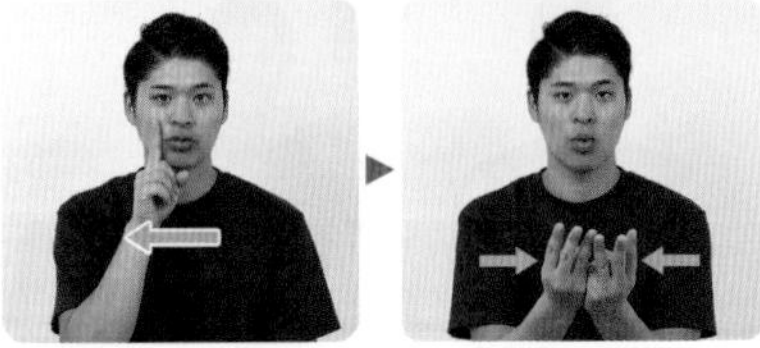

片手の人差し指を口の横に置き、横に動かす。

両手とも人差し指、中指、薬指を立て、甲を前に向け、中央であてる。

アイコン

左手のひらは自分に向け、右手は親指と人差し指で輪を作り、左右に動かす。

ダウンロード

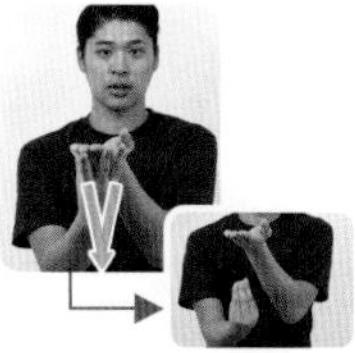

上に向けた左手の甲に右手をあて、すぼめながら下げる。同 コピー

クリック

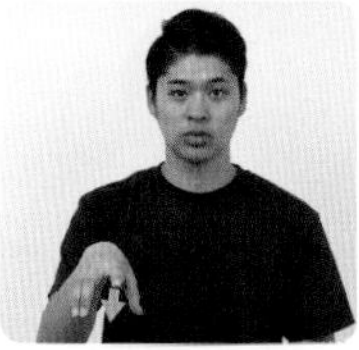

わん曲させた片手を下に向け、人差し指をクリックするように動かす。

コピー&ペースト

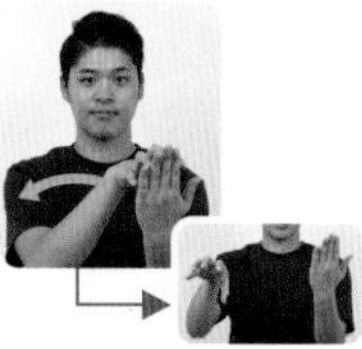

左手のひらにわん曲させた右手をあて、右手だけポンと横に動かす。

Excel（エクセル）

片手で指文字「E」を表し（380ページ）、Xを書く。

Word（ワード）

左手の人差し指、中指、薬指を立て、右手はキーボードを打つように動かす。

データ

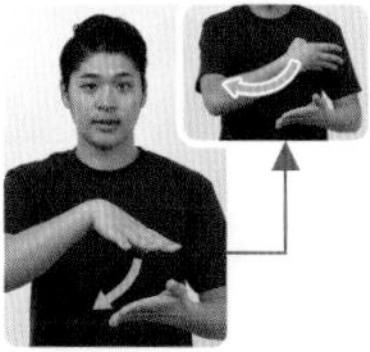

上に向けた左手のひらの上で、右手のひらを十字に動かす。

インターネット

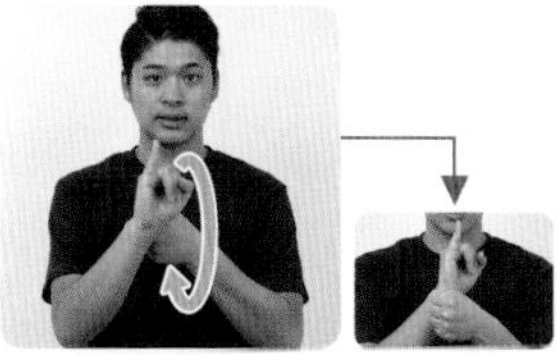

左手のこぶしの前に、小指を立てた右手を置き、回しながら左手の後ろに動かす。

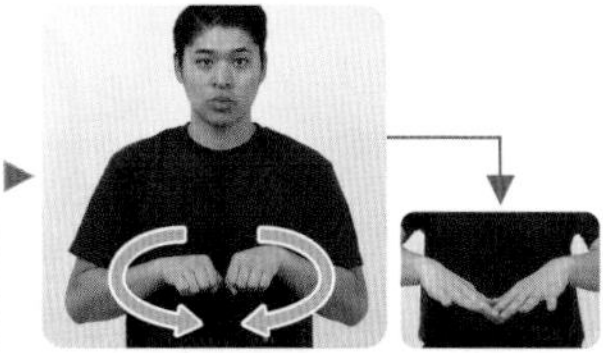

軽くにぎった両手を合わせ、手を開きながら半円を描き、前に出す。

同 ネットワーク

カード・LGBTQ+

マイナンバーカード

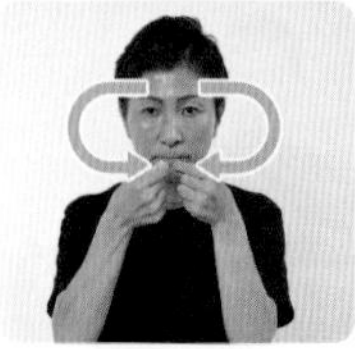

両手とも親指と人差し指を合わせ、額の前に置き、弧を描いて下げる。同 個人

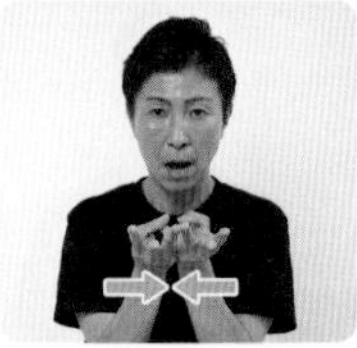

両手とも手の甲を前に向け、人差し指、中指、薬指を立てる。同 数、数学

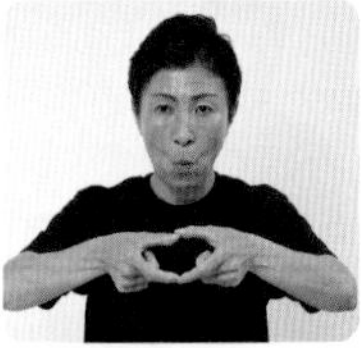

両手とも親指と人差し指でコの字型を作り、指先を合わせる。同 カード

Suica

両手でスイカを持つように顔の前で構える。

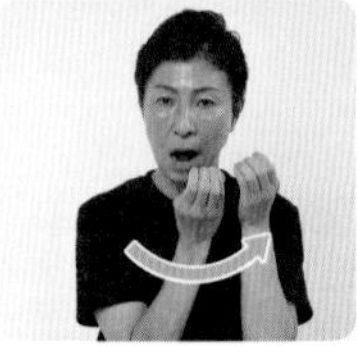

スイカを食べるように、両手を反対側に動かす。

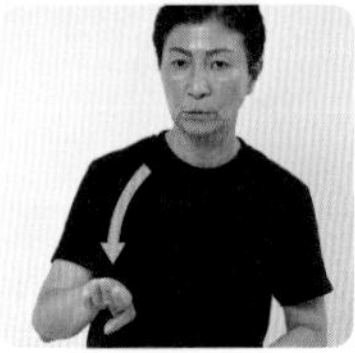

前に向けた片手のひらを前に倒す。
同 ICカード

その他のICカードは、ICカード名を指文字で表し、最後に「ICカード」の手話を表す。

LGBTQ+

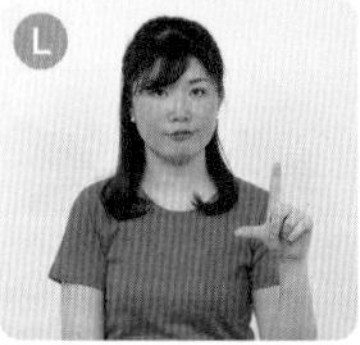

左手の親指と人差し指を伸ばしてL字型を作る。

親指と人差し指を伸ばした右手をひねりながら横に引く。

レズビアン

片手の小指を立て、胸にあてる。

トランスジェンダー

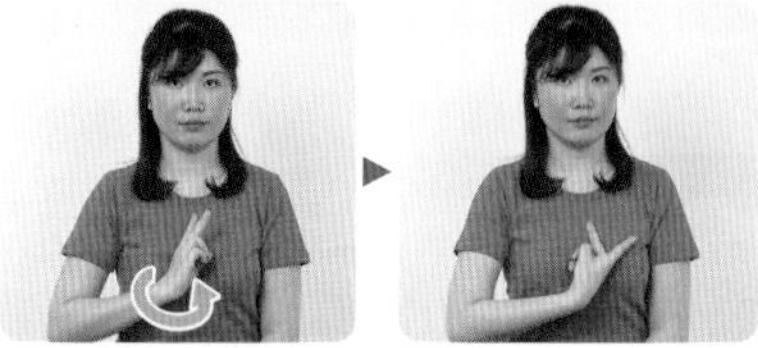

片手の人差し指と中指を立て、人差し指側を胸にあてた後、手首を

ひねって中指側をあてる。

ゲイ

片手の親指を立て、胸にあてる。

セクハラ

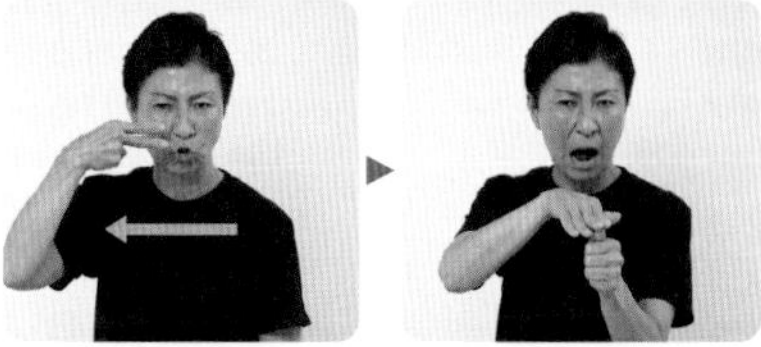

片手の人差し指と中指を横に伸ばして、鼻の目に構え、横に引く。
同 すけべ、やらしい、セクシー

親指を立てた左手のこぶしを、右手のひらで押さえつける。同 ハラスメント

バイセクシャル

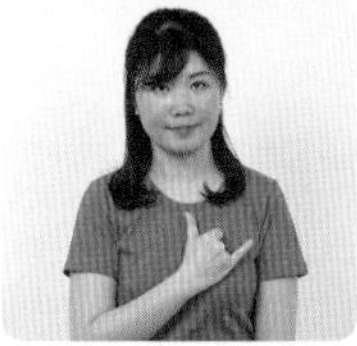

片手の親指と小指を立て、胸にあてる。

パワハラ

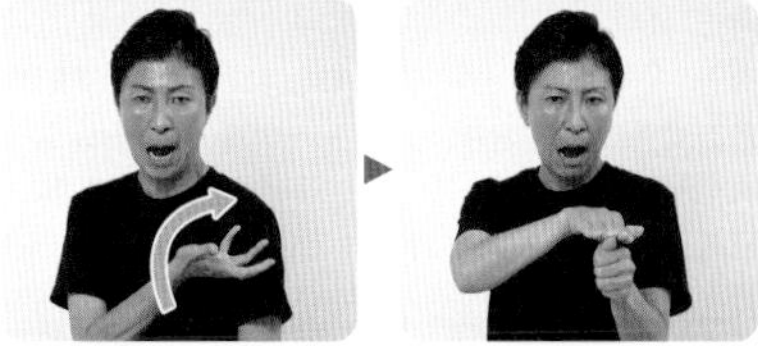

軽くわん曲させた片手を腕にあて、手首をひねって上げる。

親指を立てた左手のこぶしを、右手のひらで押さえつける。同 ハラスメント

索引

「五十音順単語集」と「基本単語集」の見出し語・使い方例・同義語・反意語・参考に掲載されている単語を掲載しています。（青数字は写真付きで紹介しているページ、黒数字はそれ以外を表します）

い

う

え

お

か

き

く

け

こ

さ

し

す

せ

そ

た

ち

つ

て

と

な

に

ぬ

ね

の

は

み

む

め

も

や

ゆ

よ

ら

り

る

れ

ろ

著者
モンキー高野《たかの》

手話フレンズ代表。神奈川県生まれ、東京都出身。東京都立石神井ろう学校卒業。1999年公開の映画『アイ・ラヴ・ユー』に出演。2015年4月に手話の指導や教材制作、情報発信を行う手話フレンズを創設し、代表を務める。現在は、全国のろう学校や企業、各種サークルで講習・講演会やワークショップを行い、手話講師として活躍中。
手話フレンズ https://www.shuwafriends2020.com/

本書に関するお問い合わせは、書名・発行日・該当ページを明記の上、下記のいずれかの方法にてお送りください。電話でのお問い合わせはお受けしておりません。
・ナツメ社webサイトの問い合わせフォーム
https://www.natsume.co.jp/contact
・FAX（03-3291-1305）
・郵送（下記、ナツメ出版企画株式会社宛て）
なお、回答までに日にちをいただく場合があります。正誤のお問い合わせ以外の書籍内容に関する解説・個別の相談は行っておりません。あらかじめご了承ください。

ナツメ社Webサイト
https://www.natsume.co.jp
書籍の最新情報（正誤情報を含む）はナツメ社Webサイトをご覧ください。

オールカラー　すぐに引《ひ》ける　手話《しゅわ》ハンドブック

2023年2月7日　初版発行

著　者　モンキー高野《たかの》
発行者　田村正隆

発行所　株式会社ナツメ社
東京都千代田区神田神保町1-52 ナツメ社ビル1F（〒101-0051）
電話　03（3291）1257（代表）　FAX　03（3291）5761
振替　00130-1-58661
制　作　ナツメ出版企画株式会社
東京都千代田区神田神保町1-52 ナツメ社ビル3F（〒101-0051）
電話　03-3295-3921（代表）
印刷所　ラン印刷社

ISBN978-4-8163-7324-4　Printed in Japan

≪定価はカバーに表示してあります≫
≪乱丁・落丁本はお取り替えします≫